Legalverhalten nach Sexualdelinquenz

Schriften zum Strafrecht und Strafprozeßrecht

Herausgegeben von Manfred Maiwald

Band 95

PETER LANG
Frankfurt am Main · Berlin · Bern · Bruxelles · New York · Oxford · Wien

Bernadette Pape

Legalverhalten nach Sexualdelinquenz

Eine empirische Analyse der Delinquenzkarrieren nach Sexualstraftaten an Kindern

PETER LANG
Europäischer Verlag der Wissenschaften

Bibliografische Information der Deutschen Nationalbibliothek
Die Deutsche Nationalbibliothek verzeichnet diese Publikation in der Deutschen Nationalbibliografie; detaillierte bibliografische Daten sind im Internet über <http://www.d-nb.de> abrufbar.

Zugl.: Hannover, Univ., Diss., 2006

D 89
ISSN 0938-6181
ISBN 3-631-56071-0

www.peterlang.de

Den Opfern der an Kindern begangenen Sexualstraftaten
und den Personen, die ihnen bei der Bewältigung
des Erlebten helfend zur Seite stehen.

Vorwort

Die vorliegende Untersuchung wurde während meiner Tätigkeit als wissenschaftliche Mitarbeiterin am Lehrgebiet Strafrecht, Strafprozessrecht und Kriminologie an der Juristischen Fakultät der Universität Hannover durchgeführt.

Zwar handelt es sich um ein Vorwort, doch sind es die zuletzt geschrieben Zeilen der Arbeit, mit denen ich mich bei denjenigen bedanken möchte, die mir bei der Durchführung der Untersuchung und der Erstellung dieses Buches behilflich waren. Mich unterstützten so zahlreiche Personen, dass es nicht möglich ist, an dieser Stelle alle namentlich zu nennen. Es mögen mir diejenigen verzeihen, deren Namen ich nicht erwähnt habe.

Mein besonderer Dank gilt meinem Doktorvater Herrn Prof. Dr. Bernd-Dieter Meier. Er hat mich zu diesem Thema ermutigt, stand mir mit Rat und Tat zur Seite, gab mir wertvolle Anregungen und förderte die Arbeit nach besten Kräften. Trotz der Schwierigkeiten, mit denen die Durchführung des Forschungsprojektes verbunden war, unterstützt er mich auch noch nach Abschluss der vorliegenden Arbeit bei der Fortführung der Untersuchung.

Herrn Prof. Dr. Christian Pfeiffer danke ich für die Übernahme und Erstellung des Zweitgutachtens. Zudem danke ich Herrn Prof. Dr. Manfred Maiwald für die Aufnahme meiner Arbeit in dieser Schriftenreihe zum Strafrecht und Strafprozessrecht.

Mein Dank gilt auch den Mitarbeitern des Lehrgebiets Strafrecht, Strafprozessrecht und Kriminologie für die angenehme Arbeitsatmosphäre. Speziell bedanken möchte ich mich bei Frauke Möller und Florian Ohms für die mühevolle Mitwirkung bei der Literaturrecherche.

An letzter Stelle danke ich meiner Familie und meinen Freunden besonders herzlich. Ohne deren Rückhalt hätte ich mich der Herausforderung dieser Untersuchung nicht stellen können. Sebastian Voigt hat sogar die vielen Seiten gelesen und mir neben der Korrektur wertvolle Hinweise gegeben. Mein Mann hatte stets ein offenes Ohr für meine Sorgen. Ohne seine unendliche Geduld hätte ich diese Arbeit mit Sicherheit nicht fertig stellen können.

Lehrte im August 2006 Bernadette Pape

Inhaltsverzeichnis

Tabellenverzeichnis

Abbildungsverzeichnis

Einleitung

Seit den neunziger Jahren berichten die Medien verstärkt über den sexuellen Missbrauch an Kindern.[1] Durch die Medien wird jedoch ein völlig verzerrtes Bild dargestellt, da sich die Berichterstattung in erster Linie an der Sensationslust des Lesers bzw. Zuschauers orientiert und deshalb unter großer Aufmachung über vermisste, missbrauchte und meist getötete Kinder berichtet wird. Insbesondere werden Fälle herausgegriffen, in denen der Täter bereits in der Vergangenheit wegen eines Sexualdelikts verurteilt und in einigen Fällen sogar aufgrund einer positiven Sozialprognose vorzeitig aus dem Strafvollzug entlassen wurde.[2] Die ausführliche Berichterstattung sowohl über die Taten selbst als auch über die nachfolgenden polizeilichen Ermittlungen und Gerichtsverhandlungen sowie die vielfach vorgetragenen kriminalpolitischen Erörterungen erwecken in der Bevölkerung den Eindruck, dass Missbrauchsdelikte an Kindern überwiegend von sexuell gestörten Gewalttätern mit großer krimineller Energie und hoher Rückfallgefahr begangen werden.[3] Dabei entsteht außerdem der Anschein, die Zahl derartiger sexueller Übergriffe auf Kinder sei gestiegen. Die Kriminalstatistik bestätigt dies aber nicht.[4] Berichtet wird lediglich über spektakuläre Einzelfälle, die nicht die Realität der Sexualkriminalität widerspiegeln. Durch die medialen Darstellungen wird folglich eine eigene Kriminalitätswirklichkeit konstruiert, welche die subjektive Kriminalitätsvorstellung in der Bevölkerung beeinflusst.[5]

Die Berichterstattung über einige schwere Fälle hat auch zu einer erheblichen Beunruhigung und emotional aufgeladenen, oft hysterischen Reaktionen der Öffentlichkeit geführt.[6] Zunächst machte sich Empörung breit und es wurde eine schärfe Bestrafung der Täter gefordert. Nachdem dann einige Jahre weniger der Missbrauch von Kindern als der Missbrauch mit dem Missbrauch, d.h. falsche Anschuldigungen unschuldiger Personen, ein viel diskutiertes Thema war, ist die Stimmung wieder umgeschwungen. Es begann eine intensive Diskussion über den angemessenen rechtlichen und praktischen Umgang mit den Tätern und den dadurch erreichbaren Schutz potentieller Opfer.[7] Mehrere Bürgerinitiativen forderten, gestützt von einer Million Unterschriften, eine härtere Behandlung

[1] Zur Berichterstattung in den Medien ausführlich *Wilmer* 1996, 146 ff.
[2] *Schall/Schreibauer* NJW 1997, 2412, 2413.
[3] *Egg* 1998, 54; *ders.* 1999, 46.
[4] Vgl. *Pfeiffer/Wetzels* 1997, 13 f.
[5] *Frehsee* 2000, 23 ff.; *Kania* 2004, 137 ff.; *Walter* 2000, 12 ff.
[6] *Dölling* 1999, S.19; *Schall/Schreibauer* NJW 1997, 2412, 2413.
[7] *Elz* 2001, 13; *Egg* 1998, 57; *Schall/Schreibauer* NJW 1997, 2413, 2413.

und härtere Strafbestimmungen für Sexualstraftäter.[8] Der öffentlich-mediale Aufmerksamkeitszyklus führte zu mehreren Reformen seitens des Gesetzgebers im Bereich der Sexualkriminalität.[9] Die gesetzgeberische Aktivität erscheint dabei als Reaktion auf den politischen Druck, den die Massenmedien im Gefolge von einzelnen Sexual- und Tötungsdelikten erzeugt hatten[10] und als Beruhigung der öffentlichen Meinung[11]. So wurde u.a. aufgrund der in den Medien bekannt gewordenen schweren Straftaten, insbesondere der an Kindern begangenen Sexualdelikte, das Gesetz zur Bekämpfung von Sexualdelikten und anderen gefährlichen Straftaten vom 26.1.1998[12] erlassen, um den Schutz der Bevölkerung vor Sexualdelikten und anderen gefährlichen Straftaten sowie vor Rückfalltaten in diesem Bereich zu verbessern.[13] Dieses Gesetz führte bekanntlich zu erhebliche Änderungen im Sanktionenrecht. So wurde für Sexualstraftäter die bedingte Aussetzung des Strafrestes erschwert und die Möglichkeiten der Sicherungsverwahrung und Führungsaufsicht erleichtert.[14] Daneben hat das 6. Strafrechtsreformgesetz (StrRG) vom 26.1.1998[15] Strafverschärfungen und neue Kriminalisierungen im Bereich des Sexualstrafrechts gebracht.[16]

Die Diskussion in diesem Bereich war damit jedoch noch längst nicht abgeschlossen. Denn die Hilflosigkeit der Opfer und die weitreichenden psychischen Folgen machen den sexuellen Missbrauch von Kindern zu einem Deliktsfeld, dem nach wie vor die ungebrochene Aufmerksamkeit auf allen Ebenen der Gesellschaft gilt und die Bevölkerung bewegt. So gab die Bundesregierung im Ersten Periodischen Sicherheitsbericht bekannt, dass sie „in ihren Anstrengungen nicht nachlassen und neben der Aufklärung und Verfolgung dieser Straftaten vor allem auch präventive Maßnahmen mit Nachdruck unterstützen" werde.[17]

Was die Bundesregierung damit meinte, zeigte sich, als durch das Gesetz zur Einführung der vorbehaltenen Sicherungsverwahrung vom 21.8.2002[18] der § 66a ins Strafgesetzbuch aufgenommen wurde. Danach kann die Sicherungsverwah-

---

[8] *Rosenau* StV 1999, 388; *Weber/Narr* Blätter für deutsche und internationale Politik 1997, 313, 314.
[9] *Albrecht* 2004, 506; *Kania* 2004, 142 f.
[10] *Dessecker* NStZ 1998, 1, 4.
[11] *Albrecht* ZStW 1999, 863, 871.
[12] BGBl. I, 160.
[13] BT-Drs. 13/8586, 1.
[14] Im einzelnen dazu siehe *Dölling* 1999, 28 ff.; *Eisenberg/ Hackethal* ZfStVo 1998, 196 ff.; *Hammerschlag/Schwarz* NStZ 1998, 321 ff.; *Rosenau* StV 1999, 388, 394 ff.; *Rotthaus* NStZ 1998, 597 ff.; *Schöch* NJW 1998, 1257 ff.
[15] BGBl. I, 164.
[16] Vgl. A.III.
[17] PSB 2001, 616.
[18] BGBl. I, 3344.

rung noch während des Strafvollzuges verhängt werden, wenn das Gericht zum Zeitpunkt der Aburteilung nicht mit hinreichender Sicherheit den Hang zu erheblichen Straftaten feststellen konnte und deshalb im Urteil die spätere Anordnung der Sicherungsverwahrung vorbehalten hat.[19] Darüber hinaus wurden, nach Scheitern der Initiative auf Bundesebene, von einigen Bundesländern Gesetze erlassen, nach denen die nachträgliche Anordnung der Unterbringung in der Sicherungsverwahrung ermöglicht wurde, sofern sich im Verlauf der Haft ergibt, dass der Täter für die Allgemeinheit gefährlich ist, weil von ihm erhebliche Straftaten zu erwarten sind.[20] Nachdem das Bundesverfassungsgericht die Gesetze der Länder Bayern und Sachsen-Anhalt wegen Verstoßes gegen die konkurrierende Gesetzgebungskompetenz des Bundes für das Strafrecht mit dem Grundgesetz unvereinbar erklärt hatte[21], wurde vom Bundestag das Gesetz zur Einführung der nachträglichen Sicherungsverwahrung vom 23.7.2004[22] verabschiedet, wonach § 66b ins Strafgesetzbuch eingefügt wurde. Nach dieser Vorschrift ist die nachträgliche Anordnung der Sicherungsverwahrung möglich, sofern während des Strafvollzug Tatsachen erkennbar werden, die auf eine Gefährlichkeit des Verurteilten für die Allgemeinheit hinweisen.

Außerdem wurde bereits kurz nach Inkrafttreten des 6. StrRG vom Bundesrat[23] der erste von mehreren weiteren Gesetzesentwürfen eingereicht, welche die erneute Änderung der Tatbestände des sexuellen Missbrauchs von Kindern, die erst 1998 neu gefasst worden waren, zum Inhalt hatten. Durch das am 1.4.2004 in Kraft getretene Gesetz zur Änderung der Vorschriften über die Straftaten gegen die sexuelle Selbstbestimmung und zur Änderung anderer Vorschriften vom 27.12.2003[24] erfolgte so eine Reform der Reform der Tatbestände, die den sexuellen Missbrauch von Kindern betreffen.[25]

Die erhebliche Bedeutung, welche die Öffentlichkeit der Sexualkriminalität beimisst, ist im Wesentlichen allein auf die Medienberichterstattung zurückzuführen. Sowohl die Diskussion über den sexuellen Missbrauch als auch die zahlreichen Gesetzgebungsverfahren können nicht auf Befunde empirischer Untersuchungen zur Prävalenz des sexuellen Missbrauchs und den Folgen für die Opfer gestützt werden. Denn gerade im Bereich der an Kindern begangenen sexuel-

---

[19] Zu diesem Gesetz *Kinzig* NJW 2002, 3204 ff.

[20] Hierzu ausführlich *Goll/Wulf* ZRP 2001, 284 ff.; *Hanack 2003, 714 ff.; Kinzig* StV 2002, 500 ff.; *ders.* NJW 2001, 1455 ff.; *Peglau* NJW 2001, 2436 ff.; *Ullenbruch* NStZ 2001, 292 ff.

[21] BVerfG, 2 BvR 834/02 und 2 BvR 1588/02 vom 10.2.2004.

[22] BGBl. I, 1838.

[23] BT-Drs. 14/1125.

[24] BGBl. I, 3007.

[25] Zu dieser Reformen der Reform vgl. A.IV.

len Kriminalität lassen sich nach wie vor erstaunliche Wissensdefizite feststellen. Zwar wurden bereits eine Vielzahl von Untersuchungen zur Rückfälligkeit von Sexualstraftätern durchgeführt[26], die bisherige kriminologische Forschung stützt sich jedoch fast ausschließlich auf Fälle, bei denen es zu strafrechtlichen Verurteilungen gekommen ist. Kenntnisse über das Legalverhalten von Personen, gegen die zwar Ermittlungsverfahren eingeleitet, aber nicht mit einer förmlichen Verurteilung abgeschlossen wurden, fehlen in diesem Bereich gänzlich. Dies ist sehr bedenklich, da nach den bislang vorliegenden Befunden davon auszugehen ist, dass etwa 2/3 aller Verfahren, die wegen des Verdachtes eines sexuellen Missbrauchs an Kindern eingeleitet wurden, nicht mit einer förmlichen Verurteilung beendet werden.[27] Eine Einstellung bzw. Nichtverurteilung erfolgt allerdings nicht nur, wenn keine Sexualstraftat vom Beschuldigten begangen wurde, sondern viel häufiger weil der Täter mit justizförmigen Mitteln nicht überführt werden kann. Folglich beschränkt sich der bisherige Forschungsstand zum Legalverhalten von Personen, die wegen Sexualstraftaten an Kindern auffällig geworden sind, nur auf einen kleinen Ausschnitt der bekannt gewordenen Straftaten in diesem Bereich und ist deshalb nach wie vor sehr verbesserungsbedürftig.

An diesem Punkt setzt die vorliegende Untersuchung *„Legalverhalten nach Sexualdelinquenz"* an. Es wurde das weitere Legalverhalten solcher Täter, die wegen eines an einem Kind begangenen Sexualdelikts auffällig geworden sind, untersucht. Die Aktenanalyse erstreckte sich auf Verfahren, die 1998 an den Staatsanwaltschaften Braunschweig, Göttingen und Hannover durchgeführt wurden. Die Besonderheit des Untersuchungsansatzes besteht darin, dass nicht nur das Legalverhalten verurteilter Täter untersucht wurde, sondern auch das Legalverhalten solcher Personen, bei denen das Verfahren mit einer Einstellung beendet worden ist. Durch die Erfassung aller eingeleiteten Strafverfahren und damit dem gesamten Hellfeld soll nicht nur die bisherigen Wissensdefizite im Bereich der Rückfälligkeit von Sexualstraftäter reduziert werden. Außerdem sollen die Untersuchungsergebnisse zu mehr Rationalität im Umgang mit der Sexualdelinquenz beitragen.

Gegenstand der Untersuchung ist neben der Häufigkeit, Art und Schwere der weiteren Delinquenz die Frage, welche Umstände mit der weiteren Straffälligkeit korrelieren. Die in der bisherigen Forschung ermittelten Rückfallfaktoren wurden herausgearbeitet und auf ihre prognostische Relevanz hin bei der Untersuchungsgruppe überprüft. Durch die Heranziehung der hierbei ermittelten Befunde soll die Erstellung einer individuelle Kriminalprognose bei Sexualstraftä-

[26] Zu diesen Untersuchungen C.I.
[27] Untersuchungen von *Gunder* 1999, 282 f.; *Volbert/Busse* 1995, 154; *Langen* 2000, 37 ff.

tern und damit auch der Schutz von Missbrauchsopfern verbessert werden, so dass die Untersuchung auch einen empirisch-kriminologischen Beitrag zum präventiven Opferschutz leistet.

Der Gang der Untersuchung stellt sich folgendermaßen dar: In Kapitel A werden zunächst die Voraussetzungen der Strafbarkeit wegen eines Sexualdeliktes unter besonderer Berücksichtigung der zahlreichen Reformen dargestellt. Daran schließt sich in Kapitel B ein Überblick über die Erkenntnisse zur Sexualkriminalität, die aus den offiziellen Statistiken zu gewinnen sind, an. In Kapitel C wird der empirische Forschungsstand zur Rückfälligkeit von Sexualstraftätern dargestellt und die Möglichkeit der Nutzung der Forschungsergebnisse im Rahmen der individuellen Kriminalprognose aufgezeigt. Nach der Darlegung der Zielsetzung der Untersuchung in Kapitel D, folgt in Kapitel E ein methodischer Teil, in welchem die Konstruktion und der Ablauf der empirischen Untersuchung detailliert erläutert werden. In dem Kapitel F erfolgt sodann die Präsentation der Untersuchungsergebnisse. In dem die Arbeit abschließenden Kapitel G werden die wesentlichen Untersuchungsergebnisse zusammengefasst und hieraus mögliche Schlussfolgerungen gezogen.

A. Strafrechtliche Einordnung des sexuellen Missbrauchs von Kindern

I. Gesetzgebungsgeschichte

Beschäftigt sich eine Untersuchung mit der empirischen Seite des sexuellen Missbrauchs von Kindern und seiner Aufarbeitung im Strafverfahren, wie auch die vorliegende Untersuchung, erscheint es sinnvoll und notwendig, sich zunächst mit der strafrechtlichen Erfassung dieses Phänomens und den zählreichen Änderungen der letzten Jahre genauer zu befassen. Deshalb werden im Nachfolgenden die Strafbarkeitsvoraussetzungen der Sexualstraftaten dargestellt, die bei einem Kind als Opfer in Betracht kommen. Wird ein Kind sexuell missbraucht, kommen zunächst die Tatbestände des 13. Abschnitts des Strafgesetzbuches (§§ 174-184c StGB[28]) – die Straftaten gegen die sexuelle Selbstbestimmung – in Betracht. Daneben können zwar auch der Beischlaf zwischen leiblichen Verwandten gem. § 173[29], die Beleidigung gem. § 185, die Nötigung gem. § 240, die Körperverletzungsdelikte gem. §§ 223 ff. bzw. die Tötungsdelikte nach §§ 211 ff. strafrechtlich relevant werden. Es werden jedoch nur die in Betracht kommenden Normen des 13. Abschnitts des Strafgesetzbuches näher dargestellt, da die anderen Tatbestände, abgesehen von den Tötungsdelikten, nicht ins Gewicht fallen und deshalb bei der Strafverfolgung auch vernachlässigt werden.

Das Sexualstrafrecht, das im Strafgesetzbuch von 1871 als „Verbrechen und Vergehen wider der Sittlichkeit“ bezeichnet wurde, stammte weitgehend schon aus dem preußischen Strafgesetzbuch von 1851 und galt bis in die sechziger Jahre des 20. Jahrhunderts im Wesentlichen unverändert.[30] Erst 1969 wurden durch das 1. Strafrechtsreformgesetz[31] die umstrittenen Tatbestände des Ehebruchs, der einfachen Homosexualität, der Unzucht mit Tieren und der Erschleichung des Beischlafs abgeschafft.

Vier Jahre später wurde der 13. Abschnitt durch das 4. Strafrechtsreformgesetz von 1973[32] völlig neu gestaltet.[33] Grundgedanke dieser Reform war, dass ein

---

[28] Bei Paragraphen ohne Angaben handelt es sich im Folgenden um solche des StGB.

[29] Hierbei handelt es sich nicht um eine Straftat gegen die sexuelle Selbstbestimmung. Geschütztes Rechtsgut ist im 12. Abschnitt des Strafgesetzbuches die Ehe und Familie. Die Vorschrift stützt sich auf die familienzerstörende Wirkung inzestuöser Beziehungen sowie auf die mit ihnen verbundenen Gefahren psychischer, eugenischer und genetischer Schäden.

[30] *Schröder* JZ 1999, 827.

[31] BGBl. I, 645.

[32] BGBl. I, 1725.

Verhalten nicht schon um seiner Unmoral willen Strafe verdient, sondern erst dann, wenn dadurch elementare Interessen anderer oder der Gemeinschaft verletzt werden. Ziel war damit also die mit der „Entmoralisierung" des Sexualstrafrechts verbundene Beschränkung der Strafbarkeit auf eindeutig sozialschädliche Verhaltensweisen.[34] Durch das 4. StrRG wurden die bisher verwendeten Begriffe der „Unzucht" und „unzüchtigen Handlung" durch den der „sexuellen Handlung" ersetzt und die Vorschriften über den sexuellen Missbrauch in Abhängigkeitsverhältnissen, die Kuppelei und die Verbreitung unzüchtiger Schriften eingeschränkt.

Nach dem 4. StrRG ist das Sexualstrafrecht fast 20 Jahre lang unverändert geblieben. Seit den 90er Jahren ist es jedoch Gegenstand fortgesetzter und lebhafter Reformen.[35] Insbesondere das 33. Strafrechtsänderungsgesetz (StrÄG) vom 1.7.1997[36] und das 6. StrRG vom 12.1.1998 brachten umfassende Neuregelungen, wobei es zu einem radikaleren Wandel als in Jahrhunderten zuvor gekommen ist.[37] Vor allem das 6. StrRG hat Strafverschärfungen und neue Kriminalisierungen gebracht, wobei der Schwerpunkt auf der Strafrahmenverschiebung beim sexuellen Missbrauch von Kindern lag.[38] Durch die Aufhebung des seit der wilhelminischen Zeit herrschenden Ungleichgewichts der Strafdrohungen zum Schutz der Person einerseits und den Vermögenswerten andererseits ist eine berechtigte und überfällige Strafrahmenharmonisierung erfolgt.[39]

Die Wesentlichkeit der 1997 und 1998 erfolgten Gesetzesänderungen erschließt sich erst nach einem Vergleich der Rechtslage vor und nach den Gesetzesänderungen. Aus diesem Grund soll zunächst die Gesetzeslage bis zum Inkrafttreten des 33. StrÄG am 5.7.1997 dargestellt werden und in einem weiteren Schritt auf die im Untersuchungszeitraum geltende Gesetzeslage, insbesondere auf die durch das 33. StrÄG und das 6. StrRG eingetretenen Veränderungen eingegangen werden.

---

[33] Hierzu ausführlich: *Becker* 1974; *Schroeder* 1975.

[34] *Schönke/Schröder-Lenckner/Perron* 2001, Vorbem §§ 174 ff. Rn.1 f.

[35] Zur Reformdiskussion vgl. *Sick* 1993; *Wetzel* 1998.

[36] BGBl. I, 1607.

[37] *Schroeder* JZ 1999, 827, 828.

[38] *Prittwitz* 2000, S.110; *Rosenau* StV 1999, 388, 393.

[39] Die Harmonisierung der Strafrahmen war Hauptanliegen des 6. StrRG, vgl. BT-Drs. 13/8587, 32; 13/9064, 12.

II. Gesetzeslage bis zum 5.7.1997

1. Begriff der sexuellen Handlung

In den Vorschriften des Sexualstrafrechts ist die „sexuelle Handlung“ ein Kernbegriff, der in § 184c Nr.1 dahingehend eine Begriffsbestimmung findet, dass sexuelle Handlungen nur solche sind, die im Hinblick auf das jeweils geschützte Rechtsgut von einiger Erheblichkeit sind. Damit ist der Begriff der „sexuellen Handlung“ jedoch noch nicht definiert, sondern erfährt lediglich durch die Bezugnahme auf das jeweils geschützte Rechtsgut und die Erheblichkeit eine gewisse Einschränkung.[40]

Sexuell ist eine Handlung, die objektiv, d.h. nach ihrem äußeren Erscheinungsbild einen Sexualbezug aufweist.[41] Handlungen, die äußerlich völlig neutral sind und keinerlei Hinweis auf das Geschlechtliche enthalten, sind daher auch dann keine sexuellen Handlungen, wenn sie einem sexuellen Motiv entspringen, da die vom Täter mit seiner Handlung insgeheim verfolgten geschlechtlichen Ziele die sexuelle Selbstbestimmung oder die ungestörte sexuelle Entwicklung Jugendlicher nicht beeinträchtigen können.[42] Wie sich bereits aus den §§ 174 Absatz 2, 176 Absatz 5 ergibt[43], ist neben dieser objektiven Komponente ein subjektives Element in Gestalt einer Absicht der sexuellen Erregung oder einer wollüstigen Absicht nicht erforderlich.[44] Lediglich bei einer ambivalenten Handlung, die nicht ohne weiteres einen sexuellen Bezug aufweist, wie beispielsweise Schläge auf den nackten Körper, wird teilweise gefordert, dass sie durch die Absicht motiviert wird, eigene oder fremde Geschlechtslust zu erregen oder zu befriedigen.[45] Da innere Vorgänge, die nicht nach außen wirken, nicht pönalisierungswürdig sind, ist auch hier eine objektive Auslegung vorzunehmen.[46] Es muss in jedem Fall an einem äußerlich sichtbaren, für einen Betrachter als sexuelle Handlung erkennbaren Vorgang angeknüpft werden und nicht an Lebenssachverhalte, die ihren sexuellen Bezug nur in Tendenzen des Handelnden haben.[47]

---

[40] *Schönke/Schröder-Lenckner* 1997, § 184c Rn.4.

[41] BGHSt 29, 336, 338; BGH NJW 1992, 325; LK-*Laufhütte* 1994, § 184c Rn.5; *Schönke/Schröder-Lenckner* 1997, § 184c Rn.6.

[42] *Schönke/Schröder-Lenckner* 1997, § 184c Rn.6.

[43] Nach diesen Vorschriften ist erforderlich, dass der Täter handelt, um sich das Kind bzw. den Schutzbefohlenen oder einen anderen sexuell zu erregen.

[44] BGHSt 29, 336, 338; *Tröndle* 1997, § 184c Rn.4; *Schönke/Schröder-Lenckner* 1997, § 184c Rn.7.

[45] *Schönke/Schröder-Lenckner* 1997, § 184c Rn.9.

[46] LK-*Laufhütte* 1994, § 184c Rn.6.

[47] LK-*Laufhütte* 1994, § 184c Rn.6.

Wenn eine sexualbezogene Handlung vorliegt, muss diese einige Erheblichkeit aufweisen, um einen der Tatbestände der §§ 174 ff. zu erfüllen. Es ist festzustellen, ob das Rechtsgut im Hinblick auf Art, Intensität, Dauer und sonstige Umstände wie den Handlungsrahmen und die Beziehung zwischen den Beteiligten in einer Weise berührt ist, dass von einiger Erheblichkeit gesprochen werden kann.[48] Die Erheblichkeit einer sexuellen Handlung ist jedoch relativ, da sie im Hinblick auf das geschützte Rechtsgut zu bestimmen ist.[49] Deshalb sind bei Tatbeständen zum Schutze der ungestörten sexuellen Entwicklung von Kindern und Jugendlichen geringere Anforderungen zu stellen als bei Delikten gegen die sexuelle Selbstbestimmung Erwachsener.[50] So ist etwa ein Zungenkuss in den Fällen des § 176 I eine sexuelle Handlung, nicht aber ohne weiteres in den Fällen des § 178.[51] Demzufolge kann eine Handlung je nach geschütztem Rechtsgut des Tatbestandes unterschiedlich bewertet werden.[52]

2. Sexueller Missbrauch von Kindern gem. § 176

a) Geschütztes Rechtsgut

Die zentrale Vorschrift bei Sexualstraftaten zu Lasten von Kindern ist § 176, welche die Überschrift „Sexueller Missbrauch von Kindern" trägt. Rechtsgut dieser Norm ist die von vorzeitigen sexuellen Erlebnissen ungestörte Gesamtentwicklung des Kindes, d.h. einer Person unter vierzehn Jahren.[53] Dabei handelt es sich bei der Tat insoweit um ein abstraktes Gefährdungsdelikt, als die Möglichkeit einer konkreten Gefahr für das psychische oder physische Wohl des Kindes oder eines entsprechenden Schadens zwar ein gesetzgeberisches Motiv ist, aber nicht zum Tatbestand gehört.[54] Da die Möglichkeit schädlicher Wirkungen der nach § 176 unter Strafe gestellten Handlungen nie auszuschließen ist, ist auch der Gegenbeweis der Ungefährlichkeit ausgeschlossen[55], so dass der Tatbestand sowohl erfüllt ist, wenn das Kind bereits sexuell erfahren oder „verdorben" war, als auch dann, wenn die Initiative von ihm ausgegangen ist.[56]

---

[48] BGHSt 29, 336, 338; *Tröndle* 1997; § 184c Rn.5; *Schönke/Schröder-Lenckner* 1997, § 184c Rn.15a.

[49] LK-*Laufhütte* 1994, § 184c Rn.10; *Tröndle* 1997, § 184c Rn.8.

[50] *Schönke/Schröder-Lenckner* 1997, § 184c Rn.16.

[51] BGHSt 18, 169; BGH StV 83, 415, 416.

[52] Deshalb wird erst bei der folgenden Darstellung der verschiedenen Tatbestände auf Fallkonstellationen eingegangen, bei denen die Erheblichkeit gegeben bzw. nicht gegeben ist.

[53] *Tröndle* 1997, § 176 Rn.1; *Schönke/Schröder-Lenckner* 1997, § 176 Rn.1.

[54] BGHSt 38, 68, 69; *Tröndle* 1997, § 176 Rn.1.

[55] BGHSt 38, 68, 69; LK-*Laufhütte* 1994, § 176 Rn.1.

[56] *Schönke/Schröder-Lenckner* 1997, § 176 Rn.1.

b) *Grundtatbestand*

Die Voraussetzungen für die Strafbarkeit ergeben sich zunächst aus § 176 Absatz 1 und 2, wonach für den Grundtatbestand eine Strafdrohung von sechs Monaten bis zu zehn Jahren Freiheitsstrafe vorgesehen ist.

Nach Absatz 1 wird bestraft, wer sexuelle Handlungen an einem Kind vornimmt oder solche an sich von dem Kind vornehmen lässt. Damit wird ein unmittelbarer körperlicher Kontakt des Täters mit dem Kind erfasst. In Betracht kommen vor allem Manipulationen am Geschlechtsteil.[57] Nicht erheblich im Sinne des § 184 c sind dahingegen flüchtige oder zufällige Berührungen[58], wie z.B. das Berühren des nackten Oberschenkels[59] oder Streicheln des nackten Knies[60], das kurze Berühren der Brust über der Kleidung[61] oder das flüchtige Greifen unter den Rock.[62]

Wird das Kind zu körperlichen Kontakten mit Dritten bestimmt, d.h. wird es dazu bestimmt, dass es sexuelle Handlungen an einem Dritten vornimmt oder von einem Dritten an sich vornehmen lässt, ist der Absatz 2 einschlägig. Der Täter muss den Willen des Kindes ausdrücklich oder konkludent durch eine entsprechende psychische Einwirkung beeinflusst und dadurch dessen Entschluss, die sexuelle Handlung vorzunehmen oder zu dulden, jedenfalls mitverursacht haben.[63] Das Delikt ist damit eine zur selbständigen Tat erhobene Quasi-Anstiftung, bei der das Kind Werkzeug der Selbstschädigung ist.[64] Bei Kleinkindern, bei denen ein solcher Entschluss zweifelhaft sein kann, muss jedoch auch schon das bloße Verursachen des fraglichen Verhaltens genügen.[65] Ob sich der Dritte strafbar macht, ist ebenfalls ohne Bedeutung, so dass dieser ein Kind sein kann.[66] Kein Bestimmen liegt dagegen vor, wenn das Kind miterlebtes Verhalten von Erwachsenen nur nachahmt.[67]

Das Kind braucht die Bedeutung des Vorgangs dabei nicht zu verstehen, so dass der Tatbestand auch erfüllt ist, wenn das Kind die Sexualbezogenheit nicht er-

---

[57] *Tröndle* 1997, § 176 Rn.3.
[58] BGH NStZ 1992, 432.
[59] *Tröndle* 1997, § 184c Rn.7.
[60] *Schönke/Schröder-Lenckner* 1997, § 176 Rn.3.
[61] BGH NStZ 1992, 432.
[62] *Schönke/Schröder-Lenckner* 1997, § 176 Rn.3; *Tröndle* 1997, § 176 Rn.3.
[63] LK-*Laufhütte* 1994, § 176 Rn.4; *Schönke/Schröder-Lenckner* 1997, § 176 Rn.8.
[64] *Tröndle* 1997, § 176 Rn.5.
[65] BGH MDR 1996, 83, 84; *Schönke/Schröder-Lenckner* 1997, § 176 Rn.8.
[66] LK-*Laufhütte* 1994, § 176 Rn.5; *Tröndle* 1997, § 176 Rn.5.
[67] *Tröndle* 1997, § 176 Rn.5.

kennt oder noch nicht erkennen kann.[68] Dementsprechend muss das Kind die sexuelle Handlung nicht einmal wahrnehmen, so dass sexuelle Handlungen auch an einem schlafenden Kind vorgenommen werden können.[69] Eine ungefähre dem Alter des Kindes entsprechende Vorstellung von der sexuellen Bedeutung der vorgenommenen Handlung ist nicht erforderlich[70], da der Wortlaut des § 176 in Verbindung mit § 184c Nr.1 auf die Erheblichkeit der sexuellen Handlung und nicht auf das Bewusstsein der Sexualbezogenheit abstellt. Entscheidend ist allein, dass der Täter in die Sexualsphäre des Kindes eindringt, was nach der Wertenscheidung des Gesetzgebers schlechthin unterbunden werden sollte. Würde der Tatbestand auf ein derartiges Bewusstsein abstellen, würden im Ergebnis Kinder in den ersten Lebensjahren schutzlos gestellt werden.

c) *Strafrahmenverschiebungen*

aa) *Milderungsgründe*

(1) *Minder schwere Fälle*

In minder schweren Fällen des Grundtatbestandes nach § 176 Absatz 1 und 2 gilt ein Strafrahmen von Freiheitsstrafe bis zu fünf Jahren oder Geldstrafe. Entscheidend ist, ob das gesamte Tatbild einschließlich aller subjektiven Momente und der Täterpersönlichkeit vom Durchschnitt der erfahrungsgemäß vorkommenden Fälle in einem Maß abweicht, dass die Anwendung des Ausnahmestrafrahmens geboten erscheint.[71] Minder schwere Fälle sind insbesondere anzunehmen, wenn es sich um knapp über der Erheblichkeitsschwelle liegende, relativ harmlose Handlungen handelt[72]. Eine Anwendung kommt auch in Betracht, wenn eine nicht schwerwiegende Tat auf die Aktivität des Kindes zurückgeht.[73]

(2) *Abgestufter Strafrahmen nach Absatz 5*

Eine weitere abgestufte Strafdrohung mit Freiheitsstrafe bis zu drei Jahren oder Geldstrafe erfasste das Gesetz in § 176 Absatz 5, in dem sexuelle Kontakte mit dem Kind ohne direkten Körperkontakt unter Strafe gestellt sind.

---

[68] BGHSt 29, 336, 339; 38, 68, 70; *Tröndle* 1997, § 176 Rn.3.

[69] BGHSt 38, 68, 70; *Tröndle* 1997, § 176 Rn.3.

[70] Dies fordert jedoch *Schönke/Schröder-Lenckner* 1997, § 184c Rn.18.

[71] LK-*Laufhütte* 1994, § 176 Rn.22.

[72] LK-*Laufhütte* 1994, § 176 Rn.22; *Tröndle* 1997, § 176 Rn.14; *Schönke/Schröder-Lenckner* 1997, § 176 Rn.26.

[73] *Tröndle* 1997, § 176 Rn.14.

Der Absatz 5 enthielt mehrere Tatmodalitäten. Durch die Nr.1 wurden sexuelle Handlungen erfasst, die von einer Person vor einem Kind an sich selbst oder an einem Dritten vorgenommen wurden.[74] Damit waren sowohl exhibitionistische Handlungen als auch der vor einem Kind durchgeführte Geschlechtsverkehr gemeint, wobei das Kind den Vorgang als solchen zwar wahrnehmen musste, sich der eigentlichen Bedeutung der Handlung aber nicht bewusst zu sein brauchte.[75] Nach Nr.2 war strafbar, wer das Kind zur Vornahme sexueller Handlungen vor ihm oder einem Dritten bestimmte. Der Täter musste das sexuelle Geschehen in räumlicher Nähe und nicht nur über eine Telefonverbindung verfolgen.[76] Nicht ausreichend zur Verwirklichung dieser Alternative war es, wenn der Täter das Kind veranlasste, nackt zu baden oder ohne Entblößung seines Geschlechtsteils seinen Rock hochzuheben[77], einen Handstand zu machen, bei dem der Schlüpfer sichtbar wurde[78] und in Unterwäsche die Beine zu spreizen.[79] Bestimmte der Täter das Kind zu sexuellen Handlungen vor ihm oder einem anderen und zugleich an einem anderen, so war für Nr.2 jedoch kein Raum, da der mit höherer Strafe bedrohte Absatz 2 anzuwenden war.[80] Damit blieben für Nr.2 nur die Fälle, in denen das Kind die sexuellen Handlungen an sich selbst vornahm. Durch Nr.3 wurde das Einwirken auf ein Kind durch Vorzeigen pornographischer Abbildungen oder Darstellungen, durch Abspielen von Bild- und Tonträgern pornographischen Inhalts oder durch entsprechende Reden unter Strafe gestellt. Das Einwirken setzte dabei eine Handlung voraus, die zur sinnlichen Wahrnehmung der Abbildungen etc. durch das Kind führte und auf eine psychische Einflussnahme gerichtet war.[81] Dies war bei einem flüchtigen Vorzeigen oder kurzen Vorspielen nicht erfüllt.[82] Da das Einwirken eine Einflussnahme tiefergehender Art verlangte, genügten bloß sexualbezogene oder auch grob sexuelle Äußerungen ebenso wenig wie kurze oberflächliche Reden.[83]

Als besonderes subjektives Merkmal war für die Verwirklichung des Absatzes 5 die Absicht des Täters, sich, das Kind oder einen Dritten durch die in Nr.1 bis 3 genannten Handlungen sexuell zu erregen, erforderlich. Durch die Einbeziehung

---

[74] *Schönke/Schröder-Lenckner* 1997, § 176 Rn.18.
[75] *Tröndle* 1997, § 176 Rn.6.
[76] BGHSt 41, 285, 286 f.
[77] *Schönke/Schröder-Lenckner* 1997, § 176 Rn.19; *Tröndle* 1997, § 176 Rn.7.
[78] BGHSt 17, 280, 282.
[79] BGH NJW 1992, 325, 326.
[80] *Schönke/Schröder-Lenckner* 1997, § 176 Rn.19.
[81] BGHSt 29, 30, 31.
[82] LK-*Laufhütte* 1994, § 176 Rn.13.
[83] BGH NStZ 1991, 485. Der Tatbestand wurde für die Äußerung des Angeklagten „Wollt ihr mal einen dicken Pimmel sehen?“ gegenüber zwei Mädchen verneint.

des Dritten[84] waren auch die Fälle erfasst, in denen der Täter nicht aus eigenen sexuellen Motiven, sondern etwa aus Geschäftsinteresse handelte.[85] Deshalb handelte tatbestandsmäßig, wer die Absicht hatte, einen bei der Tatbegehung nicht anwesenden späteren Erwerber der pornographischen Aufnahme, welche die nach Nr.2 bestimmten Kinder zeigten, als anderen sexuell zu erregen.[86]

bb) Strafschärfungen

Die Vorschrift des § 176 enthielt neben diesen mit milderer Strafe bedrohten Tathandlungen jedoch auch strafschärfende Absätze.

So sah § 176 Absatz 3 bei besonders schweren Fällen ein Strafrahmen von einem bis zu zehn Jahren vor. Bemerkenswert dabei ist jedoch, dass lediglich das unterste Strafmaß im Vergleich zu den Absätzen 1 und 2 erhöht, das Höchstmaß aber identisch war. Im Gesetz wurden die Regelbeispiele des Beischlafes (Nr.1) und der schweren körperlichen Misshandlung bei der Tat (Nr.2) genannt. Daneben kam ein unbenannter besonders schwerer Fall beispielsweise auch bei Oral- oder Analverkehr[87], wiederholtem Missbrauch und bei erheblichen, vom Täter vorauszusehenden psychischen Schäden[88] in Betracht.

Eine weitere Erhöhung sowohl der Mindest- als auch der Höchststrafe war in der Erfolgsqualifikation des Absatzes 4 zu finden, der eine Freiheitsstrafe nicht unter fünf Jahren anordnete, wenn der Tod des Kindes durch die Tat leichtfertig verursacht wurde.

3. Sexueller Missbrauch von Schutzbefohlenen gem. § 174

Zu § 176 tateinheitlich kann auch § 174 verwirklicht sein.[89] Rechtsgut dieser Vorschrift ist die sexuelle Freiheit und ungestörte sexuelle Entwicklung von Kindern und Jugendlichen innerhalb bestimmter Unterordnungs- und Abhängigkeitsverhältnisse.[90]

---

[84] Dieser braucht nicht mit dem Dritten des § 176 Absatz 5 Nr.2 identisch zu sein. Vgl. LK-*Laufhütte* 1994, § 176 Rn.16; *Schönke/Schröder-Lenckner* 1997, § 176 Rn.23.

[85] LK-*Laufhütte* 1994, § 176 Rn.16.

[86] BGH NStE Nr.7 zu § 176

[87] BGH NStZ 1994, 429, 430.

[88] *Schönke/Schröder-Lenckner* 1997, § 176 Rn.11; *Tröndle* 1997, § 176 Rn.15

[89] *Schönke/Schröder-Lenckner* 1997, § 176 Rn.25; *Tröndle* 1997, § 176 Rn.17.

[90] LK-*Laufhütte* 1994, § 174 Rn.1; *Schönke/Schröder-Lenckner* 1997, § 174 Rn.1; *Tröndle* 1997, § 174 Rn.1a.

Hinsichtlich des geschützten Personenkreises wird im Gesetz sowohl im ersten als auch im zweiten Absatz zwischen drei Gruppen von Jugendlichen unterschieden, die je nach Alter und Grad ihrer Abhängigkeit einen differenzierten Schutz genießen.

a) Geschützter Personenkreis

Durch Nr.1 werden Personen unter 16 Jahren geschützt, die dem Täter zur Erziehung, Ausbildung oder zur Betreuung in der Lebensführung anvertraut sind. Es muss ein mit einer Über- und Unterordnung verbundenes Obhutverhältnis bestehen, kraft dessen der Täter eine gewisse Verantwortung für das geistige und sittliche Wohl des Schutzbefohlenen trägt und eine entsprechende Einwirkungsmöglichkeit hat. Wesentlich dabei ist, dass sich die Betreuung – gegebenenfalls über das sachliche Aufgabengebiet hinaus – auf den persönlichen Lebensbereich erstreckt.[91] Zur Erziehung anvertraut ist der Jugendliche demjenigen, der verpflichtet ist, die Lebensführung des Jugendlichen und damit auch dessen geistig-sittliche Entwicklung zu überwachen und zu leiten.[92] Beispiele dafür sind die leiblichen Eltern, Adoptiv- oder Pflegeeltern und die Stiefeltern, soweit ein Erziehungsverhältnis gegeben ist, außerdem der Vormund, die ihn unterrichtenden Lehrer oder Geistliche.[93] Mit Ausbildung sind Verhältnisse gemeint, die primär auf die Vermittlung von Wissen und Fähigkeiten auf einem bestimmten Gebiet, namentlich zur Vorbereitung auf einen Beruf ausgerichtet sind.[94] Das Merkmal „zur Betreuung in der Lebensführung" ist unter anderem bei einem Leiter eines Jugendheims, einer Jugendherberge oder eines Zeltlagers, einem Begleiter einer Schülerfußballmannschaft und einem Bewährungshelfer erfüllt.[95]

Durch Nr.2 wird der geschützte Personenkreis gegenüber der Nr.1 erweitert. Zum einen werden Personen, welche dem Täter i.S.d. Nr.1 anvertraut sind, bis zu einem Alter von 18 Jahren geschützt.[96] Zum anderen werden Personen unter 18 Jahren geschützt, die dem Täter im Rahmen eines Dienst- oder Arbeitsverhältnisses untergeordnet sind. Untergeordnet ist der Jugendliche dem Täter im Rahmen eines privat- oder öffentlichrechtlichen Dienst- und Arbeitsverhältnis-

---

[91] BGHSt 33, 340, 344.
[92] *Schönke/Schröder-Lenckner* 1997, § 174 Rn.6.
[93] *Schönke/Schröder-Lenckner* 1997, § 174 Rn.6; *Tröndle* 1997, § 174 Rn.3.
[94] *Schönke/Schröder-Lenckner* 1997, § 174 Rn.7.
[95] *Tröndle* 1997, § 174 Rn.5.
[96] Da Nr.2 bei Taten gegen Jugendliche unter 16 Jahren außerdem den Missbrauch der mit dem Obhutsverhältnis verbundenen Abhängigkeit voraussetzt, welcher nach Nr.1 nicht erforderlich ist, stellt Nr.2 gegenüber Nr.1 die speziellere Norm dar.

ses, wenn dieser sein Vorgesetzter ist, der eine über den Einzelfall hinausgehende Weisungsbefugnis hat.[97]

Von Nr.3, von der Nr.1 und 2 verdrängt werden, wird das noch nicht 18 Jahre alte, leibliche oder angenommene Kind geschützt. Das Eltern-Kind-Verhältnis soll gänzlich von Sexualkontakten freigehalten werden. Deshalb wird ohne Rücksicht auf die Erziehungspflicht allein auf die natürliche oder durch Adoption begründete Elternschaft abgestellt, so dass es nicht darauf ankommt, ob im Einzelfall ein Abhängigkeitsverhältnis tatsächlich besteht.[98] Demgemäß ist Nr.3 teilweise weiter gefasst als Nr.1 und 2. Andererseits ist der Tatbestand auf leibliche und angenommene Kinder begrenzt. Andere Elternformen, wie beispielsweise Stief- oder Pflegeeltern, sind demgegenüber vom Schutzbereich ausgeschlossen. Eine Bestrafung ist allerdings unter den Voraussetzungen der Nr.1 und 2 möglich.

b) Tathandlung

Die Tathandlungen des § 174 entsprechen im wesentlichen denen des § 176.[99] Nach Absatz 1 wird bestraft, wer sexuelle Handlungen an dem Schutzbefohlenen vornimmt oder an sich von dem Schutzbefohlenen vornehmen lässt. Diese sexuellen Kontakte, die in einer körperlichen Berührung bestehen, werden ebenfalls von § 176 I erfasst, wenn der Schutzbefohlene unter 14 Jahren ist. Jedoch ist der Strafrahmen bei § 174 mit Freiheitsstrafe bis zu fünf Jahren oder Geldstrafe deutlich geringer. Absatz 2 erfasst dagegen sexuelle Kontakte, bei denen es nicht zu einer körperlichen Berührung kommt. Danach wird bestraft, wer sexuelle Handlungen vor dem Schutzbefohlenen vornimmt oder den Schutzbefohlenen dazu bestimmt, dass er sexuelle Handlungen vor ihm vornimmt, um sich oder den Schutzbefohlenen hierdurch sexuell zu erregen. Auch diese Tathandlung war von § 176 in Absatz 5 Nr.1 und Nr.2 erfasst, wobei die Strafdrohungen der Strafvorschriften identisch waren.

Bei dem geschützten Personenkreis der bis zu 18-Jährigen des Absatzes 1 Nr.2 ist sowohl für die Tathandlung des Absatzes 1 als auch des Absatzes 2 zusätzlich erforderlich, dass der Täter die sexuelle Handlung unter Missbrauch einer mit dem Erziehungs-, Ausbildungs-, Betreuungs-, Dienst- oder Arbeitsverhältnis verbundenen Abhängigkeit vornimmt. Ein solcher Missbrauch der Abhängigkeit liegt vor, wenn der Täter offen oder verdeckt seine Macht und Überlegenheit in einer für den Jugendlichen erkennbar werdenden Weise als Mittel einsetzt, um

---

[97] *Schönke/Schröder-Lenckner* 1997, § 174 Rn.10; *Tröndle* 1997, § 174 Rn.6.
[98] BGH NJW 1994, 1078.
[99] Es wird auf die Ausführungen zu § 176 verwiesen.

sich diesen gefügig zu machen. Dies ist insbesondere der Fall, wenn für den Jugendlichen eine Drucksituation besteht oder der Täter seine Macht gegenüber dem Schutzbefohlenen erkennt und die auf ihr beruhende Abhängigkeit zu sexuellen Handlungen ausnutzt.[100] Dagegen fehlt es am Missbrauch bei einer echten Liebesbeziehung oder bei einer sexuell motivierten Initiative des Schutzbefohlenen, die für beide Teile ersichtlich keinen Zusammenhang mit der Abhängigkeit hat.[101]

Eine Besonderheit enthält Absatz 4, wonach in den Fällen des Absatzes 1 Nr.1 oder des Absatzes 2 iVm. Absatz 1 Nr.1 die Möglichkeit des Absehens von Strafe besteht, wenn bei Berücksichtigung des Verhaltens des Schutzbefohlenen das Unrecht der Tat gering ist. Bedeutung gewinnt diese Regelung vor allem, wenn ein sexuell erfahrener Jugendlicher den Täter verführt oder die Tat bewusst erleichtert.[102] Ferner werden für ein fakultatives Absehen von Strafe echte Liebesbeziehungen angegeben.[103] Eine echte Liebesbeziehung wird jedoch allenfalls unter nahezu Gleichaltrigen bestehen. Gem. § 2 JGG findet § 174 Absatz 4 auch im Jugendstrafrecht Anwendung. Jedoch wird bei diesen Beziehungen nur selten § 174 Absatz 1 Nr.1 oder Absatz 2 iVm. Absatz 1 Nr.1 einschlägig sein, da einem Jugendlichen oder Heranwachsenden nur in Ausnahmefällen eine fast gleichaltrige Person zur Erziehung, Ausbildung oder Betreuung in der Lebensführung anvertraut sein wird.

4. Sexuelle Nötigung gem. § 178 und Vergewaltigung gem. § 177

Kommt es bei sexuellen Handlungen zum körperlichen Kontakt zwischen dem Kind und dem Täter bzw. einem Dritten, können neben den bereits genannten Vorschriften auch § 177 und § 178 erfüllt sein, wenn der Täter das Kind mit Gewalt oder durch Drohung mit Gefahr für Leib oder Leben nötigt.[104] Rechtsgut dieser Vorschriften ist die Freiheit der sexuellen Selbstbestimmung.[105]

---

[100] BGHSt 28, 365, 367.

[101] BGHSt 28, 365, 367; *Schönke/Schröder-Lenckner* 1997, § 174 Rn.14; *Tröndle* 1997, § 174 Rn.12.

[102] *Schönke/Schröder-Lenckner* 1997, § 174 Rn.21; *Tröndle* 1997, § 174 Rn.13.

[103] BGHSt 22, 314 ff.; *Tröndle* 1997, *Schönke/Schröder-Lenckner* 1997, § 174 Rn.21; § 174 Rn.13

[104] Zu den Nötigungsmittel (Gewalt und Drohung mit gegenwärtiger Gefahr für Leib und Leben) *Sick* 1993, 96 ff. m.w.N.

[105] LK-*Laufhütte* 1994, § 177 Rn.1, § 178 Rn.1; *Schönke/Schröder-Lenckner* 1997, § 177 Rn.1, § 178 Rn.1.

Von § 178 wurden die Fälle erfasst, in denen der Täter einen anderen dazu nötigte, außereheliche sexuelle Handlungen des Täters oder eines Dritten an sich zu dulden oder an dem Täter oder einem Dritten vorzunehmen. Da nicht die allgemeine Handlungsfreiheit, sondern speziell die sexuelle Selbstbestimmung Schutzgut war, wurde eine an sich geringfügige sexuelle Handlung nicht deshalb zu einer solchen von einiger Erheblichkeit im Sinne des § 184c Absatz 1 Nr.1 weil das Nötigungsmittel von besonderer Intensität war.[106] Als belanglos wurden Küsse in den Nacken oder ins Gesicht angesehen.[107] Ebenfalls nicht erheblich war das Aufsichwerfen des bekleideten Täters auf das bekleidete Opfer.[108]

Der Tatbestand des § 177 war in zweifacher Hinsicht dahingehend eingeschränkt, dass nur Frauen vor der Nötigung zum außerehelichen Beischlaf mit dem Täter oder einem Dritten geschützt wurden. Handelte es sich beim Opfer um eine männliche Person, war der mit geringerer Strafe bedrohte § 178 einschlägig. Bei einer Vergewaltigung in der Ehe war demgegenüber nicht einmal § 178 anwendbar, sondern lediglich eine Strafbarkeit wegen Nötigung gem. § 240 gegeben. Diese Einschränkungen waren aus viktimologischer Sicht jedoch äußerst bedenklich. So ist ebenfalls eine Vergewaltigung eines Mannes möglich, die für das Opfer sowohl mit physischen als auch psychischen Folgen verbunden ist. Die Beschränkung auf den außerehelichen Beschlaf kann nur auf ein nicht mehr zeitgemäßes patriarchalisch geprägtes Gewaltverhältnis in der Ehe zurückgeführt werden. Der Ehefrau wurde nicht nur gegenüber ihrem Ehemann das sexuelle Selbstbestimmungsrecht abgesprochen. Darüber hinaus entfaltete die Norm eine Legitimationswirkung sexueller Gewalt innerhalb der Ehe.[109]

Da es sich bei den §§ 177, 178 um zweiaktige Delikte handelte, musste zwischen dem Einsatz des Nötigungsmittels und dem Beischlaf bzw. der Duldung oder Vornahme sexueller Handlungen eine finale Verknüpfung bestehen, d.h. das Nötigungsmittel musste eingesetzt werden, um die sexuelle Handlung unmittelbar zu ermöglichen.[110]

Sowohl § 177 als auch § 178 sahen in Absatz 2 eine Strafmilderung für minder schwere Fälle vor. Im Falle des § 177 reduzierte sich die Strafe von mindestens zwei Jahren auf sechs Monate bis zu fünf Jahren Freiheitsstrafe und bei § 178 von einem Jahr bis zu zehn Jahren auf drei Monate bis zu fünf Jahren Freiheitsstrafe. Ein minder schwerer Fall kam beispielsweise in Betracht, wenn der Täter

---

[106] *Schönke/Schröder-Lenckner* 1997, § 178 Rn.4.
[107] LK-*Laufhütte* 1994, § 178 Rn.3; *Tröndle* 1997, § 184c Rn.7.
[108] BGH NStZ 1990, 490.
[109] Vgl. *Sick* 1993, 222.
[110] *Schönke/Schröder-Lenckner* 1997, § 177 Rn.4a.; *Tröndle* 1997, § 178 Rn.7.

eine echte Liebesbeziehung anstrebte oder der Täter bereits früher persönliche Beziehungen zu der Frau unterhalten hatte.[111]

Demgegenüber enthielt der jeweilige Absatz 3 dieser Vorschriften eine Erfolgsqualifikation. Das Mindestmaß der Freiheitsstrafe erhöhte sich hierbei auf fünf Jahren, wenn der Täter leichtfertig den Tod des Opfers verursachte.

5. Weitere Vorschriften

Die ungestörte sexuelle Entwicklung von Kindern und Jugendlichen ist ebenfalls betroffenes Rechtsgut bei der Förderung sexueller Handlungen Minderjähriger gem. § 180 und beim sexuellen Missbrauch von Jugendlichen gem. § 182.[112] Da diese Delikte in der Praxis keine bedeutende Rolle spielen, soll hier nicht näher auf sie eingegangen werden.

Wurde im Sinne des § 176 Absatz 5 Nr.1 eine sexuelle Handlung vor einem Kind vorgenommen, um sich, das Kind oder einen anderen hierdurch sexuell zu erregen, waren auch die §§ 183, 183a einschlägig. Rechtsgut dieser Vorschriften ist die Bewahrung des einzelnen vor ungewollter Konfrontation mit einer möglicherweise schockierenden sexuellen Handlung[113] bzw. der Schutz der Allgemeinheit vor sexuellen Handlungen in der Öffentlichkeit.[114] Die besondere subjektive Absicht des § 176 Absatz 5 ist bei den §§ 183, 183a nicht erforderlich, jedoch muss durch die exhibitionistischen Handlungen gem. § 183 eine Person belästigt werden. D.h., die Handlung muss eine negative Gefühlsempfindung von einigem Gewicht, wie beispielsweise Schrecken, Angst, Ekel, Abscheu, Entrüstung, Ärger oder das Empfinden, in seinem Scham- und Anstandsgefühl nicht unerheblich verletzt worden zu sein, hervorgerufen haben.[115] Bloße Verwunderung reicht demgegenüber nicht aus, ebenso wenig Neugier, Mitleid oder Vergnügen.[116] Bemerkenswert ist, dass der Straftatbestand so ausgestaltet ist, dass per definitionem nur ein Mann nach § 183 Absatz 1 Täter sein kann. Exhibitionistische Handlungen von Frauen werden danach nur von § 183a erfasst. Eine Erregung öffentlichen Ärgernisses ist ebenfalls bei einem in der Öffentlichkeit vollzogenem Beischlaf und auch dessen pantomimischer Darstellung

[111] BGH NStZ 1982, 26. Weitere Beispiele mit Nachweisen bei *Sick* MschrKrim 1995, 281, 290 ff.
[112] *Schönke/Schröder-Lenckner* 1997, § 180 Rn.1, § 182 Rn.2; *Tröndle* 1997, § 180 Rn.1.
[113] *Schönke/Schröder-Lenckner* 1997, § 183 Rn.1, § 183a Rn.1; *Tröndle* 1997, § 183 Rn.1.
[114] BGHSt 11, 282, 284; *Tröndle* 1997, § 183a Rn.1.
[115] *Schönke/Schröder-Lenckner* 1997, § 183 Rn.4; *Tröndle* 1997, § 183 Rn.6.
[116] LK-*Laufhütte* 1994, § 183 Rn.4.

gegeben.[117] Zärtlichkeiten von Verliebten wie beispielsweise Zungenküsse erfüllen den Tatbestand demgegenüber nicht.[118] Für die Verwirklichung des § 183a muss die öffentlich vorgenommene Handlung auch ein Ärgernis erregen, wobei Ärgernis hier die Verletzung des Scham- und Anstandsgefühls eines normal empfindenden Menschen, der sich ungewollt mit fremden sexuellen Handlungen konfrontiert sieht, meint.[119]

Aus dem Gesetz ergibt sich, dass § 183a hinter § 183 zurücktritt. Das Konkurrenzverhältnis zu § 176 ist jedoch nicht ganz eindeutig. Teilweise wird vertreten, dass § 176 als lex specialis § 183 verdrängt.[120] Da § 176 Absatz 5 Nr.1 keine Belästigung oder Ärgerniserregung verlangte, ist jedoch Idealkonkurrenz anzunehmen.[121]

III. Veränderungen der Gesetzeslage durch das 33. StrÄndG und 6. StrRG

1. Sexuelle Nötigung und Vergewaltigung

Durch das 33. StrÄG wurden die §§ 177, 178 erheblich umgestaltet. Die sexuelle Nötigung und Vergewaltigung wurden in § 177 zu einem einheitlichen Verbrechenstatbestand zusammengefasst und erweitert, wodurch § 178 ersatzlos entfiel. Hierbei wurde § 177 geschlechtsneutral formuliert, so dass auch eine männliche Person Opfer einer sexuellen Nötigung oder Vergewaltigung sein kann. Weiterhin ist die Beschränkung auf den außerehelichen Bereich entfallen und es wurden die Tatmittel erweitert. Neben die Gewalt und die Drohung mit gegenwärtiger Gefahr für Leib und Leben ist das Ausnutzen einer Lage, in der das Opfer der Einwirkung des Täters schutzlos ausgeliefert ist, getreten.[122] Begründet wurde diese Ausdehnung der Strafbarkeit mit Strafbarkeitslücken in Fällen, in denen das Opfer starr vor Schreck ist oder aus Angst vor der Anwendung von Gewalt die sexuelle Handlung des Täters über sich ergehen lässt. Aufgrund der restriktiven Handhabung der §§ 177, 178 a.F. durch die Rechtsprechung, die häufig sinnlosen und für das Opfer gefährlichen Widerstand verlang-

---

[117] LK-*Laufhütte* 1994, § 183a Rn.2; *Tröndle* 1997, § 183a Rn.3.
[118] LK-*Laufhütte* 1994, § 183a Rn.2; *Tröndle* 1997, § 183a Rn.3.
[119] *Schönke/Schröder-Lenckner* 1997, § 183a Rn.5.
[120] LK-*laufhütte* 1994, § 183 Rn.14; *Tröndle* 1997, § 183 Rn.13.
[121] So auch *Schönke/Schröder-Lenckner* 1997, § 183 Rn.15.
[122] Zur Definition dieses Tatbestandsmerkmals *Laubenthal,* 2000, Rn. 146 ff.; *Schönke/Schröder-Lenckner/Perron* 2001, § 177 Rn.8 ff.; *Tröndle/Fischer* 2003, § 177 Rn.16 ff.

te, war das Vorliegen von Gewalt oder einer Drohung mit gegenwärtiger Gefahr für Leib oder Leben in diesen Fällen zweifelhaft.[123]

Außerdem wurde im Rahmen der Reform der Beischlaf nunmehr zu einem Regelbeispiel eines neu geschaffenen besonders schweren Falles. Zudem wurde die Vergewaltigung über den Beischlaf hinaus auf alle das Opfer besonders erniedrigende sexuelle Handlungen ausgedehnt. Dies ist nach dem Gesetzeswortlaut insbesondere gegeben, wenn die sexuellen Handlungen mit dem Eindringen in den Körper verbunden sind. Gemeint sind damit das Einführen des männlichen Gliedes beim Oral- oder Analverkehr[124] als auch das Einführen anderer Körperglieder[125] sowie von Gegenständen[126] in Körperöffnungen. Dabei wird jedoch nicht vorausgesetzt, dass das Eindringen in den Körper des Opfers erfolgt. Erfasst ist auch ein Eindringen in den Körper des Täters durch Handlungen des Opfers.[127] Demgegenüber stelle ein erzwungener Zungenkuss keine Vergewaltigung dar, da es an der vorausgesetzten Erniedrigung fehle.[128] Die Gleichstellung des Beischlafs mit ähnlichen sexuellen Handlungen ist aus Opferperspektive sehr begrüßenswert. Die genannten ähnlichen sexuellen Handlungen beeinträchtigen das sexuelle Selbstbestimmungsrecht des Opfers genauso wie der Beischlaf. Außerdem haben empirische Untersuchungen ergeben, dass der Beischlaf und ähnliche sexuelle Handlungen keine unterschiedliche Bedeutung für die Opferschäden hat.[129] Letztere sind ebenfalls äußerst demütigend und erniedrigend.

Die Herabstufung der Vergewaltigung von einem selbständigen Tatbestand zu einem Regelbeispiel ist allerdings in heftige Kritik geraten.[130] Da es sich bei diesen Regelbeispielen nicht um qualifizierende Tatbestandsmerkmale, sondern um Strafzumessungsregeln handelt, hat das Gericht die Möglichkeit einen besonders schweren Falles trotz Verwirklichung des Regelbeispiels zu verneinen, so dass der Täter nicht wegen einer Vergewaltigung, sondern nur wegen der Nötigung

[123] BT-Dr 13/7324, 6; *Renzikowski* NStZ 1999, 377, 378; *Schröder* JZ 1999, 827, 829. Ausführliche Analyse der Rechtsprechung bei *Sick* 1993, 100 ff.

[124] BGH NStZ 2000, 27, 28.

[125] BGH NJW 2000, 672; BGH NStZ 2000, 254, 255 (Einführung des Finders in die Scheide); BGH NStZ-RR 1999, 325 (Einführung des Fingers in den After).

[126] BT-Dr 13/2473, 7; 13/7324, 6; *Tröndle/Fischer* 2003, § 177 Rn.31.

[127] BGHSt 45, 131, 133; der Täter übte an verschiedenen Jungen den Oralverkehr aus.

[128] *Laubenthal* 2000, Rn.170; *Renzikowski* NStZ 1999, 377, 381; *Tröndle/Fischer* 2003, § 177 Rn.32.

[129] *Baurmann* 1996, 434 ff.; *Steinhilper* 1998, 344.

[130] Vgl. hierzu *Gössel* 1999, 186 f.; *Lenckner* NJW 1997, 2801, 2802; *Renzikowski* NStZ 1999, 377, 381f.; *Schröder* JZ 1999, 827, 829. Demgegenüber befürwortet *Mildenberg* Streit 1999, 3, 4 ff. diese Regelung und sieht das Problem vielmehr in der Entscheidungsfindung des Gerichts. Zur allgemeinen Problematik der Regelbeispiele: *Zieschang* Jura 1999, 561 ff.

bestraft wird. Weiterhin wirft die Herabstufung das Problem des versuchten Regelbeispiels auf, bei dem der Täter die von ihm beabsichtigte Vergewaltigung noch nicht durchgeführt hat. Zwei Konstellationen sind hierbei denkbar. So kann die sexuelle Nötigung als Grunddelikt nur versucht oder bereits vollendet sein. Teilweise wird vertreten, dass in beiden Konstellationen eine Strafbarkeit wegen versuchter Vergewaltigung gegeben ist.[131] Nach der Rechtsprechung kommt in den Fällen, in denen der Täter nach Einsatz des Nötigungsmittels, aber vor Vornahme einer sexuellen Handlung an der weiteren Ausführung der geplanten Vergewaltigung gehindert wird, zwar eine Verurteilung wegen versuchter Vergewaltigung in Betracht; neben dem vollendeten Grundtatbestand ist im Schuldspruch für den Versuch der Verwirklichung eines Regelbeispiels jedoch kein Raum, so dass nur eine Verurteilung wegen vollendeter Nötigung möglich ist.[132] Einen Versuch eines besonders schweren Falles kann es überhaupt nicht geben, da die Versuchsregeln gem. §§ 22 ff. nur auf Tatbestände und nicht auf Strafzumessungsregeln anwendbar sind. Auch wenn man den Regelbeispielen einen quasitatbestandlichen Charakter zumisst, verstößt die Anwendung der Versuchsregeln auf Strafzumessungsregeln gegen das Analogieverbot des Art. 103 Absatz 2 GG, so dass in beiden Fallkonstellationen nur eine Bestrafung wegen des Grunddeliktes, d.h. der sexuellen Nötigung, erfolgen darf.[133]

Die Ausgestaltung der Vergewaltigung als ein besonders schwerer Fall ist aus viktimologischer Perspektive sehr kritikwürdig. Bisher wurde die Vergewaltigung als ein gegenüber sonstigen abgenötigten sexuellen Handlungen qualifiziertes tatbestandliches Unrecht im Schuldspruch gekennzeichnet. Die besonders erniedrigenden und demütigenden sexuellen Handlungen wurden durch die Reform hingegen als Strafzumessungsregeln herabgestuft, wodurch ihnen der eigenständige Charakter abgesprochen wird. Den von einer vollendeten oder auch versuchten Vergewaltigung betroffenen Opfern wird es aber nicht nur auf die Verurteilung oder das ausgesprochene Strafmaß ankommen. Vielmehr ist es für die Opfer wichtig, dass in dem Schuldspruch auch deutlich gemacht wird, welches Unrecht ihnen angetan wurde. Dies erfolgt nunmehr nicht mehr, wenn der Täter wegen einer sexuellen Nötigung verurteilt wird, er aber darüber hinaus auch versucht hat, dass Opfer zu vergewaltigen.[134]

Daneben liegt ein besonders schwerer Fall nach der Gesetzesänderung in der Regel auch vor, wenn die Tat durch mehrere gemeinschaftlich begangen wurde bzw. wenn das Opfer bei der Tat körperlich schwer misshandelt oder es durch

---

[131] *Laubenthal* 2000, Rn.175; SK-*Horn/Wolters* § 177 Rn.26c, d.

[132] BGH NStZ 1998, 510, 511.

[133] Im Ergebnis so auch *Renzikowski* NStZ 1999, 377, 382; *Schönke/Schröder-Lenckner/Perron* 2001, § 177 Rn.23.

[134] *Tröndle/Fischer* 2003, § 177 Rn.40.

die Tat in die Gefahr des Todes oder einer schweren Gesundheitsschädigung gebracht wurde.

Durch das 6. StrRG wurde § 177 erneut geändert, das Regelbeispiel des Beischlafs wurde jedoch beibehalten. Da das Hauptanliegen des 6. StrRG die Harmonisierung des Strafrahmens innerhalb des Strafgesetzbuches war, wurde § 177 den Raubdelikten angepasst, indem in zwei Absätzen Qualifikationen mit fünf Alternativen und zwei verschiedenen Strafrahmen eingeführt wurden, die § 250 Absatz 1 und 2 nachgebildet wurden. In einem weiteren neuen Absatz wurden auch wieder minder schwere Fälle geregelt. Bedenklich bei den verschiedenen Strafdrohungen erscheint jedoch, dass u.a. für das Beisichführen von Waffen oder Werkzeugen ein höherer Mindeststrafrahmen von drei Jahren Freiheitsstrafe gilt als für die schwerwiegendste sexuelle Handlung – den Beischlaf mit einer Mindestfreiheitsstrafe von zwei Jahren.

Außerdem wurde die sexuelle Nötigung und Vergewaltigung mit Todesfolge als Erfolgsqualifikation aus dem § 177 ausgegliedert und in § 178 als eigenständiger Tatbestand gefasst, wobei der Strafrahmen an § 251 angepasst wurde. Durch Erhöhung der angedrohten Mindestfreiheitsstrafe von 5 Jahren auf 10 Jahre und Androhung lebenslanger Freiheitsstrafe wurde der Strafrahmen erheblich verschärft.

2. Sexueller Missbrauch von Kindern

Vom 6. StrRG war ebenfalls der sexuelle Kindesmissbrauch betroffen. Im Vordergrund der Reform stand eine differenzierte Strafschärfung.[135] Zwar ist § 176 im Kern, d.h. in den Absätzen 1 und 2, unverändert geblieben, jedoch wurde der Kindesmissbrauch umfassend neu geregelt, indem sein Anwendungsbereich erweitert und in Teilbereichen mit einer deutlich erhöhten Strafdrohung versehen wurde.

Die Regelbeispiele des Absatzes 3 wurden in § 176a zu Qualifikationen aufgewertet, wobei der schwere sexuelle Missbrauch zu einem Verbrechen und das Höchstmaß von 10 Jahren Freiheitsstrafe aufgehoben wurde. Hinsichtlich der in § 176 Absatz 3 a.F. benannten Strafschärfungsgründe stellt § 176a damit das strengere Gesetz dar. Dagegen ist bei einem Verhalten, bei dem über die benannten Regelbeispiele hinaus ein besonders schwerer Fall des sexuellen Miss-

---

[135] *Renzikowski* NStZ 1999, 440. Zielsetzung der Reform war es, die Strafrahmen des Strafgesetzbuches zu harmonisieren und hierdurch den höchstpersönlichen Rechtsgütern gegenüber materiellen Rechtgütern ein größeres Gewicht zu verleihen (vgl. BT-Drs. 13/8587, 18).

brauchs von Kindern angenommen werden konnte, das aber keinen der Qualifikationstatbestände des § 176a erfüllt, der mildere Grundtatbestand des § 176 Absatz 1 anzuwenden.[136] In diesen Konstellation stellt § 176 Absatz 3 a.F. demzufolge das strengere Gesetz dar, so dass das 6. StrRG neben den vielen Strafverschärfungen auch zu einer Strafmilderung geführt hat.

Es sind zu den benannten Strafschärfungsgründen zahlreiche neue Qualifikationstatbestände hinzugekommen. Aus einem Absatz sind fünf Absätze geworden, wobei die verschiedenen Qualifikationen mit unterschiedlichen Mindeststrafen bedroht sind und in § 176a Absatz 3 sogar eine Regelung für minder schwere Fälle des schweren sexuellen Missbrauchs von Kindern geschaffen wurde. Der Gesetzgeber dachte bei einem minder schweren Fall des § 176a Absatz 1 Nr.1 an eine Liebesbeziehung zwischen einem körperlich und seelisch weit über den altersgemäßen Zustand entwickelten Mädchen und einem gerade Volljährigen.[137] Neben den Beischlaf sind in Absatz 1 Nr. 1 auch alle anderen sexuellen Handlungen, die mit einem Eindringen verbunden sind, erfasst. Dies entspricht der Vergewaltigung in § 177 Absatz 2 Satz 2 Nr.1, wobei die Erniedrigung in § 176a Absatz 1 jedoch kein Tatbestandsmerkmal ist. Es wird angeführt, dass diese Regelung einen nicht nachvollziehbaren inneren Bruch im Sexualstrafrecht darstellt.[138] Während bei § 176a Absatz 1 Nr.1 eine Qualifikation eingeführt wurde, stellt dieselbe Handlung bei § 177 lediglich einen besonders schweren Fall der Nötigung dar. Jedoch kann dieser Unterschied in der besondern Schutzbedürftigkeit der Kinder gesehen werden. Bei ihnen soll der Richter bei Vorliegen der schwerwiegenden Merkmale zwingend den höheren Strafrahmen verhängen müssen. Darüber hinaus sind beispielsweise als Qualifikationen aufgenommen: das Handeln in der Absicht, die Tat zum Gegenstand einer pornographischen Schrift zu machen; die gemeinschaftliche Tatbegehung; die Schaffung der Gefahr einer schweren Gesundheitsbeschädigung oder einer erheblichen Schädigung der körperlichen und seelischen Entwicklung.

Besondere Aufmerksamkeit muss der neuen Rückfallklausel des § 176a Absatz 1 Nr.4 gewidmet werden. Hiernach ist der sexuelle Kindesmissbrauch zum Verbrechen qualifiziert, wenn der Täter innerhalb der letzten fünf Jahre wegen einer solchen Straftat rechtskräftig verurteilt worden ist. Die Einführung dieser Regelung ist auf starke Ablehnung gestoßen, weil sie einen Rückschritt in nach der Aufhebung des § 48 a.F.[139] durch das 23. Strafrechtsänderungsgesetz vom 13.4.1986[140] längst überwunden geglaubte Zeiten darstelle.[141] Das Bundesver-

---

136 BGH NStZ 1998, 270, 271.

137 BT-Drs. 13/8587, 81.

138 *Mildenberg* Streit 1999, 3, 13; *Renzikowski* NStZ 1999, 377, 381.

139 Zur Problematik des § 48 a.F. vgl. *Meier* 1982.

140 BGBl. I, 393.

fassungsgericht hat in einer Entscheidung eine Rückfallregel mit dem Schuldprinzip nur unter der Voraussetzung vereinbar und damit verfassungskonform erklärt, dass in jedem Einzelfall geprüft wird, ob dem Angeklagten im Hinblick auf Art und Umstände der Tat vorzuwerfen sei, dass er sich frühere Verurteilungen nicht habe zur Warnung dienen lassen.[142] Dies hätte jedoch zur Konsequenz, dass § 176a Absatz 1 Nr.4 dahingehend verfassungskonform ausgelegt werden muss, dass genau wie auch bei § 46 Absatz 2 eine Einzelfallabwägung zu erfolgen hat.[143]

Für die wenigstens leichtfertige Herbeiführung des Todes, die zuvor in § 176 Absatz 4 geregelt war, ist mit § 176b ein eigener Tatbestand geschaffen worden, wobei genauso wie bei § 178 der Strafrahmen erheblich verschärft wurde: Es gilt nunmehr eine Strafdrohung von lebenslanger Freiheitsstrafe oder Freiheitsstrafe nicht unter zehn Jahren.

Die folgenden Absätze des § 176 a.F. sind aufgerückt, wobei die Höchststrafe des früheren Absatz 5 von 3 Jahren auf 5 Jahre Freiheitsstrafe angehoben wurde. Inhaltlich wird bei dem Bestimmen des Kindes zu sexuellen Handlungen nach Nr.2 auf die räumliche Gegenwart des Täters oder eines Dritten verzichtet, weil der Gesetzgeber auch solche Fälle erfassen wollte, in denen so genannte „Verbalerotiker“ Kinder durch Telefonanrufe zu sexuellen Manipulationen veranlassen.[144] Außerdem wurde in dem neuen Absatz 3 auf die Absicht des Täters, sich, das Kind oder einen Dritten sexuell zu erregen, verzichtet. Dadurch stellt sich jedoch insbesondere das Problem, den sexuellen Missbrauch von sozialadäquaten Verhalten, wie beispielsweise Zärtlichkeiten der Eltern vor den Kindern und die Sexualerziehung, abzugrenzen.[145] Sozialadäquate Handlungen können jedoch über § 184c Nr.1 ausgeschieden werden.[146] Entscheidend ist demnach eine qualitative und auf die sexuelle Motivation des Täters abstellende Beurteilung der Erheblichkeit der Tathandlung.[147] Des weiteren lassen sich die Probleme im Erziehungsbereich im Rahmen der objektiven Zurechnung über den Schutzzweck der Norm lösen.

Nach der Strafrechtsreform enthalten die §§ 176 bis 176b ein kompliziertes System von Strafrahmen für Normalfälle, minder schwere Fälle, Qualifikationen verschiedener Stufen und minder schwere Fälle von Qualifikationen, so dass

---

[141] *Renzikowski* NStZ 1999, 440, 441; *Kreß* NJW 1998, 634, 639.
[142] BVerfGE 50, 125, 134.
[143] Vgl. *Renzikowski* NStZ 1999, 440, 441.
[144] BT-Dr 13/9064, 10 f.
[145] Sehr kritisch und ablehnend deshalb *Bussmann* StV 1999, 613, 618 f.
[146] *Tröndle/Fischer* 2003, § 176 Rn.8.
[147] *Renzikowski* NStZ 1999, 440, 441; *Tröndle/Fischer* 2003, § 176 Rn.13.

sich die Frage aufdrängt, ob der Gesetzgeber in seinem Bemühen um gerechte Erfassung der verschiedenen denkbaren Fallkonstellationen nicht die Strafrahmenauffächerung zu weit getrieben und die Strafzumessung unnötig verkompliziert hat.[148] So unterliegt beispielsweise der minder schwere Fall des schweren sexuellen Missbrauchs von Kindern nach § 176a Absatz 3 1.Fall, und damit eine Qualifikation, einer niedrigeren Strafe als der Grundtatbestand nach § 176 Absatz 1. Außerdem ist der sexuelle Missbrauch durchgehend mit einer geringeren Strafe bedroht als die sexuelle Nötigung und Vergewaltigung. Da bei Kindern das Selbstbestimmungsrecht von Personen mit geringen bis gar keinen Selbstschutzmöglichkeiten verletzt wird, liegt in diesen Taten keine geringere kriminelle Energie, welche die Strafrahmenunterschiede rechtfertigen könnte. Wie diese Beispiele zeigen, sind durch die großen Reformen die zahlreichen Strafdrohungen im Bereich des sexuellen Missbrauchs nicht nur kaum noch zu überschauen, sondern außerdem Wertungswidersprüche zwischen den einzelnen Strafrahmen auszumachen.

IV. Neuere Entwicklungen

Der durch das 4. StrRG in Gang gesetzten Liberalisierung des Sexualstrafrechts wurde mit den Reformen der Jahre 1997/98 ein Ende gesetzt. Die Reformen im Bereich des Sexualstrafrechts sind mit dem 6. StrRG jedoch nicht abgeschlossen worden. Bereits kurz nach Inkrafttreten des 6. StrRG wurde der erste von mehreren weiteren Gesetzesentwürfen eingereicht, welche die erneute Änderung der Tatbestände des sexuellen Missbrauchs von Kindern und die Schaffung neuer Tatbestände zum Inhalt hatten. Neben Änderungen im Bereich des 13. Abschnitts des Strafgesetzbuches, d.h. bei den Delikten gegen die sexuelle Selbstbestimmung, sollten die Belohnung und Billigung von Straftaten gem. § 140 und die Nichtanzeige geplanter Straftaten nach § 138 erweitert werden. Außerdem gingen die Bestrebungen dahin, die Möglichkeit einer nachträglichen Anordnung der Unterbringung in der Sicherungsverwahrung ohne einen durch das Tatgericht ausgesprochenen Vorbehalt zu schaffen und Änderungen von strafprozessualen Vorschriften vorzunehmen.

1. Die Gesetzesentwürfe

Am 24.7.1998 brachte Bayern einen entsprechenden Gesetzesantrag[149] im Bundesrat ein, der in leicht geänderter Fassung als Gesetzesentwurf des Bundesra-

---

[148] Vgl. *Dölling* 1999, 27.
[149] BR-Drs. 706/98.

tes[150] am 9.6.1999 in den Bundestag einging. Am 19.7.2001 wurde ebenfalls ein Gesetzesentwurf zur Verbesserung des Schutzes der Bevölkerung vor Sexualverbrechern und anderen schweren Straftaten der CDU/CSU-Fraktion[151] im Bundestag eingebracht, wobei im Bereich des sexuellen Missbrauchs von Kindern die Vorschläge des Bundesrates ohne weitergehende Änderungen aufgegriffen wurden. Die Bundesregierung gab in ihrer Stellungnahme zum Gesetzesentwurf des Bundesrates bereits an, dass nach dem 6. StrRG zunächst die mit den umfangreichen Neuregelungen verbundenen Erfahrungen aus der staatsanwaltschaftlichen und gerichtlichen Praxis abgewartet und ausgewertet werden sollten, um sodann über Art und Umfang notwendiger Gesetzesänderungen zu entscheiden.[152] Nachdem der Rechtsausschuss in seinem Bericht empfahl die Entwürfe abzulehnen[153], erging im Bundestag am 18.4.2002 auch ein dahingehender Beschluss[154].

Am 5.11.2002, etwa ein halbes Jahr nachdem die Gesetzesentwürfe im Bundestag abgelehnt worden waren, reichte die CDU/CSU-Fraktion den Entwurf eines Gesetzes zur Verbesserung des Schutzes der Bevölkerung vor Sexualverbrechern und anderen schweren Straftaten[155] ein. Auch die Bundesregierung kam zu der Erkenntnis, dass die Notwendigkeit einer Fortentwicklung des geltenden Sexualstrafrechts bestehe, so dass von den Fraktionen SPD und BÜNDNIS 90/DIE GRÜNEN am 28.1.2003 der Entwurf eines Gesetzes zur Änderung der Vorschriften über die Straftaten gegen die sexuelle Selbstbestimmung und zur Änderung anderer Vorschriften[156] in den Bundestag eingebracht wurde.

Sowohl dem Gesetzesentwurf der CDU/CSU-Fraktion als auch dem Gesetzesentwurf der Fraktionen SPD und BÜNDNIS 90/DIE GRÜNEN lag die Einschätzung zugrunde, dass die Strafvorschriften zur Verhütung eines sexuellen Missbrauchs von Kindern unzureichend seien, so dass die Bekämpfung derartiger Taten der Verbesserung bedürfe und darüber hinaus die Strafrahmen dem Unrechts- und Schuldgehalt dieser Taten nicht in allen Fällen gerecht werden.[157] Zur Lösung dieser Probleme wurden teilweise ähnliche aber auch sehr divergierende Vorschläge unterbreitet.

---

[150] BT-Drs. 14/1125.
[151] BT-Drs. 14/6709.
[152] BT-Drs. 14/1125, 8.
[153] BT-Drs. 14/8779.
[154] BT-Plenarprotokoll 14/230, 22876.
[155] BT-Drs. 15/29.
[156] BT-Drs. 15/350.
[157] Vgl. BT-Drs. 15/29, 1 und 10; BT-Drs. 15/350, 1.

Nach Beschlussempfehlung und Bericht des Rechtsausschusses[158] wurde auch in diesem Gesetzgebungsverfahren der Entwurf der CDU/CSU-Fraktion abgelehnt[159]. Demgegenüber hat der Bundestag den Gesetzesentwurf der Fraktion SPD und BÜNDNIS 90/DIE GRÜNEN in der durch den Empfehlung des Rechtsausschusses geänderten Form[160] in gleicher Sitzung angenommen und nach erfolgloser Anrufung des Vermittlungsausschusses[161] den Einspruch durch den Bundesrat zurückgewiesen[162], mit der Folge, dass das Gesetz zur Änderung der Vorschriften über die Straftaten gegen die sexuelle Selbstbestimmung und zur Änderung anderer Vorschriften vom 27.12.2003[163] zum 1.4.2004 in Kraft getreten ist.

Da es an dieser Stelle um die strafrechtliche Einordnung des sexuellen Missbrauchs von Kindern nach § 176 geht, wird nachfolgend nur auf die Reformbestrebungen und die Änderungen des Besonderen Teils des Strafgesetzbuches detaillierter eingegangen, die diese Taten betreffen. Am Rande sei hier nur erwähnt, dass im Besonderen Teil des Strafgesetzbuches auch bei den übrigen Missbrauchstatbeständen der §§ 174 ff., 179 Straferhöhungen und Erweiterungen des Tatbestandes vorgenommen, die Vorschriften der Pornographie in den §§ 184 ff. neu gestaltet, bei der Billigung und Belohnung von Straftaten in § 140 Sexualstraftaten aufgenommen und beim Kinderhandel nach § 236 die Schutzaltersgrenze von 14 auf 18 Jahre angehoben wurde. Daneben erfolgten Änderungen von strafprozessualen Vorschriften, wie die Erweiterung des Katalogs der Anlasstaten für DNA-Analysen in § 81g StPO für Zwecke künftiger Strafverfahren auf alle Sexualstraftaten unabhängig von einer erheblichen Bedeutung. Außerdem wurde die Forderung der CDU/CSU-Fraktion nach der Möglichkeit der Sicherungsverwahrung bei Taten Heranwachsender, sofern Erwachsenenstrafrecht zur Anwendung kommt, in § 106 JGG aufgenommen. Demgegenüber erfolgte keine Umsetzung der im Gesetzesentwurf der Union vorgesehenen Möglichkeit, die Unterbringung in einer Sicherungsverwahrung ohne einen durch das Tatgericht ausgesprochenen Vorbehalt nachträglich anzuordnen. Auch die medienwirksame Forderung der Koalitionsfraktionen nach Erweiterung der Nichtanzeige geplanter Straftaten in § 138 um den sexuellen Missbrauch von Kindern nach § 176 Absatz 1 und 2 und §§ 176a, 176b, um die sexuelle Nöti-

---

[158] BT-Drs. 15/1311.
[159] BT-Plenarprotokoll 15/56, 4694.
[160] BT-Drs. 15/1311.
[161] BR-Drs. 603/03; 853/03; BT-Drs. 15/1642; 15/2123.
[162] BT-Plenarprotokoll 15/84, 7404
[163] BGBl. I, 3007.

gung und Vergewaltigung sowie den sexuellen Missbrauch Widerstandsunfähiger wurde nicht umgesetzt.[164]

2. Gesetzeslage ab dem 1.4.2004

Der Grundtatbestand des sexuellen Missbrauchs von Kindern wird auch weiterhin in § 176 Absatz 1 und 2 mit Freiheitsstrafe von sechs Monaten bis zu zehn Jahren bedroht. Eine Regelung für minder schwere Fälle existiert jedoch nicht mehr. Im neuen § 176 Absatz 3 wird nunmehr der Strafrahmen eines besonders schweren Falles mit einer Freiheitsstrafe nicht unter einem Jahr geregelt. Aus dem Absatz 3 wurde in der Folge Absatz 4, wobei die Mindeststrafe auf drei Monate Freiheitsstrafe anstieg. Nr.3 erfasst nunmehr das Einwirken durch Schriften auf ein Kind, um es zu sexuellen Handlungen zu bringen; die bisherige Nr.3 wurde zu Nr.4. Außerdem ist im neuen Absatz 5 das Anbieten eines Kindes für Taten nach den Absätzen 1 bis 4, das Versprechen ein Kind für derartige Taten nachzuweisen und die Verabredung zu solchen Taten mit einer Freiheitsstrafe von drei Monaten bis zu fünf Jahren bedroht. Die Versuchsstrafbarkeit ist demzufolge nicht mehr in Absatz 4, sondern in Absatz 6 geregelt.

Auch beim schweren sexuellen Missbrauch von Kindern nach § 176a hat sich die Anzahl der Absätze erhöht, da die Rückfallklausel des bisherigen Absatzes 1 Nr.4 im neuen Absatz 1 unter Beibehaltung der Strafdrohung von mindestens einem Jahr Freiheitsstrafe eigenständig erfasst wurde. Die Nr.1 bis 3 werden nun durch Absatz 2 geregelt, wobei die Qualifikationen mit einer Freiheitsstrafe nicht unter zwei Jahren bedroht sind. Im Übrigen handelt es sich nur um durch die Einfügung von Absätzen bedingte Folgeänderungen.

a) Neue Tatbestände

Nach der bis zum 1.4.2004 geltenden Rechtslage konnten Handlungen nicht zureichend erfasst werden, mit denen Personen die Kontakte für einen sexuellen Missbrauch von Kindern knüpfen, so dass in beiden Entwürfen ein neuer Tatbestand vorgesehen war. Nach § 176 Absatz 5 macht sich nunmehr strafbar, wer ein Kind für Taten des sexuellen Missbrauchs nachzuweisen verspricht. Damit sind Fälle gemeint, in denen der Täter bekundet, willens und in der Lage zu sein, selbst oder über einen Dritten den Kontakt mit einem Kind für Taten des sexuellen Missbrauchs herzustellen. Eine Konkretisierung bezüglich einer bestimmten Person wird nicht verlangt. Auch muss das Versprechen nicht ernst gemeint

[164] Zu den anderen Reformbemühungen BT-Drs. 15/29, 15/350, 15/1311 und den erfolgten Gesetzesänderungen BGBl. I, 3007, *Duttge/Hörnle/Renzikowski* NJW 2004, 1065 ff.

sein. Es genügt, wenn es als solches erscheinen kann, was der Täter in seinem Vorsatz aufgenommen haben muss.[165] Mit diesem Tatbestand wird Artikel 3 Absatz 1a des Fakultativprotokolls vom 25.5.2000 zum Übereinkommen der Vereinten Nationen über die Rechte des Kindes betreffend den Verkauf von Kindern, die Kinderprostitution und die Kinderpornographie Rechnung getragen, in dem vorgesehen war, das Anbieten eines Kindes zum Zwecke der sexuellen Ausbeutung unter Strafe zu stellen. Zu dem Verzicht auf das Erfordernis der „Ernstlichkeit" des Versprechens wurde bereits Kritik geäußert[166], jedoch ist dem entgegenzuhalten, dass die Ernstlichkeit als inneres Merkmal häufig nur schwer bzw. gar nicht nachzuweisen ist und der Vorwand, es habe sich lediglich um ein nicht ernst gemeintes Angebot gehandelt, oftmals nicht widerlegt werden kann.[167]

Daneben wurde durch die Einführung von § 176 Absatz 4 Nr.3 und Absatz 5 der Vorschlag der Koalitionsfraktionen umgesetzt, neue Tatbestände einzufügen, nach denen sich strafbar macht, wer durch Schriften auf ein Kind in der Absicht einwirkt, es zu sexuellen Handlungen zu bringen oder wer ein Kind für Taten des sexuellen Missbrauchs anbietet oder wer sich mit einem anderen zu einer solchen Tat verabredet.[168] Durch diese Tatbestände wird die Strafbarkeit auf ansonsten bei Vergehen straflosen Vorbereitungshandlungen ausgedehnt, was im Hinblick auf einen umfassenden Opferschutz grundsätzlich zu begrüßen ist. Mit dem Einwirken durch Schriften ist insbesondere die Kontaktaufnahme über das Internet in Chatrooms gemeint. Es soll verhindert werden, dass Pädophile im Schutz der Anonymität des Internets durch Tricks oder Verführungskünste Kinder zu Treffen verleiten, bei denen es zu sexuellen Handlungen kommen soll.[169] Befremdlich ist jedoch hierbei, warum die Annäherung an Kinder nur bei Verwendung von Schriften, nicht jedoch bei anderen Mittel wie beispielsweise Geldgeschenken unter Strafe gestellt werden sollte.

b) Strafrahmenverschiebungen

aa) Heraufstufung des Grunddelikts zum Verbrechen?

Im Rahmen der Diskussion um die Strafrahmenverschiebungen bei den verschiedenen Ausführungshandlungen des sexuellen Missbrauchs von Kindern stand die Frage der Heraufstufung des Grunddelikts zum Verbrechen im Mittel-

---

[165] BT-Drs. 15/29, 5, 13; 15/350, 5, 18.
[166] *Duttge/Hörnle/Renzikowski* NJW 2004, 1065, 1068.
[167] Vgl. auch BGH NStZ 1998, 403, 404.
[168] BT-Drs. 15/350, 6.
[169] Vgl. BT-Drs. 15/350, 17 f.

punkt der Auseinandersetzungen zwischen der Regierungskoalition und der Opposition. Der Gesetzesentwurf der CDU/CSU-Fraktion sah die Hochstufung des Grunddeliktes zum Verbrechen, d.h. die Bestrafung des Grunddelikts mit einer Freiheitsstrafe von mindestens einem Jahr Freiheitsstrafe vor. Hierdurch wäre eine unrechts- und schuldangemessene Bestrafung jeder Tathandlung möglich, auch wenn sie unter keine der Qualifikationen falle. Der als Verbrechenstatbestand ausgestaltete differenzierte und nicht überzeugende Qualifikationstatbestand des § 176a Absatz 1 sollte als Folgeänderung gestrichen werden.[170]

Zwar hatte sich die Bundesjustizministerin zunächst ebenfalls für die Heraufstufung des Grundtatbestands des sexuellen Missbrauchs vom Vergehen zum Verbrechen ausgesprochen[171], im Gesetzesentwurf wurde dies jedoch nicht aufgenommen. Um dem erheblichen Schuld- und Unrechtsgehalt des sexuellen Missbrauchs eines Kindes gerecht zu werden, war im Gesetzesentwurf der Koalitionsfraktionen die Streichung des Strafrahmens für minder schwere Fälle des Grunddeliktes, die Einführung eines neuen Strafrahmens von Freiheitsstrafe nicht unter einem Jahr bis zu fünfzehn Jahren für besonders schwere Fälle des sexuellen Missbrauchs von Kindern und Anhebung die Mindestfreiheitsstrafe beim schweren sexuellen Missbrauch von Kindern nach § 176a Absatz 1 a.F. sowie beim sexuellen Missbrauch ohne Körperkontakt vorgesehen.

Gegen die Einordnung des sexuellen Missbrauchs von Kindern als Verbrechen wurde von den Kritikern vorgebracht, dass von § 176 Absatz 1 und 2 sehr unterschiedliche Situationen erfasst werden. So fallen darunter auch alle „leichteren" Straftaten, die nur knapp über der Erheblichkeitsschwelle des § 184c liegen. Auch wenn diese weniger schwerwiegenden Verstöße nach dem Entwurf der CDU/CSU-Fraktion als minder schwere Fälle erfasst werden könnten, ist durch die Kennzeichnung der Taten als Verbrechen die Einstellung nach § 153 ff. StPO oder eine für das Opfer schonende Erledigung des Strafverfahrens durch Strafbefehl nicht mehr möglich, so dass immer eine Hauptverhandlung durchgeführt werden muss.[172] Insbesondere wird auf Fallkonstellationen hingewiesen, bei denen innerhalb einer Liebesbeziehung zwischen einem 13 Jahre altem Mädchen und einem Jugendlichen einvernehmlich sexuelle Handlungen ausgetauscht werden.[173]

Dem war jedoch entgegenzuhalten, dass sich aus der Gesetzesänderung keine Konsequenzen für die Sanktionsmöglichkeiten bei Jugendlichen ergeben, da

---

170 BT-Drs. 15/29, 5, 10.
171 Vgl. Interview der „taz" vom 20.11.2002 und BT-Plenarprotokoll 15/22, 1723.
172 Vgl. BT-Drs. 15/350, 17.
173 BT-Drs. 13/8587 auf die in BT-Drs. 15/350, 17 verwiesen wird.

sich die Rechtsfolgen auch weiterhin nach dem Jugendgerichtsgesetz bestimmen. Die Einstellung im Ermittlungsverfahren nach § 45 Absatz 2 und 3 JGG sind auch bei einem Verbrechen möglich.[174] Es bleiben also die Fälle in denen ein Erwachsener mit einer maximal 13-jährigen Person sexuelle Handlungen mit Körperkontakt vornimmt, bei denen das Verfahren nicht eingestellt oder mit einem Strafbefehl beendet werden könnte. Es stellt sich hierbei die Frage, ob ein Verzicht auf die Hauptverhandlung wirklich geboten ist. Die durch die Strafrahmenanhebung erzielte Folge des Ausschlusses eines Strafbefehlsverfahrens sowie der Verfahrenseinstellung nach § 153 ff. StPO waren gerade beabsichtigt, um die Umstände in einer Hauptverhandlung aufzuklären und zu würdigen.[175] Im Hinblick auf das geschützte Rechtsgut – die von vorzeitigen sexuellen Erlebnissen ungestörte Gesamtentwicklung des Kindes – sollen alle sexuelle Handlungen unabhängig von einer Zustimmung des Kindes unterbleiben.[176] Wenn sich erwachsene Täter darüber hinwegsetzen und sogar sexuelle Handlungen mit Körperkontakt vornehmen, scheint es auch notwendig, dass ihnen durch eine Hauptverhandlung das Unrecht der Tat verdeutlicht wird. Außerdem wird von den Koalitionsfraktionen selbst bei der Begründung für die Streichung des Strafrahmens für minder schwerer Fälle angeführt, dass es eine nicht unerhebliche seelische Belastung für die Opfer darstelle, wenn die gegen ihre Person gerichtete Straftat als minder schwerer Fall eingestuft wird.[177] Für das Opfer unverständlicher wird es jedoch sein, wenn das Strafverfahren nicht mit einer Verurteilung, sondern durch eine Einstellung beendet wird, was in der Praxis nicht selten geschieht.[178] Im Gesamtsystem der sozialen Kontrolle muss sich das Strafrecht jedoch als opferbezogene Strafrechtspflege begreifen, wobei Opfergerechtigkeit und Opferschutz die wesentlichen Bezugspunkte sind.[179] Unter Gesichtspunkten der positiven Generalprävention erwächst das Recht des Opfers auf Bestrafung des Täters aus der Pflicht des Staates, den sozialen Schaden, den eine Straftat anrichtet, zu begrenzen.[180] D.h. es ist Aufgabe des Strafrechts, das Opfer bei der Bewältigung der Tatfolgen des gegen ihn verübten Unrechts zu unterstützen. Zur Verarbeitung des Geschehenen ist aber auch erforderlich, dass die Straftat nach außen hin als Normbruch gekennzeichnet und unrechts- und schuldangemessen sanktioniert wird. Bei einer Einstellung kann das Opfer diesen Eindruck

---

[174] So auch die Sachverständigen *Renzikowski* und *Weber* in einer Anhörung des Rechtsausschusses, Protokoll der 116. Sitzung des Rechtsausschusses vom 20. Februar 2002, 98, 131.

[175] BR-Drs. 603/1/03, 8.

[176] Vgl. A.II.2.a).

[177] BT-Drs. 15/350, 17.

[178] Zu den hohen Einstellungsquoten in Strafverfahren wegen des sexuellen Missbrauchs von Kindern *Gunder* 1999, 282 f.; *Langen* 2000, 37 ff.; *Volbert/Busse* 1995, 154.

[179] *Rössner/Wulf* 1987; *Rössner* 2001, 986.

[180] *Reemtsma* 1999, 27.

nicht gewinnen. Auch bei einer mit Auflagen oder Weisungen verbundenen Einstellung wird es sich fragen, warum die Straftat nicht mit einer Verurteilung geahndet wird. Um den Interessen des Opfers im Strafprozess gerecht zu werden und das Gefühl der Rechtlosigkeit zu vermeiden, müsste dem Verletzten die Möglichkeit der Einflussnahme auf den Ausgang des Verfahrens zustehen. Die Verletzten können sich durch die Beschwerde und das Klageerzwingungsverfahren aber lediglich gegen die Einstellung mangels hinreichenden Tatverdachts wenden. Daneben ist lediglich eine formlose Dienst- oder Fachaufsichtsbeschwerde möglich. Vom Arbeitskreis „Alternativ-Entwurf" wurde zwar die Ausweitung des Klageerzwingungsverfahrens gem. § 172 StPO auf Einstellungen nach den §§ 153 ff. StPO vorgeschlagen[181], eine dahingehende Änderung ist jedoch in dem am 1.9.2004 in Kraft getretenem Gesetz zur Verbesserung der Rechte von Verletzten im Strafverfahren (Opferrechtsreformgesetz) vom 24.6.2004[182] nicht vorgesehen. Die Belange der Opfer werden folglich bisher nicht ausreichend gewahrt.[183]

bb) Besonders schwerer Fall

Einen Kompromiss zur Einordnung des Grunddelikts als Verbrechen stellt die Schaffung eines Strafrahmens für besonders schwere Fälle in § 176 Absatz 3 dar. Bei den Taten bleibt es aufgrund von § 12 Absatz 3 bei einem Vergehen, der Strafrahmen von nicht unter einem Jahr entspricht jedoch dem eines Verbrechens. Als Regelbeispiel für einen besonders schwerer Fall sollte der bisher im Qualifikationstatbestand des § 176a Absatz Nr.4 a.F. aufgeführte einschlägige Rückfall des Täters innerhalb der letzten fünf Jahren genannt werden. Ein besonders schwerer Fall sollte außerdem beispielsweise bei ungewöhnlicher Dauer und Intensität einer Fortsetzungstat und beischlafähnlichen Praktiken in Betracht kommen.[184] Es wurden im Gesetz allerdings keine Regelbeispiele aufgenommen. Deshalb bestehen rechtliche Bedenken hinsichtlich des Bestimmtheitsgrundsatzes nach Art. 103 Absatz 2 GG, § 1 StGB, nach dem die Tragweite und der Anwendungsbereich der Strafvorschriften hinreichend erkennbar sein müssen. Zwar sind tatbestandlich nicht näher charakterisierte Straferhöhungen statthaft[185], jedoch wäre die Bildung von Regelbeispielen sinnvoll, um den weiten Spielraum der unbenannten Strafschärfung einzuschränken.

---

[181] *Bannenberg u.a.* 2001, 138 f.

[182] BGBl. I, 1354 (Gesetzesentwurf der Bundesregierung BT-Drs. 15/2536; Beschlussempfehlung des Rechtsausschusses BT-Drs. 15/2609).

[183] Vgl. auch *Meier* GA 2004, 441, 455 f.

[184] BT-Drs. 15/350, 5 f., 17.

[185] BVerfGE 45, 363, 370 f.

cc) Sexueller Missbrauch ohne Körperkontakt

Juristisch nicht nachvollziehbar war die Anhebung der Mindeststrafe beim sexuellen Missbrauch ohne Körperkontakt von Geldstrafe auf Freiheitsstrafe von mindestens drei Monaten. Bei diesen bagatellartigen Vergehen, wie etwa exhibitionistische Handlungen und das einmalige Zeigen von pornographischen Abbildungen, ist die Grenze zu lediglich moralisch fragwürdigem Verhalten fließend.[186] Es wird teilweise sogar die Sichtweite vertreten, dass es sich beim Exhibitionismus zwar um für die Betroffenen möglicherweise unangenehme und lästige, nicht jedoch gefährliche Taten handele.[187] Weil die bloße Verletzung moralischer Normen ohne substantielle Rechtsgüterverletzung kein hinreichender Grund für die Kriminalisierung bestimmter Verhaltensweisen sei[188], stellen einige Autoren die strafrechtliche Verfolgung exhibitionistischer Handlungen in Frage und verlangen, die Reaktion auf derartige Handlungen allenfalls dem Ordnungswidrigkeitenrecht zu überlassen.[189] Die von § 176 Absatz 4 erfassten Handlungen unterscheiden sich erheblich hinsichtlich der beim Opfer durch die Tat verursachten unmittelbaren Folgen als auch der Langzeitfolgen[190] von den „eigentlichen" Missbrauchshandlungen, bei denen es zum Körperkontakt zwischen dem Täter und dem Kind kommt, so dass eine dreimonatige Mindestfreiheitsstrafe im Vergleich zu der Strafdrohung mit einer sechsmonatigen Mindestfreiheitsstrafe für den sexuellen Missbrauch mit Körperkontakt dem Unrechts- und Schuldgehalt dieser Taten nicht gerecht wird.

Am Rande sei nur angemerkt, dass die Streichung der Geldstrafe durch § 47 Absatz 2 konterkariert wird. Nach dieser Vorschrift verhängt das Gericht eine Geldstrafe, sofern die Verhängung einer Freiheitsstrafe nicht unerlässlich ist, auch wenn das Gesetz keine Geldstrafe androht und eine Freiheitsstrafe von sechs Monaten oder darüber nicht in Betracht kommt.

---

[186] *Duttge/Hörnle/Renzikowski* NJW 2004, 1065, 1066.

[187] *Benz* 1982; *Heimann* Kriminalistik 2001, 90 ff.; *Lautmann* ZRP 1980, 44, 46; *Sander* 1996; *ders.* ZRP 1997, 447, 448 ff.; *Wille* MschrKrim 1972, 218, 221. Vgl. zu den verschiedenen Ansichten *Görgen* 2003, 6.

[188] Hierzu *Jäger* 1957.

[189] *Hörnle* MschrKrim 2001, 212; *Kentler/Schorsch* 1987, 111 f.; *Leferenz* ZStW 1965, 379, 397; *Sander* 1996, 122; *ders.* ZRP 1997, 447, 449 f.; *Sick* ZStW 1991, 43, 90; *v. Hören* ZRP 1987, 19, 22.

[190] Zu den Folgen des sexuellen Missbrauchs bei den Opfern u.a. *Bange* 1992, 138 ff.; *Bange/Deegener* 1996, 171 ff.; *Diesing* 1980; *Hasler* 1995, 64 ff.; *Hauptmann* 1975, 30 ff.; *Hirsch* 1999, 210 ff.; *Krück* MschrKrim 1989, 313 ff.; *Richter-Appelt* 1998, 201 ff.; *Weiß* 1963, 151 ff.

V. Zusammenfassung

Zusammenfassend kann festgehalten werden, dass die vergangenen Reformen im Sexualstrafrecht ganz unterschiedliche Ziele verfolgten. Zunächst fand sowohl durch das 1. StrRG von 1969 als auch das 4. StrRG von 1973 eine Liberalisierung und Entmoralisierung statt, indem nicht mehr zeitgenössische Tatbestände aufgehoben wurden. Zu diesen abgeschafften Normen gehörten beispielsweise der Ehebruch, die Homosexualität und die Kuppelei.

Nachdem das Sexualstrafrecht über einen langen Zeitraum bis 1997 unverändert geblieben war, erfolgten innerhalb von weniger als 10 Jahren gleich drei Reformen. Es wurden neue Tatbestände geschaffen und in vielen Bereichen die Strafandrohungen erhöht. Die neu geschaffenen Kriminalisierungen stellen aus Opfersicht einen Fortschritt dar, weil der Opferschutz erweitert worden ist.[191] Kritikwürdig sind demgegenüber die zahlreich erfolgten Strafverschärfungen. Insbesondere stellt sich die Frage, warum die mit dem 6. StrRG angestrebte Harmonisierung der Strafrahmen des Strafgesetzbuches durch die Ausrichtung der Strafrahmen an den bisherigen Einstufungen bei den Eigentums- und Vermögensdelikten umgesetzt wurde. Um den höchstpersönlichen Rechtsgütern gegenüber den materiellen Rechtsgütern ein größeres Gewicht zu verleihen, hätten anstelle der Anhebung der Strafen und Vermehrung von Qualifikationstatbeständen bei den höchstpersönlichen Rechtsgütern auch die Strafdrohungen für Vermögens- und Eigentumsdelikte herabgesetzt werden können. Außerdem machen die Verschärfung zum einen keinen Sinn, weil hierdurch keine höhere abschreckende Wirkung erreicht werden könne.[192] Zum anderen ist zu befürchten, dass die Rücksichtnahme auf den Täter durch den Familien- und Bekanntenkreis bei strengerer Strafdrohung noch zunehmen wird, was die niedrige Anzeigebereitschaft nicht erhöhen und damit das beklagte Dunkelfeld nicht aufhellen dürfte.[193]

Durch das 6. StrRG wurde außerdem insbesondere beim sexuellen Missbrauch von Kindern ein kompliziertes Strafrahmengefüge für die Grundfälle, Qualifikationen mit verschiedenen Strafdrohungen und minder schweren Fälle geschaffen. Auch das neueste Änderungsgesetz vom 27.12.2003 hat daran nichts geändert. Anstatt die Wertungswidersprüche zu beseitigen, sind vielmehr noch weitere Tatbestände und Strafrahmen hinzugekommen, so dass die Rechtsfolgen bei einer Sexualstraftat mit einem Kind als Opfer kaum überschaubar sind. Auch kann keine Rede davon sein, dass dem Unrechts- und Schuldgehalt dieser Taten in allen Fällen gerecht geworden ist, was insbesondere mit Blick auf die Erhö-

[191] Zu den einzelnen Erweiterungen der Tatbestände bereits A. III und IV.
[192] Vgl. *Dölling* 1999, 27; *Prittwitz* 2000, 112; *Rosenau* StV 1999, 388, 393.
[193] *Rosenau* StV 1999, 388, 394.

hung der Mindeststrafe bei Taten ohne Körperkontakt deutlich wird. Somit hat die im Jahre 2003 vorgenommene „Reform der Reform“ teilweise ihr Ziel verfehlt, da gerade das eingetreten ist, was vermieden werden sollte: Aufgrund des Drucks der Öffentlichkeit wurden einzelne Straftatbestände herausgegriffen und bruchstückhaft zum Gegenstand des Gesetzgebungsverfahrens gemacht. Bei dem gefundenen Kompromiss zwischen den einzelnen Positionen wurde dabei, wie auch bei dem 6. StrRG, nicht auf ein Gesamtkonzept geachtet. Um vorhandene Wertungswidersprüche zu beseitigen, besteht auch weiterhin der Bedarf an einer erneuten Reform. Demzufolge ist mit großer Wahrscheinlichkeit die Reform im Bereich des sexuellen Missbrauchs von Kindern noch nicht abgeschlossen, so dass eine weitere „Reform der Reform“ zu erwarten ist.

Auch wenn u.a. die steigende Zahl der Sexualkriminalität für die Notwendigkeit der Reformen vorgebracht worden ist, stellt sich die Frage, inwieweit die dargestellten Reformen tatsächlich durch die bekannt gewordenen Sexualstraftaten gerechtfertigt waren und wie sich die Gesetzesänderungen auf die Strafverfolgungspraxis ausgewirkt haben.

B. Sexualkriminalität im Spiegel der Statistik

I. Umfang, Struktur und Entwicklung der Sexualkriminalität

Zunächst wird ein Überblick über den Umfang, die Struktur und die Entwicklung den Strafverfolgungsorganen zur Kenntnis gelangten Sexualkriminalität gegeben. Als Sexualkriminalität werden auch hierbei die Delikte gegen die sexuelle Selbstbestimmung des 13. Abschnitts des Strafgesetzbuches verstanden. Umfang, Struktur und Entwicklung der der Strafjustiz bekannten Sexualstraftaten werden lediglich anhand der amtlichen Statistiken dargestellt. Die Beschränkung auf das Hellfeld erfolgt, da Gegenstand der vorliegenden Untersuchung ebenfalls nur die den Strafverfolgungsorganen bekannt gewordenen Sexualdelikte sind. Nur am Rande sei deshalb darauf hingewiesen, dass bezüglich des Dunkelfeldes aufgrund unterschiedlicher zugrunde gelegter Definitionen und angewandter Forschungsdesigns eine erhebliche Unsicherheit besteht.[194] So werden die Dunkelziffern[195] bei dem sexuellen Missbrauch von Kindern zwischen 1:6 und 1:20, bei den sexuellen Gewaltdelikten auf etwa 1:5 und beim Exhibitionismus auf 1:8 geschätzt.[196]

Trotz des großen öffentlichen Interesses ist die Sexualkriminalität quantitativ betrachtet im Gesamtspektrum der Kriminalität ein eher unbedeutendes Randphänomen.[197] So entfielen 2002 auf die 6.507.394 von der Polizei registrierten Straftaten nur 53.860 Taten (0,8 %) auf den Bereich der Sexualkriminalität des 13. Abschnitts des Strafgesetzbuches.[198] Wie aus Abbildung 1 hervorgeht, ist das häufigste Delikt im Bereich der 2002 bekannt gewordenen Sexualkriminalität mit 15.998 Fällen der sexuelle Missbrauch von Kindern nach §§ 176, 176a, 176b. Gefolgt wird dieser von den sexuellen Gewaltdelikten nach §§ 177, 178 mit 15.006 Fällen, den unter Ausnutzen sexueller Neigungen zusammenge-

---

[194] Zum Problem des Dunkelfeldes *Leder* 1998; *Weiß* 1997.

[195] Die Dunkelziffer gibt das Verhältnis der den Strafverfolgungsbehörden bekannt gewordenen Straftaten zu den tatsächlich begangenen Straftaten an.

[196] Angaben hierzu aus: *Göppinger* 1997, 608, 613; *Kaiser* 1996, 773, 784. Das Dunkelfeld in Deutschland betreffende Studien: *Bange* 1992; *Bange/Deegener* 1996; *Beier* 1995; *Burger* 1993; *Elliger/Schötensack* 1991; *Fikentscher u.a.* Kriminalistik und forensische Wissenschaft 1978, 67 ff.; *Kirchhoff/Kirchhoff* 1979; *Krahé u.a.* ZFSP 1999, 165 ff.; *Kury/Yoshida/Würger* The Hokkaigakuen Law Journal 2004, 764 ff.; *Lange* 1998; *Müller* 1997; *Raupp/Eggers* Monatsschrift Kinderheilkunde 1993, 316 ff.; *Richter-Appelt/Tiefensee* PPmP 1996, 367 ff. und 405 ff.; *Stephan* 1976; *Weis* 1982; *Wetzels* 1997, *ders.* 1999; *Wetzels/Pfeiffer* 1995.

[197] *Meier* 1999a, 447; *ders.* 1999b, 32.

[198] Polizeiliche Kriminalstatistik 2002, Tab.01.

Abbildung 1: Straftaten gegen die sexuelle Selbstbestimmung 2002[199]

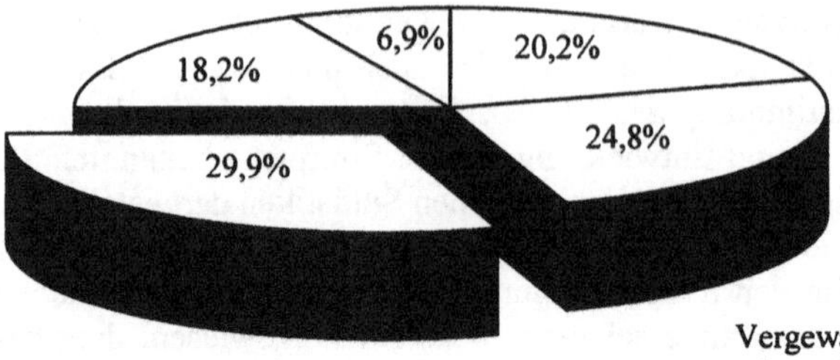

fassten Straftaten nach §§ 180-181a, 184-184b mit 9.707 Fällen und dem Exhibitionismus nach §§ 183, 183a mit 9.251 Fällen. Sexualstraftaten gegen Kinder werden jedoch nicht nur von den Tatbeständen der §§ 176, 176a, 176b erfasst, die an die Schutzaltersgrenze von 14 Jahren anknüpfen, sondern auch von den anderen Tatbeständen des 13. Abschnitts des Strafgesetzbuches. So waren beispielsweise von den 15.324 Opfern einer Vergewaltigung und sexuellen Nötigung 4,8 % Kinder.[200]

Die Darstellung der Entwicklung der Sexualkriminalität insgesamt wäre nicht sehr aussagekräftig, da mehrere Gesetzesänderungen in Teilbereichen der Deliktsgruppen berücksichtigt werden müssen. Der Rückgang der Sexualkriminalität seit Anfang der 70er Jahre[201] kann beispielsweise auf die Entkriminalisierung zahlreicher Tatbestände[202] zurückgeführt werden. Aus diesem Grunde wird nachfolgend eine deliktsdifferenzierte Betrachtung vorgenommen. Hierbei sind demographische Veränderungen und Änderungen der Erfassungsmodalitäten der Statistik im Blick zu behalten.[203] Bei der Entwicklung der verschiedenen Sexu-

---

199 Polizeiliche Kriminalstatistik 2002, Tab.01.
200 Polizeiliche Kriminalstatistik 2002, Tab.91.
201 Vgl. *Meier* 1999b, 50, Tab.1.
202 Hierzu ausführlich A.I.
203 Zu den Grenzen und Fehlerquellen von Zeitreihenvergleichen *Göppinger* 1997, 485; *Heinz* 1998, 779 ff und zu den Filterungsprozessen bei der Registrierung von Straftaten *Kury* Kriminalistik, 74, 80 ff.

alstraftaten werden die Daten der Polizeilichen Kriminalstatistik deshalb erst ab 1984, nach Einführung der Echttäterzählung, herangezogen. Um den sich durch den Beitritt der ehemaligen DDR in Deutschland ergebenden demographischen Veränderungen Rechnung zu tragen, wird nicht auf absolute Zahlen, sondern auf Häufigkeitszahlen, d.h. auf die Zahl der bekannt gewordenen Straftaten pro 100.000 Einwohner abgestellt.[204] Außerdem muss bedacht werden, dass aufgrund von Anlaufschwierigkeiten in den neuen Bundesländern die Zahlen dieser Bundesländer für die Jahre 1991 und 1992 nicht verlässlich sind. Deshalb werden in Abbildung 2 bei der Darstellung der Entwicklung einzelner Sexualstraftaten bis 1990 die Zahlen für die alten Bundesländer, für 1991 und 1992 die Zahlen für die alten Bundesländer einschließlich Gesamtberlin und erst ab 1993 die Zahlen für das gesamte Bundesgebiet berücksichtigt.

Bei den verschiedenen Deliktsgruppen sind sehr unterschiedliche Entwicklungen auszumachen. Bei den sexuellen Gewaltdelikten ist über die Jahre hinweg ein relativ konstanter Verlauf mit leichten Schwankungen festzustellen. Die Häufigkeitszahl der angezeigten Vergewaltigungen ist zunächst bis 1994 von 9,7 auf 7,5 gesunken, stieg dann jedoch bis zum Jahr 2002 erneut auf 10,5 an. Es liegt die Vermutung nahe, dass der Anstieg der Häufigkeitszahlen mit der veränderten Erfassung in der Polizeilichen Kriminalstatistik in Zusammenhang steht. Aufgrund der Gesetzesänderung[205] wurden ab 1998 im Schlüssel 1110[206] neben der Vergewaltigung auch der besonders schwere Fall der sexuellen Nötigung sowie Qualifikationen der sexuellen Nötigung erfasst. Diese Fälle wurden vorher als sexuelle Nötigung in Schlüssel 1120[207] gezählt, der nunmehr das Grunddelikt der sexuellen Nötigung und die minder schweren Fälle als sonstige sexuelle Nötigung erfasst. Bis 1998 lag die Häufigkeitszahl der angezeigten sexuellen Nötigung zwischen 5,5 und 6,4. Entgegen den durch die Änderung der Erfassung in der Polizeilichen Kriminalstatistik bedingten Erwartungen konnte ab 1998 kein Sinken der Häufigkeitszahlen der sonstigen sexuellen Nötigung festgestellt werden. Vielmehr stieg hier die Häufigkeitszahl von 6,4 auf 7,8. Der

[204] Zur Notwendigkeit des Rückgriffs auf Verhältniszahlen *Göppinger* 1997, 478.

[205] Zusammenfassung der sexuellen Nötigung gem. § 178 a.F. und Vergewaltigung gem. § 177 a.F. in einem Paragraphen. Vgl. A.III.1.

[206] In Schlüssel 1110 wurde bis 1997 die Vergewaltigung gem. § 177 a.F. erfasst; 1998 die Vergewaltigung und der besonders schwere Fall sowie die Erfolgsqualifikation der sexuellen Nötigung gem. § 177 Absatz 3 und 4 in der durch dass 33. StrÄndG geänderten Fassung; ab 1999 die Vergewaltigung und sonstige sexuelle Nötigungen nach § 177 Absatz 2, 3, 4 und § 178 in der nach dem 6. StrRG geltenden Fassung.

[207] Schlüssel 1120 erfasste bis 1997 die sexuelle Nötigung gem. § 178 a.F.; ab 1998 als sonstige sexuelle Nötigungen das Grunddelikt und den minder schweren Fall der sexuellen Nötigung (1998 gem. § 177 Absatz 1 und 2 in der durch dass 33. StrÄndG geänderten Fassung; ab 1999 gem. § 177 Absatz 1 und 5 in der nach dem 6. StrRG geltenden Fassung).

Abbildung 2: Entwicklung ausgewählter Sexualdelikte seit 1984[208]

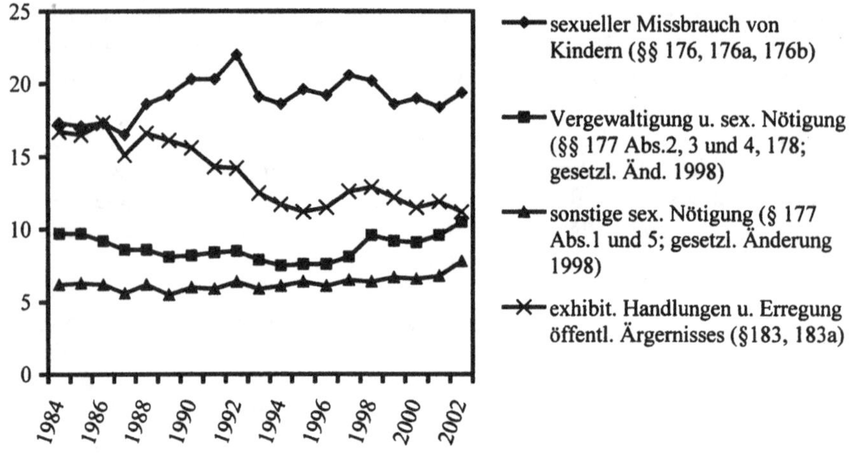

Anstieg der Zahl der angezeigten sexuellen Gewaltdelikte ab 1998 kann auf die Ausweitung der Strafbarkeit dieser Delikte durch das 33. StrÄG[209] zurückzuführen sein.

Demgegenüber ist beim Exhibitionismus und dem Erregen öffentlichen Ärgernisses mit leichten Schwankungen Ende der 1980er und Ende der 1990er Jahre ein sehr deutlicher Rückgang der angezeigten Taten zu verzeichnen. So war die Häufigkeitszahl 1986 mit 17,3 am höchsten und ist bis 2002 auf 11,2 gesunken.

Ein völlig anderes Bild zeigt sich jedoch für den sexuellen Missbrauch von Kindern nach §§ 176, 176a, 176b. In der graphischen Darstellung ergibt sich nicht wie bei den anderen Delikten ein gleichförmiger Kurvenverlauf, sondern es sind starke Schwankungen durch mehrmaliges Ansteigen und Reduzieren der Anzeigen auszumachen. So stieg die Häufigkeitszahl zunächst bis 1992 um 33 % von 16,5 auf 22,0. Nach Erreichen dieses Spitzenwertes sankt die Häufigkeitszahl und bewegt sich seither zwischen 18,6 und 20,6. Es ist aber nicht anzunehmen,

208 Polizeiliche Kriminalstatistik 1984-2002, Tab.01; Statistisches Jahrbuch 1985-2003, Tab.3.10 (Bevölkerungszahlen für jeweils den 31.12. der Jahre 1983-2001); eigene Berechnungen. Bis 1990 alte Bundesländer, 1991 und 1992 alte Bundesländer mit Gesamtberlin, ab 1993 Bundesgebiet insgesamt.

209 Vgl. A.III.1.

dass die der Polizeilichen Kriminalstatistik zu entnehmende Entwicklung den tatsächlich begangenen Straftaten entspricht. Vielmehr ist davon auszugehen, dass die öffentliche Diskussion über den sexuellen Missbrauch von Kindern, die damit verbundene Sensibilisierung und Enttabuisierung des Themas zu einem Anstieg der Anzeigen geführt hat. Dies hat zur Folge, dass lediglich die Zahl der bekannt gewordenen Fälle zunahm und sich demgegenüber das Dunkelfeld verkleinerte. Insbesondere wurden in den Jahren vor dem ersten Anstieg verschiedene Opferhilfeorganisationen gegründet[210], populärwissenschaftliche Darstellungen veröffentlicht[211] und in den Medien dazu aufgerufen, sich zu dem stattgefundenen Missbrauch zu bekennen und das Schweigen zu brechen[212]. Zwar stehen die Beratungsstellen einer Strafanzeige und dem Strafverfahren sehr reserviert bis vollkommen ablehnend gegenüber[213], jedoch ist durch die Gründung dieser Organisationen und die vermehrten Veröffentlichungen in den Medien zu diesem Thema ab Mitte der 1980er Jahre wahrscheinlich das gesellschaftliche Problembewusstsein und das Anzeigeverhalten in diesem Bereich verändert worden. Daneben wurde die Öffentlichkeit jedoch ab Anfang der 1990er Jahre auch auf die Probleme aufmerksam gemacht, welche die Durchführung der Strafverfahren für die betroffenen Kinder mit sich bringen. Dies insbesondere durch den „Wormser-Misshandlungsprozess“[214], in dem es um die Zulässigkeit von Vernehmungen kindlicher Zeugen mittels Videoaufnahmen im Verfahren wegen sexuellen Missbrauchs ging. Die Sensibilisierung der Bevölkerung hinsichtlich der belastenden Erfahrungen eines Strafverfahrens für die kindlichen Opfer könnte dahingehend einen Einfluss gehabt haben, dass die Anzeigenbereitschaft wieder etwas sank. Dies würde erklären, warum der Spitzenwert der bekannt gewordenen Taten von 1993 nicht wieder erricht worden ist.

II. Selektion durch die Strafverfolgungsbehörden

Auch der Umgang der Strafverfolgungsorgane mit den Sexualdelikten kann anhand der amtlichen Statistiken dargestellt werden. Hierbei sind die Möglichkeiten jedoch nur sehr begrenzt, da der Verlauf der Strafverfahren von der Strafanzeige über die staatsanwaltschaftliche Ermittlung und verfahrensabschließende Entscheidung durch die Staatsanwaltschaft oder das Gericht bis hin zu Strafvoll-

---

[210] Allerleirauh 1987; AMYNA e.V. 1989; I.M.M.A. e.V. 1985; Schattenriss e.V. 1986; Wendepunkt e.V. 1988; Wildwasser 1983; Zartbitter 1987.

[211] Z.B. *Armstrong* 1985; *Gardiner-Sirtl* 1983; *Kavemann/Lohstöter* 1984; *Spring* 1988; *Steinhage* 1989.

[212] Vgl. hierzu *Wilmer* 1996, 150 ff.

[213] *Walter/Wolke* MschrKrim 1997, 93, 102 ff.

[214] LG Mainz NJW 1996, 208.

streckung und Straferledigung nicht verfolgbar ist.[215] Die Erhebung der Polizeilichen Kriminalstatistik endet mit der Abgabe des Verfahrens an die Staatsanwaltschaft. Die auf das Ermittlungs- und Zwischenverfahren bezogenen Staatsanwaltschafts- und Strafprozessstatistiken können als Geschäftsstatistiken nicht herangezogen werden, weil hier Strafverfahren die Erhebungseinheit bilden. Demgegenüber sind bei der Polizeilichen Kriminalstatistik die Taten, die Tatverdächtigen und bei ausgewählten Taten die Opfer Erhebungseinheiten. Bei den Rechtspflegestatistiken setzt die Strafverfolgungsstatistik, die ebenfalls Personen zählt, erst auf der Ebene des Gerichts ein: Es werden detaillierte Informationen zu Alter, Straftat und Entscheidung des Gerichts der wegen Straftaten rechtskräftig abgeurteilten Personen gegeben. Abgeurteilte sind Angeklagte, gegen die Strafbefehle erlassen wurden bzw. deren Strafverfahren nach Eröffnung des Hauptverfahrens durch Urteil oder Einstellungsbeschluss rechtskräftig abgeschlossen wurde.[216]

1. Aburteilungspraxis der Gerichte

Von den 893.005 Personen, die 2001 in den alten Bundesländern einschließlich Ostberlin abgeurteilt wurden, wurden nur 8.450 Personen wegen Sexualstraftaten nach dem 13. Abschnitt des StGB abgeurteilt. Damit machen die Sexualdelikte auch bei Gericht mit nur 0,9 % einen sehr geringen Anteil der Aburteilungen aus. 80,1 % der wegen eines Sexualdelikts Abgeurteilten wurden von den Gerichten auch verurteilt. In den übrigen Fällen wurde das Verfahren auf eine andere Weise erledigt. So wurden 7,9 % aller wegen eines Sexualdelikts Abgeurteilten freigesprochen und für 11,5 % der Abgeurteilten erfolgte eine Einstellung des Verfahrens. Weitere Entscheidungen waren in einer geringen Anzahl die selbständige Anordnung von Maßregeln der Besserung und Sicherung, das Absehen von Strafe und die Überweisung des Verfahrens an einen Vormundschaftsrichter bei jugendlichen Angeklagten.[217]

Ein Blick auf die verschiedenen Delikte in Tabelle 1 zeigt eine recht unterschiedliche Aburteilungs- und Verurteilungspraxis in Abhängigkeit von der begangenen Straftat. Die im Vergleich zu den anderen Delikten niedrige Verurteilungs- und hohe Freispruchsquote bei den sexuellen Gewaltdelikten, d.h. der Nötigung und Vergewaltigung nach §§ 177, 178, kann auf Beweis- und Wertungsprobleme zurückzuführen sein.[218] Bei den sich häufig als Beziehungstaten

---

[215] Dahingehende Kritik bei *Blath* 1992; *Jehle* 1992.
[216] Strafverfolgung 2002, Begriffsbestimmungen.
[217] Strafverfolgung 2002, Tab. 2.2.
[218] Vgl. *Steinhilper* 1998, 258 ff.

Tabelle 1: Verurteilungen und Freisprüche 2002[219]

	Verurteilungen in %	Freisprüche in %
sexueller Missbrauch von Kindern (§§ 176–176b)	82,0	5,0
sexuelle Gewaltdelikte (§§ 177, 178)	75,9	14,9
Ausnutzen sex. Neigungen (§§ 180-181a, 184-184b)	82,9	2,6
Exhibitionismus u. Erregung öffentlichen Ärgernisses (§ 183, 183a)	83,9	2,6
Sexualdelikte insgesamt	**80,1**	**7,9**

darstellenden sexuellen Gewaltdelikten bestehen vermehrt Bedenken hinsichtlich der Glaubwürdigkeit der Opferzeugen. Auch heute noch ist die Vergewaltigung von zahlreichen Glaubwürdigkeit der Opferzeugen. Auch heute noch ist die Vergewaltigung von zahlreichen „Mythen“ und falschen Vorstellungen umgeben, die etwa dem Opfer die Verantwortung für das Zustandekommen der Tat zuschreiben und gleichzeitig den Täter entlasten oder entschuldigen.[220] Insbesondere kann fraglich sein, inwieweit wirklich Nötigungsmittel zur Vornahme sexueller Handlungen eingesetzt wurden oder ob das vermeintliche Opfer sich nicht freiwillig an solchen beteiligt hat. Da vergleichsweise selten Sachbeweise oder weitere Zeugenaussagen existieren, muss bei Zweifeln an den Angaben der Opferzeugen ein Freispruch erfolgen.

Für diese Vermutungen spricht, dass die Verurteilungsquote bei den an Kindern begangenen sexuellen Gewaltdelikten deutlich höher ist als die bei den insgesamt abgeurteilten Gewaltdelikten. Im Jahr 2002 wurden 82,6 % der wegen einer an einem Kind gem. §§ 177, 178 begangen Sexualstraftat Abgeurteilten vom Gericht verurteilt.[221]

---

[219] Strafverfolgung 2002, Tab.2.2.

[220] *Abel* 1988; *Bohner* 1998; *Brockhaus/Kolshorn* 1993, 100 ff., 208 ff.; *Kury* 2003, 422.

[221] Strafverfolgung 2002, Tab.9. Neben den Angaben zur Anzahl der Aburteilungen und Verurteilungen wegen an Kindern begangenen sexuellen Missbrauch (diese Angaben ergeben sich bereits aus Tab.2.2.) und sexuellen Gewaltdelikten enthält diese Tabelle leider keine weiteren Informationen zur Erledigungspraxis der Gerichte.

2. Erledigungspraxis der Staatsanwaltschaften

Die Selektionsmechanismen, die bereits vor der Anklageerhebung, also bei der Staatsanwaltschaft wirksam sind, lassen sich der Strafverfolgungsstatistik nicht entnehmen. Auch lassen sich die Daten der Polizeiliche Kriminalstatistik und der Strafverfolgungsstatistik aus mehreren Gründen nicht ohne weiteres in Beziehung setzen. Zum einen stimmen die Statistiken weder in den Bezugsgebieten überein noch beziehen sie sich auf identische Personen. Die Polizeiliche Kriminalstatistik enthält ab 1993 Angaben für das gesamte Bundesgebiet, die Strafverfolgungsstatistik jedoch bis heute nur für die alten Bundesländer einschließlich Gesamt-Berlin. Daneben sind aufgrund der unterschiedlichen Dauer der Strafverfahren nicht alle Abgeurteilten eines Berichtsjahres der Strafverfolgungsstatistik in dem vorhergehenden Jahrgang der Polizeilichen Kriminalstatistik erfasst. So können gegen die im Jahre 2002 Abgeurteilten die Straftaten ebenfalls 2002 zur Anzeige gelangt sein, jedoch auch zu einem früheren Zeitpunkt. Zum anderen können sich aufgrund einer abweichenden juristischen Bewertung der Tatvorwürfe durch das Gericht und die Polizei unterschiedliche Deliktszuordnungen in den Statistiken ergeben. Es kann zu einer Umwertung innerhalb der Deliktsgruppe, wie z.B. von einem einfachen sexuellen Missbrauch von Kindern zu einem qualifizierten schweren Missbrauch von Kindern, kommen. Oder es wird ein Tatbestand eines anderen Abschnitt des Strafgesetzbuches angenommen, wie z.B. eine Nötigung oder Beleidigung anstatt eines Sexualdeliktes.

Zwar ist ein direkter Vergleich der Statistiken demnach nicht zulässig, gleichwohl können die Statistiken eines Jahrgangs gegenübergestellt werden, um einen ersten Anhaltspunkt der Ausfilterungsprozesse zu gewinnen.[222] Deshalb erfolgt hier eine Gegenüberstellung der Zahl der Tatverdächtigen aus der Polizeilichen Kriminalstatistik, d.h. der bei Abgabe von der Polizei an die Staatsanwaltschaft als tatverdächtig geltenden Personen, und der Zahl der Abgeurteilten aus der Strafverfolgungsstatistik. Die Differenz der beiden Werte stellt die ungefähre Zahl der Tatverdächtigen dar, die von dem Ausfilterungsprozess bei der Staatsanwaltschaft betroffen sind. Dabei wird auch hier mit Verhältniszahlen, namentlich der Tatverdächtigenbelastungszahl (TVBZ) und der Abgeurteiltenzahl (AZ) gearbeitet, um die unterschiedlichen Erfassungsgrundsätze der Statistiken auszugleichen.

Das Ergebnis dieser in Tabelle 2 dargestellten Gegenüberstellung zeigt, dass es sowohl bei der Sexualkriminalität insgesamt als auch beim sexuellen Kindesmissbrauch nach §§ 176, 176a, 176b nur bei etwa einem Drittel der Tatverdächtigen zu einem Verfahren vor Gericht kommt. Das Verhältnis der Abgeurteilten-

---

[222] *Göppinger* 1997, 481; *Meier* 1999a, 457; *ders.* 1999b, 41.

Tabelle 2: Entwicklung der Tatverdächtigenbelastungs- und Abgeurteiltenzahlen bei der Sexualkriminalität insgesamt und sexuellem Missbrauch von Kindern[223]

	Sexualkriminalität insgesamt			Sexueller Missbrauch von Kindern (§§ 176, 176a, 176b)		
	TVBZ	AZ	Verhältnis TVBZ/AZ	TVBZ	AZ	Verhältnis TVBZ/AZ
1984	32,4	12,3	2,6	7,8	3,1	2,5
1985	31,6	11,3	2,8	7,6	3,0	2,5
1986	31,9	11,1	2,9	7,5	3,0	2,5
1987	28,3	10,7	2,6	7,1	2,8	2,5
1988	28,8	10,7	2,7	7,7	3,0	2,6
1989	28,6	10,3	2,8	8,0	3,1	2,6
1990	28,9	10,1	2,9	8,7	3,1	2,8
1993	28,7	9,8	2,9	9,5	3,6	2,6
1994	31,1	10,2	3,0	9,4	3,7	2,5
1995	32,0	10,2	3,1	9,9	3,6	2,8
1996	33,8	10,6	3,2	9,9	3,7	2,7
1997	37,7	11,1	3,4	11,2	4,0	2,8
1998	37,8	12,1	3,1	10,9	4,0	2,7
1999	37,4	12,2	3,1	10,5	4,0	2,6
2000	38,2	12,2	3,1	11,0	4,0	2,8
2001	38,4	11,9	3,2	11,0	3,8	2,9
2002	41,5	12,2	3,4	12,2	4,1	3,0

zahl zur Tatverdächtigenbelastungszahl betrug 2002 bei der Sexualkriminalität insgesamt 1:3,4 und beim sexuellen Kindesmissbrauch 1:3,0. Da mit einem Anstieg der Tatverdächtigenbelastungszahl jeweils auch ein Anstieg der Abgeurteiltenzahl verbunden war, ist das Verhältnis zwischen Abgeurteilten- und Tatverdächtigenbelastungszahl über die Jahre hinweg relativ konstant geblieben. Dies spricht für eine recht stabile Erledigungspraxis durch die Staatsanwaltschaft.

---

[223] Polizeiliche Kriminalstatistik 1984-2001, Tab.01; Strafverfolgung 1984-2001, Tab.2.1; Statistischen Jahrbuch 1985-2002, Tab.3.10 (Bevölkerungszahlen für jeweils den 31.12. der Jahre 1983-2000); eigene Berechnungen. Bis 1991 alte Bundesländer. Die Werte für 1991 und 1992 werden wegen der Anlaufschwierigkeiten in den neuen Bundesländern nicht nachgewiesen. Ab 1993 beziehen sich die TVBZ auf das gesamte Bundesgebiet, die AZ bis 1994 noch auf die alten Bundesländer und ab 1995 auf die alten Bundesländer einschließlich Ost-Berlin.

Für rund zwei Drittel und damit die Mehrheit der Tatverdächtigen wird das Strafverfahren bereits durch die Staatsanwaltschaft beendet. Um zu erfahren, auf welche Art die Staatsanwaltschaft Verfahren ohne Anklage abschließt, kann bezüglich aller Straftaten gegen die sexuelle Selbstbestimmung des 13. Abschnitts des Strafgesetzbuches für die meisten Bundesländer die Geschäftsstatistik der Staatsanwaltschaften herangezogen werden.[224] Für die 2002 in Niedersachsen durch die Staatsanwaltschaft erledigten Strafverfahren ergibt sich folgendes Bild:[225] Neben den 23,3 % der Verfahren, in denen eine Anklage erfolgte, beantragte sie in 3,7 % der Verfahren den Erlass eines Strafbefehls. Die Mehrheit (49,9 %) der Verfahren wurde gemäß § 170 Absatz 2 StPO eingestellt. In 7,7 % der Verfahren erfolgte eine Einstellung ohne Auflagen und in 3,4 % eine Einstellung mit Auflagen. In den verbleibenden Fällen war die verfahrensabschließende Entscheidung der Staatsanwaltschaft der Statistik nicht zu entnehmen, es war lediglich „andere Erledigungsart" angegeben.

Angaben zur Erledigungspraxis der Staatsanwaltschaften bei den Sexualdelikten für das gesamte Bundesgebiet sind in den Rechtspflegestatistiken nicht verfügbar. Es ist lediglich möglich, die Angaben für die einzelnen ausgewiesenen Bundesländer zu vergleichen. Isoliert betrachtet scheint der Anteil der Einstellung nach § 170 Absatz 2 StPO mit fast 50 % in Niedersachsen sehr hoch, jedoch liegt dieser Wert im mittleren Bereich im Vergleich zu den anderen Bundesländern. Die Staatsanwaltschaften in Thüringen stellten im Jahr 2002 mit 38,8 % die wenigsten Verfahren nach § 170 Absatz 2 StPO ein. Die höchste Einstellungsquote lag in Nordrhein-Westfahlen bei 56,0 %. Ebenso unterschiedlich ist die Anzahl der Anklageerhebungen in den Bundesländern. Die Werte liegen zwischen 14,4 % in Rheinland-Pfalz und 30,4 % in Bremen.[226]

Ebenfalls ist eine differenzierte Betrachtung nach den einzelnen Straftatengruppen, wie beispielsweise den sexuellen Gewaltdelikten, dem sexuellen Missbrauch von Kindern und dem Exhibitionismus, nicht möglich. Um die staatsanwaltschaftliche Erledigungspraxis bei den verschiedenen Delikten beurteilen zu können, muss deshalb auf Strafaktenanalysen zurückgegriffen werden. Im Bereich des sexuellen Missbrauchs von Kindern können die regional begrenzten Untersuchungen von *Gunder*[227], *Langen*[228], *Volbert* und *Busse*[229] sowie *Wolke*[230]

---

[224] Dargestellt werden die Werte für Bayern, Berlin, Brandenburg Bremen, Hamburg, Hessen, Niedersachsen, Nordrhein-Westfahlen, Rheinland-Pfalz, Saarland, Sachsen, Sachsen-Anhalt, Thüringen.

[225] Staatsanwaltschaften 2002, Anhang, Tab.1.6.1.

[226] Alle Werte aus Staatsanwaltschaften 2002, Anhang, Tab.1.6.1.

[227] *Gunder* 1999 wertete 286 Strafakten der in den Jahren 1994-1996 in fünf Landgerichtsbezirken Niedersachsens wegen der Begehung von Sexualstraftaten an unter 16-Jährigen eingeleiteten Strafverfahren aus.

herangezogen werden. Auf die Ergebnisse dieser Studien wird in einem anderen Abschnitt eingegangen.[231] An dieser Stelle kann aber bereits festgehalten werden, dass auch bei den einzelnen untersuchten Delikten etwa die Hälfte der eingeleiteten Strafverfahren durch die Staatsanwaltschaft gemäß § 170 Absatz 2 StPO eingestellt wird. Bei den verbleibenden Einstellungen handelt es sich überwiegend um solche ohne Sanktionen.

III. Legalbewährung

Von besonderem Interesse sind aus kriminologischer, aber auch aus kriminalpolitischer Sicht die Rückfallquoten bei der Sexualkriminalität. Zum einen, weil diese als der wichtigste Indikator für die spezialpräventive Effizienz der verhängten Sanktionen gelten, und zum anderen, weil die erneute Begehung von Sexualstraftaten in der öffentlichen Diskussion eine erhebliche Rolle spielt und Entscheidungen des Gesetzgebers maßgeblich beeinflusst hat.[232] Aus den amtlichen Rechtspflegestatistiken lassen sich jedoch keine genauen Informationen zur Legalbewährung von Sexualstraftätern entnehmen.

Zwar ist der Strafverfolgungsstatistik zu entnehmen, wie viele der verurteilten Täter Vorstrafen aufzuweisen haben. So wurde mit 41,2 % fast die Hälfte der 2002 wegen einer Sexualstraftat verurteilten Täter zu einem früheren Zeitpunkt schon mindestens einmal verurteilt. Von den wegen eines sexuellen Missbrauchs von Kindern Verurteilten waren mit 38,8 % weniger frühere Verurteilungen auszumachen als bei den wegen eines sexuellen Gewaltdeliktes Verurteilten, von denen 48,1 % bereits zu einem früheren Zeitpunkt verurteilt worden waren.[233] Aus der Statistik ergibt sich jedoch nicht, wie viele Täter einschlägig vorbestraft waren. Überdies sind die Vorstrafen nicht mit der Rückfälligkeit gleichzusetzen.[234]

Eine erste prospektiv orientierte Rückfallstatistik wurde von der Bundesanwaltschaft auf der Basis der Bundeszentralregisterdaten in den Jahren 1986 bis 1990

---

[228] *Langen* 2000 wertete 289 Strafverfahrensakten wegen des Verdachts des sexuellen Missbrauchs der Staatsanwaltschaft beim Landgericht Köln aus dem Jahr 1991 aus.

[229] *Volbert/Busse* 1995 analysierten 1090 Akten der Strafverfahren wegen sexuellen Missbrauchs von Kindern, die 1991 von der Staatsanwaltschaft Berlin eingeleitet wurden.

[230] *Wolke* 1995 bezog sich auf 115 Strafverfahrensakten im Landgerichtsbezirk Köln.

[231] F.I.3.

[232] Vgl. A.

[233] Strafverfolgung 2002, Tab. 7.1 und 7.2.

[234] Zur Rückfalldefinition E.I.2.

erstellt.[235] In dieser wurden die Rückfallraten differenziert nach Sanktion der Bezugsentscheidung und Folgeverurteilung sowie nach Geschlecht und Alter der Verurteilten ermittelt. Bedingt durch die grundlegende Aufgabenstellung, Aussagen über aus der Strafhaft entlassene Strafgefangene treffen zu können[236], erfasst man jedoch nur Personen, bei denen eine freiheitsentziehende Sanktion vollstreckt wurde. Eine Einbeziehung der Personen, die in der Bezugsentscheidung zu einer Geldstrafe verurteilt oder mit jugendgerichtlichen Maßnahmen belegt wurden, erfolgte hingegen nicht. Weitere Kritikpunkte an der von der Generalbundesanwaltschaft vorgelegen Rückfallstatistik sind u.a., dass die Festlegung des Beginns des Rückfallzeitraums auf das Vollstreckungsende dazu führte, dass alle Rückfälle während der Bewährungszeit bei ausgesetzten Strafen beziehungsweise Strafresten nicht erfasst wurden und dass mit der Anzahl der Geld- und Freiheitsstrafen der Wiederverurteilungen die Schwere des Rückfalls nicht gemessen werden konnte.[237] Überdies erfolgte bei den Taten keine Differenzierung nach Delikten oder gar Deliktsgruppen, so dass der Statistik keine Informationen zur Rückfälligkeit von Sexualstraftätern entnommen werden können.

In Erkenntnis der sehr beschränkten Aussagekraft der bisherigen Rückfallstatistik, erteilte das Bundesministerium der Justiz 1995 dem Statistischen Bundesamt den Auftrag, die Machbarkeit einer periodischen Rückfallstatistik anhand einer Sonderauswertung des Datenbestandes im Bundeszentralregister zu überprüfen. Das von der Kriminologischen Zentralstelle Wiesbaden erarbeitete Konzept zur Erstellung einer Rückfallstatistik sah vor, sämtliche strafgerichtlichen Verurteilungen sowie die Eintragungen in das Erziehungsregister zu berücksichtigen. Neben freiheitsentziehenden Sanktionen erfolgte nun auch eine Einbeziehung von Geldstrafen und freiheitsentziehenden Maßregeln der Besserung und Sicherung sowie der Zuchtmittel, Erziehungsmaßregeln und Verfahrenseinstellungen nach Jugendstrafrecht. Da bei der Untersuchung für das Basisjahr 1991 die Vollständigkeit der Daten und damit die Aussagekraft der Ergebnisse eingeschränkt war[238], erfolgte nach nochmaligen Auftrag des Bundesministeriums der Justiz eine erneute Auswertung der Bundeszentralregisterdaten zur Rückfälligkeit für das Bezugsjahr 1994.[239] Die Analyse der Daten hat gezeigt, dass auf der Basis

[235] Bezugsjahre sind 1980 bis 1984.

[236] Ausführliche Beschreibung der Rückfallstatistik bei *Seither* 1989, 231 ff.

[237] *Jehle* 1989, 255 ff.

[238] Zu dieser ersten Untersuchung *Jehle/Brings* Wirtschaft und Statistik 1999, 498 ff.

[239] Konzeption und Ergebnissen der zweiten Untersuchung bei *Jehle* 2003; *Jehle* 2004, 145 ff.; *Jehle/Heinz/ Sutterer* 2003.

der Bundeszentralregisterdaten eine Rückfallstatistik erstellt werden kann und auch aussagekräftige Ergebnisse möglich sind.[240]

Zwar erfolgte in der im Jahr 2003 vorgelegten erneuten Auswertung der Bundeszentralregisterdaten auch eine Darstellung der Rückfälligkeit nach ausgewählten Deliktgruppen der Bezugsentscheidung, trotzdem besitzt diese Statistik nur einen eingeschränkten Informationswert. Für den hier interessierenden Bereich der Sexualkriminalität wurden nur Personen ausgewiesen, die 1994 wegen einer Straftat nach §§ 177, 178 entweder mit einer zur Bewährung ausgesetzten Jugend- oder Freiheitsstrafe, einer Geldstrafe, einer anderen jugendgerichtlichen Reaktion strafrechtlich belegt oder nach einer freiheitsentziehenden Strafe oder Maßregel aus der Haft entlassen worden sind. Für 59,3 % dieser Personen wurde während eines Rückfallzeitraumes von vier Jahren keine Folgeeintragung im Bundeszentralregister vermerkt.[241] Neben den fehlenden Angaben zu anderen Sexualdelikten wurde ein sehr großer Teil der Sexualstraftäter von der Rückfallstatistik nicht erfasst. Sehr viele Verfahren werden gerade nicht durch eine Verurteilung, sondern durch eine Einstellung beendet.[242]

Um zur Legalbewährung nach begangenen Sexualstraftaten genauere Informationen zu erlangen, ist man deshalb nach wie vor auf Einzeluntersuchungen angewiesen.

---

240 *Jehle/Brings* Wirtschaft und Statistik 1999, 503; *Jehle* 2003, 400; *Jehle/Heinz/Sutterer* 2003, 7 f.; *Blath* 2004, 133 ff. Zu den Grenzen dieser Statistik: *Heinz* 2004, 11 ff.; *Hohmann-Fricke* 2004, 245 ff.; *Sutterer/Spiess* 2004, 215 ff.

241 *Jehle/Heinz/Sutterer* 2003, 71, Übersichtstabelle 5.1.

242 Vgl. B.II.

C. Kriminologische Befunde zur Legalbewährung

I. Empirische Rückfallstudien

Das Schrifttum zur Legalbewährung allgemein und zu ihrer Abhängigkeit von verschiedenen Maßnahmen der formellen und informellen Sozialkontrolle ist kaum noch zu überblicken.[243] Allein in Deutschland existierten bereits 1982 über 140 empirische Arbeiten zu diesem Thema.[244]

Mit Einschränkungen gilt dies auch für das Schrifttum zur Rückfälligkeit von Sexualstraftätern. Größtenteils liegen den Studien sehr kleine Fallzahlen zugrunde, durch die die Untersuchungen methodisch angreifbar und in ihrer Aussagekraft beschränkt werden. Oder es handelt sich um größere Gesamtpopulationen mit wenigen Probanden, die eine Sexualstraftat als Anlassdelikt hatten. Aber auch hier ist wegen der geringen Fallzahl die Aussagekraft bezüglich der Legalbewährung nach Sexualdelinquenz gering und eine Differenzierung nach Art des Sexualdelikts nicht möglich. Lediglich bei drei Untersuchungen – der von *Berner & Karlick-Bolten*[245], *Beier*[246] und dem Forschungsprojekt „Legalbewährung und kriminelle Karrieren von Sexualstraftätern" der Kriminologischen Zentralstelle Wiesbaden (KrimZ)[247] – war die Population groß genug, so dass eine Unterteilung nach einzelnen Deliktsgruppen innerhalb der Sexualdelinquenz vorgenommen werden konnte.

Bis auf die Untersuchung der KrimZ aus dem Jahr 2001 erfassen alle Studien außerdem nur eine Teilmenge aller bekannt gewordenen Sexualstraftäter, nämlich diejenigen mit mittlerer und schwerer Kriminalität in der Bezugssache, da sie sich nur auf begutachtete, in einer sozialtherapeutischen Anstalt oder in einer Strafvollzugsanstalt einsitzende Täter beziehen.

---

243 *Böhm* 1998, 58.

244 *Berckhauer/Hasenpusch* 1982, 284. An dieser Stelle kann nur auf die Übersichten bei *Berckhauer/Hasenpusch* 1982, 284 ff. sowie auf die Bibliographie im dortigen Anhang S.335 ff. und *Hartung* 1981 verwiesen werden.

245 *Berner/Karlick-Bolten* 1986.

246 *Beier* 1995.

247 *Egg* 1998; zur Erhebungsgruppe des sexuellen Kindesmissbrauchs *Elz* 2001; Veröffentlichung von Teilergebnissen bei: *Elz* 1999, 63 ff., *Egg* 1999, 45 ff.; *ders.* 2000, 49 ff. Ergebnisse zu weiteren Erhebungsgruppen: sexuelle Gewaltdelikten *Elz* 2002, Sexualstraftäter im Maßregelvollzug *Nowara* 2001, Sexualstraftäter aus der DDR *Elz/Fröhlich* 2002, Exhibitionismus *Elz* 2004.

Da sich die Studien darüber hinaus hinsichtlich ihres Erkenntnisinteresses, der untersuchten Populationen, Forschungsmethoden, Definitionen von Rückfälligkeit und Einschlägigkeit sowie der Dauer der Beobachtungsintervalle wesentlich voneinander unterscheiden, ist eine Vergleichbarkeit oder eine ergänzende Zusammenschau kaum möglich.

Trotz dieser genannten Probleme ist es notwendig, die Einzelergebnisse der Untersuchungen herauszuarbeiten, um die Rückfallquoten innerhalb der einzelnen untersuchten Gruppen von Sexualstraftätern und eventuell ermittelte Risikofaktoren darzustellen, d.h. solche Faktoren, die die Gefahr einer weiteren Straftatbegehung erhöhen.

Obwohl die Darstellung auf Studien aus dem deutschsprachigem Raum begrenzt ist, wird die sehr aufschlussreiche von *Hanson* und *Bussière*[248] durchgeführte Meta-Analyse zur Rückfälligkeit von Sexualstraftätern ebenfalls beschrieben. In dieser kanadischen Arbeit wurden 61 Rückfallstudien einbezogen und sowohl die Rückfallquoten als auch die Risikofaktoren, die mit einem Rückfall korrelieren, differenziert nach allgemeinen Straftaten, nicht-sexuellen Gewaltstraftaten und Sexualdelikten überprüft. Das Besondere an dieser Studie ist, dass sie durch die Einbeziehung mehrerer bereits durchgeführter Untersuchungen eine sehr große Anzahl von Sexualstraftätern erfasste. Hierdurch waren im Gegensatz zu vielen anderen Untersuchungen verschiedene Unterteilungen der Probanden in Untergruppen möglich. Darüber hinaus beschränkt sich die Studie nicht nur auf kanadische Sexualstraftäter. Einbezogen wurden vielmehr Rückfalluntersuchungen unabhängig von der Nationalität, sofern sie bestimmte qualitative Anforderungen erfüllten. Deshalb ist Studie von *Hanson* und *Bussière* einzigartig, so dass sie international von Bedeutung ist.

1. Studien im Bereich mittlerer und schwerer Sexualdelinquenz

Bereits in den 1980er Jahren untersuchten *Baumann, Maetze* und *Mey* (1983)[249] im Auftrag des Justizministeriums Nordrhein-Westfalen zur Überprüfung des Einweisungsverfahrens im Strafvollzug für männliche Erwachsene 1077 Strafgefangene, darunter auch 140 Sexualstraftäter, die das Einweisungsverfahren von 1971 bis 1975 durchlaufen hatten und im Jahre 1975 entlassen worden waren. Die Untersuchungsgruppe setzt sich nur aus solchen Gefangenen zusammen, die bei Rechtskraft des Urteils mindestens noch 18 Monate Freiheitsstrafe zu verbüßen hatten, so dass im wesentlichen Täter mittlerer bis schwerer Krimi-

---

248 *Hanson/Bussière* Journal of Consulting and Clinical Psychology 1998, 348 ff.

249 *Baumann/Maetze/Mey* MschrKrim 1983, 133, 135 ff.

nalität erfasst wurden. Das Legalverhalten der untersuchten Gefangenen wurde mit Hilfe der Auskunft aus dem Bundeszentralregister während eines Zeitraums von 5 bis 6 Jahren nach Strafentlassung überprüft, wobei jede erneute Eintragung in das Bundeszentralregister als Rückfall definiert und dieser als Hinweis für das Versagen des Strafvollzuges bzw. der im Strafvollzug durchgeführten Maßnahmen angesehen wurde. Einschlägigkeit des Rückfalls wurde angenommen, wenn einer der der neuen Verurteilung zugrunde liegenden und im Bundeszentralregister erfassten Straftatbestände mit mindestens einem der Straftatbestände übereinstimmte, die der Freiheitsstrafe zugrunde lagen, aus deren Anlass das Einweisungsverfahren durchgeführt wurde. Von den 140 Sexualstraftätern wurden 64 (46 %) rückfällig, davon 18 (28 %) einschlägig. Die Rückfallquote der Gesamtpopulation lag hingegen bei 66 %, davon waren 70 % einschlägig. Damit ist sowohl die allgemeine als auch die einschlägige Rückfälligkeit der Sexualtäter die niedrigste aller untersuchten Gruppen der Studie. Das Bild wird sogar noch günstiger, wenn man die einschlägig rückfälligen Sexualtäter auf die Gesamtzahl der Sexualtäter bezieht, weil dann der Anteil der einschlägig Rückfälligen nur 13 % beträgt. Jedoch unterscheiden sich die Sexualtäter in der Struktur des Entlassungsalters deutlich von der Gesamtpopulation. So sind 51 % der Sexualstraftäter über 35 Jahre. In der Gesamtgruppe beträgt der Anteil der über 35jährigen dagegen nur 36 %. Da mit zunehmendem Alter die Rückfallneigung beträchtlich sinkt, führen die Autoren die günstige Rückfallquote auf diesen rückfallmindernden Alterseffekt zurück.

Zur Erfassung der Verläufe bei Sexualdelinquenz unter dem Gesichtspunkt späterer Rückfälligkeit haben *Berner* und *Karlick-Bolten* (1986)[250] in einer 5-Jahres-Katamnese vier verschiedene Gruppen untersucht. Die Gesamtpopulation mit 326 Sexualdelinquenten setzte sich folgendermaßen zusammen: 210 „Unbehandelte", die 1973 zu Gefängnisstrafen über einem Jahr verurteilt wurden und diese Strafe in den drei großen Strafanstalten Österreichs verbüßten; 53 „Behandelte", die in der Zeit von 1963 bis 1975 aufgrund von Entscheidungen innerhalb des Vollzugssystems im Sonderstrafvollzug behandelt wurden; 39 Personen, die von 1975 bis 1977 mit richterlicher Weisung im Sonderstrafvollzug behandelt wurden und 24 für unzurechnungsfähig erklärte Sexualdelinquenten, die in den Jahren 1975 bis 1977 unter richterlicher Weisung in der Psychiatrie untergebracht waren. Eine weitere Voraussetzung für alle Gruppen war, dass die Probanden mit über einem Jahr Freiheitsentzug bestraft wurden. Bei 167 Personen (51,2 %) der Population war das Bezugsdelikt eine an Kindern bis zum 14. Lebensjahr begangene Sexualstraftat.[251] Es wurden für die Studie die Strafakten und Strafregisterauszüge der Probanden sowie – soweit vorhanden – Bewäh-

[250] *Berner/Karlick-Bolten* 1986, 74 ff.
[251] *Berner/Karlick-Bolten* 1986, 79.

rungshilfeakten, Krankengeschichten und Befunde körperlicher Untersuchungen ausgewertet. Von März bis Mai 1983 wurde eine Nacherhebung in Form einer persönlichen Exploration durchgeführt, wobei jedoch nur 44 Personen wieder angetroffen werden konnten.[252]

Von der Gesamtpopulation, die zu 82 % allgemein und zu 50 % mit einem Sexualdelikt vorbestraft war, wurden im Katamnesezeitraum von fünf Jahren nach der Entlassung 55,4 % der Untersuchten erneut verurteilt, wobei 22,3 % mit einem Sexualdelikt rückfällig wurden.[253] Bei den nach Tatbildern unterschiedenen Gruppen schwankte die Sexualdeliktrückfälligkeit zwischen 11,8 % bei den Inzestdelikten und 32,3 % bei homosexuellen Delikten an Jungen unter dem 14. Lebensjahr. Die Rückfälligkeit mit einem Sexualdelikt nach heterosexuellen Delikten an Frauen lag mit 22,2 % und nach homosexuellen Delikten an Jungen unter 18 Jahren mit 19 % ähnlich wie bei der Gesamtpopulation, nach heterosexuellen Delikten an Mädchen unter 14 Jahren mit 13,4 % jedoch erheblich darunter.[254]

Von den möglichen Kriterien, die den Verlauf bestimmen könnten, erwiesen sich in der Studie die Vorstrafen als stärkster Indikator für eine zukünftige Prognose. In der Untersuchung zeigte sich ein deutlicher Unterschied zwischen spezifischen und unspezifischen Vorstrafen. Während allgemeine Vorstrafen ohne Bedeutung für die Vorhersage von Sexualdelikten waren, spielten Sexualdelikte in der Vorgeschichte eine sehr große Rolle. Ein Sexualdelikt in den Vorstrafen verdoppelte das Risiko der Rückfälligkeit (25,9 % der Personen mit einem Sexualdelikt in der Vorstrafe wurden mit Sexualdelikten rückfällig – gegenüber 12,1 % derjenigen ohne Sexualdelikt in den Vorstrafen), zwei Sexualdelikte verdreifachten (39,4 %) es sogar.[255]

Für die Opferzahl beim Anlassdelikt gilt praktisch das Gleiche wie für die Vorstrafen. Personen, die nur ein Opfer schädigten, wurden zu 18 % mit einem Sexualdelikt rückfällig. Bei vier und mehr Opfern betrug die Rückfallquote 35,6 %.[256]

Bei den Tätern, die Kinder als Opfer hatten, war der mittlere Altersbereich der 25 bis 40jährigen sowohl für die allgemeine als auch für die sexualdeliktsspezifische Rückfälligkeit am stärksten gefährdet. Der Anteil der rückfällig geworde-

---

[252] *Berner/Karlick-Bolten* 1986, 74 f.
[253] *Dies.* 1986, 79, 81.
[254] *Dies.* 1986, 87, Tabelle 8.
[255] *Dies.* 1986, 84, 111.
[256] *Dies.* 1986, 106.

nen Personen bei den Jüngeren oder Älteren war um mehr als die Hälfte geringer als bei diesen Tätern.[257]

Außerdem zeigt sich, dass Personen ohne Vater- und Mutterverlust in der Kindheit und ohne Heimerziehung sowohl sexualdeliktsmäßig als auch im Hinblick auf die allgemeine Kriminalität weniger vorbestraft und rückfallgefährdet waren als die anderen.[258] Die höchste spezifische Rückfälligkeit lag vor, wenn neben dem das Merkmal „vorwiegend weibliche Erziehung" (d.h. der Täter wuchs mehr als die Hälfte der ersten 11 Lebensjahre mit ein oder mehreren weiblichen Erziehungspersonen auf) auch häufig wechselnde Erziehungsverhältnisse vorlagen. Allgemein rückfällig wurden davon 62,5 % und 30,4 % wurden sogar erneut wegen eines Sexualdeliktes verurteilt. Hier kam es außerdem zu einem deutlichen Überwiegen an Tatbildern mit kindlichen Opfern (66,6 % gegenüber 41 % in der Gesamtpopulation).[259]

Im Bereich der psychiatrischen Diagnostik waren die Diagnosen leichter Schwachsinn und Persönlichkeitsstörung mit einem deutlich höherem Risiko allgemeiner und spezifischer Rückfälligkeit verbunden.[260] Zwar waren von den Personen, bei denen eine sexuelle Deviation diagnostiziert wurde, 68,9 % allgemein und 52 % mit einem Sexualdelikt rückfällig, jedoch ist dies nicht überraschend, da diese Diagnose häufig aufgrund ähnlicher Delikte und Verhaltensauffälligkeiten gestellt wird. Somit ist die Feststellung einer entsprechend höheren Rückfälligkeit kein Informationsgewinn durch psychiatrische Beurteilung.[261]

Ferner wurden die Verläufe in Abhängigkeit von der Unterbringung nach dem Anlassdelikt untersucht. So wurden 17,2 % der Personen, die im Normalvollzug untergebracht waren, gegenüber 32,7 % derer im Sondervollzug und 47,8 % im Maßnahmenvollzug mit einem Sexualdelikt rückfällig. Über den Einfluss der Unterbringungsart kann trotzdem nichts ausgesagt werden, da sich kaum vergleichbare Personengruppen zusammenstellen ließen.[262]

Wiederholt (1989)[263] wertete 70 Behandlungsfälle von Strafgefangenen aus, die in der sozialtherapeutischen Abteilung für Sexualstraftäter in der Justizvollzugsanstalt München inhaftiert waren. Statistisch erfasst wurden jedoch nur 58 Probanden, bei denen die Entlassung länger als ein Jahr zurücklag. Diese teilte sich

---

[257] *Berner/Karlick-Bolten* 1986, 115.
[258] *Dies.* 1986, 119, 125 f.
[259] *Dies.* 1986, 123.
[260] *Dies.* 1986, 128, 134.
[261] *Dies.* 1986, 134, 139.
[262] *Dies.* 1986, 182.
[263] *Wiederholt* ZfStrVo 1989, 231, 235 f.

auf in: 24 Pädophile, 22 Vergewaltiger, sieben Exhibitionisten, zwei Inzesttäter, zwei Sadisten und ein Täter eines Tötungsdeliktes. Insgesamt betrug die Rückfallquote 48 %, wobei 33 % sexuell rückfällig wurden. Die höchste einschlägig sexualdelinquente Rückfälligkeit wiesen die Exhibitionisten mit 71 % auf, gefolgt von den homosexuellen und heterosexuellen Pädophilen mit 64 % bzw. 38 %. Dagegen begingen nur 9 % der Vergewaltiger erneut Sexualdelikte. Unklar ist jedoch, auf welche Weise die Rückfälligkeit ermittelt wurde und in welchem Jahr nach der Entlassung die Probanden rückfällig wurden.

Dünkel und *Geng* (1994)[264] untersuchten den Verlauf registrierter krimineller Karrieren einer Zufallsstichprobe von 510 Anfang der 70er Jahre in Berlin-Tegel Inhaftierten, die mindestens drei Vorstrafen aufwiesen und im Zeitraum 1971-74 für mindestens ein Jahr erneut inhaftiert waren. Ziel dieser Untersuchung war die rein deskriptive Erfassung der offiziellen Karrieren im Lebenslängsschnitt nach Beginn, Dauer und gegebenenfalls Abbruch. Der Schwerpunkt lag bei der Frage, ob und gegebenenfalls unter welchen Bedingungen bei dieser hochselektierten und stark vorbelasteten Extremgruppe ein Abbruch oder zumindest eine Abschwächung der kriminellen Karriere festzustellen ist. Nach einem Beobachtungszeitraum von durchschnittlich zehn Jahren lag die Rückfallquote der Gesamtstichprobe bei 86 %, d.h. diese Personen wurden erneut verurteilt. Bei knapp 64 % erfolgte sogar eine erneute Inhaftierung. Von den 41 Sexualstraftätern wurden insgesamt 81 % erneut verurteilt und 51 % sogar wieder inhaftiert. Einschlägig rückfällig waren bei dieser Deliktsgruppe jedoch nur 29 %. Die festgestellten hochsignifikanten Unterschiede nach der Strafvollzugsform (bei Raubdelikten 30 % im Behandlungs- gegenüber 76 % im Regelvollzug) sind bei den Sexualdelikten, mit 42 % im Behandlungs- gegenüber 52 % im Regelvollzug, weniger stark ausgeprägt.

Gretenkord (1994)[265] wollte mit seiner Untersuchung dazu beitragen, Prognoseentscheidungen und damit auch die Therapieeffektivität auf der deskriptiven Ebene empirisch zu fundieren. Dazu wurden die in Einweisungsurteilen und -gutachten sowie Verlaufsberichten enthaltenen Krankengeschichten von 196 ehemaligen Patienten, die von Mitte 1977 bis Mitte 1985 aus der für die Behandlung der psychisch kranken Rechtsbrecher Hessens zuständigen Klinik für gerichtliche Psychiatrie Haina entlassen wurden, ausgewertet. Ferner wurden im August 1989 Auszüge aus dem Bundeszentralregister eingeholt. Bei 56,6 % der Probanden war kein weiterer Eintrag nach der Einweisung in die Psychiatrie im Bundeszentralregister vorhanden. Ein erneuter Freiheitsentzug erfolgte in 29 % der Fälle. Mit einem Sexualdelikt ohne Gewalt wurden 3,1 % und mit einem Se-

[264] *Dünkel/Geng* 1994, 35 ff.
[265] *Gretenkord* 1994, 78 ff.

xualdelikt mit Gewalt wurden 4,1 % der Patienten rückfällig. Gesonderte Angaben zur Rückfälligkeit von Sexualstraftätern sind der Arbeit von *Gretenkord* nicht zu entnehmen. Die 11,2 % der Gesamtgruppe, die sogar ein Gewaltdelikt (Tötung, Körperverletzung, Sexual- oder Eigentumsdelikte mit körperlicher Gewalt gegen Personen) begingen und denen erneut die Freiheit entzogen wurde, standen im Mittelpunkt der durchgeführten Diskriminanzanalyse, um den Zusammenhang zwischen einzelnen Faktoren, wie z.B. Alter, Heimunterbringung, Berufsausbildung, Intelligenz, Vorstrafen etc. und der Rückfälligkeit darzustellen. Diese Analyse ergab einen deutlichen Zusammenhang zwischen einem der Indexdelikte und einem Rückfall. So ist nicht einer von den 21 Probanden, die wegen eines Sexualdeliktes ohne körperliche Gewaltanwendung eingewiesen worden waren, mit einem Gewaltdelikt rückfällig geworden. Positive Korrelationen bestanden hingegen zwischen gewaltsamen Sexualdelikten und der Gewaltrückfälligkeit.

Die Legalbewährung von allen (46) Sexualstraftätern, die im Zeitraum von 1985-1988 aus dem therapeutischen Strafvollzug in Wien entlassen wurden, untersuchten *Berner* und *Bolterauer* (1995)[266], indem fünf Jahre nach ihrer Entlassung ein Strafregisterauszug angefordert und soweit als möglich Informationen von der Nachbetreuungseinrichtung und der Bewährungshilfe eingeholt wurden. Größtenteils (76 %) handelte es sich um so genannte Maßnahmeuntergebrachte, d.h. Personen, die neben einer Verurteilung vom Richter die Auflage einer Behandlung unter Sicherheitsbedingungen bekamen und aufgrund dieser Auflage auch über ihre Strafe hinaus in Abhängigkeit von ihrer Gefährlichkeit angehalten werden konnten. Bei 27 dieser Probanden (59 %) handelte es sich bei dem zur Behandlung führenden Delikt um einen sexuellen Missbrauch an Minderjährigen. Von der als besonders rückfallgefährdet bezeichneten Population blieben nur 37 % der Gesamtgruppe bis zu fünf Jahren nach der Entlassung straffrei und 30 % sind sogar einschlägig rückfällig geworden. Bei den einschlägig Rückfälligen kamen antisoziale Persönlichkeitsstörungen und Alkoholismus erheblich häufiger vor als bei den straffrei Gebliebenen.

Beier (1995)[267] hatte das Ziel, auf empirischem Wege Prognosekriterien zu erarbeiten, die fachübergreifend forensisch genutzt werden können. Dazu wurde eine differenzierte Quer- und Längsschnittanalyse der Dissexualität durchgeführt, wobei der Begriff Dissexualität als ein „sich im Sexualleben ausdrückendes Sozialversagen bezogen auf zeit- und soziokulturell bedingte durchschnittlich erwartbare Partnerinteressen unabhängig von Strafverfolgung oder Strafverfolg-

---

[266] *Berner/Bolterauer* R&P 1995, 114, 115 f.
[267] *Beier* 1995, 9 ff.

barkeit und Dauer dieses Versagens" definiert wird.[268] In diese Untersuchung einbezogen wurden alle (n = 510) im Zeitraum von 1945 bis 1981 am Institut für Gerichtliche und Soziale Medizin und der hieraus entstandenen Sexualmedizinischen Forschungs- und Beratungsstelle am Klinikum der Christian-Albrechts-Universität zu Kiel begutachteten Sexualstraftäter der Geburtsjahrgänge 1915 bis 1945.[269] Es wurden die umfangreichen schriftlichen Gutachten ausgewertet[270] und in der Zeit von September 1990 bis September 1992 bei 302 ehemaligen Gutachtenpatienten in Form einer katamnestischen Datenerhebung eine Nachuntersuchung durchgeführt[271] sowie deren Auszüge aus dem Bundeszentralregister begutachtet.[272] *Beier* stellt seine Ergebnisse nach den einzelnen Deliktsgruppen dar. Es gab in der Ausgangsgruppe 186 (36,5 %) Pädophile, 114 (22,3 %) Täter einer Vergewaltigung oder sexuellen Nötigung, 62 (12,2 %) Inzesttäter und 95 (18,6 %) Exhibitionisten. Die übrigen 10,4 % entfielen auf seltene Sexualdelikte wie Fetischismus, Sodomie und Tötungsdelikte.[273] In allen Deliktsgruppen waren minderjährige Opfer betroffen[274], so dass nicht nur die Ergebnisse der Deliktsgruppe „Dissexualität als Missbrauch von Kindern" von Interesse sind. Die höchste Rückfallquote wiesen mit 50,8 % die katamnestisch erfassten homo- und bisexuell orientierten Pädophilen auf, von denen jedoch nur 15 (25,4 %) erneut wegen sexuellen Missbrauchs von Kindern verurteilt wurden. Bei den übrigen 15 Rückfälligen ergab sich die erneute Strafbarkeit aus der katamnestischen Nachuntersuchung.[275] Daran schlossen sich die Exhibitionisten mit einer Rückfallquote von 46,3 % an. Jedoch hatten bereits 63, 1 % der exhibitionistischen Probanden vor der Begutachtung ein Sexualdelikt – meist exhibitionistische Handlungen – begangen.[276] Bei den heterosexuell orientierten Pädophilen und sexuellen Gewalttätern lag die Rückfallrate bei ca. einem Drittel der katamnestisch erfassten Probanden.[277] Bei den Inzesttätern war die Rückfallrate mit 21,6 % am geringsten. Hier ist jedoch das Dunkelfeld am größten, da 16,2 % der Probanden bei der Nachuntersuchung von einem erneuten nicht strafverfolgten Delikt berichteten. Aus dem Bundeszentralregister ergab sich dagegen nur eine Rückfallquote von 5,4 %.[278] Als Prognosekriterien für den sexuellen Missbrauch von Kindern wurden herausgearbeitet: durchschnittliche

[268] *Beier* 1995, 6 f., 9.
[269] *Ders.* 1995, 15.
[270] *Ders.* 1995, 17.
[271] *Ders.* 1995, 21.
[272] *Ders.* 1995, 32.
[273] *Ders.* 1995, 16.
[274] *Ders.* 1995, 39, 53, 66, 83, 97.
[275] *Beier* 1995, 89.
[276] *Ders.* 1995, 53.
[277] *Ders.* 1995, 73, 105.
[278] *Ders.* 1995, 46.

oder überdurchschnittliche Intelligenz, Täter älter als 30 Jahre, junges sowie den Tätern nicht bekanntes Opfer und hohe Anzahl nicht-sexueller Vorstrafen.[279]

Um Aufschluss über die Rückfälligkeit entlassener Maßregelvollzugspatienten zu erhalten, untersuchten *Dimneck* und *Duncker* (1996)[280] alle Patienten des Maßregelvollzuges in den Landgerichts- und Führungsaufsichtsbezirken Paderborn und Bochum, bei denen die Vollstreckung der Unterbringung nach § 67d Absatz 2 in der Zeit von 1984 bis 1991 ausgesetzt worden war und die deshalb unter Führungsaufsicht standen. In der Studie wurden 229 Entlassene berücksichtigt, von denen 43 (18,8 %) wegen eines Sexualdelikts untergebracht waren. Den Führungsaufsichtsakten ist zu entnehmen, dass im Bewährungsverlauf 64,2 % der Gesamtpopulation kein Delikt mehr begingen und es in 26,6 % der Fälle zu einem Widerruf der bedingten Entlassung kam, wobei dies jedoch in 8,3 % der Fälle nur wegen eines Weisungsverstoßes erfolgte. Von denjenigen, die wegen eines Sexualdeliktes untergebracht waren, blieben 29 (67,4 %) straffrei. Der überwiegende Teil der erneut Straffälligen (25,6 %) wurde sogar einschlägig rückfällig, d.h. das Delikt konnte der gleichen Deliktskategorie („Sexualdelikte") zugeordnet werden.

Bei den von *Schmitt* (1996)[281] dargestellten Ergebnissen einer Befragung aller Vollzugsanstalten des Landes Rheinland-Pfalz handelt es sich nicht um eine Rückfalluntersuchung im eigentlichen Sinn. Da die Kenntnislage über Sexualstraftäter im Vollzug gering war, wurden die Justizvollzugsanstalten um Auskunft darüber gebeten, welche therapeutischen Hilfen in den Justizvollzugsanstalten für diesen Täterkreis zur Verfügung gestellt wurden. Außerdem sollten sie Angaben über jeden im Juli inhaftierten Sexualstraftäter machen. So konnten auch Informationen zur strafrechtlichen Vorbelastung der Täter ausgewertet werden. Von den 223 männlichen Personen[282], die wegen eines Sexualdeliktes einsaßen, waren 74 % der Täter vorbestraft. Bei 38 % der inhaftierten Sexualstraftäter bezog sich die Vorstrafe auf ein Sexualdelikt, wobei 59 % der einschlägig Vorbestraften einmal und 19 % sogar viermal und häufiger vorbestraft waren.

Die Rückfalluntersuchung von *Dolde* (1996)[283] umfasste 70 Probanden, die zwischen dem 1.1.1986 und dem 30.11.1988 die Sozialtherapeutische Anstalt Baden-Württemberg verlassen hatten. 36 % der Untersuchungsgruppe wurden ent-

---

[279] *Beier* 1995, 98, 106.
[280] *Dimneck/Duncker* R&P 1996, 50, 51 f.
[281] *Schmitt* BewHi 1996, 3.
[282] Auch eine Frau war wegen eines Sexualdeliktes in diesem Zeitraum inhaftiert. Bei der Datenerhebung wurde sie jedoch nicht berücksichtigt. *Schmitt* BewHi 1996, 3, 11 f.
[283] *Dolde* ZfStrVo 1996, 290, 292 ff.

lassen und die übrigen 64 % wurden in den Regelvollzug zurückverlegt. Die Legalbewährung wurde anhand von Auszügen aus dem Bundeszentralregister im Januar 1995 überprüft. Von den Verlegten waren drei noch nicht entlassen und einer hatte erst einen Überprüfungszeitraum von einem Jahr, so dass diese vier Probanden nicht weiter berücksichtigt werden konnten. Die Untersuchungsgruppe setzte sich deshalb aus 28 Entlassenen und 38 Verlegten zusammen. Die Untersuchung ergab, dass sich die aus der Sozialtherapie Entlassenen hinsichtlich ihrer Rückfälligkeit nicht wesentlich von denjenigen unterschieden, die in den Regelvollzug rückverlegt wurden. Nicht wieder verurteilt wurden bei den Entlassenen 32 % und bei den Verlegten 31 %. Bei den erheblichen Rückfällen, d.h. Verurteilungen, die erneut zur Verbüßung einer Freiheitsstrafe führten, sah es ähnlich aus. Bei den Entlassenen gab es 39 % und bei den Verlegten 45 % „Wiederkehrer". Lediglich die bereits in der Probezeit Zurückverlegten wurden zu 50 % erheblich rückfällig. In der Sozialtherapeutischen Anstalt betrug der Anteil der Probanden, die die Freiheitsstrafe aufgrund eines Sexualdelikts verbüßten, 40 %. Die aus der Sozialtherapie entlassenen Sexualtäter, die auch in der Vergangenheit schwerpunktmäßig mit Sexualdelikten auffielen, hatten mit 33 % eine etwas günstigere Wiederkehrerquote als die Verlegten mit 42 %.

In einer weiteren von *Dolde* (1997)[284] dargestellten Untersuchung wurden durch den Kriminologischen Dienst von Baden-Württemberg alle deutschen männlichen Gefangenen erfasst, die 1987 aus den Justizvollzugsanstalten Bruchsal, Freiburg, Heilbronn und Mannheim nach einer Vollzugsdauer von mindestens 15 Monaten entlassen worden waren, um das Lockerungsgeschehen und vor allem die Bewährung nach Lockerungen zu evaluieren. 32 (knapp 9 %) der 362 Gefangenen waren wegen Sexualstraftaten inhaftiert. 24 davon wegen sexueller Gewalt gegen Frauen (Vergewaltigung/sexuelle Nötigung) und acht wegen sexuellen Missbrauchs von Kindern. Von den Sexualstraftätern wurden nach einem Überprüfungszeitraum von fünf Jahren sechs (19 %) so einschlägig rückfällig, dass sie erneut Freiheitsstrafen zu verbüßen hatten, wobei zwei nicht nur ihr Einweisungsdelikt, sondern auch ihren Deliktsschwerpunkt im Lebenslängsschnitt im Bereich der Sexualdelinquenz hatten. Von der gesamten Untersuchungsgruppe wurden zehn Entlassene (3 %)[285] wegen Sexualstraftaten erneut zum Freiheitsentzug verurteilt. Darunter waren vier Probanden, deren Bezugsdelikt keine Sexualstraftat war, von denen einer jedoch schon in der Vergangenheit seinen Deliktsschwerpunkt bei Sexualdelikten hatte.

---

[284] *Dolde* ZfStrVo 1997, 323, 327 f.

[285] *Dolde* ZfStrVo 1997, 323, 328 gibt 0,3 % an, jedoch muss es sich dabei um einen Schreibfehler handeln.

Um sich ein höheres Maß an Gewissheit über die Wirksamkeit der sozialtherapeutischen Einrichtungen im niedersächsischen Justizvollzug zu verschaffen, beauftragte das Niedersächsische Ministerium der Justiz *Seitz* und *Specht* (1998)[286] mit einer Untersuchung zu den Bedingungen der Legalbewährung nach der Entlassung aus den sozialtherapeutischen Einrichtungen im niedersächsischen Justizvollzug. Es wurden für 239 Gefangene, die aus einer sozialtherapeutischen Einrichtung oder aber nach Rückverlegung aus einer Einrichtung des Allgemeinvollzuges entlassen wurden und einen Bewährungszeitraum von wenigstens einem Jahr hinter sich hatten, die Auszüge aus dem Bundeszentralregister ausgewertet. Bei den aus einer sozialtherapeutischen Einrichtung entlassenen 38 Sexualstraftätern ist außer einer Verurteilung zu einer Geldstrafe wegen Erregung öffentlichen Ärgernisses kein einschlägiger Rückfall aus dem Bundeszentralregister bekannt geworden. Bei den in den Allgemeinvollzug zurückverlegten und inzwischen entlassenen 15 Sexualstraftätern hat es dagegen bereits drei einschlägige Rückfälle gegeben.

Pozsár, Schlichting und *Krukenberg* (1999)[287] veröffentlichten die Ergebnisse einer Stichtagsstichprobe bezüglich aller am 15.10.1996 im niedersächsischen Maßregelvollzug gem. § 63 oder § 64 untergebrachten 159 Sexualstraftäter. Ziel dieser Studie war eine Bestandsaufnahme und Erarbeitung von Vorschlägen zur Verbesserung der Rahmenbedingungen in den niedersächsischen Maßregeleinrichtungen. Zu diesem Zweck wurde ein Fragebogen ausgearbeitet, der an die Krankenhäuser verschickt und von den jeweils zuständigen therapeutischen Mitarbeitern für jeden einzelnen Patienten beantwortet wurde. Für 148 Patienten konnten auch Angaben dazu gemacht werden, ob im Bundeszentralregister und/oder im aktuellen Gerichtsurteil Sexualdelikte in der Vorgeschichte aufgeführt waren, die eine Haft- bzw. Bewährungsstrafe oder eine Maßregelunterbringung zur Folge hatten. Bei 86 Patienten (58,1 %) gab es eine entsprechende Verurteilung in der Vorgeschichte. Außerdem hatten 17 Patienten (10,7 %) während der laufenden Maßregelbehandlung – meist während unbegleiteter Ausgänge – einschlägige Rückfalldelikte begangen, wobei es sich bei 10 Patienten um Vergewaltigungsdelikte handelte. Bei 11 dieser Fälle fanden sich sogar schon in der Vorgeschichte Sexualdelikte.

Um aufzuzeigen, welche Störungsmuster im Vollzug am ehesten anzutreffen sind, untersuchte *Rehder* (1996)[288] inhaftierte Sexualdelinquenten psychologisch. Er sammelte für 246 Sexualdelinquenten, die zwischen September 1984 und Mai 1994 untersucht wurden, Daten aus den Bereichen Sozialisation, Per-

---

[286] *Seitz/Specht* 1998.

[287] *Poszár/Schlichting/Krukenberg* MschrKrim 1999, 94.

[288] *Rehder* MschrKrim 1996, 292; *ders.* MschrKrim 1996, 374.

sönlichkeit, Kriminalität, Tatmotivation, Tatablauf und Einstellungen gegenüber Frauen. Von den 226 Untersuchten, bei denen alle Erhebungsdaten vorlagen, wurden 83 Täter wegen sexuellen Missbrauchs von Kindern verurteilt.

Die zur Klassifizierung inhaftierter Sexualdelinquenten gesammelten Informationen nutzte *Rehder* (2001/2002)[289] anschließend für eine Rückfalluntersuchung. Es wurden durchschnittlich 7,6 Jahre nach ihrer Entlassung 12,2% der Straftäter mit einem Sexualdelikt rückfällig; 9 (10,3%) der wegen sexuellen Missbrauchs von Kindern Verurteilten einschlägig. Anhand der zu den Tätern vorliegenden Daten wurde sodann geprüft, welche Variablen einen signifikanten Zusammenhang mit einem Rückfall mit einem Sexualdelikt bzw. mit einer erneuten Inhaftierung aufweisen. Diese bestanden bei dem Alter des Täters zum Zeitpunkt des ersten Sexualdelikts als auch bei dem der ersten Verurteilung, der Anzahl vorangegangener sexueller Verurteilungen, der Zahl sexueller Opfer, generellen psychischen Auffälligkeiten, fehlender Auseinandersetzung mit der Realität und depressiven Persönlichkeitsanteilen. Gegen einen Rückfall sprachen dagegen Bindungsfähigkeiten und berufliche Leistungsbereitschaft. Außerdem war ein Rückfall um so unwahrscheinlicher, je bekannter das Opfer dem Täter war.

Das Ziel der Arbeit von *Stadtland, Hollweg u.a.* (2004)[290] war es, die Verläufe von 134 Sexualstraftäter über einen möglichst langen Zeitraum zu verfolgen. Die Langzeitverläufe wurden in drei Untersuchungspopulationen erhoben. Die Gutachtergruppe bestand aus 46 angeklagten Sexualstraftätern, die zur Frage der Schuldfähigkeit gutachterlich untersucht wurde. In der Therapiegruppe wurden 73 Täter eingeschlossen, die einer speziellen Soziotherapie für Sexualstraftäter zugewiesen worden waren. Weitere 15 Täter, die diese Therapie aus irgendwelchen Gründen nicht abgeschlossen hatten, wurden in einer dritten Gruppe als Therapieversager erfasst. Die Auswertung der Bundeszentralregisterauszüge nach einem durchschnittlichen Beobachtungszeitraum von neun Jahren ergab, dass von der Gesamtpopulation 42,5 % der Täter nicht rückfällig wurden. Mit Sexualdelikten wurden 36,6 % der Täter rückfällig. Hinsichtlich der Rückfallquoten bestanden erhebliche Unterschiede zwischen den drei Untersuchungsgruppen: von den Therapieversagern beging nur ein Proband keine erneuten Straftaten, 73,3 % der Therapieversager begingen sogar erneut Sexualstraftaten. Von der Therapiegruppe begingen 41,1 % der Täter keine Rückfalltaten, während 38,3 % mit einer Sexualstraftat rückfällig wurden. Die wenigsten Rückfälle

289 Eine abschließende Veröffentlichung zur Rückfalluntersuchung ist bisher nicht erschienen; zu Teilergebnissen, jedoch ohne Angaben zur methodischen Vorgehensweise: *Rehder* 2001, 100 ff.; *ders.* 2002, 6, 10 ff.

290 *Stadtland, Hallweg* u.a MschrKrim 2004, 393.

erfolgten in der Gutachtergruppe: 56,5 % der Täter wurden nicht rückfällig und 21,8 % der Täter begingen erneute Sexualstraftaten.

2. Die KrimZ-Untersuchung von Elz (2001)

Das Forschungsvorhaben der KrimZ mit der Thematik „Legalbewährung und kriminelle Karrieren von Sexualstraftätern“[291] bezog Sexualstraftäter sowohl mit freiheitsentziehenden als auch mit ambulanten Sanktionen ein. Es wurde eine Fallzahl gewählt, die auch nach einer Unterteilung nach einzelnen Sexualdelikten noch aussagekräftige Angaben erlaubt. Außerdem wurden mittels Bundeszentralregister- und Strafaktenauswertungen Daten aus verschiedenen, für die Rückfälligkeit erheblichen Bereichen erhoben. Neben der grundlegenden Frage, wie häufig und in welcher Weise Sexualstraftäter rückfällig werden, war zentrales Interesse dieser Studie, Merkmale des Täters, seiner Taten sowie der justitiellen Reaktion zu erfassen und angenommene Zusammenhänge zwischen diesen Daten und Legalbewährung bzw. Rückfälligkeit zu bestätigen oder zu verwerfen.[292] Dazu wurden alle Personen, die im 1. Halbjahr 1987 wegen eines Sexualdeliktes verurteilt worden waren oder bei denen im ganzen Jahr 1987 aufgrund einer solchen Tat (auch) eine stationäre Maßregel der Besserung oder Sicherung angeordnet worden war, erfasst, indem zunächst im Dezember 1996 Registerauszüge aus dem Bundeszentralregister ausgewertet[293] und anschließend die Strafakten der Bezugsentscheidung analysiert wurden. Insgesamt wurden 779 Akten bearbeitet, die in verschiedene Erhebungsgruppen unterteilt wurden.

Drei der zehn Erhebungsgruppen betrafen den sexuellen Missbrauch von Kindern: 87 Fälle sexueller Missbrauch von Kindern nach § 176 (Stichprobe), 68 Fälle sexueller Missbrauch von Kindern in einem besonders schweren Fall gem. § 176 Absatz 3 (Vollerhebung) und 106 Fälle sexueller Missbrauch von Kindern gem. 176 in Verbindung mit einschlägiger Rückfälligkeit (Vollerhebung).[294]

---

[291] *Egg* 1998; zur Erhebungsgruppe des sexuellen Kindesmissbrauchs *Elz* 2001; Veröffentlichung von Teilergebnissen bei: *Elz* 1999, 63 ff., *Egg* 1999, 45 ff.; *ders.* 2000, 49 ff.

[292] *Egg* 1998, 61; *ders.* 1999, 46; *Elz* 2001, 7.

[293] *Elz* 2001, 77, weist daraufhin, dass aufgrund des gewählten langen Beobachtungszeitraumes Verurteilungen aus dem zu untersuchenden Jahrgang schon getilgt sein können. Täter die an sich aufgrund ihres Bezugsdeliktes in die Population fallen müssten, werden also nicht mehr gemeldet. Da dies Personen betrifft, die zudem innerhalb der Fristen nicht erneut sanktioniert wurden, kann dies zu einer Überschätzung des Anteils der schwerwiegenderen Delikte sowie der Rückfallquote führen.

[294] *Elz* 2001. Ergebnisse zu weiteren Erhebungsgruppen: sexuelle Gewaltdelikten *Elz* 2002, Sexualstraftäter im Maßregelvollzug *Nowara* 2001, Sexualstraftäter aus der DDR *Elz/Fröhlich* 2002.

Die Stichprobe mit den 87 Fällen bildete dabei die Hauptgruppe. Sie orientierte sich ausschließlich an einer Verurteilung nach § 176 und umfasste damit sowohl legalbewährte wie rückfällige Täter und verschiedene Alternativen des Straftatbestandes. Demzufolge stellt die Stichprobe ein Gesamtbild der Untersuchungsgruppe dar. Die Ergebnisse der Sondergruppe – der Verfahren wegen eines besonders schweren Falles des sexuellen Missbrauchs von Kindern – stellte *Elz* parallel zu denen der Hauptgruppe dar. Die dritte Gruppe, die all jene Täter umfasste, die in der Bezugsentscheidung wegen sexuellen Kindesmissbrauchs verurteilt worden waren und mindestens ein erneutes aus dem Bundeszentralregister ersichtliches Sexualdelikt begangen hatten, bildeten eine Seite des durchgeführten Extremgruppenvergleichs.[295]

a) Hauptgruppe

Die Rückfallquoten der Hauptgruppe beziehen sich auf 77 Täter, die sich sechs Jahre nach der Bezugsentscheidung in Freiheit befanden.[296] 53 % begingen neuerlich sanktionierte Straftaten. Etwa 22 % wurden sogar wegen eines weiteren Sexualdelikts zur Verantwortung gezogen. Überwiegend (in 13 von 17 Fällen) handelte es sich dabei erneut um sexuellen Kindesmissbrauch in Form exhibitionistischer Handlungen. Drei Täter begingen sexuelle Gewaltdelikte nach §§ 177, 178 und einer wurde nach § 183 verurteilt. Während für 69 % der Täter der Hauptgruppe das untersuchte Sexualdelikt unter Berücksichtigung der Vorstrafen die einzige registrierte Sexualstraftat war, waren 6 Personen (8 %) Serientäter, d.h. sie wurden sowohl vor als auch nach der Bezugsentscheidung auch wegen Sexualdelikten sanktioniert.[297] Nach Tätertypen unterteilt wiesen die 17 Inzesttäter mit 6% die niedrigste Quote einschlägiger Rückfälligkeit auf. Von den 46 Pädophilen wurden 24 % einschlägig rückfällig und bei den 14 Exhibitionisten war der Anteil der einschlägig Rückfälligen mit 36 % am höchsten.[298]

b) Sondergruppe

In der Sondergruppe verblieben 57 Täter, die bei der Berechnung der Rückfallquoten berücksichtigt werden konnten. Zwar waren von diesen Tätern auch

[295] *Elz* 2001, 93 f.

[296] Eine Ausnahme gilt jedoch für jene Täter, die ihr Rückfalldelikt während des Vollzuges in der Bezugssache begangen hatten. Auch diese Taten wurden bereits als Rückfalltat gewertet. Vgl. *Elz* 2001, 73.

[297] *Elz* 2001, 1 ff.

[298] *Dies.* 2001, 211.

48 % rückfällig, jedoch wiesen nur 11 % einschlägige Rückfälle auf, d.h. weniger als in der Hauptgruppe. Dies kann aber darauf zurückgeführt werden, dass sich in dieser Gruppe keine Exhibitionisten, aber viel mehr Inzesttäter als in der Hauptgruppe befanden. Bei den 27 Inzesttätern lag die einschlägige Rückfallquote bei 4 % und bei den 30 Pädophilen bei 17 %.[299]

c) *Extremgruppenvergleich*

Außerdem führte *Elz* einen Extremgruppenvergleich zwischen der Hauptgruppe – die um die 17 einschlägig Rückfälligen bereinigt wurde – und der „176 StGB Rückfall" - Gruppe durch, um Faktoren, welche die Gefahr von Rückfalltaten erhöhen oder reduzieren können, zu ermitteln. Unter Berücksichtigung des sechsjährigen Bewährungsintervalls verblieben aus letzterer Gruppe 98 Täter. Die verbliebenen 60 Tätern aus der Hauptgruppe wurden in zwei Untergruppen unterteilt: in 36 Legalbewährte und in die restlichen 24 Täter, die einen „sonstigen Rückfall" zu verzeichnen hatten.[300]

Zunächst konnte durch die Studie die Bedeutung der einschlägigen Vorstrafen für die einschlägige Rückfälligkeit bestätigt werden. Als besonders gefährlich im Hinblick auf weitere Sexualstraftaten müssen dabei Täter angesehen werden, die ihr erstes Sexualdelikt als Jugendliche oder Heranwachsende begangen haben.[301] Auch hinsichtlich der Hafterfahrung zeigt sich ein statistisch relevanter Unterschied. Danach hatten sich die einschlägig Rückfälligen signifikant häufiger vor der Bezugsentscheidung schon mindestens einmal im Haft- oder Maßregelvollzug aufgehalten als die nicht bzw. sonstigen Rückfälligen.[302]

Signifikanzen zeigten sich auch bei der Frage nach früheren therapeutischen Maßnahmen als Indiz für psychische Auffälligkeiten, die nicht im Kontext des Bezugsverfahrens standen. Solche waren bei den Legalbewährten höchstsignifikant seltener als bei den einschlägig Rückfälligen und signifikant seltener als bei den sonstig Rückfälligen.[303]

Ebenfalls von Bedeutung für die Frage von Rückfälligkeit und Legalbewährung waren die tatbezogenen Merkmale: Die einschlägig Rückfälligen standen gegenüber den Vergleichsgruppen häufiger nicht in Verwandtschaft zu dem Opfer bzw. waren für dieses fremd. Sie nahmen seltener Körperkontakt zum Opfer auf

[299] *Elz* 2001, 216 ff.
[300] *Elz* 2001, 219 f.
[301] *Dies.* 2001, 223 f.
[302] *Dies.* 2001, 227.
[303] *Dies.* 2001, 235.

und führten seltener den Geschlechtsverkehr am Opfer aus, setzten aber wesentlich häufiger Drohungen oder Gewalt zur Erreichung ihres Zieles ein. Unter den Opfern der einschlägig Rückfälligen befanden sich besonders häufig auch männliche Kinder. Außerdem wurden diese Täter in der Bezugssache wegen sexueller Handlungen an/vor mehr als einem Opfer sanktioniert.[304]

Vergleicht man die schwersten Sexualdelikte der einschlägig Rückfälligen in der Bezugs- und Folgeentscheidung, so ist keine wesentliche Steigerung feststellbar. § 176 Absatz 1 wurde in beiden Entscheidungen zu 4 % verwirklicht, § 176 Absatz 3 in der Bezugsentscheidung zu 47 % und der Rückfallentscheidung zu 43 %. Eine Verurteilung nach § 176 Absatz 5 kam in 42 % der Fälle in der Bezugssache vor und beim Rückfall in 29 %. Dazu kamen aber noch 12 % Verurteilungen nach § 183. Der Anteil an Verurteilungen nach §§ 177, 178 stieg von 7 % auf 10 %. Außerdem gab es bei den Rückfallentscheidungen in 2 % der Fälle Verurteilungen nach § 174.[305]

Ein Steigerungsverhalten von sich exhibierenden Männern konnte ebenfalls nicht festgestellt werden. Von den 19 Tätern, die vor der Bezugssache bereits nach §§ 176 Absatz 5, 183 sanktioniert worden waren, wurden 17 Probanden in der Bezugsentscheidung wieder nach §§ 176 Absatz 5, 183 verurteilt. Nur zwei der Täter wurden in der Bezugs- und Folgesache nach § 176 Absatz 1, d.h. wegen sexuellen Kindesmissbrauchs mit Körperkontakt sanktioniert. Körperliche Gewalt wurde aber auch von diesen Tätern nicht angewandt.[306] Stellt man auf die 41 einschlägig rückfälligen Täter ab, die in der Bezugssache nach § 176 Absatz 5 verurteilt wurden, sieht das Verhältnis ähnlich aus. Nur acht wurden in der späteren Entscheidung wegen sexuellen Kindesmissbrauchs mit Körperkontakt oder wegen eines sexuellen Gewaltdelikts verurteilt.[307]

3. Die Meta-Analyse von Hanson und Bussière

In der kanadischen Meta-Analyse von *Hanson* und *Bussière* (1998)[308] wurden 61 verschiedene Studien zur Rückfälligkeit von Sexualstraftätern überprüft. Diese Studien stammten überwiegend aus den USA und Kanada, aber auch aus England, Australien, Dänemark und Norwegen. Aus Deutschland stammte jedoch keine. Aus diesen Studien konnten Angaben zu insgesamt 28.972 Sexualstraftätern entnommen werden. In die einzelnen Rückfallberechnungen konnten

[304] *Elz* 2001, 236 ff.
[305] *Dies.* 2001, 263.
[306] *Dies.* 2001, 225 ff.
[307] *Dies.* 2001, 264.
[308] *Hanson/Bussière* Journal of Consulting and Clinical Psychology 1998, 348 ff.

jedoch, in Abhängigkeit der aus den einzelnen Studien hervorgehenden Informationen, nicht alle Täter einbezogen werden.[309]

Bei einem durchschnittlichen Bewährungsintervall von 4 bis 5 Jahren war die Rückfallquote für Sexualdelikte mit 13,4 % relativ niedrig. Mit einem nicht-sexuellem Gewaltdelikt wurden 12,2 % rückfällig. Die Quote für den Rückfall, bei dem jede Straftat erfasst wurde, lag mit 36,3 % erwartungsgemäß höher.[310]

In der Untersuchung der Risikofaktoren wurden nur solche berücksichtigt, die auch in mindestens drei Studien wieder zu finden waren. Als stärkster Risikofaktor für Rückfälle mit einem Sexualdelikt wurde die sexuelle Devianz, d.h. frühere Sexualstraftaten, deviante sexuelle Interessen und die Auswahl der Opfer (Jungen, Fremde) ermittelt. Ebenfalls bedeutsam, aber in einem geringeren Ausmaß, waren das Alter des Täters bei der Tatbegehung sowie bei dem ersten Sexualdelikt und den vor der Bezugsentscheidung begangenen Straftaten insgesamt. Demgegenüber wurde festgestellt, dass Täter, die mit einem nicht-sexuellen Gewaltdelikt oder mit allgemeinen Straftaten rückfällig wurden, jung und unverheiratet waren sowie antisoziale Verhaltensweisen als Jugendliche und Erwachsene aufwiesen.[311]

Die Ergebnisse der Meta-Analyse zeigen damit, dass die einschlägigen und die nicht einschlägigen Rückfälle auf unterschiedliche Faktoren zurückzuführen sind. D.h. das für die Vorhersage einschlägiger Rückfälle andere Risikofaktoren berücksichtigt werden als bei der Vorhersage eines nicht einschlägigen Rückfalls. Dies gilt auch unter der Berücksichtigung, dass ein Sexualstraftäter sowohl mit einem Sexualdelikt als auch mit einem nicht-sexuellem Delikt rückfällig werden kann. Deshalb fordern *Hanson* und *Bussière*, dass das Rückfallrisiko für die verschiedenen Straftaten getrennt voneinander eingeschätzt werden.[312]

4. Zusammenfassung

Trotz der mangelnden Vergleichbarkeit der verschiedenen Studien zur Rückfälligkeit nach begangenen Sexualstraftaten lässt sich zusammenfassend folgendes Bild erkennen:

Wurden in den Untersuchungen nicht nur Sexualstraftäter einbezogen, konnte festgestellt werden, dass bei den Sexualstraftätern das allgemeine Rückfallrisiko

[309] *Hanson/Bussière* Journal of Consulting and Clinical Psychology 1998, 348, 350 f.
[310] *Hanson/Bussière* Journal of Consulting and Clinical Psychology 1998, 348, 351.
[311] *Hanson/Bussière* Journal of Consulting and Clinical Psychology 1998, 348, 351 ff.
[312] *Hanson/Bussière* Journal of Consulting and Clinical Psychology 1998, 348, 357.

geringer war als bei den anderen Straftätern. Auch die einschlägige Rückfallquote, die in den verschiedenen Untersuchungen zwischen 12,2 % und 42 % lag[313], ist bei Sexualstraftätern im Vergleich zu anderen Deliktgruppen erheblich niedriger. Dabei beeinflusst die Art des Anlassdeliktes in der Bezugsentscheidung die Rückfallwahrscheinlichkeit. So wiesen die Inzesttäter die geringste Rückfallquote auf, bei den homosexuellen Pädophilen als auch bei den Exhibitionisten lag sie hingegen über dem Durchschnitt. In mehreren Studien wurde ein Zusammenhang zwischen dem einschlägigen Rückfall und der Anzahl früher Straftaten insgesamt als auch einschlägiger Vorstrafen sowie dem Alter beim ersten Sexualdelikt gefunden. Außerdem waren die Opfer bei den einschlägig Rückfälligen meist sehr junge, fremde Kinder.

Innerhalb der empirischen Forschung zur Legalbewährung von Sexualstraftätern kommt der Untersuchung der KrimZ große Bedeutung zu, weil sie durch Einbeziehung der sowohl zu stationären als auch zu ambulanten Sanktionen verurteilten Straftäter einen enormen Fortschritt darstellt. Jedoch konnten auch hier keine Erkenntnisse über das Legalverhalten von Personen gesammelt werden, gegen die zwar ein Ermittlungsverfahren wegen des Verdachts eines Sexualdelikts eingeleitet, aber nicht mit einer förmlichen Verurteilung abgeschlossen wurde. Da in diesem Bereich noch keine empirischen Untersuchungen durchgeführt wurden[314], besteht insoweit noch ein erheblicher Forschungsbedarf.

II. Individuelle Kriminalprognose

Die Frage der Prognostizierbarkeit von einschlägigen Rückfällen, d.h. weiteren Sexualstraftaten, hat in etlichen der bereits dargestellten Rückfalluntersuchungen eine große Rolle gespielt. Anhand der durch die verschiedenen Studien ermittelten Untersuchungsdaten wurden in letzter Zeit Instrumente zur verbesserten Vorhersage eines Rückfalls entwickelt. Durch die Erstellung von Risikolisten soll das empirische Wissen in eine für den Praktiker zur Beurteilung des Einzelfalls anwendbaren Form gebracht werden.[315] Dazu werden mehrere Prädiktoren, d.h. Faktoren für die mittels statistischer Methoden ein Zusammenhang

---

313 *Beier* 1995 ermittelte auch höhere Rückfallquoten, die aber nicht auf das Hellfeld, sondern auf Selbstberichte der Probanden zurückzuführen sind.

314 Es gibt mehrere Studien, welche die Rückfälligkeit nicht verurteilter Probanden untersuchen. Diese beziehen sich jedoch zum einen nicht auf Sexualstraftäter und zum anderen werden nur bestimmte Erledigungsformen betrachtet: *von Schlieben* 1994 (§ 153a I StPO); *Busse* 2001, *Keudel* 2000 (Täter-Opfer-Ausgleich); *Matheis* 1991, *Pfohl* 1973 (§ 45 JGG); *Heinz/Hügel* 1987, *Heinz/Storz* 1994, *Kalpers-Schwaderlapp* 1989 (§§ 45, 47 JGG); *Hock-Leydecker* 1994 (§§ 45, 47 JGG und §§ 153, 153a StPO).

315 *Nedopil* BewHi 2001, 341, 344.

mit einem einschlägigen Rückfall ermittelt wurde, in einer Liste zusammengefasst. Da die individuelle Kriminalprognose im Rahmen des strafrechtlichen Sanktionsprozesses eine wichtige Rolle spielt, erscheint es sinnvoll und notwendig, auf die Prognoseerstellung an dieser Stelle vertiefend einzugehen. Derartige Prognosen müssen beispielsweise bei der Entscheidung über die Strafaussetzung zur Bewährung oder die Anordnung einer Maßregel der Besserung und Sicherung getroffen werden. Bevor näher auf die Prädiktorenskalen eingegangen wird, ist zunächst ein Überblick über die verschiedenen Verfahren der Prognosestellung erforderlich, um die Vor- und Nachteile der Skalen gegenüber anderen Methoden zu verdeutlichen.

1. Methoden der Prognosestellung

In der Literatur erfolgt die Einteilung der verschiedenen Prognoseverfahren keineswegs einheitlich, insbesondere werden für die gleiche Methode nicht immer die gleichen Begriffe verwendet. Es lassen sich jedoch drei Prognoseverfahren unterscheiden: die intuitive, die klinische und die statistische Methode.[316] Voranzuschicken ist, dass es sich bei diesen Methoden eher um Denkmodelle grundsätzlicher Herangehensweisen handelt, die kaum in reiner Form vorkommen.[317] So zielen die als „kriterienorientierte, strukturierte Risikokalkulation“[318] oder „kriterienorientierte Rückfallprognose“[319] bezeichneten neueren Prognoseverfahren auf die Kombination von klinischer und statistischer Methode ab.

a) Intuitive Prognose

Die intuitive Prognose ist dadurch gekennzeichnet, dass ein psychiatrisch und psychologisch nicht ausgebildeter Beurteiler, wie beispielsweise ein Richter, Staatsanwalt oder Gerichtshelfer, die Rückfallwahrscheinlichkeit eines Täters gefühlsmäßig und aufgrund seines subjektiven Eindrucks einzuschätzen versucht. Die Grundlage der Entscheidung bilden Gesichtspunkte, die sich der Betreffende aufgrund langjähriger Erfahrungen aus dem beruflichen Umgang mit Straftätern oder als wissenschaftliche Erkenntnisse im Rahmen von Aus- und Fortbildung, durch Fachlektüre oder durch Medieninformationen angeeignet hat.

---

[316] Zu diesen Methoden ausführlicher als an dieser Stelle: *Dahle* 2000, 84 ff.; *Eisenberg* 2000, § 21 Rn. 14 ff.; *Göppinger* 1997, 193 ff.; *Meier* 2003, 183 ff.; *Nedopil* 2000, 239 ff.

[317] *Dahle* 2000, 84.

[318] *Dittmann* 2003, 175.

[319] *Schneider* MschrKrim 2002, 251, 260.

Die Einwände, die gegen die intuitive Methode erhoben werden, richten sich vor allem gegen die ungesicherte methodische Basis.[320] Die Intuition des Prognostikers und seine intuitive Fähigkeit zur Menschenkenntnis ersetzen gewissermaßen die Methodik.[321] Von einer Methode könne nur gesprochen werden, wenn der Beurteiler eine bewusste und immer wieder konkret kontrollierte Erfahrungsbildung, etwa durch die systematische Kontrolle der weiteren Entwicklung der von ihm prognostisch beurteilten Probanden, anstreben würde.[322] Dies ist in der Strafrechtspraxis jedoch nicht möglich. Die Erfahrungsbildung beschränkt sich lediglich auf die wiederholt auffälligen Täter. Damit beruht die Erfahrung jedoch nicht auf objektiv-systematischen Beobachtungen, vielmehr ist die subjektive Wahrnehmung verzerrt. Des weiteren ist nicht auszuschließen, dass der eigenen Werthierarchie des Beurteilers und den so genannten „Alltagstheorien" bei der prognostischen Einschätzung oftmals eine entscheidende Bedeutung zukommt.

b) Klinische Prognose

Bei dieser Art der Prognosestellung wird die individuelle Täterpersönlichkeit durch einen Psychiater oder Psychologen nach den allgemeinen Grundsätzen der psychologischen oder psychiatrischen Persönlichkeitsdiagnostik erforscht. Zwar lassen sich mangels einer einheitlichen Methodik kaum Beispiele für die Vorgehensweise bei der Erstellung der klinischen Prognose anführen, in der Regel erfolgt die Untersuchung jedoch in Form einer ausführlichen Exploration, die ergänzt wird z.B. durch psychologische Tests, Beobachtungen und Experimenten. Die Vorgehensweise, die als relevant angesehenen Gesichtspunkte und die Beurteilung der Bedeutung dieser Gesichtspunkte im konkreten Fall hängen dabei von dem jeweiligen Untersucher und dessen spezifischer Ausbildung, insbesondere auch seiner individuellen Erfahrung ab.[323]

Für die richtige Erfassung, Zuordnung und Gewichtung der Einzelbefunde bedarf es demnach aber gerade einer jahrelangen Erfahrung des Gutachters in der Beurteilung von den überwiegend psychisch nicht auffälligen Straftätern. Mit diesem Personenkreis beschäftigen sich Psychologen und Psychiater während ihrer beruflichen Tätigkeit üblicherweise allerdings nur am Rande. Die psychiatrisch ausgebildeten Prognostiker sammeln ihre Erfahrungen in der Regel anhand von Extremgruppen. Deshalb besteht die Gefahr, dass bei der Begutachtung psychisch nicht auffälliger Probanden prognostisch relevante Umstände außer

---

[320] Vgl. *Meier* 2003, 189 f.
[321] *Dahle* 2000, 89.
[322] *Göppinger* 1997, 193.
[323] *Göppinger* 1997, 194 f.

Betracht gelassen werden oder umgekehrt, dass bestimmte Umstände und Zusammenhänge überinterpretiert und die Rückfallgefahr systematisch überschätzt wird.[324] Diese Gefahr ist gerade deshalb ernst zu nehmen, weil die zur Begutachtung herangezogenen Kriterien vom jeweiligen Prognostiker in Abhängigkeit des Erfahrungshintergrundes willkürlich ausgewählt und bewertet werden.[325] Die Nachvollziehbarkeit und Transparenz der klinischen Prognose ist häufig nur sehr gering, so dass sie ebenso wie die intuitive Prognose kaum durchschaubar und kontrollierbar ist.

Daneben muss im Blick behalten werden, dass die Erstellung einer klinischen Prognose nur in den schwersten Fällen in der Strafrechtspraxis erfolgen kann, da sie an die Bestellung eines Sachverständigen mit entsprechendem Kosten- und Zeitaufwand gebunden ist.

c) Statistische Prognose

Die statische Prognose bedient sich so genannter Prognosetafeln oder Prognosetabellen, mit deren Hilfe die Wahrscheinlichkeit eines Rückfalls ermittelt wird. Zur Erstellung dieser Prognoseinstrumente wurden in empirischen Untersuchungen Stichproben von mehrfach auffälligen Wiederholungstätern mit Stichproben von Nichtauffälligen bzw. Einfach- und Gelegenheitstätern verglichen. Die durch statistische Tests ermittelten Merkmale, anhand derer sich die untersuchten Stichproben voneinander unterscheiden lassen und die mit einer Straffälligkeit bzw. Rückfälligkeit korrelieren, sind in den Prognosetafeln zusammengefasst. Den Prognosefaktoren werden je nach Gewichtung Schlechtpunkte zugeordnet. Während bei den einfachen Punktverfahren alle Faktoren in der Tafel gleichwertig sind, werden die Faktoren in den Punktwertverfahren nach Bedeutung für die Straffälligkeit bzw. den Rückfall gewichtet. Bei der dritten Gruppe, den Strukturprognosetafeln werden außerdem die Wechselbeziehungen einzelner Faktoren berücksichtigt, indem für die verschiedenen Merkmalskombinationen differenzierte Rückfallwahrscheinlichkeiten angegeben werden.

Bei der Prognoseerstellung werden die in der verwendeten Tafel angeführten Merkmale für den zu beurteilenden Täter erhoben und die jeweiligen Ergebnisse anhand des Prognoseinstruments in Zahlen übersetzt. Mit der errechneten Gesamtzahl der Punkte kann der jeweilige Proband anhand der den Prognosetafeln beigefügten Skala einer Rückfallrisikogruppe zugeordnet werden.

---

[324] Vgl. *Meier* 2003, 185.
[325] *Dittmann* 2003, 175.

Die statistische Prognose ist erheblicher Kritik ausgesetzt.[326] Hauptkritik ist, dass es sich um keine Individualprognose, sondern nur um die Angabe von Gruppenwahrscheinlichkeiten handelt. Mit Hilfe der Prognosetafeln kann lediglich die Zugehörigkeit des Probanden zu einer bestimmten Gruppe und deren Rückfallwahrscheinlichkeit festgestellt werden. Offen bleibt jedoch, ob der konkrete Proband zu dem Prozentsatz seiner Gruppe gehört, der rückfällig wird, oder aber zu dem Prozentsatz, der trotz des Vorliegens der Belastungsfaktoren nicht rückfällig wird. Außerdem wird die mangelnde Treffsicherheit der ermittelten Prognosefaktoren beanstandet. Dieser Einwand ist dahingehend berechtigt, dass die Prognosetafeln nur einige wenige, statistische Faktoren aus der Vorgeschichte des Probanden berücksichtigen. Um möglichst richtige Vorhersagen hinsichtlich eines Rückfalls treffen zu können, müssen aber möglichst umfassende Informationen aus möglichst vielen Bereichen des Täters und seines Umfeldes in die Prognosen mit einbezogen werden. Dazu gehören auch dynamische Faktoren, welche die aktuelle Situation des Probanden und die anstehenden Veränderungen und Entwicklungen in seinem Leben durch Therapien oder andere Interventionen erfassen.

d) Kriterienorientierte Prognosen

Die vorstehenden Ausführungen machen deutlich, dass die Anwendung einer der Prognosemethoden allein nicht zu überzeugen vermag. Die Entwicklung ist bei den soeben dargestellten Verfahren auch nicht stehen geblieben. Insbesondere von Seiten der forensischen Psychiatrie sind Bemühungen unternommen worden, die Vorteile der klinischen und der statistischen Methode miteinander zu kombinieren.[327] Das Ergebnis dieser Bemühungen ist die kriterienorientierte Rückfallprognose. Darunter versteht man die Zuhilfenahme von empirisch validierten Prädiktorenskalen mit statistischen und dynamischen Rückfallkriterien innerhalb einer psychosozialen Begutachtung des Probanden.[328] Den Ausgangspunkt bilden weiterhin klinische Verfahren mit Einzelfallbeurteilungen durch erfahrene psychologisch oder psychiatrisch ausgebildete Sachverständige. Die Kriterienlisten dienen hierbei als Leitfaden der Prognosestellung.

Der Vorteil gegenüber den reinen klinischen Prognoseverfahren besteht darin, dass die Prädiktorenskalen präzise angeben, auf welche Faktoren bei der Prognosestellung zu achten sind. So wird verhindert, dass einzelne prognostisch relevante Merkmale übersehen werden. Außerdem ist durch die Verwendung der Skalen die Transparenz der Vorgehensweise sichergestellt. So kann auch ein in

---

326 Vgl. hierzu *Dahle* 2000, 87 f.; *Göppinger* 1997, 199f.; *Meier* 2003, 185.
327 *Meier* 2003, 190.
328 *Schneider* MschrKrim 2002, 251, 260.

der Regel nicht psychiatrisch ausgebildeter Jurist im Gutachten überprüfen, ob alle entscheidenden Gesichtspunkte erhoben wurden und gegebenenfalls eine eigene Bewertung des Rückfallrisikos vornehmen. Nachteil dieser Methode ist jedoch die durch die Notwendigkeit einer Beauftragung eines Sachverständigen bedingte Kostensteigerung und Verfahrensverlängerung. Damit wird diese Prognose im Strafverfahren die Ausnahme bleiben.

2. Prädiktorenskalen im Bereich der Sexualkriminalität

a) Nordamerika und England

Zu den bei der kriterienorientierten Prognose einbezogenen Prädiktorenskalen bei straffälligen Sexualstraftätern gehören in Nordamerika und England u.a. der Sex Offender Risk Appraisal Guide (SORAG)[329], das Minnesota Sex Offender Screening Tool – Revised (MinSOST-R)[330], der Rapid Risk Assessment for Sex Offence Recidivism (RRASOR)[331], der Sexual Violence Risk-20 (SVR-20)[332], der Thornton's Structured Anchored Clinical Judgement (SACJ)[333], der Static 99[334], das Sex Offender Need Assessment Rating (SONAR)[335] und der Static-2002[336].

Eine zusammenfassende Darstellung der verschiedenen Skalen findet sich in der Arbeit von *Hanson* und *Thornton*[337] sowie in einem Aufsatz von *Eher*[338], in dem er die aus dem angloamerikanischen Sprachraum stammenden Prognoseinstrumente vorstellt. Wegen der Einzelheiten dieser Instrumente wird auf die dortige Darstellung verwiesen. Nachfolgend soll exemplarisch der Static 99 sowie wegen der Besonderheiten gegenüber den anderen Instrumenten der SVR-20 und der SONAR vorgestellt werden.

---

329 *Quinsey/Lalumière/ Rice/ Harris* 1995, 114.
330 *Epperson/Kaul/Hesselton* 1998.
331 *Hanson* 1997
332 *Boer/Hart/Kropp/Webster* 1997; deutsche Übersetzung von *Müller-Isenberg/Cabeza/ Eucker* 2000.
333 *Grubin* 1998.
334 *Hanson/Thornton* 1999.
335 *Hanson/Harris* 2000.
336 *Hanson/Thornton* 2003.
337 *Hanson/Thornton* 1999, S.1 f.
338 *Eher* BewHi 2001, 221, 227 ff.

aa) Der Static 99

Der Static 99, der durch die Kombination der Items des RRASOR und des Thornton's SACJ-Min entstand, umfasst 10 verschiedene Risikofaktoren, die jeweils mit einem bestimmten Wert versehen wurden. Die Items und Kriterien für die genaue Vergabe der Werte ergeben sich aus der Tabelle 3.

Für frühere Sexualstraftaten können wegen ihrer großen Bedeutung für einen späteren einschlägigen Rückfall in Abhängigkeit von der Anzahl der Beschuldigungen oder Schuldsprüche durch die Jury bzw. den Richter bis zu drei Punkte vergeben werden. Alle anderen Risikofaktoren werden bei Vorliegen mit einem Punkt bewertet. Durch die Bildung eines Summenscores, der zwischen 0 und 12 liegt, kann der zu beurteilende Täter dann in eine Risikokategorie (Low: 0-1, Medium-Low: 2-3, Medium-High: 4-5 und High: 6-12) eingeordnet werden.

Anhand von vier bereits durchgeführten Rückfallstudien, die Informationen zu allen relevanten Prädiktoren lieferten, wurde die Vorhersagegenauigkeit sowohl der beiden bereits validierten Ausgangsskalen als auch die des Static 99 überprüft. Die Untersuchungen ergaben, dass die Vorhersagegenauigkeit der beiden Ausgangsskalen durch die Kombination verbessert werden konnte. So wurden von den insgesamt 1086 Sexualstraftätern 129 (12 %) mit sechs oder mehr Punkten bewertet und damit als hoch rückfallgefährdet klassifiziert. Von diesen Tätern sind innerhalb von 5 Jahren 39 % und nach 15 Jahren sogar 52 % mit einem Sexualdelikt rückfällig geworden. Demgegenüber wurden von den 257 Sexualstraftätern, die als am wenigsten rückfallgefährdet eingestuft wurden, nach 5 Jahren nur 6 % und nach 10 Jahren nur 10 % mit einem Sexualdelikt rückfällig.[339]

In ihrer Arbeit weisen die Autoren jedoch darauf hin, dass der Static 99 nicht umfassend ist. So wurden beispielsweise dynamische Faktoren völlig vernachlässigt. Da jedoch alle relevanten Risikofaktoren bei einer Prognoseentscheidung berücksichtigt werden müssen, soll die Einschätzung mit Hilfe des Static 99 nur der erste Schritt sein. Die vorgenommene Klassifizierung könnte anschließend unter Berücksichtigung von dynamischen oder anderen relevanten Faktoren revidiert werden.[340]

---

339 *Hanson/Thornton* 1999, 15; eigene Berechnungen.

340 *Hanson/Thornton* 1999, 18.

Tabelle 3: Static 99 scoring system[341]

Risikofaktor	Score
Frühere Sexualstraftaten	
0	0
1 Schuldspruch[342] oder 1-2 Anklagen[343]	1
2-3 Schuldsprüche oder 3-5 Anklagen	2
4 oder mehr Schuldsprüche oder 6oder mehr Anklagen	3
Frühere Verurteilungen[344]	
3 oder weniger	0
4 oder mehr	1
Schuldsprüche wegen Sexualdelikte ohne Körperkontakt	
Nein	0
Ja	1
Nicht-sexuelle Gewalt bei Bezugsentscheidung	
Nein	0
Ja	1
Frühere nicht-sexuelle Gewalt	
Nein	0
Ja	1
Nicht verwandte Opfer	
Nein	0
Ja	1
Fremde Opfer	
Nein	0
Ja	1
Männliche Opfer	
Nein	0
Ja	1
Alter des Täters	
25 Jahre oder älter	0
18 – 24 Jahre	1
Single (innerhalb der letzten 2 Jahre)	
Nein	0
Ja	1

341 Quelle: Hanson und Thornton 1999, Anhang.
342 „conviction“ ist die Entscheidung über die Schuld des Täters, die meist von Geschworenen getroffen wird.
343 Im Original wird der Bergriff „charge“ verwendet.
344 „sentencing“ ist die Festsetzung der Strafe durch das Gericht.

bb) Der SVR-20

Bei dem SVR-20 handelt es sich nicht um ein validiertes Instrument, sondern lediglich um eine Liste mit 20 Risikofaktoren für zukünftige sexuelle Gewalt, die bei einer umfassenden Literaturrecherche ermittelt wurden. Diese Faktoren wurden in drei Gruppen unterteilt. In der ersten Gruppe wurden 11 Items zusammengefasst, die mit der psychosozialen Anpassung des Individuums in Beziehung stehen. Dazu gehören sexuelle Deviationen, Erfahrung eines eigenen Missbrauchs als Kind, Vorhandensein einer Psychopathie, schwere seelische Störungen, Drogenprobleme, Selbst- oder Fremdtötungsabsichten, Beziehungs- und Beschäftigungsprobleme, nicht-sexuelle gewalttätige Vordelinquenz, gewaltfreie Vordelikte sowie ein früheres Bewährungsversagen. Alle 7 Faktoren der zweiten Gruppe beschäftigen sich mit der vorangegangenen Sexualdelinquenz. Als Risikofaktoren werden hierbei eine hohe Deliktfrequenz, multiple Formen von Sexualdelinquenz, physische Verletzungen des Opfers, Waffengebrauch oder Todesdrohungen gegen das Opfer, Zunahme der Deliktfrequenz oder –schwere als auch ein extremes Bagatellisieren oder Leugnen und deliktfördernde Ansichten bezeichnet. Das Fehlen realistischer Pläne und die Ablehnung weiterer Interventionen werden in der dritten Gruppe unter der Überschrift „Zukunftspläne" erfasst.[345]

Da der SVR-20 nur Richtlinien für eine strukturierte professionelle Beurteilung des Risikos sexueller Gewalt durch psychiatrische oder psychologische Fachkräfte enthält[346], werden die einzelnen Risikofaktoren nicht mit einem bestimmten Score versehen. Somit kann nicht wie bei den anderen Instrumenten durch eine Addition der einzelnen Werte der zu beurteilende Täter in eine bestimmte Risikogruppe eingeordnet werden. Vielmehr sollen die Begutachter alle Risikomerkmale, die im SVR-20 benannt sind, erheben und dann ihre endgültige Entscheidung über das Risiko auf der Basis ihrer beruflichen Erfahrungen finden.[347] Die Bedeutung der einzelnen Risikofaktoren muss der jeweilige Gutachter also selbst gewichten.

cc) Der SONAR

Während alle bisher genannten Verfahren im Wesentlichen statische Variabeln benutzen, versucht der Sonar auch mögliche Veränderungen nach der Tat einzubeziehen. Hierzu werden neben fünf relativ stabilen Faktoren (Intimitätsdefizite, negative soziale Einflüsse, tolerante Einstellungen gegenüber Sexualstraftaten,

---

[345] *Müller-Isberner/Gonzalez Cabeza/Eucker* 2000, 25, 30.
[346] *Müller-Isberner/Gonzalez Cabeza/Eucker* 2000, 15 ff., 37.
[347] *Müller-Isberner/Gonzalez Cabeza/Eucker* 2000, 31.

sexuelle und generelle Selbstregulierung) auch vier akute Faktoren (Substanzmissbrauch, negative Stimmungen, Zorn oder Wut, Zugang zu Opfern) berücksichtigt. Dabei kennzeichnen letztere nicht unbedingt ein lang anhaltendes Rückfallpotential, sondern vielmehr können sie angeben, wann ein Rückfall am wahrscheinlichsten ist. Während bei den stabilen Risikofaktoren angenommen wird, dass sie für mehrere Monate oder Jahre Bestand haben, wird davon ausgegangen, dass sich die akuten Faktoren innerhalb von Tagen oder Wochen ändern können.[348]

Die Überprüfung der Validität dieser Skala wurde an 208 Sexualstraftätern, die rückfällig wurden und 201 Sexualstraftätern, bei denen kein Rückfall zu verzeichnen war, durchgeführt.[349] Dabei konnte mit dem Summenscore, der von - 3 bis 14 reicht, als auch mit den Scores für jedes einzelne Item des SONAR zwischen den rückfälligen und nicht rückfälligen Tätern unterschieden werden.[350] Dies rechtfertigt jedoch nicht die alleinige Anwendung des SONAR als Prognoseinstrument. Die Aufgabe des SONAR besteht darin, die Vorhersagegenauigkeit einer zuvor angewendeten Skala – wie beispielsweise des Static 99 – durch die Berücksichtigung der dynamischen Faktoren zu verbessern.[351]

b) Deutschland

Bisher wurde für die Rückfallprognose bei Sexualstraftätern nur der SVR-20 ins Deutsche übersetzt. Weitere Übersetzungen oder gar Anpassungen der aus dem Ausland stammenden Prädiktorenkataloge erfolgten im deutschsprachigem Raum noch nicht.

Mit dem RRS (Rückfallrisiko bei Sexualstraftätern)[352] wurde in Deutschland erst ein Prognoseinstrument für Sexualstraftäter entwickelt. Der RRS ist ein Instrument, das vornehmlich von Psychologen und Psychiatern angewendet wird. Es soll bei Sexualstraftätern die Vorhersage sowohl einschlägiger Rückfälle als auch von Rückfällen, die zu einer erneuten Inhaftierung führen, verbessern.[353] Dazu wurden drei Erhebungsbögen entwickelt, von denen der Erhebungsbogen für die Gesamtgruppe der Sexualstraftäter die Basis bildet. Die anderen zwei, die primär für Forschungszwecke gedacht sind, beziehen sich auf Täter, die wegen Vergewaltigung oder sexueller Nötigung Erwachsener bzw. wegen sexuel-

---

[348] *Hanson/ Harris* 2000, 3 ff.
[349] *Hanson/ Harris* 2000, 6.
[350] *Dies.* 2000, 10 Tabelle 2.
[351] *Dies.* 2000, 13.
[352] *Rehder* 2002.
[353] *Ders.* 2002, 5 f.

len Missbrauchs von Kindern verurteilt wurden.[354] Die Hauptkriterien des RRS für einen Rückfall mit einem Sexualdelikt sind das Alter beim ersten Sexualdelikt, depressive Persönlichkeitsanteile, Bindungs- und Beziehungsfähigkeit, die Zahl der Verurteilungen wegen Sexualdelikten, Bekanntheitsgrad zwischen Opfer und Täter und die Planung der Tat. Bei der Gruppe der wegen eines sexuellen Missbrauchs von Kindern Verurteilten spielen neben dem Alter beim ersten Sexualdelikt, den depressiven Persönlichkeitsanteilen und der Bindungs- und Beziehungsfähigkeit auch die Zahl aggressiver Straftaten, die Intensität des Sexualverhaltens, die berufliche Leistungsbereitschaft sowie die Frage, ob es sich um innerfamiliäre oder außerfamiliäre Sexualdelikte handelt, eine Rolle.[355]

Ähnlich wie bei den nordamerikanischen und englischen Prädiktorenskalen werden für die Risikovariablen Punkte vergeben. Zunächst wird jedes Merkmal gesondert auf einer 7-stufigen Skala eingeordnet. Anschließend wird die so ermittelte Zahl für jedes Item nach vorgegebenen Kriterien im Auswertungsbogen in Punkte umgewandelt. Nachdem die einzelnen Punkte summiert wurden, kann aus dem Ergebnisbogen ermittelt werden, zu welcher Gruppe von Sexualstraftätern der Untersuchte gehört (keine, nur geringe, durchschnittliche oder relativ hohe einschlägige Rückfallgefahr). Diese Klassifizierung stellt jedoch nicht die Prognose selbst dar, sondern ist nur Bestandteil einer Prognose. In einer Gesamtprognose sind zusätzlich noch nicht berücksichtigte oder individuell zu bewertende Rückfallkriterien einzubeziehen.[356]

3. Mögliche Zukunft der Prognoseskalen

Die aus Nordamerika stammende Vorgehensweise, die Ergebnisse der Rückfallstudien für Prognoseentscheidungen durch Prädiktorenskalen nutzbar zu machen, ist sehr begrüßenswert. Damit werden Forschung und Praxis sinnvoll verknüpft. Auch in Deutschland finden sich mittlerweile Psychiater und Psychologen, die diese kriterienorientierte Rückfallprognose favorisieren.[357] Bedenken sollte man jedoch bei diesen Skalen, dass sie nur eine kleine Anzahl von Risikofaktoren berücksichtigen, deren Schwerpunkt meist auf statischen, d.h. unveränderlichen Merkmalen liegt, weil diese leicht erhoben werden können. Die verschiedenen Autoren erheben allerdings auch nicht den Anspruch, dass ihre Instrumente allein zur Prognoseeinschätzung ausreichen. Vielmehr sehen sie die

---

354 *Rehder* 2002, 7.

355 *Ders.* 2002, Erhebungsbogen RRS-S, RRS-SM-1 und RRS-SM-2.

356 *Ders.* 2002, 32 f., Erhebungsbogen RRS-S, RRS-SM-1 und RRS-SM-2.

357 *Dittmann* 2003,175; *Eher* BewHi 2001, 221, 230; *Müller-Isberner/Gonzalez Cabeza/Eucker* 2000, 8; *Nedopil* BewHi 2001, 341, 345; *Rehder* 2001, 103; *Schneider* MschrKrim 2002, 251, 260.

Anwendung der Skalen in einem Kontext, in dem auch andere für den Einzelfall gewichtige Faktoren, die nicht im jeweiligen Katalog enthalten sind, berücksichtigt werden. Um den Täter nicht aufgrund von Merkmalen, die sich auf die Vergangenheit oder das begangene Delikt beziehen, in eine dann unveränderbare Rückfallrisikogruppe einzuordnen, sollen auch dynamische Faktoren berücksichtigt werden.

In der Strafrechtspraxis in Deutschland ist die intuitive Prognose am weitesten verbreitet. Die bei dieser Prognoseform immer wieder auftretenden Fehlprognosen, mit zum Teil gravierenden Folgen für die Opfer, haben jedoch hinsichtlich des Sinns prognostischer Aussagen eine weit verbreitete Skepsis hervorgerufen. Richter, Staatsanwälte und Vollzugsbeamte räumen vielfach offen ein, bei der Beantwortung prognostischer Fragen ein Gefühl des Unbehagens zu empfinden.[358]

Eine sichere Vorhersage menschlichen Verhaltens und damit ebenso der Rückfälligkeit ist jedoch nicht möglich. Dies bedeutet, dass auch unter optimalen Bedingungen eine hundertprozentig korrekte Klassifikation „rückfällig" vs. „nicht rückfällig" nicht möglich ist.[359] Vielmehr treten immer wieder folgende Fehleinschätzungen auf: Die „falsch Positiven", bei denen eine Rückfälligkeit angenommen wird, ein solcher jedoch nicht erfolgt, und die „falsch Negativen", die nach günstiger Prognose erneut straffällig werden.[360] Während in der ersten Konstellation der Irrtum grundsätzlich aufgrund einer Inhaftierung unentdeckt bleibt, werden bei Irrtümern in der zweiten Konstellation in der Regel Vorwürfe erhoben, dass die Gutachter eine falsche Prognose abgegeben und die Gerichte eine falschen Entscheidung getroffen haben. Derartige Vorwürfe können bis hin zur Einleitung von strafrechtlichen Ermittlungen gegen Gutachter und Gericht führen.[361] Die Gefahr einer irrtümlichen Zuordnung kann allerdings nicht ausgeschlossen werden.

Deshalb ist es die Aufgabe der individuellen Kriminalprognose, anhand einer Risikoanalyse die Bedingungen aufzeigen, unter denen ein Rückfall wahrscheinlicher oder weniger wahrscheinlich ist. Aufgrund der getroffenen Wahrscheinlichkeitsaussagen muss eine Güterabwägung dahingehend erfolgen, welches Risiko die Bevölkerung oder eine bestimmte Personengruppe auf der einen oder welche Freiheitsbeschränkung ein mit einer gewissen Wahrscheinlichkeit rück-

---

[358] *Frisch* R & P 1992, 110, 111; *Huber* 1994, 44; *Schall/Schreibauer* NJW 1997, 2412, 2413.

[359] *Endres* 2002, 302.

[360] Zu diesen Irrtümern und deren Abhängigkeit von der Basis- und Auswahlrate überblicksartig *Meier* 2003, 175 ff.; *Nedopil* 2000, 242 ff. Vertiefend *Endres* ZfStrVo 2000, 68 ff.; *Kühl/Schuhmann* R & P 1989, 126 ff.

[361] Vgl. *Verrel* R & P 2001, 182 ff.

fälliger Straftäter auf der anderen Seite hinzunehmen hat.[362] Bei der Prognosebegutachtung treten zu beanstandende Fehler in Form von Verstößen gegen methodische Standards auf, welche zu irrtümlichen Vorhersagen führen können.[363] Irrtümer können demzufolge minimiert werden, wenn stets die aktuellsten und validesten empirischen Erkenntnisse über Rückfalldeterminanten zugrunde gelegt werden.[364] Der Einsatz von Prädiktorenskalen könnte damit wieder etwas Sicherheit dahingehend geben, dass die für einen Rückfall als relevant ermittelten Faktoren aufgeführt sind. Irrtümer können dessen ungeachtet auch in völlig fehlerfreien Begutachtungen vorkommen. Sofern sich die Prognoseerstellung am aktuellen Wissensstand und an fachlichen Standards orientiert, insbesondere alle rückfallrelevanten Faktoren ernsthaft und kritisch geprüft wurden, dürfte den für die Prognosestellung Verantwortlichen, auch wenn sich die Vorhersage als irrig erweist, kein Vorwurf zu machen sein.[365]

Die genannten aktuarischen Prädiktorenskalen wurden zwar überwiegend von Psychiatern und Psychologen zur Anwendung in der forensischen Psychiatrie entwickelt. Darauf sollte der Einsatz dieser Instrumente aber nicht beschränkt werden. Insbesondere weil psychiatrisch-psychologische Sachverstände nicht in jedem Strafverfahren hinzugezogen werden. Aus den Prädiktorenskalen lassen sich auch für die Juristen empirisch validierte Anhaltspunkte dafür ableiten, auf welche Gesichtpunkte bei der Prognoseerstellung besonders zu achten sind. Man könnte daran denken, dass für Juristen eine Checkliste erstellt wird, in der auf die zu achtenden Gesichtpunkte zusammengetragen werden. Als Beispiel könnten die in Kanada unter Mitwirkung von *Hanson* erstellten Skalen herangezogen werden.[366] Diese Skalen enthalten wenige, im Strafverfahren auch ohne Heranziehung eines Sachverständigen leicht und ohne großen Zeitaufwand zu ermittelnde Risikofaktoren. Eine derartige Liste könnte in jedem Stadium des Strafverfahrens als Screening-Instrument neben der intuitiven Methode eingesetzt werden.

Bereits im Ermittlungsverfahren bestehen solche Einsatzmöglichkeiten. Zum Beispiel um auszuloten, ob eine Einstellung des Verfahrens nach §§ 153 ff. StPO in Betracht kommt. Einer solchen Einstellung darf ein öffentliches Interesse an der Verfolgung der Straftat nicht entgegenstehen. Ein öffentliches Verfolgungsinteresse kann jedoch aus Gründen der Spezial- und Generalprävention gegeben sein.[367] Handelt es sich um einen stark rückfallgefährdeten

---

[362] *Dittmann* 2003, 178.
[363] Zur Unterscheidung von Fehlern und Irrtümern *Dahle* 1997, 119 ff.
[364] *Endres* 2002, 302.
[365] Vgl. *Endres* 2002, 302; *Rasch* 1999, 374.
[366] Vgl. C.II.2a).
[367] *Meyer-Goßner* 2004, § 153 StPO Rn.7.

Täter dürfte demzufolge keine Einstellung gem. § 153 ff. StPO erfolgen. Auch in der gerichtlichen Verhandlung könnte die Checkliste eingesetzt werden, denn nur in wenigen Verfahren wird ein Gutachten bezüglich der Rückfallwahrscheinlichkeit bei einem Sachverständigen in Auftrag gegeben. Meist trifft das Gericht die für die Straffestsetzung, wie zum Beispiel bei der Frage, ob die Strafe zur Bewährung ausgesetzt werden kann, erforderliche Prognose selbst. Ebenfalls ist ein Einsatz der Liste im Vollstreckungsverfahren denkbar, beispielsweise bei der Entscheidung über Vollzugslockerungen oder eine Aussetzung des Strafrests zur Bewährung. Durch die Berücksichtigung von empirisch validierten Risikofaktoren neben der eigenen Erfahrung und Intuition würde die Prognoseerstellung an Zuverlässigkeit gewinnen.

Auch wenn ein psychologisch-psychiatrisches Gutachten vom Staatsanwalt, dem Gericht oder der Vollstreckungskammer in Auftrag gegeben wurde, kann der Einsatz der Checkliste durch die Juristen sinnvoll sein. Bei Fehlen der erforderliche Sachkunde seitens des Gerichts für die sachgerechte Bewertung der Gefährlichkeit eines Angeklagten, wird ein Sachverständiger bestellt und angehört. Dieser ist dabei „Gehilfe des Gerichts", d.h. er soll die fehlende Sachkunde des Gerichts ausgleichen.[368] Eine automatische Übernahme des Gutachtens darf jedoch nicht erfolgen, vielmehr muss sich das Gericht durch den Sachverständigen sachkundig machen und dann über das Ergebnis in eigener Verantwortung befinden.[369] Damit muss das Gericht im Rahmen der freien Beweiswürdigung gem. § 261 StPO das Gutachten werten. In der Praxis findet dem ungeachtet allerdings kaum eine inhaltliche und eigenständige Auseinandersetzung mit den Sachverständigengutachten statt. Vielmehr erfolgt sehr häufig lediglich eine bloße Wiedergabe der Ausführungen des Sachverständigen mit einer allenfalls als formelhaft zu bezeichnenden Würdigung.[370] Dies ist jedoch besonders bedenklich, weil eine Befragung von Richtern, Staatsanwälten und Rechtsanwälten ergab, dass den Juristen bei der Auswahl der Sachverständigen vor allem praktische Gesichtspunkte wie Verfügbarkeit, forensische Erfahrung und komplikationslose Zusammenarbeit wichtiger waren als allgemeinpsychiatrische und wissenschaftliche Qualifikationen.[371] Zwar gibt es zahlreichen Veröffentlichungen zur Qualitätssicherung und den Standards einer Begutachtung sowie Leitfäden für die Erstellung von Gutachten[372], trotzdem weisen die Gutachten noch zahl-

---

[368] *Beulke* 2004, Rn.199.

[369] BGHSt 7, 238, 239; 8, 113, 118.

[370] Studien zum Einfluss eines Gutachtens auf das Urteil: *Barton* 1983; *Engelhardt* 1994; *Heim* 1986; *Verrel* 1995.

[371] *Dittmann/Reimer/Heinrichs* Forensia 1988, 219 ff.

[372] Vgl. bspw. nur *Endres* 2002, 311 ff.; *BDP* 1994; *Dahle* 2000; *Konrad* 1997, 5 ff.; *Leygraf/Nowara* 1992; *Nedopil* 2003; *Rasch* 1999, 374 ff.; *Westhoff/Kluck* 2003.

reiche Mängel auf.[373] Eine empirische Untersuchung zur Qualität der Begutachtungen von Sexualstraftätern hat beispielsweise ergeben, dass zum Teil keine Sexualanamnesen vorgenommen werden; daneben wurden außerdem bereits die Formalien nicht eingehalten, die Diagnosen der Psychiaters waren für Juristen nicht verständlich oder die bei der Beauftragung gestellten Fragen wurden nicht beantwortet.[374] Aus diesem Grunde ist es zur Vermeidung von prognostischen Fehleinschätzungen unbedingt erforderlich, dass die erstellten Gutachten von den Juristen kritisch gewürdigt werden. Mangels eigener Weiterbildung in den forensischen Nachbardisziplinen ist dies zwar äußerst schwierig, jedoch kann eine Minimalprüfung dahingehend erfolgen, ob die Standards einer Begutachtung eingehalten[375] und die rückfallrelevanten Faktoren einbezogen wurden. Für letztere könnte eine Checkliste mit der Angabe von Risikofaktoren zur Hand genommen werden.

Wie aufgezeigt gibt es viele verschiedene Möglichkeiten des Einsatzes der Prädiktorenskalen zur Verbesserung der Prognosebildung. Zum einen können sie zur Qualitätssteigerung der psychiatrisch-psychologischen Begutachtung von Sexualstraftätern beitragen und zum anderen in Form einer Checkliste den Juristen bei der Prognoseentscheidung behilflich sein. Um so bedauernswerter ist es, dass in Deutschland erst eines dieser Instrumente für Sexualstraftäter entwickelt wurde.

---

[373] Zu den auftretenden Fehlerquellen: *Barton* 1983; *Heim* 1986; *Heinz* 1982; *Konrad* 1995; *Maisch* StV 1985, 517 ff.; *Pfäfflin* 1978; *Venzlaff* NStZ 1983, 199 ff.; *Weinbrenner* 2003, 318 ff.

[374] *Auer* u.a. 2003, 500 ff.

[375] Eine Checkliste für die Prognose findet sich z.B. bei *Volckart* 1997, 69 f.; *Weinbrenner* 2003, 492 ff.

D. Die Zielsetzung der Untersuchung

I. Ausgangsüberlegungen

Die bisherigen Untersuchungen zur Legalbewährung von Sexualstraftätern beziehen nur eine Teilmenge der bekannt gewordenen Sexualstraftaten ein. Da bislang nur die Rückfälligkeit von verurteilten Sexualstraftätern untersucht wurde und hierbei häufig eine Beschränkung auf psychiatrisch-psychologisch begutachtete Täter erfolgte, wurde vor allem die mittlere und schwere Sexualdelinquenz erfasst. Über die „Alltagskriminalität" im Bereich des sexuell abweichenden Verhaltens, d.h. über die wegen eines sexuellen Missbrauchs von Kindern eingeleiteten und nicht mit einer Verurteilung abgeschlossenen Strafverfahren, fehlen demgegenüber zuverlässige empirische Befunde. Es fehlen aber auch Informationen dazu, wie die Justiz mit der minderschweren Sexualdelinquenz umgeht, welche Personen in Erscheinung treten und welche Opfer hiervon betroffen sind.

Anknüpfend an diese Forschungsdefizite soll in der vorliegenden Untersuchung das Legalverhalten von solchen Personen genauer in Augenschein genommen werden, die in den vorstehend genannten Untersuchungen vernachlässigt wurden: Personen, die zwar in ein Strafverfahren wegen eines Sexualdelikts an Kindern verwickelt waren, die von den Gerichten aber nicht verurteilt und mit Strafen belegt worden sind. Das Legalverhalten dieser Gruppe soll mit dem in früheren Untersuchungen ermittelten Legalverhalten der Täter von mittelschwerer und schwerer Sexualkriminalität verglichen werden.

Hinsichtlich der Zielsetzung ist zu differenzieren. Neben der Klärung der Frage, welche Bedeutung den strafrechtlichen Kontrollprozessen für die weitere Entwicklung von Delinquenzkarrieren im Bereich der Sexualdelinquenz zukommt, ist es ein zentrales Interesse des Forschungsprojektes, die „Alltagskriminalität" dieser Sexualdelikte zu beschreiben und nach der Rückfälligkeit der Täter zu fragen. Für diejenigen Täter, die wiederholt auffällig werden, sollen empirisch validierte Kriterien entwickelt werden, die bei den Sanktionsentscheidungen unter dem Gesichtspunkt der spezialpräventiven Einwirkungsnotwendigkeit berücksichtigt werden können. Damit will das Projekt einen empirisch-kriminologischen Beitrag zum präventiven Opferschutz leisten, indem empirisch gesichertes Material sowohl für individuelle Kriminalprognosen als auch für kriminalpolitische Entscheidungen zur Verfügung gestellt wird. Die Untersuchung erstreckt sich dazu auf die im Folgenden näher beschriebenen vier Teilbereiche.

II. Zieldifferenzierung

1. Beschreibung der alltäglichen Sexualdelinquenz und deren Verarbeitung durch die Strafverfolgungsorgane

Zunächst soll die alltägliche Sexualdelinquenz im Bereich des sexuellen Missbrauchs von Kindern und der Umgang der Strafverfolgungsorgane mit diesen Taten beschrieben werden. Hierzu soll untersucht werden, welche Personen mit einem sexuellen Missbrauch von Kindern auffällig geworden sind, welche Kinder hiervon betroffen waren und wie die Strafverfolgungsorgane mit diesem Verhalten umgegangen sind, d.h. wie das Strafverfahren ausgestaltet und abgeschlossen wurde. Damit können gegenüber bisherigen Untersuchungen nicht nur Informationen zu den mit einer Verurteilung abgeschlossenen Strafverfahren, sondern zu allen wegen einer bei den Strafverfolgungsbehörden angezeigten Sexualstraftat eingeleiteten Verfahren gewonnen werden.

2. Weitere Auffälligkeiten nach unterschiedlichen Erledigungs- und Sanktionsformen

Ferner sollen Untersuchungen dahingehend durchgeführt werden, ob und gegebenenfalls welche weiteren Auffälligkeiten nach unterschiedlichen strafrechtlichen Erledigungs- und Sanktionsformen auftreten. Es soll der Frage nachgegangen werden, ob in den Fällen der alltäglichen Sexualkriminalität, bei denen die Verfahren typischerweise mit einer Einstellung enden, andere Rückfallquoten zu ermitteln sind als in den Fällen der mittleren und schweren Sexualkriminalität. Ist die Rückfallquote nach einer Einstellung gem. § 170 Absatz 2 StPO bzw. §§ 153 ff. StPO oder einer Verurteilung höher? Macht es für das Legalverhalten einen Unterschied, ob das Verfahren für den Probanden folgenlos eingestellt wurde oder die Einstellung mit der Erfüllung von Auflagen und Weisungen verbunden war?

3. Prognostische Relevanz der in Fachkreisen benannten Rückfallfaktoren

In einem weiteren Abschnitt der Untersuchung soll die prognostische Relevanz solcher Merkmale untersucht werden, die in Fachkreisen gegenwärtig als bedeutsam für die Legalbewährung bzw. für den Rückfall angesehen werden. Dazu wird zunächst die prognostische Relevanz der im Rahmen der Literaturanalyse[376] herausgearbeiteten Faktoren, die gegenwärtig als bedeutsam für einen

[376] Vgl. C.

Rückfall erachtetet werden, anhand statistischer Verfahren[377] in der Stichprobe überprüft. Bei den bereits dargestellten Untersuchungen zur Legalbewährung von Sexualstraftätern als auch bei den verschiedenen Prädiktorenskalen sind dies z.B. das Alter des Täters bei Begehung der ersten Tat, die Vorstrafenbelastung, die Anzahl, das Alter und das Geschlecht der Opfer, Vater- und Mutterverlust in der Kindheit, eine vorwiegend weibliche Erziehung des Täters etc. Von besonderem Interesse sind dabei Faktoren, deren Relevanz in der Literatur umstritten ist. Gemeint sind solche Merkmale, denen von einigen Vertretern in der Literatur keine Relevanz für einen Rückfall beigemessen wird, wohingegen andere Autoren sie als rückfallfördernd bezeichnen.[378]

Anschließend soll die Vorhersagegenauigkeit der für einen Rückfall als relevant ermittelten Faktoren in der Stichprobe anhand statistischer Verfahren empirisch überprüft werden. Es wird dementsprechend untersucht, ob die Personen, bei denen rückfallbegünstigende bzw. rückfallmindernde Merkmale vorliegen, rückfällig geworden sind bzw. ob sie nach der Bezugstat strafrechtlich unauffällig geblieben sind.

4. Quantität und Qualität der den Strafverfolgungsorganen vorliegenden Informationen

Schließlich soll überprüft werden, ob und in welchem Umfang von den Strafverfolgungsbehörden im Vorfeld sowohl einer Einstellung als auch einer Verurteilung Ermittlungen hinsichtlich derjenigen Faktoren durchgeführt wurden, die aus kriminologischer Sicht für einen Rückfall bedeutsam sind. Insbesondere in den Fällen, in denen das Strafverfahren eingestellt wurde, drängt sich die Vermutung auf, dass aus ökonomischen Gründen keine ausreichenden Informationen vorliegen. Ein besonderes Augenmerk wird dabei darauf gerichtet, ob das Leben und Umfeld der betreffenden Person näher betrachtet und somit mehr Informationen mit prognostischer Relevanz gesammelt wurden, so dass etwaige Veränderungen hinsichtlich des Informationsstandes eingetreten sind, wenn der Beschuldigte erneut auffällig geworden ist. Die Vorstrafenbelastung ist ein bei der Rückfallprognose bedeutsames Merkmal und deshalb wichtig für die Wahl der Sanktionsart. Für die Prognose allein kann jedoch nicht nur die Vorstrafenbelastung entscheidend sein. Es liegt vielmehr nahe, bei Vorverurteilungen weitere rückfallmindernde oder -erhöhende Merkmale zu ermitteln. In diesem Zusammenhang wird der Frage nachgegangen, welcher Quellen sich die Strafverfolgungsbehörden gegebenenfalls zur Erweiterung der Informationsbasis bedie-

---

[377] Zu den verschiedenen durchzuführenden statistischen Verfahren vgl. E.VII.
[378] Zu den einzelnen Untersuchungen und Prädiktorenskalen bereits ausführlich Kapitel C.

nen. In Betracht kommen beispielsweise die Gerichtshilfe und Sachverständigengutachten.

III. Hypothesen

1. Zentrale Hypothese

Wie die vorstehenden Ausführungen gezeigt haben, ist die Untersuchung neben der Beschreibung der alltäglichen Sexualdelinquenz in dem Bereich des sexuellen Missbrauchs von Kindern auf die zentrale Frage gerichtet, ob die verschiedenen Erledigungs- und Sanktionsformen der strafrechtlichen Kontrollinstanzen, d.h. von Staatsanwaltschaft und Gericht, Auswirkungen auf die Rückfälligkeit der mit Sexualstraftaten auffällig gewordenen Personen haben. Nach den bisherigen Erkenntnissen zur Rückfälligkeit ist zu erwarten, dass die verschiedenen Erledigungs- und Sanktionsformen zu unterschiedlichen Rückfallquoten führen.

So wurde von bisherigen Studien ermittelt, dass die Rückfallhäufigkeit nach Verurteilungen zu ambulanten Sanktionen geringer ist als nach Verurteilungen zu Freiheitsstrafen ohne Aussetzung der Vollstreckung zur Bewährung.[379] Außerdem wurde in Untersuchungen, in denen die Rückfälligkeit nach Einstellungen und Verurteilungen verglichen wurde, festgestellt, dass der Anteil der rückfälligen Probanden nach einer Verurteilung höher ist.[380] Diese Ergebnisse können die Konsequenz des schon im Gesetz angelegten Programms darstellen, dass bei hoher Rückfallwahrscheinlichkeit grundsätzlich nur förmliche Verurteilungen auszusprechen und stationäre Sanktionen zu verhängen sind. Die festgestellten höheren Rückfallquoten nach einer Verurteilung als auch der Verhängung einer Freiheitsstrafe wäre dann in erster Linie ein Beleg dafür, dass die Gerichte eine richtige Prognoseentscheidung getroffen haben. Es muss jedoch berücksichtigt werden, dass dies nicht bei allen Straftaten gelten kann. Insbesondere bei schweren Straftaten muss das Gericht den Täter bei Überzeugung von der Tatbegehung unabhängig von einer Rückfallgefahr verurteilen und sogar eine Freiheitsstrafe verhängen. Ferner ist zu bedenken, dass auch der verfahrensbeendenden Entscheidung und der gegebenenfalls verhängten Sanktion selbst eine rückfallerhöhende oder rückfallmindernde Wirkung zukommen kann. Zum einen erfolgt bei einer Einstellung durch die Staatsanwaltschaft keine mit der Durchführung einer Hauptverhandlung möglicherweise verbundene Etikettierung und Stigmatisierung. Zum anderen werden bei der Verhängung ambulanter

---

379 Vgl. *Berckhauer/Hasenpusch* 1982, 286; *Streng* 2002, Rn.273 ff.

380 Vgl. *Busse* 2001, 139; *Heinz/Hügel* 1987, 62; *Hock-Leydecker* 1994, 152; *Pfeiffer* 1989, 307 ff.; *von Schlieben* 1994, 69, 140.

Sanktionen im Gegensatz zur Verhängung stationärer Sanktionen bestehende soziale Beziehungen nicht zerstört.

Diese Erkenntnisse zu den unterschiedlichen Rückfallquoten nach verschiedenen Erledigungs- und Sanktionsformen wurden allerdings vor allem anhand von Verfahren gewonnen, bei denen es nicht um Sexualkriminalität ging, sondern einen Querschnitt aus dem Gesamtspektrum der Kriminalität. Bisher wurde im deutschsprachigen Raum erst eine Untersuchung zur Rückfälligkeit von Sexualstraftätern durchgeführt, in der die nach unterschiedliche Sanktionsformen vorliegenden Rückfallquoten verglichen werden konnten. Dieser Vergleich ergab im Gegensatz zu den anderen Untersuchungen jedoch, dass die Rückfälligkeit nach ambulanten Sanktionen höher war als nach freiheitsentziehenden Sanktionen.[381] Dieses Ergebnis ist indessen dahingehend zu relativieren, dass Exhibitionisten, die Täter mit der höchsten einschlägigen Rückfälligkeit, ausschließlich mit ambulanten Sanktionen belegt wurden.[382]

Aufgrund der unterschiedlichen Ergebnisse der Rückfalluntersuchungen ist es nicht möglich Vermutungen dahingehend zu treffen, nach welchen Erledigungs- und Sanktionsformen höhere Rückfallquoten auftreten werden. Auch können die Ergebnisse der Rückfalluntersuchung bei verurteilten Sexualstraftätern nicht ohne weiteres zugrunde gelegt werden, da sie sich nur auf einen sehr kleinen Ausschnitt der Sexualkriminalität beziehen. Die Einbeziehung aller verfahrensabschließenden Entscheidungen bei der alltäglichen Sexualkriminalität geschieht gerade erst durch die vorliegende Untersuchung. Deshalb ist noch nicht bekannt, welche Sexualstraftaten wie geahndet wurden, insbesondere ob bei den rückfallgefährdeten Exhibitionisten fast immer eine Verurteilung zu einer Geldstrafe erfolgte. Desgleichen lassen die Untersuchungen, die die Rückfälligkeit nach Einstellungen und Verurteilungen verglichen haben, keine Rückschlüsse darauf zu, nach welchen Einstellungen (mangels hinreichenden Tatverdachts, folgenlos, mit Auferlegung von Auflagen oder Weisungen, durch das Gericht oder die Staatsanwaltschaft etc.) die Probanden vermehrt rückfällig werden. In den Untersuchungen wurden die Rückfallquoten lediglich nach einzelnen wenigen Einstellungsarten ermittelt, wobei die Untersuchungen sich größtenteils auf die nach dem Jugendstrafgesetz erfolgten Einstellungen beschränkten. Trotz allem ist anzunehmen, dass auch bei wegen Sexualstraftaten durchgeführten Verfahren verschiedenen Erledigungs- und Sanktionsformen zu unterschiedlichen Rückfallquoten führen. Speziell ist auch in diesen Verfahren von einer höheren Rückfallquote nach förmlichen Verurteilungen durch das Gericht auszugehen, weil eine Einstellung des Verfahrens nur bei den nicht rückfallgefährdeten Personen

[381] *Elz* 2001, 213.
[382] Vgl. C.I.2.a).

erfolgen darf. Damit lässt sich die Fragestellung der Studie in die folgenden statistischen, sich gegenseitig ausschließenden Aussagen zerlegen:[383]

Nullhypothese H_{01}: *Für die Rückfälligkeit der mit Sexualstraftaten auffällig gewordenen Personen ist es nicht von Bedeutung, wie das Strafverfahren durch die Staatsanwaltschaft bzw. durch das Gericht abgeschlossen wurde. Es besteht kein Zusammenhang zwischen der verfahrensabschließenden Entscheidung der Staatsanwaltschaft bzw. des Gerichts (unabhängige Variable) und der Rückfälligkeit (abhängige Variable).*

Alternativhypothese H_1: *Für die Rückfälligkeit der mit Sexualstraftaten auffällig gewordenen Personen ist es von Bedeutung, wie das Strafverfahren durch die Staatsanwaltschaft bzw. durch das Gericht abgeschlossen wurde. Es besteht ein Zusammenhang zwischen der verfahrensabschließenden Entscheidung der Staatsanwaltschaft bzw. des Gerichts (unabhängige Variable) und der Rückfälligkeit (abhängige Variable).*

In der Sozialforschung wird in Abhängigkeit von der Alternativhypothese, die eigentlich überprüft werden soll, eine konkurrierende Hypothese, die sog. Nullhypothese, mit der Aussage formuliert, dass der in der Alternativhypothese enthaltene Sachverhalt nicht zutrifft, er sozusagen „null und nichtig“ ist.[384] Die Nullhypothese stellt im Grunde genommen die Basis von Hypothesenprüfungen dar, von der aus entschieden wird, ob die Alternativhypothese akzeptiert werden kann oder nicht.[385] Wenn sich entsprechend der Erwartung hierbei Unterschiede bei der Rückfälligkeit bezogen auf die verschiedenen Erledigungs- und Sanktionsformen zeigen, so ist die Nullhypothese zu verwerfen und es muss im Umkehrschluss die Alternativhypothese angenommen werden. Dies bedeutet, dass dann angenommen werden kann, dass für die Rückfälligkeit die verfahrensabschließende Entscheidung von Staatsanwaltschaft bzw. Gericht von Bedeutung ist.

2. Weitere Hypothesen

Aus der vorangegangenen Zieldifferenzierung ergibt sich, dass Gegenstand der Untersuchung nicht nur die Überprüfung des Zusammenhangs zwischen der Erledigung des Strafverfahrens durch die Strafverfolgungsorgane und der Legal-

---

383 Zur Bedeutung und Formulierung von Hypothesen *Atteslander* 2003, 47 ff., 316 ff.; *Bortz* 1999, 107 ff.; *Friedrichs* 1990, 103 ff.

384 *Bortz* 1999, 109.

385 *Atteslander* 2003, 317; *Bortz* 1999, 110.

bewährung ist. Vielmehr ist auch die Beschreibung der alltäglichen Sexualdelinquenz von zentralem Interesse.

Außerdem sollen die Quantität und Qualität der den Strafverfolgungsorganen vorliegenden Informationen zu den rückfallrelevanten Risikofaktoren überprüft werden. D.h. die Verfahrensakten sollen dahingehend ausgewertet werden, ob von der Staatsanwaltschaft bereits im Vorverfahren Ermittlungen zu den durch die Literaturanalyse ermittelten Prognosefaktoren durchgeführt wurden. In den Fällen, in denen das Strafverfahren eingestellt wurde, drängt sich die Vermutung auf, dass keine ausreichenden Informationen gesammelt wurden. Für die Staatsanwaltschaft ist bei einer Einstellung zunächst entscheidend, ob der Beschuldigte die vorgeworfene Tat begangen hat und wie schwer das Tatunrecht sowie die Schuld ist. Aufgrund der knappen finanziellen Mittel und Arbeitsüberlastung in den Behörden ist davon auszugehen, dass aus verfahrensökonomischen Gesichtspunkten vor der Einstellung keine weitergehenden Ermittlungen zu rückfallrelevanten Merkmalen durchgeführt werden. Demgegenüber ist davon auszugehen, dass bei für einen Rückfall relevanten Vorverurteilungen weitere rückfallmindernde oder -erhöhende Merkmale ermittelt wurden. Für die zu treffende Wahl der Erledigungs- und Sanktionsart kann jedoch nicht nur die Vorstrafenbelastung allein entscheidend sein, vielmehr müssen noch weitere Faktoren ermittelt werden. Diesen Überlegungen lassen sich folgende Alternativhypothesen ableiten[386]:

H_2: *Bei einer verfahrensabschließenden Entscheidung durch die Staatsanwaltschaft enthalten die Strafverfahrensakten weniger Angaben zu solchen Faktoren, die aus kriminologischer Sicht für einen Rückfall bedeutsam sind, als bei einer Verfahrensbeendigung durch das Gericht.*

H_3: *Die Strafverfahrensakten vorbestrafter Probanden enthalten mehr Angaben zu solchen Faktoren, die aus kriminologischer Sicht für einen Rückfall bedeutsam sind, als die Strafverfahrensakten nicht vorbestrafter Probanden.*

Sofern die anhand der Literaturanalyse herausgearbeiteten Faktoren mit prognostischer Relevanz aus den Strafverfahrensakten in Erfahrung gebracht werden können, soll des weiteren überprüft werden, ob diese Faktoren auch in der vorliegenden Untersuchung von Bedeutung für die Legalbewährung sind. Da die jeweiligen Risikofaktoren bereits in mehreren empirischen Studien mit ganz unterschiedlichen Probandengruppen ermittelt wurden, ist davon auszugehen, dass diese Risikofaktoren auch bei den durch die vorliegende Untersuchung erfassten

[386] Auf die Bildung der Nullhypothesen wird verzichtet, da diese lediglich die Aussage enthält, dass der in der Alternativhypothese enthaltene Sachverhalt nicht zutrifft.

Probanden für den Rückfall bedeutend sind. Es könnte nun für jeden bisher ermittelten Risikofaktor eine eigene Hypothese aufgestellt werden. Dadurch würde sich jedoch der Informationsgehalt der Hypothesen verringern. Für die Kriminalprognose ist nicht jeweils ein Merkmal entscheidend, sondern das Zusammenwirken der verschiedenen Risikofaktoren maßgeblich. Daher werden mehrere Hypothesen zu der folgenden zusammengefasst. Dabei ist jedoch zu beachten, dass bereits bei Verneinung der Bedeutung eines Merkmals die Hypothese falsifiziert werden muss.

H_4: *Die anhand der bisherigen Rückfalluntersuchungen nach Sexualstraftaten ermittelten Prognosefaktoren sagen auch die Rückfälligkeit der durch die Untersuchung erfassten Personen, gegen die wegen des Verdachts eines sexuellen Missbrauchs von Kindern ein Strafverfahren eingeleitet wurde, voraus.*

Soweit die Untersuchung einen deskriptiv-explorierenden Charakter hat, insbesondere bei der Beschreibung der der alltäglichen Sexualdelinquenz und des Umfangs der in den Strafverfahrensakten enthaltenen Angaben zu den Prognosefaktoren, wird auf die Formulierung weiterer Hypothesen verzichtet. Durch Hypothesen werden Variablen verknüpft, indem sie Aussagen über Unterschiede zwischen Gruppen oder über Zusammenhänge zwischen Merkmalen treffen. Es können dementsprechend zur Strukturierung der Erkenntnisgewinnung Unterschieds- und Zusammenhangshypothesen gebildet werden. Bei der Beschreibung bestimmter Gegebenheiten ohne vorherige begründete Mutmaßungen hinsichtlich bestehender Unterschiede oder Zusammenhänge wird durch den Verzicht auf weitere Hypothesen eine unvoreingenommene Materialerhebung und -darstellung gewährleistet.

E. Methodische Vorgehensweise

I. Begriffsbestimmungen

Als Problem der Rückfallforschung wird vielfach empfunden, dass den Untersuchungen durchweg kein einheitliches Verständnis von „Rückfälligkeit“ sowie „Einschlägigkeit“ zugrunde liegt und zudem der Bewährungszeitraum unterschiedlich gewählt wird.[387] Deshalb ist zunächst erforderlich, die in der vorliegenden Untersuchung verwandten Begriffe genau zu bestimmen.

1. Täter, Opfer und Tatbegehung

Gegenstand der Untersuchung sind die an Kindern begangenen Sexualstraftaten. Gemeint sind damit die Tatbestände des 13. Abschnitts des Strafgesetzbuches, die verwirklicht werden, wenn das Opfer jünger als 14 Jahre sind. Neben dem sexuellen Missbrauch gem. § 176 ff. kommen auch die §§ 174, 177, 178, 183, 183a in Betracht.

Da in dieser Untersuchung die Legalbewährung nach wegen dieser Sexualstraftaten durchgeführten Strafverfahren in Abhängigkeit von den unterschiedlichen strafrechtlichen Erledigungs- und Sanktionsformen untersucht werden soll, sollen nur ins Hellfeld gelangte Taten berücksichtigt werden. Dies bedeutet, dass auf die Einleitung eines Ermittlungsverfahrens wegen des Verdachts derartiger Straftaten abgestellt werden soll. Daher sind bei der verfahrensabschließenden Entscheidung, d.h. bei der das eingeleitete Strafverfahren beendenden Entscheidung alle strafprozessuale Erledigungsmöglichkeiten von der Einstellung mangels hineichenden Tatverdachts durch die Staatsanwaltschaft bis hin zur Verurteilung durch das Gericht vertreten.

Dies wiederum hat jedoch zur Folge, dass die Begriffe „Täter“, „Oper“, „Tatbegehung“ und damit im Zusammenhang stehende Begriffe nicht in jedem Fall zutreffend sind. Denn Einstellungen des Strafverfahrens nach § 170 Absatz 2 StPO erfolgen neben Verfahrenshindernissen und Beweisschwierigkeiten insbesondere auch dann, wenn der bei Einleitung des Ermittlungsverfahrens bestehende Verdacht im weiteren Verlauf des Verfahrens entkräftet wurde. Bei den durch Falschbeschuldigungen oder auf andere Weise zu Unrecht in Verdacht geratenen Personen handelt es sich gerade nicht um „Täter“ und den Kindern nicht um „Opfer“ eines Sexualdelikts. Der Einfachheit halber werden diese Be-

387 Vgl. *Elz* 2001, 70.

grifflichkeiten in der Arbeit jedoch gleichwohl verwendet, vor allem bei feststehenden Terminologien wie beispielsweise der „Täter-Opfer-Beziehung“.

2. Legalbewährung und Rückfälligkeit

Unter Legalbewährung wird verstanden, dass der Proband „ein Leben ohne Straftaten führt“, d.h. er nach der Bezugsentscheidung nicht rückfällig wird.[388] Ein Täter ist als rückfällig zu bezeichnen, wenn er mindestens einmal wegen eines Delikts mit kriminalrechtlichen Sanktionen belegt worden ist und danach innerhalb eines bestimmten Risikozeitraumes erneut straffällig wird.[389] Eine verbindliche Rückfalldefinition ist damit jedoch noch nicht gegeben. Vielmehr kann „Rückfälligkeit“ je nach Kontext und Einstellung der diesen Begriff verwendenden Personen und dem mit seinem Gebrauch verfolgten Zweck verschiedene Bedeutungen haben.[390] Deshalb wird zwischen formellem und materiellem Rückfallbegriff unterschieden.[391] Die Frage der Definition des Begriffs bzw. die Entscheidung für einen bestimmten Begriff ist insbesondere auch von methodologischen Überlegungen zur Validität und Reliabilität der Datengewinnung abhängig.

Für den materiellen, so genannten kriminologischen Rückfallbegriff, kommt es darauf an, ob objektiv eine weitere abweichende Handlung oder strafrechtsrelevante Tat begangen wurde.[392] Damit wird nicht nur auf das Hellfeld, d.h. die den Strafverfolgungsbehörden zur Kenntnis gelangten Straftaten abgestellt. Es ist weder eine Verurteilung und Strafverbüßung noch eine amtliche Feststellung der Begehung der Straftat erforderlich[393], so dass das gesamte Dunkelfeld zu berücksichtigen ist. Die Brauchbarkeit dieser Definition scheitert jedoch in größeren empirischen Untersuchungen vor allem an forschungspraktischen Gründen, da die Ermittlung der nicht offiziell bekannt gewordenen Taten praktisch allein auf Selbstauskünfte der Probanden angewiesen und daher mit erheblichen, wenn nicht gar unüberwindlichen Schwierigkeiten behaftet ist.[394]

[388] Vgl. *Hartung* 1981, 58.
[389] *Kaiser* 1996, 524.
[390] *Mannheim* 1975, 40.
[391] *Berckhauer/Hasenpusch* 1982, 297; *Böhm* 1998, 68; *Hartung* 1981, 58. *Mannheim* 1975, 40 ff. nimmt noch weitere Unterscheidungen vor, auf die hier aber verzichtet wird.
[392] *Hartung* 1981, 58; *Mannheim* 1975, 51.
[393] *Mannheim* 1975, 51.
[394] *Böhm* 1998, 68; *Hartung* 1981, 59.

Deshalb wird in Rückfalluntersuchungen meist auf den formellen, so genannten strafrechtlichen Rückfallbegriff abgestellt.[395] Dieser erfasst nur erneute Verurteilungen wegen einer strafbaren Handlung.[396] Die Rückfälligkeit der Probanden im Sinne weiterer Verurteilungen wird überwiegend anhand des Bundeszentralregisters ermittelt. Neben dem Problem, dass bei langen Bewährungszeiträumen aufgrund einer bereits erfolgten Tilgung nicht alle Verurteilungen aus dem Bundeszentralregister ersichtlich sind[397], ist bei Erhebungen anhand der Registerauszüge stets zu berücksichtigen, dass sie kein mit der Wirklichkeit identisches Bild der Delinquenz liefern.[398] Sich auf erneute Verurteilungen beschränkende Rückfalluntersuchungen können Straftaten, die im Dunkelfeld verbleiben, als auch Straftaten, die im Hellfeld keine gerichtliche Sanktionierung nach sich ziehen, nicht erfassen. Dies hat zur Folge, dass der Anteil der nicht Rückfälligen bei Verwendung von Daten aus dem Bundeszentralregister generell überschätzt wird, da wahrscheinlich mehr Probanden rückfällig wurden, als dies aus dem Register erkennbar ist. Dieses Problem spielt insbesondere dann eine große Rolle, wenn die Bezugsentscheidungen auch Einstellungen beinhalten. Während nach einer Verurteilung als Bezugsentscheidung Strafverfahren wegen nachfolgender Delikte vermutlich nicht mehr eingestellt werden, ist es wahrscheinlich nicht sehr ungewöhnlich, dass nach einer Einstellung als Bezugsentscheidung weitere nicht eintragepflichtige Einstellungen erfolgen.

Teilweise werden in der Literatur darüber hinaus noch weitere Einschränkungen des Rückfallbegriffs vorgenommen, indem besondere Anforderungen an die Art und Höhe der verhängten Sanktion gestellt werden. Demnach muss es sich um eine Freiheitsstrafe von bestimmter Dauer oder eine Freiheitsstrafe ohne Aussetzung der Vollstreckung zur Bewährung handeln.[399] Studien, die die Rückfallquoten anhand mehrerer unterschiedlich weiter Begriffsbestimmungen ermittelten, belegen jedoch, dass sich je nach Maßstab unterschiedliche Rückfallhäufigkeiten ergeben.[400] Demzufolge ist der enge strafrechtliche Rückfallbegriff abzulehnen. Die kriminologisch unbestreitbar wichtigen Merkmale der verhängten

[395] Von den im Kapitel C. dargestellten Rückfalluntersuchungen hat nur *Beier* 1995 neben neuen Verurteilungen auch von den Probanden selbstberichtete Straftaten bei der Rückfälligkeit mit einbezogen.

[396] *Böhm* 1998, 68; *Hartung* 1981, 58; *Mannheim* 1975, 41; *Streng* 1997, Rn.263.

[397] Hierzu ausführlich E.VI.3.

[398] *Berckhauer/Hasenpusch* 1982, 298; Böhm 1998, 68.

[399] So bei den Untersuchungen von *Dolde* ZfStrVo 1996, 290, 292 ff.; *dies.* ZfStrVo 1997, 323, 327 f.

[400] Beispielsweise *Baumann/Maetze/Mey* MschrKrim 1983, 133, 136; *Dünkel/Geng* 1994, 40 f.; *Berckhauer/Hasenpusch* 1982, 299.

Sanktion sollen nicht als Voraussetzung des Rückfallbegriffs, sondern als Differenzierungskriterium Anwendung finden.[401]

Da die Erfassung des Dunkelfelds und der im Hellfeld nicht durch Verurteilung abgeschlossenen Strafverfahren im Rahmen der vorliegenden Studie nicht möglich war[402], wird als Rückfälligkeit jede nach der Bezugsentscheidung erneut sanktionierte[403] und aus dem Bundeszentralregister ersichtliche Straftat verstanden. Da der Rückfallbegriff im eigentlichen Sinn bei der Bezugsentscheidung auf eine Überführung und Verurteilung des Täters bzw. die Begehung einer Straftat abstellt, ist die Verwendung dieses Begriffes in der vorliegenden Untersuchung aufgrund der ausgewählten Stichprobe nicht immer zutreffend. Es wurden nicht nur die wegen eines an einem Kind begangenen Sexualdelikts überführten und verurteilten Täter einbezogen, sondern auch die Verdächtigen, gegen die wegen derartiger Delikte ein Ermittlungsverfahren eingeleitet wurde. Nicht jedem Beschuldigten wurde jedoch die vorgeworfene Tat nachgewiesen. D.h. die Stichprobe erfasst auch Personen, welche die ihnen vorgeworfene Sexualstraftat nicht begangen haben. Eine Verurteilung nach der Bezugsentscheidung wäre folglich kein Rückfall. Eine aussagekräftige Bezeichnung der Personen, bei denen das Verfahren in der Bezugsentscheidung mit einer Einstellung abgeschlossen wurde und eine spätere Verurteilung wegen einer neuen Tat erfolgte, war aber nicht zu finden.[404] Deshalb wird für alle aus dem Bundeszentralregister ersichtlichen nachfolgenden Taten der Begriff des Rückfalls einheitlich verwandt.[405]

Da die Bedeutung der strafrechtlichen Kontrollprozesse für die weitere Entwicklung von Delinquenzkarrieren Gegenstand der Untersuchung ist, kann nicht von

---

401 So auch *Elz* 2001, 71; *Hartung* 1981, 58.

402 Vgl. E.II.

403 Der Begriff der Sanktionierung ist für Fälle ungenau, in denen Jugendliche oder Heranwachsende im Rahmen des Absehens von der Verfolgung gem. § 45 Absatz 2 und 3 JGG oder einer Einstellung des Verfahrens gem. § 47 Absatz 1 Nr.2 und 3 JGG Auflagen, Weisungen oder erzieherischen Maßnahmen nachkommen mussten als auch in den Fällen, in denen sie zu Erziehungsmaßregeln oder Zuchtmitteln verurteilt wurden. Denn nur die Jugendstrafe ist die einzige Rechtsfolge des Jungendgerichtsgesetzes mit dem Charakter einer Kriminalstrafe. Vgl. *Brunner/Dölling* 2002 § 17 JGG Rn.1.

404 So wurde beispielsweise der Begriff „erneut auffällig“ verworfen, weil dies auch zutrifft, wenn gegen den Täter wegen einer neuen Tat ein Ermittlungsverfahren eingeleitet, aber nicht mit einer Verurteilung abgeschlossen wurde.

405 Auch in anderen Untersuchungen, in denen die strafrechtliche Auffälligkeit nach Einstellungen untersucht wurde, bezeichneten die Autoren die nach der Bezugentscheidung begangenen Straftaten als Rückfall. Vgl. *Busse* 2001; *Heinz/Hügel* 1987; *Hock-Leydecker* 1994; *Keudel* 2000; *Kalpers-Schwaderlapp* 1989; *Matheis* 1991; *Pfohl* 1973; *von Schlieben* 1994.

der Reihenfolge der Eintragungen im Bundeszentralregister auf einen Rückfall geschlossen werden. Die Reihenfolge der Urteile stimmt nicht immer mit der chronologischen Reihenfolge der begangenen Taten überein. Es kann eine nach der Bezugsentscheidung abgeurteilte Tat durchaus vor der Bezugsentscheidung begangen worden sein. Ausschlaggebend für die Einordnung ist deshalb der Zeitpunkt der nachfolgenden Tatbegehung und nicht das Datum der Verurteilung. Um einen Rückfall handelt es sich demnach nur, wenn die neue Tat nach Abschluss des Strafverfahrens der Bezugsentscheidung begangen wurde. Dies hat zur Folge, dass eine Verurteilung, die nach der verfahrensabschließenden Entscheidung des Bezugsverfahrens erfolgte, als Vorbelastung gewertet wurde, wenn die zugrunde liegende Tat vor der Bezugsentscheidung begangen wurde.

3. Einschlägigkeit

Außerdem wird zwischen einschlägigem und sonstigem Rückfall unterschieden. Ein einschlägiger, deliktspezifischer oder auch spezieller Rückfall liegt vor, wenn die dem Bezugsdelikt nachfolgenden Straftaten ebenfalls den Sexualdelikten zuzuordnen sind.[406] Anders als bei den Bezugsdelikten der Erhebungsgruppe wurden bei den Rückfalltaten alle Tatbestände des 13. Abschnittes des Strafgesetzbuches erfasst, so dass es sich dabei auch um nicht an Kindern begangen Sexualstraftaten handeln konnte.

Erfolgte eine Eintragung aufgrund eines anderen Straftatbestandes des Strafgesetzbuches oder eines Nebengesetzes, wird die Straftat als nicht einschlägig, d.h. als sonstiger Rückfall gewertet. Diese Unterscheidung ist deshalb besonders bedeutsam, weil im Interesse der Rechtsgemeinschaft zumindest potentielle Opfer vor Taten wie der bereits begangenen und teilweise auch abgeurteilten verschont bleiben sollen.

4. Bewährungszeitraum

Um die Rückfälligkeit ermitteln zu können, ist es erforderlich einen Bewährungszeitraum – auch Risikozeitraum, Beobachtungszeitraum, Bewährungsintervall oder time at risk[407] genannt – festzulegen, innerhalb dessen alle Probanden die grundsätzlich gleiche Möglichkeit hatten, eine neue Straftat zu begehen.[408] Denn die Rückfallhäufigkeit hängt auch davon ab, welche zeitliche Grenze festgelegt wird. Gemeint ist die Zeitspanne, die der Proband nach der

[406] So auch *Elz* 2001, 71.
[407] *Elz* 2001, 72, 201.
[408] *Elz* 2001, 201.

verfahrensabschließenden Entscheidung im Bezugsverfahren bis zur Erteilung der Auskünfte aus dem Bundeszentralregister in Freiheit verbracht hat. Je kürzer der Zeitraum gewählt ist, umso weniger rückfällige Täter können berücksichtigt werden, wenn der Rückfall erst später erfolgt. Je länger der Risikozeitraum hingegen angesetzt wird, umso mehr Täter müssen aus der Untersuchung herausgenommen werden, weil sie nach der Bezugsentscheidung noch nicht ausreichend lange in Freiheit waren.

Die Auswahl des Bewährungszeitraumes war in der vorliegenden Untersuchung durch die Bestimmungen über die Aufbewahrungsfristen für das Schriftgut der ordentlichen Gerichtsbarkeit, der Staatsanwaltschaften und der Justizvollzugsbehörden[409] beschränkt. Bei der Staatsanwaltschaft beträgt die niedrigste Aufbewahrungsfrist für Strafverfahrensakten fünf Jahre. Davon betroffen sind u.a. nach Nr. 622 d) der Bestimmungen über die Aufbewahrungsfristen Akten über Verfahren, die nicht wegen Schuldunfähigkeit eingestellt wurden und damit gerade die Akten, die für das Forschungsprojekt von besonderer Bedeutung sind. Um sicherzustellen, dass keine Strafverfahrensakte aus dem zu untersuchenden Zeitraum vernichtet worden war, konnte der Bewährungszeitraum maximal fünf Jahre betragen. Des Weiteren musste berücksichtigt werden, dass nach Abschluss des Strafverfahrens etwaige Freiheitsstrafen noch vollstreckt werden mussten. Um möglichst viele Probanden in die Rückfallberechnungen einbeziehen zu können, wird die zeitliche Grenze zur Erfassung von Rückfalltaten deshalb hier auf vier Jahre festgesetzt.

Zwar weisen Studien zur Rückfälligkeit von Sexualstraftätern darauf hin, dass auch nach längerer Zeit noch mit einschlägigen Rückfällen zu rechnen ist.[410] Nach allgemeinen kriminologischen Erkenntnissen ist jedoch grundsätzlich von einer relativ schnellen Rückfallgeschwindigkeit auszugehen.[411] Verschiedene Untersuchungen zeigten, dass erneute Straftaten zu einem wesentlichen Teil schon in den ersten zwei bis drei Jahren nach Beginn der Beobachtung erfolgen und danach in der Regel ein starker Rückgang zu verzeichnen ist. So wurden bei einer Rückfalluntersuchung der aus dem niedersächsischen Strafvollzug Entlassenen nach drei Jahren bereits 84 % und nach vier Jahren 91 % aller rückfälligen Probanden erneut strafrechtlich registriert.[412] Eine Sekundäranalyse zahlreicher Rückfalluntersuchungen ergab, dass bei allen Sanktionen 70-80 % der insgesamt rückfälligen Probanden bereits innerhalb der ersten zwei Jahre nach Verurtei-

---

[409] Beschluss der Konferenz der Justizverwaltungen des Bundes und der Länder vom 23. und 24. November 1971 in Düsseldorf, zuletzt geändert durch Erlass des Niedersächsischen Ministeriums der Justiz vom 26. Mai 1998 (1452/2-103.1.1).

[410] *Berner/Bolterauer* Recht & Psychiatrie 1995, 114, 117; *Elz* 2001, 261.

[411] Vgl. *Böhm* 1998, 72; *Elz* 2001, 73; *Hartung* 1981, 50 f.

[412] *Berckhauer/Hasenpusch* 1982, 301, Abbildung 3.

lung, Entlassung oder Erlass der Strafe eine erneute Straftat begingen oder sogar schon erneut verurteilt wurden, während nur 5-10 % im fünften Jahr oder später rückfällig wurden.[413] Untersuchungen zur Rückfälligkeit bei Sexualdelinquenten, in denen auch jährliche Rückfallraten ermittelt wurden, zeigen ein ähnliches Bild. So haben *Berner und Karlick-Bolten* in ihrer Rückfallstudie eine Gesamtrückfallrate bei Sexualdelikten von 7 % im ersten Jahr, etwas über 5 % im zweiten und dritten Jahr und um 2 % vom vierten bis achten Jahr festgestellt.[414] Es wurden 81,4 % der mit einem Sexualdelikt rückfälligen Probanden bereits innerhalb der ersten vier Jahre nach ihrer Entlassung erneut verurteilt.[415] Auch in der Untersuchung von *Elz* wurde festgestellt, dass über die Hälfte der ersten sanktionierten einschlägigen Folgedelikte in den ersten zwei Jahren nach Beobachtungsbeginn erfolgten. In den ersten vier Jahren wurden insgesamt 83,7 % der neuerlichen Sexualdelikte begangen.[416] Demnach ist ein Zeitraum von vier Jahren ausreichend, um relativ zuverlässig die Rückfälligkeit erfassen zu können.

Der individuelle Bewährungszeitraum der Probanden wurde in der hier vorliegenden Untersuchung berechnet, indem zunächst der Zeitraum zwischen der verfahrensabschließenden Entscheidung (Einstellung durch die Staatsanwaltschaft oder das Gericht bzw. rechtskräftige Verurteilung oder Freispruch) und der Auskunftserteilung aus dem Bundeszentralregister ermittelt wurde. Davon musste die Zeit abgezogen werden, die der Proband nicht in Freiheit verbracht hatte. Dazu gehörten aufgrund der Bezugsentscheidung als auch anderer Verurteilungen vollstreckte Haftstrafen sowie der aufgrund eines Widerrufs der Strafaussetzung zur Bewährung bzw. der Strafrestaussetzung erfolgte Freiheitsentzug. Ebenfalls berücksichtigt werden mussten die Zeiten, in denen ein Proband in einem psychiatrischen Krankenhaus untergebracht war. Die Berechnung der aus der Bezugsentscheidung resultierenden Haft- und Unterbringungszeiten gestaltete sich relativ einfach, da die genauen Daten aus den Strafverfahrensakten zu entnehmen waren. Schwieriger war die Berechnung sowohl für andere Haftstrafen als auch für nach der Auswertung der Strafverfahrensakten erfolgte Widerrufe von Strafaussetzungen oder Strafrestaussetzungen in den Fällen, in denen die Vollstreckung noch nicht erledigt war, da den Bundeszentralregisterauszügen das Datum des Widerrufs und des Strafantritts nicht zu entnehmen ist. Erfolgte eine Aussetzung des Strafrestes zur Bewährung, wurden deshalb vom Zeitraum zwischen der verfahrensabschließenden Entscheidung und der Auskunftserteilung aus dem Bundeszentralregister schematisch zwei Drittel der

[413] *Hartung* 1981, 50.
[414] *Berner/Karlick-Bolten* 1986, 81.
[415] *Berner/Karlick-Bolten* 1986, 83, Abbildung 7, eigene Berechnungen.
[416] *Elz* 2001, 262, Abbildung 42b).

Dauer der verhängten Freiheitsstrafe abgezogen. Andernfalls wurde bei einer erneut verhängten Freiheitsstrafe auf das Datum der rechtskräftigen Verurteilung und bei einem Widerruf auf das Datum der nachfolgenden Tat abgestellt, wegen der der Widerruf wahrscheinlich erfolgte. Dieses Vorgehen gewährleistet zwar keine genaue Bestimmung der Haftzeiten, da der Strafrest einer zeitigen Freiheitsstrafe gem. § 57 Absatz 2 bereits nach Verbüßung der Hälfte ausgesetzt werden kann und die Strafe in der Regel nicht mit Rechtskraft des Urteils angetreten wird, sondern zunächst eine Ladung erforderlich ist. Auch bei einem Widerruf wegen einer neuen Straftat muss diese erst den Behörden bekannt werden sowie Ermittlungen geführt und der Proband angehört werden, so dass der Freiheitsentzug erst später erfolgte. Jedoch konnte mit den zur Verfügung stehenden Informationen der Mindestzeitraum des Bewährungsintervalls ermittelt werden.

II. Untersuchungsmethode

Für die Durchführung einer empirischen Untersuchung stehen verschiedene Erhebungsinstrumente zur Verfügung, um die in der Realität vorhandenen Phänomene zu erfassen. Es können grundsätzlich Inhaltsanalysen, Befragungen, Beobachtungen oder Experimente durchgeführt werden.[417]

1. Aktenanalyse

Da die Untersuchung darauf abzielt, die Bedeutung der strafrechtlichen Kontrollprozesse für die Entwicklung und den Verlauf krimineller Karrieren herauszuarbeiten, erscheint eine Erhebung der erforderlichen Daten mittels einer Inhaltsanalyse in der besonderen Form der Aktenanalyse – wie es bereits u.a. von *Elz*[418] zur Erfassung krimineller Karrieren praktiziert wurde – als das geeignetste Erhebungsinstrument. Die Aktenanalyse ist ein bewährtes Instrument der kriminologischen Forschung[419], weil sich in den Akten genau die Informationen finden, die aus der Sicht der Justiz für die Bewertung der entscheidenden Fragen von maßgeblicher Bedeutung sind. Dazu zählen beispielsweise der Nachweis der Tat, die Schwere der Schuld, die präventive Notwendigkeit einer Sanktion und die Rückfallprognosen. Aus den Akten können also die wesentlichen täter-, tat- und verfahrensbezogenen Merkmale ermittelt werden. Auch sind die Strafakten aufgrund ihrer chronologischen und standardisierten Anlage einer Analyse

---

[417] Eine genauere Darstellung der unterschiedlichen Erhebungsinstrumente der empirischen Sozialforschung findet sich bei *Atteslander* 2003, 77 ff.; *Friedrichs* 1990, 189 ff.; *Schnell/Hill/Eser* 1999, 297 ff.

[418] *Elz* 2001, 70 ff.

[419] Vgl. *Dölling* 1984, 266.

grundsätzlich gut zugänglich, so dass es möglich ist, in einer vertretbaren Zeit alle notwendigen Daten für eine umfangreiche Grundgesamtheit zu erheben.[420]

Gegen die Tauglichkeit der Aktenanalyse werden immer wieder dahingehend Bedenken erhoben, dass die Akten – orientiert an deren Kommunikations-, Kontroll- und Legitimationsfunktionen – eine „Realität eigener Art" enthalten.[421] Die Akten dienen der Fixierung des jeweiligen Informations- und Sachstandes und somit als Grundlage für die weitere Bearbeitung der Angelegenheit durch die zuständige Stelle als auch der Kommunikation mit und der Kontrolle behördlicher Aktivitäten durch andere Instanzen.[422] Dadurch lasse sich ihnen viel über die Vorgehensweisen, Strategien und Entscheidungskriterien der mit der Verbrechenskontrolle befassten Behörden entnehmen, aber nur wenig über die Wirklichkeit des Verbrechens und des Rechtsbrechers.[423] Demgegenüber können im Rahmen einer Aktenanalyse viele für den Problemkreis des Rückfalltäters relevante Daten nicht erhoben werden, weil die Akten primär unter juristischen und nicht unter kriminologischen Gesichtspunkten geführt werden.[424] Bedeutsame Informationen, die sich auf die persönlichen Verhältnisse des Beschuldigten beziehen, werden von den Strafverfolgungsorganen nicht mit der gleichen Genauigkeit festgestellt wie beispielsweise die Tatbestandsvoraussetzungen.[425] Außerdem spiegele der Inhalt der Strafakten nicht immer den vollen Verlauf des Entscheidungsvorgangs wider. So werden nicht immer alle Telefonate, beiläufige Informationen oder persönliche Informationen vermerkt.[426] Die Akten, so vollständig sie auch sein mögen, vermittelten daher nur ein notwendigerweise verkürztes Bild vom äußeren Verfahrensgang, wobei wissenswerte subjektive Umstände[427] nur insoweit enthalten seien, als sie sich in den prozessualen Vorgängen niederschlagen. Aber gerade diese können möglicherweise der Schlüssel für das Verständnis des Verfahrensablaufs sein.[428] Zudem wird vorgebracht, dass die Objektivität der aus den Akten ermittelten Faktoren zweifelhaft sei, da individuell verschiedene Ansichten der Praktiker mit in die Akteninformation eingingen und deshalb nur Informationen enthalten sein könn-

[420] *Dölling* 1984, 269.
[421] *Dölling* 1984, 270; *Schneider* JZ 1973, 574; *Steffen* 1977, 91.
[422] *Blankenburg/Sessar/Steffen* 1978, 62; *Dölling* 1984, 270 ff.
[423] *Dölling* 1984, 270.
[424] Vgl. *Schneider* JZ 1973, 574.
[425] *Göppinger* 1997, 77.
[426] *Blankenburg/Sessar/Steffen* 1978, 63.
[427] Gemeint sind Sympathie oder Antipathie der entscheidungsbefugten Personen sowie Erregung, Zurückhaltung, Erröten, Stottern, Umherblicken usw. der befragten Personen. Vgl. auch *Peters* 1974, 253, 266.
[428] *Peters* 1974, 253, 266.

ten, die im höchsten Maß subjektiv gefärbt seien.[429] Weiterhin sei zu bedenken, dass die durch das Verfahren ermittelte Wirklichkeit von den Beteiligten vor einem weitgehend von kriminalistisch-juristischen Erwägungen geprägten Hintergrund konstruiert werde.[430]

Trotz allem bleibt die Aktenanalyse vorzugswürdig. Bei einer Untersuchung des Verlaufs des Strafverfahrens hätten weder durch Beobachtung noch durch Experimente alle notwendigen Informationen für eine größere Grundgesamtheit in einer angemessenen Zeit erhoben werden können, so dass diese Methoden unter den gegebenen Rahmenbedingungen von vornherein ausgeschlossen werden mussten. Auch eine Befragung kam nicht in Betracht, weil sie einen erheblichen Nachteil hat: Die zu erlangende Informationsmenge unterliegt einer durch die begrenzte menschliche Erinnerungsfähigkeit bedingten Beschränkung, wodurch ein erheblicher Informationsverlust eintreten kann.[431] Die Befragung erwies sich schließlich aus einem weiteren Grund für die Erfassung der strafrechtlichen Kontrollprozesse als ungeeignet. Sie hätte sich auf verschiedene mitwirkende Personenkreise wie Polizei, Staatsanwaltschaft, Gericht etc. beziehen müssen. Dabei hätte außerdem die Gefahr der subjektiven Verzerrung bestanden.[432] Demgegenüber sind für das Nachvollziehen des gesamten Verlaufs der Strafverfolgung durch alle daran beteiligten Instanzen die Strafverfahrensakten der umfassendste Informationsträger[433], weil in den Akten zahlreiche Informationen zusammengefasst sind: In der Hauptakte sind die von den aktenführenden Stellen für relevant erachteten Informationen von der Einleitung des Ermittlungsverfahrens bis zum Abschluss des Verfahrens erfasst, wobei sich Art und Umfang der Angaben aus der staatsanwaltschaftlichen Ermittlungstätigkeit und der gerichtlichen Beweiserhebung ergeben. So sind in der Hauptakte in der Regel die Anzeigenaufnahme sowie die Ermittlungsberichte der Polizei, die Protokolle der durch die Polizei, die Staatsanwaltschaft oder einen Ermittlungsrichter durchgeführten Zeugen- und Beschuldigtenvernehmungen, die verfahrensabschließende Entscheidung der Staatsanwaltschaft und gegebenenfalls die Anklageschrift der Staatsanwaltschaft sowie der Eröffnungsbeschluss, das Hauptverhandlungsprotokoll und das Urteil des Gerichts enthalten. In einigen Hauptakten sind außerdem die ermittlungsrichterliche Anordnungen der Untersuchungshaft oder der Durchsuchung, das Durchsuchungsprotokoll der Polizei, Auskünfte von öffentlichen Behörden, wie beispielsweise dem Jugendamt, Gutachten von medizinischen Sachverständigen und andere Schriftstücke zu finden. Neben der Hauptakte gehören zu den Strafverfahrensakten auch die Vollstreckungs- und Bewäh-

---

[429] *Schneider* JZ 1973, 574.
[430] *Elz* 2001, 79.
[431] *Dölling* 1984, 269; *Friedrichs* 1990, 219.
[432] Vgl. *Schnell/Hill/Eser* 1999, 330 f.
[433] *Blankenburg/Sessar/Steffen* 1978, 63.

rungshefte, in denen Informationen der mit dem Vollstreckungsverfahren betrauten Personen gesammelt werden. Dazu zählen u.a. Vermerke über Haftzeiten und -orte, der Vollzugsplan, Stellungnahmen aus dem Strafvollzug und Berichte des Bewährungshelfers. Da die Mitwirkung aller am Strafprozess beteiligten Personen in den Verfahrensakten der Strafverfolgungsbehörden dokumentiert ist, wurde zur Erfassung der strafrechtlichen Kontrollprozesse auf die Aktenanalyse zurückgegriffen.

2. Analyse der Bundeszentralregisterauszüge

Für die Erhebung der Entwicklung und des Verlaufs der kriminellen Karrieren der untersuchten Personen wurden daneben auch die Auszüge aus dem Bundeszentralregister, die nach § 42a BZRG für die Durchführung wissenschaftlicher Forschungsarbeiten übermittelt werden dürfen, ausgewertet. Das Bundeszentralregister, das gem. § 1 BZRG von der Bundesanwaltschaft bei dem Bundesgerichtshof geführt wird, „ist das zentrale deutsche Strafregister, dessen wichtigste Aufgabe darin besteht, nach präzisen Regeln Strafurteile zu registrieren, für eine bestimmte Zeit im Bestand zu halten und Auskünfte darüber zu erteilen“[434]. Der Inhalt des Bundeszentralregisters ergibt sich aus §§ 3-18 BZRG. Es werden rechtskräftige strafgerichtliche Verurteilungen und mit diesen in Zusammenhang stehende nachträgliche Entscheidungen wie beispielsweise die Aussetzung der Vollstreckung einer Strafe, eines Strafrestes oder einer Maßregel der Besserung und Sicherung zur Bewährung, der Widerruf einer solchen, Gnadenerweise und der Erlass oder Teilerlass der Strafe eingetragen. Wird ein Strafverfahren nicht mit einer Verurteilung abgeschlossen, wird dies gem. § 11 BZRG im Zentralregister aufgeführt, wenn die Einstellung auf eine erwiesene oder nicht auszuschließende Schuldunfähigkeit zurückzuführen ist oder aufgrund einer auf psychischer Krankheit beruhender Verhandlungsunfähigkeit erfolgte. Außerdem werden bestimmte Entscheidungen von Verwaltungsbehörden und Gerichten vermerkt. Dabei handelt es sich nach § 10 BZRG um Entscheidungen, die für das Gemeinwohl und die öffentliche Sicherheit sowie für die mit derartigen Aufgaben befassten Behörden eine besondere Bedeutung haben, was vor allem für Verwaltungsentscheidungen auf dem Gebiet des Waffen- und Gewerberechts als auch für ehren- und berufsgerichtliche Entscheidungen gilt.[435] Daneben werden im Erziehungsregister, als einem weiteren Teil des Bundeszentralregisters[436], gem. § 60 BZRG bestimmte jugendstrafrechtliche Entscheidungen einge-

[434] *Veith* BewHi 1999, 111.

[435] *Hase* 2003 § 10 Rn.1.

[436] Insofern ist die Bezeichnung des Bundeszentralregister als „zentrales Register“ in § 1 BZRG missverständlich, da sowohl das Zentralregister als auch das Erziehungsregister Teile des Bundeszentralregisters sind.

tragen, sofern sie nicht schon in das Zentralregister einzutragen sind. Dazu gehören sowohl die Anordnung von Erziehungsmaßregeln, Zuchtmitteln, Nebenstrafen und Nebenfolgen als auch Entscheidungen, in denen der Jugendrichter die Auswahl und Anordnung von Erziehungsmaßregeln dem Familien- und Vormundschaftsrichter überlässt, sowie aufgrund dieser Entscheidung ergangene Anordnungen. Ebenfalls vermerkt werden der Freispruch bzw. die Einstellung wegen mangelnder Reife gem. § 3 JGG als auch das Absehen von der Verfolgung nach § 45 JGG und die Einstellung des Verfahrens nach § 47 JGG.

Der Aussagekraft der Daten aus dem Bundeszentralregister sind jedoch hinsichtlich der Ermittlung der Legalbewährung Grenzen gesetzt. Im Bundeszentralregister werden Strafverfahren, die nicht mit einer Verurteilung beendet werden, nur aus den soeben genannten Gründen eingetragen. Die zwar bekannt gewordenen, aber aus anderen, sehr unterschiedlichen Gründen letztlich nicht sanktionierten Straftaten werden nicht registriert.[437] Ein weiterer erheblicher Informationsverlust ergibt sich aus der Problematik des Dunkelfeldes, also dem Bereich der nicht entdeckten, angezeigten oder aufgeklärten Straftaten, die naturgemäß nicht zu einer Registereintragung bei einem Probanden führen können.[438]

3. Analyse der staatsanwaltschaftlichen Register

Aus diesem Grunde war ursprünglich beabsichtigt gewesen, die Auszüge aus dem in den §§ 492 ff. StPO geregelten Zentralen Staatsanwaltschaftlichen Verfahrensregister[439] auszuwerten, um auch alle den Behörden der Strafjustiz bekannt gewordenen Rückfalltaten zu erfassen, die nicht abgeurteilt wurden.

Bis zur Einführung des Zentralen Staatsanwaltschaftlichen Verfahrensregisters konnten die Staatsanwaltschaften bei ihren Ermittlungen nur, neben der Strafakte selbst, die Informationen zu abgeschlossenen Strafverfahren aus dem Bundeszentralregister und ihre regional begrenzten Namenskarteien heranziehen.[440] Ausgangspunkt für die politische Überlegung, ein länderübergreifendes staatsanwaltschaftliches Verfahrensregister einzuführen, war deshalb die Erkenntnis gewesen, dass es zunehmend schwierig wurde, insbesondere reisende Täter und Wiederholungstäter, die sich bei Begehung von Straftaten nicht an die Grenzen

---

[437] Ein nicht unerheblicher Anteil bekannt gewordener Straftaten wird nicht im Bundeszentralregister erfasst, weil das Strafverfahren nach den Vorschriften der §§ 153 ff., 170 Absatz 2 StPO beendet wurde.

[438] Vgl. auch *Böhm* 1998, 69.

[439] Eingeführt durch das Verbrechensbekämpfungsgesetz vom 28. Oktober 1994 (BGBl. I, 3186).

[440] *Siebrasse* 2002, 18.

der örtlichen Zuständigkeit der einzelnen Staatsanwaltschaften hielten, zu ermitteln und zu überführen.[441] In das neue Register wird nunmehr jede Einleitung eines strafrechtlichen Ermittlungsverfahrens sowie die Verfahrenserledigung bei der Staatsanwaltschaft und bei Gericht eingetragen.[442]

Der entsprechend gestellte Antrag auf Einsicht wurde jedoch vom Niedersächsischen Justizministerium abgelehnt, so dass diese Informationsquelle in der Untersuchung nicht berücksichtigt werden konnte. Als problematisch erwies sich, dass es keine gesetzliche Grundlage zu Einsichtnahme in das Register für die wissenschaftliche Forschung gibt. Nach § 492 Absatz 3 Satz 2 StPO dürfen Auskünfte aus dem Verfahrensregister nur Strafverfolgungsbehörden für Zwecke eines Strafverfahrens erteilt werden. Wie dem Ersten Periodischen Sicherheitsbericht zu entnehmen ist, erwägt die Bundesregierung, die Daten des Zentralen Staatsanwaltschaftlichen Verfahrensregisters zukünftig auch für statistische Zwecke nutzbar zu machen und den Ländern eine Öffnung für wissenschaftliche Forschungsvorhaben vorzuschlagen.[443]

Demgegenüber dürfen gem. §§ 487 Absatz 4, 476 StPO die im Verfahrensregister der jeweiligen Staatsanwaltschaft gespeicherten personenbezogenen Daten für wissenschaftliche Zwecke übermittelt werden. Von den Staatsanwaltschaften können jedoch nur für diejenigen Personen die Daten aus der Zentralen Namenskartei zugänglich gemacht werden, deren Ermittlungsverfahren der Bezugsentscheidung auch bei der jeweiligen Staatsanwaltschaft eingeleitet wurde. Demzufolge ist es nur möglich, für jeden Probanden zu überprüfen, ob in einem Landgerichtsbezirk der Bundesrepublik nach der Bezugsentscheidung weitere Ermittlungsverfahren eingeleitet wurden. Ein umfassendes Bild der nach der Bezugsentscheidung bekannt gewordenen, aber nicht förmlich sanktionierten Straftaten kann anhand der regional begrenzten Auskunft aus der Zentralen Namenskartei der einzelnen Staatsanwaltschaften nicht aufgezeigt werden. Gleichwohl sollen diese Daten in Ergänzung zu den Auszügen aus dem Bundeszentralregister herangezogen werden. Sie können Aufschluss darüber geben, inwieweit die mittels des Bundeszentralregisters ermittelte Rückfälligkeit adäquat das Hellfeld der nach der Bezugentscheidung begangen Delikte darstellt.

Außerdem wäre als Ergänzung an sich eine Täterbefragung zum Legalverhalten der untersuchten Personen wünschenswert, um auch das Dunkelfeld zu erfassen. Unabhängig davon, dass für eine solche Täterbefragung aus Gründen des Daten-

441 *Lemke* BewHi 1999, 135, 136.

442 *Gottmann* 2004, 105 ff.; *Siebrasse* 2002, 19; *Lemke* BewHi 1999, 135, 137; vgl. zu den außerdem gespeicherten Daten § 492 Absatz 2 Satz 1 StPO.

443 PSB 2001, 601.

schutzes wohl keine Genehmigung von den zuständigen Behörden erteilt worden wäre, besteht bei Daten, welche im Rahmen einer Befragung erhoben werden, immer die Gefahr der subjektiven Verzerrung ihres Inhalts. Auch besteht das Problem, dass die Befragten möglicherweise die von ihnen vermuteten „erwünschten“ Antworten oder solche geben, die sie in einem guten Licht erscheinen lassen.[444] Insbesondere sind bei Täterbefragungen zur Untersuchung der Rückfälligkeit im Bereich der Sexualdelinquenz wegen der Furcht vor Entdeckung keine wahrheitsgemäßen Angaben zu erwarten. Von einer Täterbefragung zur Delinquenz im Dunkelfeld wurde daher Abstand genommen.

III. Konstruktion der Erhebungsinstrumente

Die Datenerhebung erfolgte anhand eines insgesamt ungefähr 300 Variablen umfassenden Erhebungsbogens für die Auswertung der Verfahrensakten und der Bundeszentralregisterauszüge.[445] Der Erhebungsbogen war zur Vereinfachung der Auswertung fast ausschließlich standardisiert, d.h. überwiegend konnten nur die vorgegebenen Kategorien (Merkmalsausprägungen) gewählt werden. Lediglich bei einzelnen Aspekten wurden offene Fragen verwendet, um eine möglichst umfassende Beschreibung zu erreichen.

Ausgehend von den in anderen Rückfalluntersuchungen ermittelten Risikofaktoren enthielt der Erhebungsbogen Angaben zu den Sozialfaktoren der Probanden[446] (allgemeine Angaben zur Person, Wohn- und Bindungssituation, Ausbildungs- und Beschäftigungssituation, finanzielle Situation, familiärer Hintergrund, Sucht, psychische Störungen), Merkmale des Erkenntnisverfahrens (Umstände der Tat, Opfer, Ablauf der einzelnen Verfahrensabschnitte, vorläufige Freiheitsentziehung, verfahrensabschließende Entscheidung, Sanktion, Rechtsmittel etc.) sowie von Vollstreckung und Vollzug (Ausgestaltung des Strafvollzugs, Zwischenfälle, Lockerungen, Strafrestaussetzung, Verstöße gegen Bewährungsauflagen, Widerruf). Diesem Hauptteil des Erhebungsbogens folgte ein Datierungsabschnitt, mit dem der zeitliche Ablauf der Tat, des Ermittlungs- und Hauptverfahrens und der Vollstreckung der Freiheitsstrafe erfasst wurde. Der letzte Teil des Erhebungsbogens galt der Legalbewährung der Probanden. Es wurden einschlägige als auch nicht einschlägige Vorbelastungen, die sich aus den Bundeszentralregisterauszügen ergaben, sowie aus den Strafverfahrensakten (polizeilich bekannt, vom Probanden selbstberichtet) ersichtliche Vorbelastungen erfasst. Neben der Anzahl und den Zeitpunkten der vor der Bezugsentschei-

---

[444] *Friedrichs* 1990, 152, 219; *Schnell/Hill/Esser* 1999, 330 ff.

[445] Nicht abgedruckt.

[446] Mit dem Begriff des Probanden sind im Folgenden die Täter bzw. Tatverdächtigen der eingeleiteten Ermittlungsverfahren gemeint.

dung begangenen Straftaten wurden auch die verhängten Sanktionen sowie die Aufenthalte im Strafvollzug und Maßregelvollzug als auch Bewährungswiderrufe erfasst. Um die eigentliche Legalbewährung der Probanden zu ermitteln, schließt dieser Teil mit der Erfassung der aus dem Bundeszentralregister und den Verfahrensregistern der Staatsanwaltschaften ersichtlichen nachfolgenden Entscheidungen, d.h. Anzahl, Zeitpunkt und Sanktion der der Bezugsentscheidung zeitlich nachfolgenden Straftaten.

IV. Pretest

Vor der eigentlichen Aktenerhebung erfolgte im Mai 2002 ein Pretest bei der Staatsanwaltschaft Hannover. Ein Pretest dient dazu, das erstellte Erhebungsinstrument zu überprüfen. Bei einer Aktenanalyse richtet sich dies vor allem darauf, ob die gebildeten Kategorien eindeutig, ausschließlich sowie vollständig sind und inwieweit sich die beabsichtigten Hypothesenprüfungen mit den erfassten Daten durchführen lassen.[447] Zugleich sollten bei der Durchführung des Pretests im Vorfeld Unstimmigkeiten und Schwierigkeiten in der Organisation der Verfahrensakten festgestellt werden.

Im Rahmen des Pretests wurden zur Erprobung des zuvor entwickelten Erhebungsbogens 30 zufällig ausgewählte Strafverfahrensakten[448] der für den Landgerichtsbezirk Hannover ermittelten Strafverfahren wegen an Kindern begangener Sexualstraftaten aus dem Jahr 1998 ausgewertet. Es war angedacht worden, für den Pretest eine repräsentative Stichprobe aus den Staatsanwaltschaften Braunschweig, Göttingen und Hannover, die in die Erhebung einbezogen wurden, zu wählen. Dies war jedoch aus organisatorischen Gründen nicht möglich, da von den Staatsanwaltschaften zu Beginn der Erhebung nicht alle Strafverfahrensakten zur Verfügung gestellt wurden. Wie mit den Staatsanwaltschaften Braunschweig und Göttingen bei der Planung der Datenerhebung vereinbart, wurden die Akten erst nach Abschluss der ersten Erhebungsphase in Hannover zur Auswertung herausgesucht. Deshalb musste sich der Pretest auf die Strafverfahrensakten der Staatsanwaltschaft Hannover beschränken.

Nach der Auswertung des Pretests wurde der Erhebungsbogen zunächst optimiert. Er wurde hinsichtlich der Kategorienbildung korrigiert und in einzelnen Bereichen wurden sogar neue Variablen aufgenommen. Es stellte sich zwar heraus, dass nicht alle gewünschten Informationen in den Akten enthalten waren.

[447] *Atteslander* 2003, 329 ff.; *Friedrichs* 1990, 153 ff., 331 f.
[448] Bei einem Pretest sollte die Stichprobe 1 % der geplanten Stichprobe umfangen. Vgl. *Friedrichs* 1990, 332.

Da es aber eines der Ziele des Forschungsprojektes war, die Quantität und Qualität der den Strafverfolgungsorganen vorliegenden Informationen mit prognostischer Relevanz zu untersuchen, ist in diesem Bereich auch die Kategorie „keine Angabe“ von Bedeutung. Deshalb wurden die entsprechenden Variablen nicht aus dem Erhebungsbogen gestrichen, wenn es sich hierbei um Angaben zu möglichen Risikofaktoren handelte.

Neben der Anpassung des Erhebungsbogens an die Erkenntnisse des Pretests wurde die Durchführung der Hauptuntersuchung organisiert. Es hatte sich herausgestellt, dass sich einige Verfahrensakten im Geschäftsgang der Behörde befanden oder sogar versandt waren. Dies betraf Akten, bei denen die Vollstreckung noch nicht abgeschlossen war oder die als Beiakten in anderen Verfahren zugezogen wurden. Um die Akten im Rahmen der Hauptuntersuchung möglichst effizient und vollständig auswerten zu können, wurden die Staatsanwaltschaften rechtzeitig über den Termin der bevorstehenden Akteneinsicht informiert.

V. Stichprobe

Das Problem, das sich bei der Anlage einer jeden Untersuchung zunächst stellt, ist die Auswahl der Stichprobe, d.h. der Population, die untersucht werden soll.[449]

Im Hinblick auf eine Vergleichbarkeit der eigenen Daten mit denen der Studie der KrimZ von *Elz* wäre eine bundesweite Erhebung wünschenswert gewesen. Da dies jedoch die Gesamtdimensionierung des Projektes weit überschritten hätte, wurde die Datenerhebung räumlich auf drei Landgerichtsbezirke in Niedersachsen beschränkt.

Die Untersuchung wurde an den Staatsanwaltschaften Braunschweig, Göttingen und Hannover durchgeführt. Die Auswahl der Staatsanwaltschaften orientiert sich wegen der Vergleichbarkeit an der Stichprobe, die der Untersuchung von *Gunder*[450] zugrunde gelegen hat, schließt allerdings aus forschungsökonomischen Gründen Oldenburg und Hildesheim aus der Erhebung aus.

Um die weitere Entwicklung von Delinquenzkarrieren nach einer erstmaligen Auffälligkeit wegen eines an einem Kind begangenen Sexualdelikts aufklären zu können, sollten die Bezugsentscheidungen so ausgewählt werden, dass ein möglichst langer Bewährungszeitraum, gegeben ist. Die Auswahl des Bewährungs-

---

[449] *Hartung* 1982, 31.
[450] *Gunder* 1999.

zeitraumes war jedoch durch die Bestimmungen über die Aufbewahrungsfristen für das Schriftgut der ordentlichen Gerichtsbarkeit, der Staatsanwaltschaften und der Justizvollzugsbehörden beschränkt.[451] Um sicherzustellen, dass keine Strafverfahrensakte aus dem zu untersuchenden Zeitraum vernichtet worden war, wurden deshalb die Bezugsentscheidungen für die in den Jahren 2002/2003 geplante Aktenauswertung aus dem Jahr 1998 gewählt.

1. Auswahl der Akten

Die Schwierigkeit bei der Auswahl der Akten für die Bezugsverfahren bestand darin, dass das interessierende Fallmaterial in den Staatsanwaltschaften registermäßig nicht erfasst ist. Aufgezeichnet sind in den computerunterstützten Speicherungen der Strafverfahren lediglich das Aktenzeichen, die Delikte, wegen derer das Verfahren durchgeführt wurde, der Name und das Geburtsdatum der beschuldigten Person sowie die Art der Verfahrenserledigung. Nicht erfasst werden aber die Daten der geschädigten Personen. Eine eindeutige Zuordnung zu an Kindern begangenen Sexualstraftaten ist daher nur für §§ 176, 176a, 176b möglich, da hier der Tatbestand schon vorsieht, dass das Opfer unter 14 Jahren sein muss. Bei den §§ 174 ff., §§ 177 ff. und § 183 f. ist dies nicht gegeben. Dennoch können auch diese Delikte zum Nachteil von Kindern begangen werden. Bei den Sexualdelikten, bei denen nicht nur Kinder zum geschützten Personenkreis gehören, können also die Fälle, bei denen das Opfer ein Kind war, nicht anhand der gespeicherten Informationen der Staatsanwaltschaft zu den Aktenzeichen ermittelt werden.

Eine Beschränkung auf den sexuellen Missbrauch gem. § 176 sollte jedoch nicht erfolgen, da die Intention eine Untersuchung des Legalverhaltens nach allen an Kindern begangenen Sexualdelikten war. Bei der Zusammenstellung der Liste mit denjenigen Aktenzeichen der Strafverfahren, die in der Auswertung berücksichtigt werden sollten, wurde deshalb wie folgt vorgegangen:

1) Zunächst wurden anhand der bei den Staatsanwaltschaften geführten Register diejenigen Verfahren ermittelt, die von den betreffenden Staatsanwaltschaften im Jahr 1998 wegen eines Sexualdelikts eingeleitet wurden. Dies geschah durch Ausdruck einer Liste der gespeicherten Aktenzeichen.
2) Von der Liste wurden gegebenenfalls die Aktenzeichen der Verfahren gegen unbekannte Personen, so genannte UJs-Sachen, gestrichen. Wenn kein Tatverdächtiger ermittelt wurde, konnte keine Untersuchung des Legalverhaltens durchgeführt werden.

---

[451] Vgl. bereits E.I.4.

3) Ebenfalls schieden Verfahren aus, bei denen der Tatverdächtige zum Tatzeitpunkt jünger als 14 Jahre alt war. Aufgrund der Strafunmündigkeit dieser Personen werden die Verfahren von der Staatsanwaltschaft ohne weitere Ermittlungen eingestellt.
4) Sodann musste festgestellt werden, welche der verbliebenen Verfahren Straftaten an Kindern betrafen. Hierzu gehören unzweifelhaft alle Verfahren, die nach § 176 durchgeführt wurden. Für alle übrigen Verfahren (§§ 174 ff., §§ 177 ff. und § 183 f.) musste zunächst jede unter diesen Vorschriften erfasste Akte eingesehen werden, um festzustellen, ob sich die Tat gegen ein Kind gerichtet hatte. Anders als in *Gunders* Arbeit bezieht sich die vorliegende Untersuchung nur auf Kinder unter 14 Jahren, da für die praktisch wichtigste Norm (§ 176) hier die Altersgrenze verläuft. Wenn die geschädigte Person nicht jünger als 14 Jahre war, wurde das Aktenzeichen von der ersten Liste gestrichen. Das Ergebnis war eine Liste mit den Aktenzeichen all derjenigen Verfahren, die wegen eines an einem Kind begangenen Sexualdelikts durchgeführt worden waren.

Die Untersuchung sollte ein Gesamtbild über die weiteren Delinquenzverläufe nach an Kindern begangener Sexualdelinquenz liefern, die 1998 in den drei Staatsanwaltschaften aktenmäßig bearbeitet wurde. Deshalb erfolgte eine Vollerhebung der in diesem Jahr durch die Staatsanwaltschaften Braunschweig, Göttingen und Hannover eingeleiteten Ermittlungsverfahren wegen eines an einem Kind begangenen Sexualdeliktes. Insgesamt handelte es sich um 303 Strafverfahren, bei denen (mindestens) ein Beschuldigter ermittelt wurde. Davon entfielen 113 Verfahren (37,3 %) auf Braunschweig, 63 Verfahren (20,8 %) auf Göttingen und 127 Verfahren (41,9 %) auf Hannover. Neun der ermittelten Tatverdächtigen sind dabei im Jahr 1998 mehrmals wegen eines an einem Kind begangenen Sexualdeliktes in Erscheinung getreten: Gegen sieben Personen wurden jeweils zwei und gegen zwei Personen sogar drei Ermittlungsverfahren eingeleitet. Von den 303 Strafverfahren waren demzufolge 292 Personen betroffen.

2. Repräsentativität

Jede empirische Arbeit strebt danach, eine Stichprobe auszuwählen, die für die untersuchte Grundgesamtheit repräsentativ ist.[452] Es stellt sich also die Frage, ob von der in der vorliegenden Untersuchung gezogenen Stichprobe auf die Grundgesamtheit geschlossen werden kann.[453] In die vorliegenden Untersuchung wur-

---

[452] *Hartung* 1981, 31.
[453] *Atteslander* 2003, 304 f.; *Friedrichs* 1990, 125; *Schnell/Hill/Esser* 1999, 284 ff.

den alle bei den Staatsanwaltschaften Braunschweig, Göttingen und Hannover im Jahr 1998 wegen eines Verdachts des sexuellen Missbrauchs von Kindern eingeleiteten Strafverfahrens einbezogen. Durch die Vollerhebung der Grundgesamtheit stellt sich bezüglich der drei genannten niedersächsische Landgerichtsbezirke die Frage der Repräsentativität nicht.

Es stellt sich jedoch die Frage der Verallgemeinerbarkeit der Untersuchungsergebnisse auf die Situation in Niedersachsen oder sogar der Bundesrepublik. Damit die gewonnenen Erkenntnisse verallgemeinert werden können, muss die Stichprobe ein verkleinertes Abbild der Grundgesamtheit, deren Vollerhebung im Regelfall zu unökonomisch wäre, darstellen.[454] Dies ist gegeben, wenn die Auswahl der Stichprobe nach dem Zufallsprinzip erfolgt.[455] Das Zufallsprinzip ist jedoch nur dann gewahrt, wenn jedes Element der Grundgesamtheit die gleiche Chance hat, in die Stichprobe aufgenommen zu werden.[456] Indem die Untersuchung räumlich auf ein Teilgebiet beschränkt wurde, ist sie nicht ohne weiteres repräsentativ für alle Strafverfahren in der Bundesrepublik Deutschland, die 1998 an Kindern begangene Sexualdelikte zum Gegenstand hatten. Auch die Repräsentativität für die entsprechenden Verfahren in Niedersachsen muss verneint werden, da die Probanden nicht nach dem Zufallsprinzip aus allen niedersächsischen Landgerichtsbezirken, sondern nur aus drei ausgewählt wurden.

Eine Verallgemeinerung der gewonnenen Erkenntnisse wäre dennoch zulässig, wenn ein nachträglicher Vergleich der Stichprobe mit der Grundgesamtheit im wesentlichen eine Übereinstimmung hinsichtlich der wichtigsten Merkmale ergäbe.[457] Zu diesem Zweck werden im ersten Teil der Ergebnisdarstellung die ermittelten Daten der Stichprobe mit der Grundgesamtheit verglichen. Die Daten der Grundgesamtheit werden dabei der Polizeilichen Kriminalstatistik entnommen, in welcher alle Delikte, die zur Kenntnis der Polizei gelangen, aufgenommen sind.[458] Diese Statistik enthält jedoch nur eine eng begrenzte Auswahl von Daten, wie beispielsweise das Alter und Geschlecht des Beschuldigten sowie des Opfers, die Täter-Opfer-Beziehung und die Art der begangenen Delikte, so dass nur bezüglich dieser wenigen Kriterien ein Vergleich möglich ist.

---

[454] *Friedrichs* 1990, 125.
[455] *Schnell/Hill/Esser* 1999, 284.
[456] *Friedrichs* 1990, 136.
[457] Zu einem solchen nachträglichen Quotenvergleich *Böhm* 1998, 94; *Gunder* 1999, 181 f.; *Meier* 1982, 86 ff.
[458] So auch *Gunder* 1999, 182, 270 ff.

VI. Durchführung der Untersuchung

1. Genehmigungen

Zunächst wurde der niedersächsische Justizminister angeschrieben und um die Genehmigung der Akteneinsicht und der Einsicht in das staatsanwaltschaftliche Verfahrensregister gebeten. Nachdem eine Stellungnahme durch den Landesbeauftragten für den Datenschutz in Niedersachsen erfolgt war, wurden seitens des Niedersächsischen Justizministeriums keine Bedenken hinsichtlich der erbetenen Akteneinsicht und der Einsichtnahme in die nach den §§ 483 - 485 StPO gespeicherten Daten erhoben. Auskünfte aus dem Zentralen Staatsanwaltlichen Verfahrensregister für wissenschaftliche Forschungszwecke wurden für unzulässig erachtet. Sodann wurden die Leitenden Oberstaatsanwälte bei den drei beteiligten Staatsanwaltschaften angeschrieben und um die Gewährung des Akteneinsichtsrechts gebeten. Nach Bewilligung des Ersuchens wurden Termine zur Organisation der Untersuchung vereinbart.

Außerdem wurde beim Generalbundesanwalt ein Antrag auf unbeschränkte Auskunft aus dem Bundeszentralregister und bei den Leitenden Oberstaatsanwälten Anträge auf die Übermittlung der bei den jeweiligen Staatsanwaltschaften nach § 476 StPO gespeicherten personenbezogenen Daten der Probanden gestellt, denen auch entsprochen wurde.

2. Aktenanalyse

Nachdem der Erhebungsbogen optimiert worden war, erfolgte die erste Erhebungsphase von Juni bis Dezember 2002. Die Akteneinsicht erfolgte durch die Verfasserin bei den Staatsanwaltschaften Hannover und Braunschweig innerhalb der jeweiligen Behörde; die Akten der Staatsanwaltschaft Göttingen wurden von der Staatsanwaltschaft übersandt und der Verfasserin in den Räumen der Universität Hannover eingesehen. Die Daten wurden dabei direkt mit Hilfe des SPSS Data Entry Builder computerunterstützt erfasst.

Die meisten Verfahren waren zum Zeitpunkt der Datenerhebung erledigt, so dass sich die Akten überwiegend im Archiv der jeweiligen Staatsanwaltschaft befanden. Diesbezüglich erfolgte eine vollständige Erhebung der Hauptakten als auch der Vollstreckungs- und Bewährungshefte, sofern diese angelegt worden waren. War die Vollstreckung des Verfahrens noch nicht erledigt, konnte größtenteils nur die Hauptakte eingesehen werden, so dass bezüglich der Vollstreckungs- und Bewährungshefte eine Nacherhebung erforderlich war. Aber auch für die Verfahren mit noch laufender Vollstreckung, in denen in die Vollstreckungs- und Bewährungshefte eingesehen werden konnten, war eine Nacherhebung erforderlich, um das Verfahren vollständig zu erfassen.

Im Rahmen der Zusammenstellung der Liste mit denjenigen Aktenzeichen, die in der Auswertung berücksichtigt werden sollten, hatte sich bereits herausgestellt, dass mehrere Akten nicht eingesehen werden konnten, weil sie sich aufgrund noch laufender Vollstreckung bzw. Bewährung im Behördengang befanden oder sie in einem anderen Verfahren beigezogen waren. Bei der Staatsanwaltschaft Braunschweig wurden zwar schon zu Beginn der ersten Erhebungsphase die versandten Akten durch die Geschäftsstellen angefordert, einzelne Nacherhebungen blieben dennoch auch hier nicht aus. So standen in Braunschweig für fünf Verfahren, in Göttingen für zehn Verfahren und in Hannover für acht Verfahren die Hauptakten in der ersten Erhebungsphase nicht zur Verfügung. Anhand der in den Staatsanwaltschaften geführten Register wurden für die Verfahren, in denen keine Akteneinsicht erfolgte, jeweils die Daten des Beschuldigten (vollständiger Name, Geburtsdatum) ermittelt, um auch für diese Probanden nach Abschluss der ersten Erhebungsphase einen Auszug aus dem Bundeszentralregister beantragen zu können.

Die Nacherhebung erfolgte im Frühjahr 2003. Bei der Staatsanwaltschaft Braunschweig konnten hierbei für alle fünf Verfahren die Akten eingesehen werden. Demgegenüber wurde bis zum Abschluss der Erhebung im April 2003 die Einsicht bei den Staatsanwaltschaften Hannover und Göttingen nicht in alle noch ausstehenden Verfahrensakten gewährt. In Göttingen waren die Akten für zwei Verfahren auf unabsehbare Zeit versandt und für vier Verfahren nicht auffindbar. Gerade die Beiakten waren unter dem Aspekt der Rückfälligkeit jedoch von besonderem Interesse. Sie wurden aber trotz der Zusicherung einer sofortigen Bearbeitung nicht zur Einsichtnahme zur Verfügung gestellt. Die noch nicht eingesehenen Strafverfahrensakten aus der Staatsanwaltschaft Hannover wurden hingegen noch während der Untersuchung nachgereicht, so dass insgesamt sechs Verfahren aus der Erhebung ausscheiden mussten. Dies hatte zur Folge, dass nicht wie beabsichtigt alle 303 Verfahren, sondern nur 297 Verfahren, von denen 286 Tatverdächtige betroffen waren, in die Aktenanalyse einbezogen werden konnten.

Die Verteilung der analysierten Verfahren auf die einzelnen Staatsanwaltschaften ist in Tabelle 4 dargestellt. Es konnten 98,0 % der bei den Staatsanwaltschafen Braunschweig, Göttingen und Hannover insgesamt durchgeführten Verfahren wegen eines an Kindern begangenen Sexualdeliktes ausgewertet werden. Den größten Teil der Erhebung machen mit 42,8 % die ausgewerteten Strafverfahren der Staatsanwaltschaft Hannover aus. Der Anteil der Strafverfahren aus

Tabelle 4: Verteilung der in der Untersuchung einbezogenen Verfahren

Staats-anwaltschaft	1998 durchgeführte Verfahren n	ausgewertete Verfahren n	Anteil der ausgewerteten an durchgeführten Verfahren %	Anteil der ausgewerteten Verfahren an Untersuchung %
Braunschweig	113	113	100,0	38,0
Göttingen	63	57	90,5	19,2
Hannover	127	127	100,0	42,8
Gesamt	*303*	*297*	*98,0*	

Braunschweig an der Erhebung beträgt 38,0 % und liegt damit nur geringfügig unter dem der Verfahren aus Hannover. Die Staatsanwaltschaft Göttingen hingegen führte im Vergleich zu den anderen Staatsanwaltschaften erheblich weniger der im Rahmen des Forschungsprojektes interessierenden Strafverfahren durch. Von den 297 ausgewerteten Verfahren entfallen nur 19,2 % auf die Staatsanwaltschaft Göttingen. Jedoch beträgt der Anteil der nicht ausgewerteten Verfahren hier 9,5 %.

Die unterschiedliche Anzahl der durchgeführten Strafverfahren bei den einzelnen Staatsanwaltschaften ist mit den Einwohnerzahlen der Landgerichtsbezirke zu erklären. Im Landgerichtsbezirk Göttingen lebten 1998, dem Bezugsjahr der Untersuchung, 489.200 Einwohner[459] und damit weit weniger als im Landgerichtsbezirk Braunschweig mit 943.400 Einwohnern[460] und im Landgerichtsbezirk Hannover mit 1.166.100 Einwohnern[461]. Werden für die drei Landgerichtsbezirke die Kriminalitätsbelastungszahlen für die an Kindern begangenen Sexualstraftaten berechnet, d.h. die Anzahl der begangen Delikte je 100.000 Einwohner ermittelt, lassen sich keine gravierenden Unterschiede feststellen. Die berechneten Kriminalitätsbelastungszahlen liegen recht dicht beieinander (Hannover: 10,88; Braunschweig: 11,98; Göttingen: 12,88), so dass die an Kindern begangenen Sexualstraftaten in den drei Landgerichtsbezirken etwa gleich verteilt ist.

Durch die zweite Erhebungsphase wurde auch gleichzeitig der Verfahrensstand aktualisiert, sofern die Probanden während der ersten Erhebungsphase im Rah-

[459] Deutscher Richterbund 1998, 209.
[460] Deutscher Richterbund 1998, 206.
[461] Deutscher Richterbund 1998, 214.

men einer Maßregel der Besserung oder Sicherung untergebracht waren, die Freiheitsstrafe noch vollstreckt oder die Bewährung bzw. Führungsaufsicht überwacht wurde. Jedoch konnte der Nacherhebungszeitraum nicht bis zum Abschluss aller Vollstreckungsverfahren ausgedehnt werden, da einige Probanden noch mehrjährige Haftstrafen verbüßen mussten. Der Umstand, dass nicht für alle der untersuchten Verfahren die Vollstreckung abgeschlossen war, wurde in der Weise berücksichtigt, dass für bestimmte Berechnungen die Stichprobengröße reduziert wurde. Bei der Interpretation der Untersuchungsergebnisse muss berücksichtigt werden, dass durch den Ausfall dieser Verfahren systematische Verzerrungen im Sinne einer Unterschätzung des Rückfallrisikos eintreten können.

Etwas anders gelagert ist das Problem bei einigen Vorgängen, bei denen zwar die Hauptakten, jedoch keine Nebenakten zur Verfügung gestellt wurden. Hier war insbesondere bei noch nicht abgeschlossenen Verfahren häufig nicht zu klären, ob die wenigen Blätter, die in der Hauptakte Auskunft zum Vollstreckungsverfahren enthielten, tatsächlich die Nebenakten darstellten oder die Nebenakten noch im Behördengang waren. Hinzu kommt, dass vorhandene Nebenakten meist nur wenige verwertbare Informationen enthielten, wobei nicht zu klären war, ob tatsächlich nichts „passiert" ist, oder dies nur nicht dokumentiert war.[462] Dies hatte zur Folge, dass zur Vollstreckung der jeweiligen Bezugsentscheidung häufig keine Feststellungen getroffen werden konnten.

3. Analyse der Auszüge aus dem Bundeszentralregister und den Verfahrensregistern der Staatsanwaltschaften

Die anonymisierten[463] Bundeszentralregisterauszüge wurden in zwei Wellen ausgewertet. Das erste Auskunftsersuchen wurde zu Beginn des Forschungsprojektes gestellt und die Auskunft von der Generalbundesanwaltschaft im Januar 2003 erteilt. Jedoch konnte nicht für jeden Probanden ein Auszug ausgewertet werden. Für zwei bereits verstorbene Probanden wurde gem. § 24 Absatz 1 Satz 2 BZRG keine Auskunft erteilt. Für weitere drei Probanden wurde die Auskunft nicht erteilt, weil das erforderliche Geburtsdatum nicht angegeben war. Dies ließ sich weder den Strafverfahrensakten noch den bei den Staatsanwaltschaften geführten Registern entnehmen. Folglich wurden nur für 281 der 286 Probanden der Stichprobe die Bundeszentralregisterauszüge ausgewertet.

---

[462] Vgl. *Elz* 2001, 92, der sich hin und wieder sogar der Eindruck aufdrängte, dass die Berichterstattung lediglich als lästige Pflicht angesehen wurde.

[463] Die Zuordnung erfolgte über die Fallnummer.

Im Hinblick auf die Ermittlung sowohl der strafrechtlichen Vorbelastung als auch der späteren Legalbewährung ist zu beachten, dass der Aussagekraft des Bundeszentralregisters Grenzen gesetzt sind. Neben den bereits aufgezeigten Grenzen – das Dunkelfeld und eine sehr große Zahl der bekannt gewordenen, aber aus den unterschiedlichsten Gründen letztlich nicht sanktionierten Straftaten werden nicht erfasst[464] – besteht außerdem die Gefahr, dass Eintragungen bereits getilgt wurden.

Im Interesse der Wiedereingliederung straffällig Gewordener in die Gesellschaft werden Eintragungen nach einer gewissen Zeit der Straffreiheit aus dem Bundeszentralregister getilgt.[465] Ausgenommen von der Tilgung durch Fristablauf[466] werden gem. § 45 Absatz 3 BZRG neben der lebenslangen Freiheitsstrafe lediglich die Anordnung der Sicherungsverwahrung und die Unterbringung in einem psychiatrischen Krankenhaus. Hierbei handelt es sich um für die Beurteilung der Persönlichkeit der Betroffenen bedeutsame Entscheidungen, die vor allem für die Zwecke der Strafrechtspflege im Register verbleiben müssen.[467] Die Tilgungsfrist beträgt in Abhängigkeit von der verhängten Sanktion nach § 46 BZRG fünf, zehn oder fünfzehn Jahre[468], wobei sie sich um die Dauer der Strafe verlängert. Eine Ausnahme besteht jedoch für Sexualdelikte. Anders als die anderen Fristen ordnet § 46 Absatz 1 Nr.3 BZRG[469] eine deliktsbezogene Tilgungsfrist von 20 Jahren an, wenn der Täter wegen einer Straftat nach den §§ 174 bis 180 oder 182 zu einer Freiheits- oder Jugendstrafe von mehr als einem Jahr verurteilt wurde.

Aus § 47 Absatz 3 BZRG ergibt sich, dass eine Tilgung einer Eintragung erst zulässig ist, wenn für alle eingetragenen Verurteilungen die Voraussetzung der Tilgung vorliegen. Wenn eine Verurteilung im Register eingetragen ist und eine neue Verurteilung hinzutritt, kann demnach bedingt durch den „Mitzieheffekt" die ältere erst getilgt werden, wenn auch die jüngere tilgungsreif ist.[470] Es ist jedoch auch der Fall denkbar, dass für die frühere Eintragung eine viel längere

---

[464] Vgl. E.II.2.

[465] *Veith* BewHi 1999, 111, 129.

[466] Neben der Tilgung durch Fristablauf kann ein Eintrag auch aufgrund einer Anordnung der Tilgung in besonderen Fällen durch den Generalbundesanwalt nach § 49 BZRG gelöscht werden. Vgl. hierzu *Hase* 2003, § 49 BZRG Rn.1-13; *Siebrasse* 2002, 15 f.

[467] *Hase* 2003, § 45 BZRG Rn.3.

[468] Aus § 45 Absatz 2 BZRG ergibt sich zwar, dass die zu tilgende Eintragung erst ein Jahr nach Eintritt der Tilgungsreife aus dem Register gelöscht wird, jedoch darf während dieser Zeit keine Auskunft über die Eintragung erteilt werden. Zum Zweck der einjährigen sogenannten Überliegefrist vgl. *Götz/Tolzmann* 2000, § 45 Rn.19 ff.

[469] Eingefügt durch das Gesetz zur Bekämpfung von Sexualdelikten und anderen gefährlichen Straftaten vom 28. Januar 1998, BGBl. I, 160.

[470] *Veith* BewHi 1999, 111, 130.

Tilgungsfrist gilt als für die neu eingetragene Verurteilung, so dass die Tilgung der jüngeren Eintragung trotz eingetretener Tilgungsfrist gehemmt ist, bis auch die ältere Entscheidung die Tilgungsreife erreicht. Demgegenüber können sehr weit zurückliegende Entscheidungen nicht mehr aufgeführt sein, wenn keine neue Straftat eingetragen wurde, so dass an sich rückfällige Täter nicht als solche erscheinen.

Aufgrund der Tilgungsfristen war es bei der Auswertung der Vorstrafen nicht möglich, alle Verurteilungen zu erfassen. Im Rahmen der Interpretation der Ergebnisse muss berücksichtigt werden, dass bereits länger zurückliegende Verurteilungen aus dem Register gelöscht sein können. Für einige Probanden konnte die Vorbelastung bereits anhand der Bundeszentralregisterauszüge aus den Handakten der Bezugentscheidung erhoben werden. Von den Staatsanwaltschaften Hannover und Göttingen wurden die Handakten jedoch nicht zur Einsichtnahme zur Verfügung gestellt und in Braunschweig konnten sie nur von den Verfahren eingesehen werden, deren Akten sich bereits im Archiv befanden. Selbst in den Fällen, in den ein Bundeszentralregisterauszug aus dem Jahr 1998 berücksichtigt werden konnte, stellt sich das Problem der bereits erfolgten Tilgungen.

Da die kürzeste Tilgungsfrist für Eintragungen im Bundeszentralregister nach § 46 Absatz 1 Nr.1 BZRG fünf Jahre beträgt, war bezüglich der der Bezugsentscheidung nachfolgenden Legalbewährung durch die Auswahl der im Jahr 1998 eingeleiteten Strafverfahren sichergestellt, dass bis zur Auswertung der Auszüge aus dem Bundeszentralregister im Januar 2003 noch keine Eintragung gelöscht sein durfte, so dass die Legalbewährung hinsichtlich weiterer Verurteilungen nach der Bezugsentscheidung lückenlos erfasst werden konnte.[471] Eine zweite Auswertung der im März 2004 erteilten Auskünfte aus dem Bundeszentralregister wurde vorgenommen, um möglichst viele und gerade auch die zu einer Freiheitsstrafe verurteilte Probanden mit einem ausreichenden langen Bewährungszeitraum in die Untersuchung einbeziehen zu können. Bei der zweiten Auskunftserteilung wurden die Auszüge für einen weiteren verstorbenen Probanden und die drei Probanden, deren Geburtsdatum nicht ermittelt werden konnte, nicht übersandt. Demzufolge konnten für die Analyse der Legalbewährung in

[471] Eintragungen im Erziehungsregister können jedoch gem. § 63 BZRG gelöscht sein, wenn der Proband zwischenzeitlich das 24. Lebensjahr vollendet hat und im Zentralregister keine Verurteilung zu Freiheitsstrafe, Strafarrest, Jugendstrafe oder eine freiheitsentziehende Maßregel der Besserung und Sicherung eingetragen ist. Im Bewährungszeitraum haben jedoch nur 15 Probanden dass 24. Lebensjahr vollendet, wobei für acht dieser Probanden der Bezugsentscheidung vorangehende Eintragungen im Bundeszentralregister vermerkt waren.

der Untersuchung nur für 280 der 286 Probanden die Auszüge aus dem Bundeszentralregister ausgewertet werden.

Schließlich ist hinsichtlich der Aussagekraft des Bundeszentralregisters zu berücksichtigen, dass Fehler und Unterlassungen bei der Meldung an das Bundeszentralregister oder bei der dortigen Eingabe möglich sind.[472] Die Mitteilungspflichten werden nicht in vollem Umfang wahrgenommen und zum Teil scheinen Mitteilungen systematisch verzerrt zu erfolgen.[473] So wurde in einem Forschungsprojekt zu Reaktionsalternativen im deutschen Jugendstrafrecht festgestellt, dass 27 % der eintragungspflichtigen Entscheidungen nach § 45 JGG für die Probanden nicht im Erziehungsregister eingetragen waren.[474] Auch in der vorliegenden Untersuchung war bei drei Probanden das Urteil der Bezugsentscheidung nicht im Auszug angegeben und in einem Fall wurde eine Vorschrift angegeben, die nicht existiert. Daneben fehlte häufig eine Angabe von Absätzen und Nummern der angewendeten Vorschriften, wodurch insbesondere bei § 176 mit seinen verschiedenen Tatmodalitäten[475] weder die Art der Tatbegehung ersichtlich noch eine genaue Einordnung der Deliktsschwere möglich war.

In Ergänzung zu den Auskünften aus dem Bundeszentralregister wurden von den Staatsanwaltschaften Braunschweig, Göttingen und Hannover Anfang 2004 die Ausdrucke aus den bei den jeweiligen Staatsanwaltschaften geführten Verfahrensregistern übersandt. Die drei Staatsanwaltschaften übersandten jedoch nicht jeweils für alle Probanden die Ausdrucke, sondern nur für die Probanden, deren Strafverfahren 1998 bei der betreffenden Behörde geführt wurde. Demzufolge ist die Aussagekraft der Auswertung dieser Ausdrucke sehr begrenzt, so dass ihr keine eigenständige Bedeutung zukommt. Diese Daten werden deshalb nur bei der Beurteilung der Rückfallquoten herangezogen.

VII. Auswertung der erhobenen Daten

Um die Auswirkungen der verschiedenen Erledigungs- und Sanktionsformen der strafrechtlichen Kontrollinstanzen auf die Rückfälligkeit festzustellen, werden statistische Verfahren eingesetzt. In Abhängigkeit von dem Skalenniveau und

---

472 *Elz* 2001, 76; *Heinz* 1989, 180.
473 *Heinz* 1989, 180.
474 *Heinz/Spieß/Storz* 1988, 631,643.
475 Vgl. A.II.2. und A.III.2.

der Verteilung der Werte[476] der beteiligten Variablen sind unterschiedliche Testverfahren anzuwenden.[477]

Bei nominalskalierten Variablen, die in der Untersuchung am Häufigsten vertreten sind, ist im Rahmen von Kreuztabulierungen der Chi-Quadrat-Test durchzuführen. Dieser Test unterliegt jedoch der Voraussetzung, dass nur in maximal 20 % der Felder der Kreuztabelle die erwarteten Häufigkeiten kleiner als der Wert 5 sein dürfen.[478] Ist diese Voraussetzung nicht erfüllt, kann der exakte Test nach *Fischer* und *Yates* (*Fischer*-Exact-Test) angewendet werden. Bei Vorliegen intervallskalierter Variablen und einer Normalverteilung[479] sind die Mittelwerte mit dem t-Test nach *Student*[480] und in geeigneten Fällen mit der einfaktorielle Varianzanalyse[481] zu vergleichen. Ist hingegen keine Normalverteilung der Daten vorhanden oder weisen sie nur Ordinalniveau auf, muss auf den U-Tes von *Mann* und *Whitney*[482] anstelle des t-Tests bzw. auf den H-Test nach *Kruskal* und *Wallis*[483] zurückgegriffen werden. Das Signifikanzniveau sämtlicher Unterschiedsberechnungen wurde auf den in der Sozialforschung üblichen Richtwert von $p \leq 0{,}05$ festgelegt.[484]

Da die verschiedenen Rückfallfaktoren, wie beispielsweise das Alter und die Vorstrafenbelastung des Probanden, ebenfalls einen Einfluss auf die Legalbewährung der Probanden haben und die Wirkung der Erledigungs- und Sanktionsentscheidung überlagern können, müssen diese so genannten Stör- oder Moderatorvariablen[485] im Rahmen der statistischen Berechnungen kontrolliert werden. Durch die Kontrolle der Störvariablen wird gewährleistet, dass tatsächlich nur die jeweils untersuchte unabhängige Variable Einfluss auf die Legalbewährung haben kann. Die Störvariablen können zum einen durch die Bildung von Kontrollgruppen und zum anderen durch eine Konstanthaltung kontrolliert werden.

---

476 Zum Skalenniveau und der Verteilung der Werte *Bennighaus* 2001, 17 ff.; *Clauß/Finze/Partsch* 2002, 7 ff.; *Schnell/Hill/Esser* 1999, 136 ff; *Zöfel* 2002, 13 f.

477 Eine Übersicht zu den verschiednen Testmöglichkeiten findet sich bei *Zöfel* 2002, 89.

478 Vgl. *Brosius* 2004, 425; *Claus/Finze/Partsch* 1994, 212; *Bühl/Zöfel* 2004, 241; *Zöfel* 2002, 157.

479 Das Vorliegen einer Normalverteilung wurde mit dem Kolmogorov-Smirnov-Test überprüft. Vgl. *Zöfel* 2002, 79 f.

480 *Bortz* 1999, 137 f; *Brosius* 2004, 475 ff.; *Zöfel* 2002, 92 f.

481 *Brosius* 2004, 501 ff.; *Zöfel* 2002, 97 ff.

482 *Bortz* 1999, 146 ff.; *Zöfel* 2002, 103 ff.

483 *Zöfel* 2002, 114 ff.

484 *Bortz* 1999, 114; *Zöfel* 2002, 63.

485 Zum Begriff *Schnell/Hill/Esser* 1999, 207.

Da die Zuweisung zu den Untersuchungsgruppen nicht rein zufällig, sondern in Abhängigkeit von der verfahrensabschließenden Bezugsentscheidung erfolgen soll, und im Hinblick auf die Vielzahl denkbarer Störvariablen kann die Kontrollgruppenbildung[486] nicht angewendet werden. Zur Kontrolle der Störvariablen wird deshalb auf das Verfahren der Konstanthaltung zurückgegriffen. Es wird zunächst der Einfluss der Störvariablen auf die abhängige Variable überprüft. Ergeben sich hierbei signifikante Ergebnisse, erfolgt eine Kontrolle der Störvariablen durch Konstanthaltung. Dies geschieht in der Weise, dass der Zusammenhang zwischen abhängiger und unabhängiger Variable in den einzelnen Kategorien der Störvariable ermittelt wird, so dass die Störvariable dann innerhalb der einzelnen Kategorien konstant ist.[487]

Wird ein signifikanter Unterschied zwischen den untersuchten Gruppen festgestellt, wird zusätzlich die Stärke des Zusammenhangs zwischen der Zugehörigkeit zu einer Gruppe und dem festgestellten Merkmal angegeben. Der Zusammenhang zwischen zwei Variablen wird mit dem Korrelationskoeffizienten (r) beschrieben.

Mit Hilfe von bivariaten Analysen können Variablen ermittelt werden, die in einem signifikantem Zusammenhang mit der Rückfälligkeit der Probanden stehen. Hierbei wird jedoch nur jeweils die Beziehung zwischen zwei Variablen überprüft, ohne zu berücksichtigen, dass diese durch weitere Faktoren beeinflusst sein können. Die Wechselwirkungen zwischen den verschiedenen unabhängigen Variablen und damit auch ihre Bedeutung für die Rückfälligkeit kann jedoch durch Anwendung von multivariaten Analysen[488] aufgedeckt werden. Für die Frage, welches Verfahren herangezogen werden kann, ist auch hier das Skalenniveau entscheidend. Da die abhängige Variable „Rückfälligkeit" nominalskaliert und dichotom ist (ja oder nein), wird auf die Diskriminanzanalyse zurückgegriffen. Zwar wurde die Diskriminanz- analyse ursprünglich für intervallskalierte abhängige Variablen entwickelt, jedoch können auch nicht intervallskalierte Variablen berücksichtigt werden, soweit sie dichotom sind. Die Einflussfaktoren, d.h. die unabhängigen Variablen müssen ebenfalls intervallskaliert oder dichotom sein.[489]

---

[486] Zur Kontrollgruppenbildung durch Matching oder Randomisierung: *Bortz* 1999, 9; *Friedrichs* 1990, 344; *Schnell/Hill/Esser* 1999, 212 f.

[487] Vgl. *Benninghaus* 2001, 282 ff. Zu den verschiedenen Deutungsmöglichkeiten *Mayntz/ Holm/Hübner* 1978, 199 ff.

[488] Zu den multivariaten Verfahren ausführlich: *Backhaus u.a.* 2003.

[489] Eine Übersicht über die Verfahren und deren Voraussetzungen ist zu finden bei *Zöfel* 2002, 198. Bei der Einbeziehung von nicht intervallskalierten, dichotomen Merkmalen ist zu berücksichtigen, dass die bei der Diskriminanzanalyse angegebenen Mittelwerte und

Ziel der Diskriminanzanalyse ist es, die Werte einer abhängigen Variable durch die Werte einer oder mehrerer unabhängiger Variablen zu erklären. Dabei sollen nicht nur Zusammenhänge zwischen den Variablen aufgedeckt werden, sondern auch unbekannte Werte der abhängigen Variable anhand der Werte aus den unabhängigen Variablen vorhergesagt werden.[490] Damit kommen diesem Verfahren sowohl eine Analyse- als auch eine Klassifikationsfunktion zu.[491] Im Rahmen der Analysefunktion werden anhand der standardisierten Koeffizienten der Diskriminanzfunktion die Bedeutung der verschiedenen unabhängigen Variablen zur Trennung der Gruppen angegeben. Aus den Beträgen dieser Koeffizienten kann man allerdings nicht ohne weiteres auf die Stärke des Zusammenhangs zwischen der betreffenden unabhängigen und abhängigen Variable schließen, da die Koeffizienten durch Wechselwirkungen zwischen den unabhängigen Variablen verzerrt werden können.[492] Deshalb ist bei der Diskriminanzanalyse auch ein schrittweises Vorgehen möglich und bei vielen unabhängigen Variablen auch zu empfehlen.[493] Dabei werden aus allen potentiellen unabhängigen Variablen die am besten für die Vorhersage der Gruppenzugehörigkeit geeigneten Variablen ausgewählt.[494] Mit der Klassifizierungsfunktion kann anschließend die Güte der Diskriminanzfunktion überprüft werden. Hierzu werden die mit Hilfe der Funktionswerte vorgenommene Zuordnungen der Fälle zu den verschiedenen Gruppen mit den tatsächlichen Gruppenzugehörigkeiten verglichen.

---

die durch die Varianzanalyse berechneten Signifikanzen auf intervallskalierte Variablen abstellen.

490 *Brosius* 2004, 727.

491 *Backhaus u.a.* 2003, 156.

492 *Brosius* 2004, 741.

493 *Bühl/Zöfel* 2004, 438.

494 Zu den Einzelheiten des schrittweisen Vorgehens bei der Diskriminanzanalyse *Brosius* 2004, 757 ff.

F. Ergebnisse der empirischen Untersuchung

Nachfolgend wird zunächst die alltägliche Sexualdelinquenz im Bereich des sexuellen Missbrauchs von Kindern und der Umgang der Strafverfolgungsorgane mit diesen Taten beschrieben. Es wird dargestellt, welche Personen mit einem sexuellen Missbrauch von Kindern auffällig geworden sind, welche Taten zur Anzeige gebracht wurden, welche Kinder hiervon betroffen waren und wie das Strafverfahren ausgestaltet und abgeschlossen wurde.

Anschließend folgt die Darstellung der Legalbewährung der mit Sexualstraftaten auffällig gewordenen Personen. In diesem Teil werden zum einen die Auswirkungen der verschiedenen Erledigungs- und Sanktionsformen der strafrechtlichen Kontrollinstanzen auf die Rückfälligkeit der mit Sexualstraftaten auffällig gewordenen Personen überprüft und zum anderen die Ergebnisse der Überprüfung der prognostischen Relevanz der im Rahmen der Literaturanalyse herausgearbeiteten für einen Rückfall als bedeutsam erachteten Faktoren präsentiert. Daneben wird auf die kriminelle Karriere und die begangenen Rückfalltaten eingegangen.

I. Beschreibung der alltäglichen Sexualdelinquenz

1. Biographische Merkmale der Probanden

a) Geschlecht, Alter und Nationalität

Lediglich fünf (1,7 %) der 286 beschuldigten Tatverdächtigen sind weiblich. In der Untersuchungsgruppe von *Elz* war sogar keine weibliche Verurteilte.[495] Der geringe Anteil an weiblichen Probanden in der vorliegenden Untersuchung entspricht auch der festgestellten Geschlechtsverteilung anderer Studien, die wegen sexuellen Missbrauchs an Kindern eingeleitete Strafverfahren analysierten.[496] So waren sowohl in der Untersuchung von *Langen*[497] als auch in der von *Volbert* und *Busse*[498] nur 2 % der Probanden weiblich. *Gunder* ermittelte einen Anteil von 2,8 %[499] und bei *Wolke* betrug er 4,5 %[500].

---

495 *Elz* 2001, 94.

496 Bei diesen Untersuchungen standen nicht die Beschuldigten im Mittelpunkt der Analyse, sondern der Verlauf des Strafverfahrens und das Belastungserleben der betroffenen Kinder.

497 *Langen* 2000, 63.

498 *Volbert/Busse* 1995, 147.

499 *Gunder* 1999, 273.

500 *Wolke* 1995, 63.

Tabelle 5: Geschlecht, Alter und Nationalität im Vergleich zur PKS

	eigene Untersuchung in %	PKS 1998[501] in %
Geschlecht		
weiblich	1,7	2,6
männlich	98,3	97,4
Alter[502]		
Kind (< 14 Jahre)	1,4	5,7
Jugendlicher (14-17 Jahre)	9,8	11,5
Heranwachsender (18-20 Jahre)	2,8	5,7
Erwachsener (ab 21 Jahre)	84,9	77,1
21-29 Jahre	15,0	15,6
30-39 Jahre	28,7	25,3
40-49 Jahre	21,3	17,7
50-60 Jahre	10,8	10,5
> 60 Jahre	9,1	7,9
Nationalität[503]		
deutsch	84,3	85,5

Das Alter der Probanden betrug bei Begehung des Bezugsdeliktes durchschnittlich aM = 38,2 Jahre, wobei der Median bei Md = 36,3 Jahren liegt. Der jüngste Proband war 11,0 Jahre[504] und der älteste 86,0 Jahre. Hinsichtlich dieser Werte

[501] Polizeiliche Kriminalstatistik 1998, Tabelle 20, S.2 (Geschlecht und Alter); Tabelle 61, S.2 (Nationalität).

[502] Für drei Probanden (1,0 %) konnte das Alter nicht ermittelt werden, weil das Geburtsdatum nicht ermittelbar war.

[503] Für acht Probanden (2,8 %) konnte die Staatsangehörigkeit nicht ermittelt werden.

[504] Es schieden zwar aufgrund der Strafunmündigkeit bei der Zusammenstellung der Liste mit denjenigen Aktenzeichen der Strafverfahren, die in der Auswertung berücksichtigt werden sollten, diejenigen Verfahren aus, bei denen der Tatverdächtige zum Tatzeitpunkt jünger als 14 Jahre alt war. Vgl. hierzu E.V.1. Dies traf jedoch nur auf die Verfahren zu, bei denen gleich zu Beginn des Strafverfahrens die Strafunmündigkeit ermittelt wurde und aus den Daten der Strafanzeige ersichtlich war. Wurde jedoch erst nach umfangreichen Ermittlungen festgestellt, das der Täter bei Begehung der Straftat noch nicht 14 Jahre alt war, wurden diese Personen bei der Auswahl der Strafverfahren für die Stichprobe mit berücksichtigt. Davon betroffen waren vier Probanden.

lassen sich keine bedeutsamen Unterschiede zu vergleichbaren Studien finden. In der Untersuchung von *Elz* waren die Probanden im Mittel 36,8 Jahre, der Median lag bei 36 Jahren, der jüngste Täter war 14 Jahre und der älteste 77 Jahre alt.[505] *Gunder* und *Langen* ermittelten ebenfalls ähnliche Werte.[506]

Mit 84,3 % besaß ein sehr großer Teil der Probanden die deutsche Staatsangehörigkeit. Für 2,8 % der Probanden konnte den Strafverfahrensakten die Staatsangehörigkeit nicht entnommen werden und die restlichen 12,9 % verteilten sich auf 19 Staaten, wobei fünf Probanden türkischer Nationalität waren.

Ein Vergleich der Probanden hinsichtlich ihres Geschlechts, des Alters und der Nationalität mit den Angaben der Polizeilichen Kriminalstatistik ergibt keine nennenswerten Unterschiede, so dass die Stichprobe hinsichtlich dieser Merkmale für die Grundgesamtheit repräsentativ ist.

b) Lebenssituation zum Tatzeitpunkt

aa) Partnerschaft, Familienstand, Kinder und Wohnsituation

Von den Probanden hatten 41,6 % einen festen Lebenspartner. Über die Hälfte (61,3 %) dieser Probanden waren zum Zeitpunkt der Bezugstat mit ihrem Partner auch verheiratet. In der Untersuchung von Elz wurden ähnliche Befunde ermittelt: 46 % der Probanden lebten zur Tatzeit in einer Partnerschaft, wobei es sich in etwa jedem zweiten Fall um eine Ehe handelte.[507] Der Anteil der Probanden ohne partnerschaftliche Anbindung lag bei 32,2 %. Jedoch waren hiervon 26,1 % der Probanden noch minderjährig. Demgegenüber waren nur 3,4 % der Probanden mit einem festen Lebenspartner noch nicht volljährig.

In den verbleibenden 26,2 % der Fälle konnte den Strafverfahrensakten keine Angaben zur partnerschaftlichen Anbindung der Probanden entnommen werden. Dies kann daran liegen, dass nur in 38,4 % der Strafverfahren eine Anklage erhoben und lediglich 27,6 % der Strafverfahren mit einer Verurteilung abgeschlossen wurden.[508] Die Strafverfolgungsbehörden werden es nur für notwendig halten, die persönlichen Verhältnisse des Täters gegebenenfalls durch die Gerichtshilfe näher auszuleuchten, wenn mit einer Verurteilung zu rechnen ist bzw. eine solche erfolgt. Bei einer Verurteilung müssen im Rahmen der Strafzu-

---

[505] *Elz* 2001, 94 f.

[506] *Gunder* 1999, 274: aM = 35,8 Jahre, Md = 35,0 Jahre, Minimum = 8 Jahre, Maximum = 80 Jahre. *Langen* 2000, 64: aM = 34,8 Jahre, Minimum = 9 Jahre, Maximum = 74 Jahre.

[507] *Elz* 2001, 97.

[508] Zu den verfahrensabschließenden Entscheidungen siehe F.I.3.

Tabelle 6: Lebenssituation zum Tatzeitpunkt

	Probanden der Stichprobe in %
Partnerschaft	41,6
Familienstand	
ledig	49,3
verheiratet	28,6
geschieden	10,8
verwitwet	1,4
leibliche Kinder	37,1
Wohnsituation	
allein	30,4
mit Partner	12,2
mit Partner und Kind[509]	19,9
mit leiblichen Kind	0,7
mit Eltern oder Verwandten	20,3

zumessung die persönlichen Verhältnisse, wozu sicher auch die partnerschaftliche Anbindung gehört, gem. § 46 Absatz 2 berücksichtigt werden.

Bezüglich des Familienstandes fehlten nur für 9,8 % der Probanden Angaben in den Akten. Dass dieser Anteil so gering ist, dürfte an dem Formular für die Beschuldigtenvernehmung der Polizei liegen, in dem der Familienstand angekreuzt werden soll. 49,3 % der Probanden der Stichprobe waren zum Tatzeitpunkt ledig. Mit 54,6 % hatte der überwiegende Teil dieser Probandengruppe auch keinen Lebenspartner. In einer Partnerschaft lebten nur 19,8 % dieser Probanden. Der Anteil der verheirateten und mit dem Ehepartner zusammenlebenden Probanden lag bei 26,2 %. Daneben waren 2,4 % der Probanden verheiratet, lebten aber getrennt vom Ehepartner. Von diesen Probanden hatten indessen bereits 42,9 % einen neuen Lebenspartner. Geschiedenen waren 10,8 % der Probanden. Auch von diesen Probanden lebten zum Tatzeitpunkt 41,9 % wieder in einer festen Beziehung. Die restlichen 1,4 % der Probanden waren verwitwet und waren zum Tatzeitpunkt keine neue Partnerschaft eingegangen.

[509] Es sind leibliche und adoptierte Kinder des Probanden als auch Kinder des Lebenspartners erfasst.

Leibliche Kinder hatten zur Tatzeit 37,1 % der Probanden. Dies sind deutlicher weniger Probanden als in der Untersuchung von *Elz*, in der ein Anteil in Höhe von 52 % der Probanden mit leiblichen Kinder ermittelt wurde.[510] In der vorliegenden Untersuchung konnte jedoch für 24,5 % der Probanden den Strafverfahrensakten keine Angaben zur Elternschaft entnommen werden. Wenn nur auf die Probanden abgestellt wird, deren Akten hierzu Angaben enthielten, ergibt sich ein Anteil von 49,1 % Probanden mit leiblichen Kindern.

Mit den leiblichen Kindern in einem Haushalt lebten jedoch nur 14,7 der Probanden bezogen auf die gesamte Stichprobe und 39,6 % der Probanden, die leiblichen Kinder hatten. Dies ist darauf zurückzuführen, dass die Kinder größtenteils schon volljährig und aus dem elterlichen Haushalt ausgezogen waren. Etwa ein Drittel (32,1 %)[511] der Probanden lebte mit dem Lebenspartner in einem Haushalt zusammen, wobei in 14,0 % der gesamten Fälle auch das leibliche Kind und in 5,9 % ein adoptiertes oder angenommenes Kind mit im Haushalt lebte. Mit 30,4 % lebte ein fast genauso großer Anteil der Probanden allein im Haushalt. Ein beträchtlicher Anteil der Probanden (20,3 %) lebte noch bei den Eltern oder Verwandten. Diese Probanden waren jedoch noch sehr jung. Das Alter lag im Durchschnitt bei aM = 24,0 Jahren und der Median bei Md = 17,9 Jahre. Den Strafverfahrensakten ließen sich für 16,4 % der Probanden keine Angaben zu dessen Wohnsituation entnehmen.

Es kann zusammenfassend festgehalten werden, dass es sich bei der Probandengruppe der Untersuchung keinesfalls um isolierte Personen handelt, die zum Tatzeitpunkt keine sozialen Kontakte hatten und allein lebten. Der größte Anteil der Probanden hatte einen festen Lebenspartner, mit dem er auch zusammenlebte. Außerdem lebten 20,6 % der Probanden mit einem leiblichen bzw. adoptiertes Kind oder dem Kind des Lebenspartners in einem Haushalt. Bei den Probanden ohne partnerschaftliche Anbindung handelte es sich überwiegend um recht junge Personen, die aufgrund ihres Alters noch bei den Eltern oder anderen Verwandten lebten. Allein, d.h. in einem Ein-Personen-Haushalt und ohne partnerschaftliche Anbindung, lebten nur 18,5 % der Probanden.

bb) Ausbildungs- und Beschäftigungssituation, finanzielle Situation

Zur Schul- und Berufsausbildung als auch zur finanziellen Situation des Probanden fanden sich in den Strafverfahrensakten größtenteils keine Angaben. Die Ausfallquoten reichten von 50,7 % bei der Frage, ob eine Berufsausbildung ab-

---

[510] *Elz* 2001, 97.

[511] Dieser Wert ergibt sich in Tab.6 aus der Summe derjenigen, die ihrem Partner zusammenlebten (12,2 %) und derjenigen, die mit ihrem Partner und einem Kind zusammenlebten.

geschlossen wurde, bis zu 95,8 % bei der Frage nach dem Vermögen des Probanden. Deshalb werden nachfolgend auch nicht alle erhobenen Variablen dargestellt. Insbesondere konnte die finanzielle Situation der Probanden nicht ermittelt werden, weil der Anteil der fehlenden Angaben bei den verschiedenen Variablen (monatliches Einkommen, Quelle des Einkommens, Vermögen, Schulden und monatliche Verpflichtungen) durchgehend sehr hoch war.

Die Mehrheit der Probanden besuchte die Hauptschule. Zwar waren dies nur 12,2 % der gesamten Stichprobe, die Art der besuchten Schule konnte jedoch für 75,5 % der Probanden nicht mit Hilfe der Strafverfahrensakten ermittelt werden. Wenn nur auf diejenigen Täter abgestellt wird, bei denen aus den Akten hervorging, welche Schule sie besuchten, steigt der Anteil der Hauptschüler auf 50 %. Von den Probanden der gesamten Stichprobe besuchten außerdem 5,9 % die Sonderschule, 2,4 % das Gymnasium, 2,1 % die Realschule und 1,7 % eine Universität oder Fachhochschule. Bei ausschließlicher Einbeziehung der Probanden, für welche die Schulbildung ermittelt werden konnte, gingen 24,3 % zur Sonderschule und 25,7 % besuchten eine weiterführende Schule. Hinsichtlich des Anteils der Sonderschüler stimmen die vorgefundenen Ergebnisse mit den Befunden von *Elz*, die einen Anteil von 20 % ermittelte,[512] überein. Jedoch lag der Anteil der Hauptschüler in der vorliegenden Untersuchung 10 Prozentpunkte niedriger und der Anteil der Probanden, die eine weiterführende Schule besuchten sogar um 20,7 Prozentpunkte höher.

Ein Schulabschluss wurde bei 11,9 % der Probanden festgestellt, wobei für 76,6 % hierzu keine Angaben in den Strafverfahrensakten vorhanden waren. Damit ergibt sich ein Anteil der Probanden mit Schulabschluss von 50,7 % bei Berücksichtigung nur der Probanden, für die Angaben in den Akten zu finden waren. Der Anteil der Probanden mit einem entsprechenden Schulabschluss war bei den weiterführenden Schulen mit 83,3 % bei den Realschülern, 85,7 % bei den Gymnasiasten und 80,0 % bei den Studenten bzw. Fachhochschülern weit höher als bei den Sonderschülern mit 17,6 % und Hauptschülern mit 45,7 %. Von den zwei letztgenannten Probandengruppen ging zum Tatzeitpunkt jedoch noch ein beträchtlicher Teil zur Schule. Von den Sonderschülern waren es 47,1 % und von den Hauptschülern 22,9 %.

Eine Berufsausbildung abgeschlossen haben 30,4 % der Probanden. Dieser Wert ist mehr als doppelt so groß wie der Anteil der Probanden, die einen Schulabschluss aufwiesen. Der Grund hierfür sind die unterschiedlichen Ausfallquoten. Zur Variable der Berufsausbildung konnten den Strafverfahrensakten zwar für

---

[512] *Elz* 2001, 98.

Tabelle 7: Ausbildungs- und Beschäftigungssituation

	Probanden der Stichprobe in %
Schulbildung	
Sonderschule	5,9
Hauptschule	12,2
weiterführende Schulen	6,2
Schulabschluss	11,9
Berufsausbildung	
keine begonnen	12,9
abgebrochen	4,2
noch laufend	1,7
abgeschlossen	30,4
Beschäftigung	
berufstätig	33,6
Schule / Ausbildung	8,7
Wehr- bzw. Zivildienst	0,3
Hausfrau	0,3
arbeitslos	24,8
Rentner/Pensionär	11,5

gut die Hälfte der Probanden (50,7 %) keine Angaben entnommen werden, jedoch war der Anteil der fehlenden Angaben bei der Variable Schulabschluss deutlich höher. Es kann davon ausgegangen werden, dass einer abgeschlossenen Berufsausbildung meistens ein Schulabschluss vorausging, der in den Akten nicht angegeben wurde. So waren für 69,0 % der Probanden mit einer abgeschlossenen Berufsausbildung in den Akten keine Angaben über einen Schulabschluss zu finden. Damit kann auch erklärt werden, dass in der vorliegenden Untersuchung der Anteil der Probanden mit einem Schulabschluss um ein Drittel niedriger ist als der von *Elz* ermittelte Anteil von 84 %[513], der Anteil der abgeschlossenen Berufsausbildungen mit 61,7 %[514] jedoch etwas über den von *Elz*

[513] *Elz* 2001, 97.

[514] Die Prozentangaben beziehen sich auf die Probanden, bei denen in den Strafverfahrensakten Angaben zu den betreffenden Variablen gemacht wurden.

ermittelten Wert in Höhe von 56 %[515] liegt. Demgegenüber hatten 12,9 % der Probanden keine Ausbildung begonnen. 54,1 % dieser Probanden gingen jedoch zum Tatzeitpunkt noch zur Schule. Weitere 4,2 % der Probanden hatten ihre Ausbildung vor der Tatbegehung abgebrochen und 1,7 % der Probanden befanden sich noch in der Ausbildung.

Ein Blick auf die Tabelle 7 ergibt, dass der überwiegende Teil der Probanden (33,6 %) zum Tatzeitpunkt berufstätig war. 52,1 % dieser Probanden waren als ungelernte Arbeiter und 14,6 % als gelernte Arbeiter beschäftigt. Weitere 14,6 % waren als Angestellte tätig, wobei 3,1 % der Beschäftigten, d.h. 27,3 % der Angestellten in einer leitenden Position waren. Daneben waren 9,4 % der Probanden selbständig und 2,1 % Beamte. Für die verbleibenden 7,3 % der Probanden konnte den Akten die Berufgruppe nicht entnommen werden.

Dem Alter der Probanden entsprechend[516], gingen noch 8,7 % der Probanden zur Schule bzw. befanden sich noch in der Ausbildung und 11,5 % waren zum Tatzeitpunkt bereits Rentner oder Pensionäre. Mit 24,8 % war ein beachtlicher Teil der Probanden arbeitslos. Bezogen auf die Probanden, bei denen Angaben zur Beschäftigungssituation in den Strafverfahrensakten waren, betrug der Anteil der arbeitlosen Probanden 31,3 %. Dieser Wert liegt nur minimal unter den von *Elz* ermittelten 35 %[517].

Eine gleichmäßige Verteilung der Probanden auf die verschiedenen Schichten der Schul- und Berufsausbildung war nicht festzustellen. Die Beschuldigten stammten jedoch nicht nur aus den unteren Schichten. Einige Probanden besuchten auch weiterführende Schulen. Ebenso hatten einige Probanden im Berufsleben eine leitende Position eingenommen. Der sexuelle Missbrauch kommt demzufolge nicht nur in sozial schwachen Bevölkerungskreisen vor. Ein Grund dafür, dass die Mehrheit der Probanden diesen Schichten zuzuordnen ist, kann darin bestehen, dass auch der größte Teil der Bevölkerung Deutschlands in diese Schichten einzuordnen ist. Etwa die Hälfte der Bevölkerung besaß 1998 lediglich den Hauptschulabschluss, während nur 11,1 % einen Fachhochschulabschluss und 6,4 % einen Hochschulabschluss hatten.[518] Außerdem verfügen sozial besser gestellte Täter über bessere Tarnungs- und Geheimhaltungsstrategien, so dass deren begangenen Straftaten häufig nicht zur Kenntnis der Strafverfolgungsbehörden gelangen.[519]

---

[515] *Elz* 2001, 97.
[516] Vgl. F.I.1.a)
[517] *Elz* 2001, 97.
[518] Statistisches Jahrbuch 1999, Tab.16.1.
[519] Vgl. *Denger* ZRP 1991, 48, 49; *Langen* 2000, 67.

c) *Kindheit, Jugend, psychische Auffälligkeiten und Suchtmittelabhängigkeit*

Daten zur Kindheit und Jugend (gemeint sind das Aufwachsen des Probanden, die Erziehung, Gewalt oder sexueller Missbrauch in der Herkunftsfamilie) als auch zu psychischen Auffälligkeiten und einer vorhandenen Suchtmittelabhängigkeit konnten nur für sehr wenige Probanden erhoben werden. Die Ausfallquote lag hier bei allen Variablen über 80 %, bei den meisten Variablen sogar über 90 %. Angaben zu allen Variablen waren nur für einen Probanden in den Strafverfahrensakten zu finden.

Bei diesem Probanden handelt es sich um eine Person, bei der keine Auffälligkeiten in der Vergangenheit auftauchten. Der Proband ist bei seinen leiblichen Eltern aufgewachsen, wobei die Mutter sich überwiegend um die Erziehung kümmerte. In der Herkunftsfamilie gab es weder Gewalt, sexuellen Missbrauch noch Suchtmittelprobleme. Auch war der Proband bis zum Tatzeitpunkt nicht alkohol- oder drogenabhängig und hatte bis dahin keine erkennbaren psychischen Probleme. Die Daten konnten dem in den Strafverfahrensakten befindlichen psychologisch-psychiatrischen Gutachten entnommen werden.

Ein Grund für die fehlenden Angaben über die Vergangenheit des Täters ist die geringe Anzahl der durchgeführten Hauptverhandlungen und Begutachtungen in der Stichprobe[520], in deren Verlauf auf die interessierenden Variablen eingegangen wurde. Bei der Untersuchung von *Elz*, die nur verurteilte Probanden einbezogen hatte, konnten die Daten bei „nur“ einem Drittel der Probanden nicht erhoben werden.[521]

Wegen der sehr hohen Ausfallquote in der vorliegenden Untersuchung können keine allgemeinen Aussagen zum familiären Hintergrund, zur Suchmittelabhängigkeit und zu psychischen Auffälligkeiten des Probanden gemacht werden. Auch ein Eingehen auf die wenigen Probanden, für die Angaben zu den einzelnen Variablen vorhanden waren, ist nicht aussagekräftig und erscheint deshalb nicht sinnvoll, so dass darauf verzichtet wird.

d) *Vorstrafenbelastung*[522]

aa) *Anzahl der strafrechtlichen Vorbelastungen*

Nach Auskunft aus dem Bundeszentralregister sind 107 und damit 38,1 % der 281 Probanden vorbestraft, d.h. sie wurden vor der Bezugsentscheidung bereits

---

520 Hierzu siehe F.I.3., 4.a)dd) und c)cc).

521 *Elz* 2001, 100.

522 In diesem Abschnitt wird nicht auf alle 286 Probanden der Stichprobe, sondern auf eine Grundgesamtheit von 281 Probanden abgestellt, weil für fünf Probanden keine Auskunft aus dem Bundeszentralregister erteilt wurde. Vgl. bereits oben E.VI.3.

mindestens einmal sanktioniert. Mindestens eine Sanktionierung wegen einschlägiger Delikte erfolgte bei 32 und damit 11,4 % der 281 Probanden, wobei 19 dieser Probanden auch wegen nicht einschlägiger Straftaten sanktioniert wurden. Wegen nur sonstiger, d.h. nicht einschlägiger Straftaten wurden daneben 26,7 % der Probanden sanktioniert. Diese Werte sind mit den festgestellten Werten anderer Untersuchungen, die wegen sexuellen Missbrauchs eingeleitete Strafverfahren analysierten, vergleichbar. In der Untersuchung von *Gunder* waren 34,3 % der Probanden vorbestraft und 11,2 % der Probanden einschlägig vorbestraft.[523] *Langen* ermittelte einen ähnlichen Anteil einschlägig Vorbestrafter mit 14,4 %, jedoch waren mit 30,2 % etwas weniger Probanden insgesamt rückfällig.[524] Lediglich in der Untersuchung von *Wolke* waren die Anteile sowohl bei den insgesamt vorbestraften Probanden mit 25,6 % als auch bei den einschlägig vorbestraften Probanden mit 9,6 % geringer.[525]

Demgegenüber sind die ermittelten Werte der vorliegenden Untersuchung jeweils um etwa ein Viertel niedriger als der von *Elz* ermittelte Anteil von 17 % einschlägig vorbestrafter und 40 % wegen nur sonstiger Delikte vorbestrafter Probanden[526]. Diese Unterschiede sind auf die Wahl der Stichprobe zurückzuführen. Während in der Studie von *Elz* nur verurteilte Straftäter erfasst wurden, bezieht die vorliegende Untersuchung auch nicht verurteilte Probanden mit ein.

Abbildung 3: Vorstrafenbelastung nach BZR-Auskunft (n = 281)

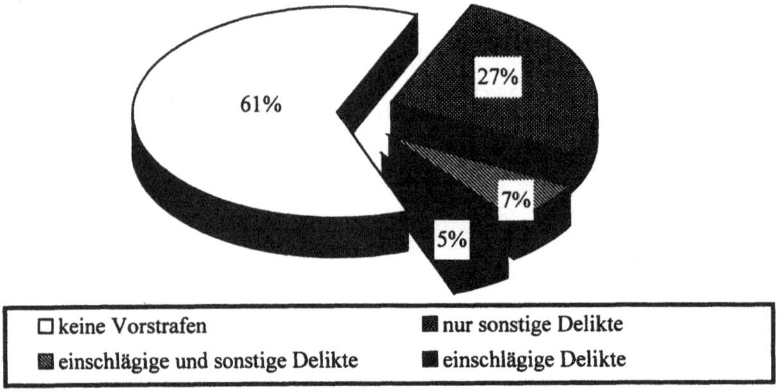

[523] *Gunder* 1999, 274.
[524] *Langen* 2000, 65.
[525] *Wolke* 1995, 66.
[526] *Elz* 2001, 104.

Werden bei der Berechnung der Vorbelastung nur die verurteilten Probanden berücksichtigt, ergibt sich ein mit den von *Elz* ermittelten Befunden vergleichbares Ergebnis: 42,5 % der Probanden waren bereits vorbestraft und 16,2 % der verurteilten Probanden wiesen auch einschlägige Vorstrafen auf.

Die vorbestraften Probanden wurden durchschnittlich aM = 5,49 mal sanktioniert, wobei der Median bei Md = 3 Sanktionen liegt und die Standardabweichung s = 5,799 beträgt. Das Maximum erreichte ein Proband mit 24 vorangegangenen Sanktionierungen.

Dieser zum Tatzeitpunkt des Bezugsdelikts 53-jährige Proband beging überwiegend Straßenverkehrsdelikte. Ein vorangegangenes Sexualdelikt war im Auszug aus dem Bundeszentralregister nicht erfasst. Die erste Eintragung stammte aus dem Jahr 1957, so dass die bekannt gewordene Straffälligkeit des Probanden bereits im Alter von 15 Jahren begann.

Die auch wegen einschlägiger Delikte vorbestraften Probanden wiesen ebenfalls durchschnittlich aM = 5,34 Sanktionierungen auf, wobei der Median bei Md = 3 Sanktionierungen liegt und die Standardabweichung s = 5,493 beträgt. Diese Werte sind jedoch auf die wegen nur sonstiger Delikte auferlegten Sanktionen zurückzuführen. Bezogen nur auf die wegen einschlägiger Delikte vorgenommenen Eintragungen ergibt sich für die Probanden ein arithmetisches Mittel von aM = 1,78 Sanktionierungen, wobei der Median bei Md = 1 Sanktion liegt und die Standardabweichung s = 1,854 beträgt. Das Maximum liegt hierbei bei sechs Sanktionierungen.

Diesen sechs Sanktionierungen wegen begangener Sexualstraftaten lagen jeweils Straftaten nach § 176 und/oder § 175a Nr.3 a.F.[527] zugrunde. In zwei Fällen stützte sich die Verurteilung ausschließlich auf § 175a Nr.3 a.F., so dass davon auszugehen ist, dass es sich bei den Opfern nicht mehr um Kinder handelte und nach heutigem Recht keine Strafbarkeit gegeben wäre, da für die Strafbarkeit sexueller Handlungen mit über 14-jährigen Personen gem. §§ 174, 179, 182 weitere Voraussetzungen wie beispielsweise das „Anvertrautsein" oder Ausnutzen einer Zwangslage erforderlich sind. Bei § 175a Nr.3 a.F. genügte jedoch ein Verführen, d.h. jede Einwirkung auf den Willen des unter 21-Jährigen, durch das er zu einer Unzucht, die er an sich nicht wollte, bestimmt wurde. Es war jedoch gleichgültig, auf welche Art und Weise die Überwindung des inneren Widerstandes erfolgte, so dass auch allein die Überredung strafbar war.[528] Der Proband wurde daneben außerdem vier weitere Male wegen nur sonstiger Delikte sanktioniert. Bei diesen Straftaten handelte es sich jeweils um einen Diebstahl. Der Proband

---

[527] Nach dem durch das erste Strafrechtsreformgesetz vom 25.6.1969 (BGBl. I, 645) aufgehobenen § 175a Nr.3 a.F. machte sich ein Mann über 21 Jahre strafbar, der eine männliche Person unter 21 Jahren verführte, mit ihm Unzucht zu treiben oder sich von ihm zur Unzucht missbrauchen zu lassen.

[528] *Schönke/Schröder* 1965, §175a Rn.9.

war zum Zeitpunkt der Bezugstat bereits 73 Jahre alt. Die erste Eintragung erfolgte im Jahr 1949. Damit beging der Proband die erste bekannt gewordene Straftat, bei der es sich auch um eine Sexualstraftat handelte, als junger Erwachsener mit 24 Jahren.

An dieser Stelle muss darauf hingewiesen werden, dass mit den Auszügen aus dem Bundeszentralregister die Straffälligkeit der Probanden vor der Bezugsentscheidung nicht zuverlässig dargestellt werden kann, da bereits bei länger zurückliegenden Verfahren Tilgungen eingetreten sein können, im Bundeszentralregister nicht alle durchgeführten Strafverfahren aufgenommen werden und auch nicht alle begangenen Straftaten zur Kenntnis der Strafverfolgungsbehörden gelangen.[529] Dies belegen auch die aus den Strafverfahrensakten gewonnenen Erkenntnisse. Für 13,9 % der Probanden konnte den Akten entnommen werden, dass sie bereits strafrechtlich in Erscheinung getreten waren. Diese Informationen stammten meist aus polizeilichen Dateien, jedoch berichteten auch fünf Probanden selbst von begangenen Straftaten. In den Auszügen des Bundeszentralregisters waren jedoch für 35,0 % dieser Probanden keine Voreintragungen zu finden. Überwiegend handelte es sich bei den in den Strafverfahrensakten angegebenen Straftaten auch um Sexualdelikte. Bezogen auf alle Probanden, für die eine vorhergehende Auffälligkeit in den Akten notiert wurde, handelte es sich bei 85,0 % der Probanden um Sexualstraftaten. Bei den Probanden, bei denen sich die Angaben über Vorbelastungen in den Strafverfahrensakten nicht in den Auszügen des Bundeszentralregister widerspiegelten, handelte es sich sogar in 92,9 % der festgehaltenen Auffälligkeiten um Sexualstraftaten.

bb) Zugrunde liegende Delikte

(1) Deliktsschwerpunkt

Mit Hilfe der Auskünfte aus dem Bundeszentralregister wurde neben der Anzahl der Vorstrafen auch erfasst, welche Delikte den früheren Sanktionierungen zugrunde lagen bzw. bei welchen Delikten der Schwerpunkt lag. War in den Auszügen nur eine Eintragung vermerkt, wurde im Erhebungsbogen das dieser Sanktionierung zugrunde liegende Delikt aufgenommen. Bei mehreren Eintragungen wurde der Deliktsschwerpunkt festgehalten. D.h. es wurde ermittelt, welchem Deliktsbereich die begangenen Straftaten überwiegend zuzuordnen waren.

Bei den 107 vorbestraften Probanden lag der Deliktsschwerpunkt mit 24,3 % überwiegend bei den Diebstahlsdelikten. Auch bei den mehrmals vorbestraften

[529] Vgl. zu dieser Problematik bereits ausführlich oben E.VI.3.

Tabelle 8: Deliktsschwerpunkt der Vorstrafenbelastung

	eine Eintragung (n = 33) in %	mehrere Eintragungen (n = 74) in %	Insgesamt (n = 107) in %
Sexualdelikte	30,3	10,8	16,8
Körperverletzung	12,1	12,2	12,1
Diebstahl	9,1	31,1	24,3
sonstige Vermögens- und Eigentumsdelikte	6,1	5,4	5,6
Straßenverkehrsdelikte	21,2	9,5	13,1
sonstiges	18,2	4,1	8,4
kein Schwerpunkt feststellbar	3,0	27,0	19,6

Probanden bildeten die Diebstahlsdelikte mit 31,1 % vorwiegend den Deliktsschwerpunkt. Bei den Probanden, die nach Auskunft aus dem Bundeszentralregister vor der Bezugsentscheidung nur ein Mal mit einer Sanktion belegt wurden, lag mit 9,1 % nur selten ein Diebstahl der Sanktionierung zugrunde. Vielmehr beging mit 30,3 % die Mehrheit dieser Probanden Sexualdelikte.

Bei mehr als der Hälfte (56,3 %) der 32 einschlägig vorbestraften Probanden lag der Deliktsschwerpunkt bei den Sexualdelikten. Von einem weiteren Viertel (25,0 %) der Probanden wurden mehrheitlich Diebstahlsdelikte begangen. Daneben lagen den Sanktionierungen bei 6,3 % der Probanden sonstige Eigentums- und Vermögensdelikte und bei weiteren 3,1 % Körperverletzungen zugrunde. Bei den verbleibenden Probanden (9,4 %) konnte kein Deliktsschwerpunkt festgestellt werden. D.h. die Probanden legten sich bei den begangenen Straftaten nicht auf einen Deliktsbereich fest.

(2) Einschlägige Vorstrafen

Das schwerste Sexualdelikt war für mehr als die Hälfte (53,1 %) der einschlägig vorbestraften Probanden der sexuelle Missbrauch von Kindern gem. § 176. Bei 64,7 % dieser Probanden handelte es sich insoweit um Taten mit Körperkontakt nach §§ 176 Absatz 1, 176 Absatz 1 Nr.3 a.F.[530] oder § 148 StGB/DDR[531], wobei drei Probanden sogar einen besonders schweren Fall gem. § 176 Absatz 3 a.F. verwirklichten. Ob die Probanden den Beischlaf vollzogen, das Kind bei der Tat körperlich schwer misshandelten oder sonstige, nicht in Nr.1 und 2 genannten erschwerende Umstände vorlagen, konnte den Auskünften aus dem Bundeszentralregister nicht entnommen werden. Bei den verbleibenden 35,3 % der Probanden war das schwerste einschlägige Delikt ein sexueller Missbrauch von Kindern ohne Körperkontakt gem. § 176 Absatz 5 a.F. Hierbei handelte es sich um exhibitionistische Handlungen und das Vorzeigen pornographischer Abbildungen oder Darstellungen. Für einen Täter war mangels Angabe der verwirklichten Nummer im Bundeszentralregister nicht erkennbar, welche Tat er genau begangen hatte.

Tabelle 9: Delikte der einschlägigen Vorstrafen (n = 31)

	Häufigkeit	als schwerstes Delikt	
	N	N	in %
Sexueller Missbrauch von Kindern	30	17	53,1
besonders schwerer Fall gem. § 176 Absatz 3 a.F.	3	3	9,4
ohne Körperkontakt gem. § 176 Absatz 5 a.F.	13	6	18,8
sexuelle Nötigung	5	4	12,5
Vergewaltigung	3	3	9,4
Exhibitionismus / Erregung öffentlichen Ärgernisses	15	6	18,8
Besitz kinderpornographischer Schriften	1	1	3,1
Zuhälterei	1	1	3,1
schwere Unzucht zwischen Männern[532]	2	-	-

530 Durch das erste Strafrechtsreformgesetz vom 25.6.1969 (BGBl. I, 645) geändert. Hiernach machte sich strafbar, wer mit Personen unter 14 Jahren unzüchtige Handlungen vornimmt oder dieselben zur Verübung oder Duldung unzüchtige Handlungen verleitet.

531 Nach dieser Norm machte sich strafbar, wer ein Kind (noch nicht 14 Jahre) zu sexuellen Handlungen missbrauchte.

532 Dies sind von dem aufgehobenen § 175a a.F. erfasste Delikte. Danach macht sich ein Mann über 21 Jahre strafbar, wenn er eine männliche Person unter 21 Jahren verführt, mit ihm Unzucht zu treiben oder sich von ihm zur Unzucht missbrauchen zu lassen.

Von weiteren 21,9 % der einschlägig vorbestraften Probanden wurde das schwerste Sexualdelikt unter Anwendung von Gewalt oder Drohung mit gegenwärtiger Gefahr für Leib und Leben begangen. Überwiegend waren dies Straftaten nach § 178 a.F. oder § 122 StGB/DDR[533]. Bei drei der sieben Probanden kam es sogar zum außerehelichen Beischlaf, so dass der Tatbestand der Vergewaltigung gem. § 177 a.F.[534] gegeben war.

Bei einem genauso großen Anteil (21,9 %) der einschlägig vorbestraften Probanden war das schwerste Sexualdelikt ein solches ohne Körperkontakt, wie die Vornahme exhibitionistischer Handlungen gem. § 183, die Vornahme sexueller Handlungen in der Öffentlichkeit gem. § 124 StGB/DDR oder nach § 184 Absatz 5 Satz 2 der Besitz pornographischer Schriften, die den sexuellen Missbrauch von Kindern zum Gegenstand haben.

cc) Verhängte Sanktionen

Die Verteilung der schwersten verhängten strafrechtlichen Sanktion vor der Bezugsentscheidung ist in Abbildung 6 dargestellt. Es überwiegt mit 32,7 % die Jugend- oder Freiheitsstrafe, deren Strafvollstreckung nicht zu Bewährung ausgesetzt wurde. Für acht Probanden, d.h. 7,5 % der Vorbestraften, wurde neben der Verhängung einer Jugend- oder Freiheitsstrafe ohne Bewährung auch eine Maßregel der Besserung und Sicherung angeordnet: Bei fünf Probanden die Unterbringung in einem psychiatrischen Krankenhaus gem. § 63, bei zwei Probanden die Unterbringung in einer Entziehungsanstalt gem. § 64 und bei einem Probanden sowohl in einem Verfahren die Unterbringung in einem psychiatrischen Krankenhaus gem. § 63 als auch in einem weiteren Verfahren die Unterbringung in der Sicherungsverwahrung gem. § 66.

Es folgt ein Anteil von 26,2 % der vorbestraften Probanden, die bereits mindestens ein Mal zu einer Freiheitsstrafe mit Strafaussetzung zur Bewährung verurteilt wurden. Bei 25,2 % der vorbestraften Probanden war eine Geldstrafe und bei weiteren 15,9 % der Probanden Erziehungsmaßregeln oder Zuchtmittel die schwerste verhängte Sanktion vor der Bezugsentscheidung. Bei fünf Probanden kam es auch hierbei zu einem Freiheitsentzug, weil sie mit einem Jugendarrest belegt wurden.

---

[533] § 122 Absatz 1 StGB/DDR: „Wer einen Menschen mit Gewalt oder durch Drohung mit einem schweren Nachteil oder durch Ausnutzung einer Notlage oder Mißbrauch seiner gesellschaftlichen oder beruflichen Funktion oder Tätigkeit zur Duldung oder Vornahme sexueller Handlungen zwingt, wird ... bestraft."

[534] Die bis zum 33. StrÄndG vom 5.7.1997 geltende Fassung.

Abbildung 4: Schwerste Sanktion der Vorstrafen (n = 104)

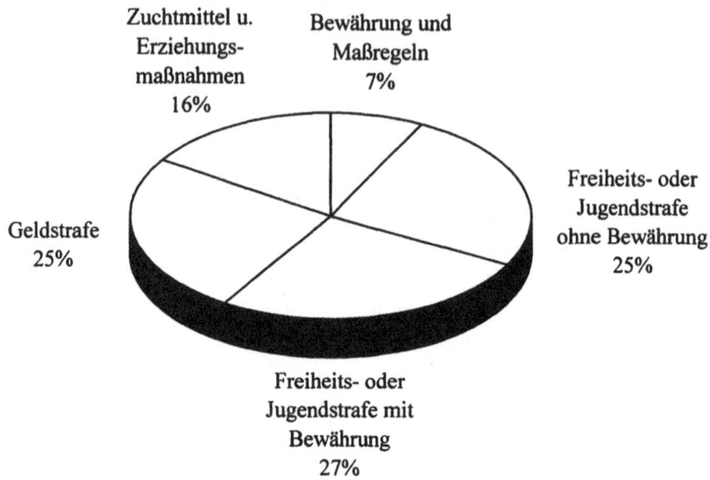

Die einschlägig vorbestraften Probanden erhielten wegen der Begehung von Sexualdelikten als schwerste Sanktion überwiegend eine Jugend- oder Freiheitsstrafe. Bei 37,5 % der Probanden handelte es sich um eine Jugend- oder Freiheitsstrafe ohne Strafaussetzung zur Bewährung, wobei für 50 % dieser Probanden[535] daneben auch eine Maßregel der Besserung und Sicherung angeordnet wurde. Bei weiteren 43,8 % der einschlägig vorbestraften Probanden sprach das Gericht eine Jugend- oder Freiheitsstrafe aus, deren Vollstreckung zur Bewährung ausgesetzt wurde. Eine Geldstrafe erhielten 15,6 % der Probanden und nur ein Proband Erziehungsmaßregeln oder Zuchtmittel als schwerste Sanktion.

Insgesamt 58,9 % der vorbestraften Probanden wurden vor der Bezugsentscheidung bereits mindestens einmal zu einer Jugend- oder Freiheitsstrafe verurteilt. Die längste Jugend- oder Freiheitsstrafe betrug durchschnittlich aM = 28,56 Monate. Der Median liegt hierbei jedoch bei Md = 18 Monaten und die Standardabweichung beträgt s = 28,571. Aus diesen Werten ergibt sich, dass die Probanden zwar durchschnittlich zu 2,4 Jahren Jugend- oder Freiheitsstrafe verurteilt wurden, die Mehrheit der Probanden jedoch eine geringe Strafe auferlegt bekam. So wurden 66,7 % der Probanden maximal mit einer 2-jährigen Jugend- oder Freiheitsstrafe belegt, bei 58,7 % der Probanden betrug die längste Jugend- oder Freiheitsstrafe sogar nur maximal 1 ½ Jahre.

---

[535] 18,8 % der einschlägig vorbestraften Probanden.

Abbildung 5: Dauer der längsten vor der Bezugsentscheidung verhängten Jugend- oder Freiheitsstrafe

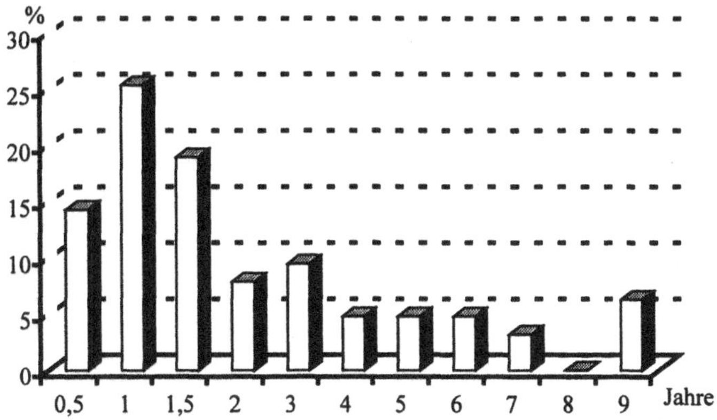

Durchschnittlich wurden je Proband aM = 3,59 Jugend- oder Freiheitsstrafen verhängt, wobei der Median bei Md = 2 verhängten Jugend- oder Freiheitsstrafen liegt und die Standardabweichung s = 3,310 beträgt. Das Maximum lag bei einem Probanden, der zu 14 aus dem Bundeszentralregister ersichtlichen Freiheitsstrafen verurteilt wurde. Bei den vorbestraften Probanden, die bereits zu Jugend- oder Freiheitsstrafe ohne Strafaussetzung zur Bewährung verurteilt wurden, betrug die durchschnittliche Anzahl der ohne Strafaussetzung zur Bewährung verhängten Jugend- oder Freiheitsstrafen aM = 3,11, wobei der Median bei Md = 2 Jugend- oder Freiheitsstrafen ohne Bewährung liegt und die Standardabweichung s = 2,506 beträgt. Maximal wurden neun Freiheitsstrafen ohne Strafaussetzung zur Bewährung für einen Probanden ausgesprochen.

dd) Hafterfahrung

Vor der Bezugsentscheidung waren 34,6 % der vorbestraften Probanden bereits schon mindestens einmal im Strafvollzug. Dass dieser Anteil größer ist, als der Anteil der Probanden, die vor der Bezugsentscheidung zu mindestens einer Jugend- oder Freiheitsstrafe ohne Strafaussetzung zur Bewährung verurteilt wurden, stellt keinen Widerspruch dar. Der höherer Anteil ist auf erfolgte Widerrufe der zur Bewährung ausgesetzten Freiheitsstrafen zurückzuführen.

Die Berechnung der Gesamtdauer der Vorhaftaufenthalte gestaltete sich bei Strafrestaussetzungen als auch bei noch nicht erledigten Strafvollstreckungen der Jugend- oder Freiheitsstrafen recht schwierig.[536] Bei Jugend- oder Freiheitsstrafen mit einer Strafrestaussetzung ohne Widerruf wurden deshalb zwei Drittel der verhängten Jugend- oder Freiheitsstrafe und bei fehlender Erledigung der Vollstreckung der Zeitraum zwischen Rechtskraft des Urteils, durch das die betreffende Strafe verhängt wurde und der Bezugsentscheidung bei der Berechnung berücksichtigt. Damit handelt es sich bei der errechneten Gesamtdauer der Voraufenthalte im Strafvollzug für einige Probanden nur um Näherungswerte, was bei den nachfolgenden Ausführungen berücksichtigt werden muss.

Die 37 Probanden mit Voraufenthalten im Strafvollzug verbrachten durchschnittlich aM = 57,19 Monate in Haft, wobei der Median bei Md = 35 Monaten liegt und die Standardabweichung s = 58,767 beträgt. Ein großer Anteil der Probanden hatte Haftstrafen bis zu insgesamt einem Jahren verbüßt. Bis zu einem Jahr verbrachten 32,4 % und bis zu zwei Jahren 10,8 % der Probanden in Haft.

Anders als in den Medien oft verbreitet, handelt es sich bei den mit an oder vor Kindern begangenen Sexualstraftaten auffälligen Personen nicht um größtenteils einschlägig vorbestrafte Personen. Nur ein sehr geringer Anteil von 11,4 % der Probanden ist bereits wegen Sexualdelikten und weitere 26,7 % der Probanden

Abbildung 6: Gesamtdauer der Voraufenthalte im Strafvollzug

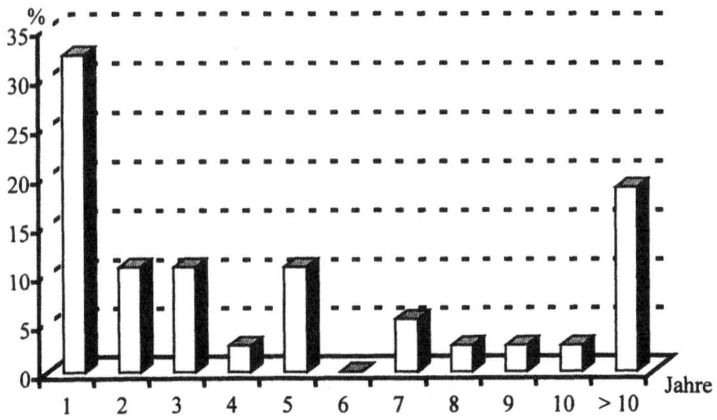

[536] Diese Schwierigkeiten wurden bereits oben bei der Begriffsbestimmung des Bewährungszeitraumes erörtert. Vgl. E.I.4.

wegen nicht einschlägiger Delikte vor der Bezugsentscheidung verurteilt worden. Den Deliktsschwerpunkt bei den Vorstrafen lag dabei überwiegend bei dem Diebstahl und damit bei einem nicht gewalttätigem Delikt. Bei den Sanktionen überwog jedoch die Verhängung einer Freiheitsstrafe. Von den einschlägig Vorbestraften erhielten sogar 81,3 % bereits vor der Bezugsentscheidung eine Freiheitsstrafe.

2. Merkmale der Bezugstat und Täter-Opfer-Beziehung

a) Angaben über die Opfer

Von den Bezugstaten, die den durchgeführten Strafverfahren zugrunde lagen, waren durchschnittlich aM = 1,67 Kinder betroffen, wobei der Median bei Md = 1 geschädigtem Kind liegt und die Standardabweichung s = 1,278 beträgt. In 64,9 % der Strafverfahren wurde nur ein geschädigtes Kind ermittelt. Maximal wurden in einem einzigen Strafverfahren 10 Geschädigte notiert.

Bei den 10 geschädigten Kindern handelte es sich um Mädchen, die der Proband zu sich in die Wohnung einlud. Der Proband bat sie dort, sich ausziehen und machte dabei Fotos. Außerdem hat er sie an der Wange gestreichelt und geküsst. Die Mädchen besuchten den Probanden trotz dieser Geschehnisse immer wieder, weil sie von ihm Geschenke bekamen.

Durch die Beschränkung auf Taten des sexuellen Missbrauchs von Kindern, lag die obere Altersgrenze bei 13 Jahren. Die jüngsten Opfer waren bei Begehung der Tat gerade erst ein Jahr alt. Im Durchschnitt waren die Kinder aM = 9,30 Jahre alt. Der Median liegt bei Md = 10,00 Jahren und die Standardabweichung beträgt s = 3,007. *Gunder* ermittelte ähnliche Werte.[537] Bei den von ihr untersuchten Strafverfahren waren die Kinder durchschnittlich lediglich ein Jahr älter, was an der gewählten Altersgrenze von 15 Jahren liegt.

Es handelte sich bei den Geschädigten in 68,4 % der Strafverfahren um Mädchen. In 22,9 % der Strafverfahren wurden nur Jungen als Geschädigte ermittelt und in den verbleibenden Strafverfahren waren sowohl Mädchen als auch Jungen von den Taten betroffen. In anderen Untersuchungen wird lediglich zwischen weiblichen und männlichen Opfern und nicht danach, ob von den Straftaten auch beide Geschlechter betroffen waren, unterschieden. Aber auch diese Untersuchungen ermittelten einen sehr großen Anteil an weiblichen Geschädigten.[538]

---

[537] *Gunder* 1999, 271: aM = 10,25 Jahre, Md = 11,0 Jahre.
[538] *Gunder* 1999, 272: 75,2 %; *Langen* 2000, 71: 62 %; *Wolke* 1995, 51: 58,7 %.

Tabelle 10: Opfermerkmale im Vergleich zur PKS

	eigene Untersuchung in %	PKS 1998[539] in %
Alter[540]		
bis unter 6 Jahre	11,4	7,7
6 bis unter 14 Jahre	87,5	92,2
Geschlecht		
weiblich	68,4	74,4
männlich	22,9	25,6
männlich und weiblich	8,8	-

Ein Vergleich der in der vorliegenden Untersuchung ermittelten Werte mit den Angaben in der Polizeilichen Kriminalstatistik zum Alter und Geschlecht der Opfer ergibt lediglich bei dem Anteil weiblicher Geschädigter einen nennenswerten Unterschied. Dieser ist jedoch durch unterschiedliche Erfassungsarten bedingt. In der Polizeilichen Kriminalstatistik wurde das Geschlecht aller betroffenen Opfer bestimmt, so dass sich die Prozentangaben auf die Gesamtzahl der von den Strafverfahren betroffenen Opfer beziehen und dementsprechend keine Kategorie „männlich und weiblich" gebildet werden musste. Außerdem hat es Auswirkungen, wenn in einem Verfahren mehrere Opfer ermittelt wurden, da diese dann alle erfasst wurden. Demgegenüber wurde in der vorliegenden Untersuchung auf die durchgeführten Strafverfahren abgestellt und das Geschlecht der hiervon betroffenen Opfer ermittelt. Waren in einem Strafverfahren sowohl männliche als auch weibliche Kinder betroffen, wurde dies in der Kategorie „männlich und weiblich" erfasst.

b) Täter-Opfer-Beziehung

Die Täter-Opfer-Beziehung wird in den bisherigen Studien meist in den drei Kategorien „verwandt", „bekannt" und „fremd" angegeben. Hiermit verbinden sich jedoch mehrere Probleme.[541] Häufig besteht kein einheitliches Verständnis die-

---

539 Polizeiliche Kriminalstatistik 1998, Tabelle 91, S.3.

540 In drei Strafverfahren konnte das Alter des Opfers bei Tatbegehung nicht ermittelt werden, da aufgrund nur vager Vermutungen nicht festgestellt werden konnte, wann die Straftaten begangen wurden.

541 Zur Kritik an der Dreiteilung *Baurmann* 1996, 249.

ser drei Begriffe. Insbesondere bei der Abgrenzung von Verwandtschaft und Bekanntschaft sind Differenzen festzustellen. So ordnet *Gunder* den Lebensgefährten der Mutter des Opfers und den Cousin in die Gruppe „bekannt“ ein[542], während *Elz* diese in die Gruppe „verwandt“ einordnet[543]. Außerdem ist die Aussagekraft durch die Dreiteilung stark begrenzt, da die Nähebeziehung zwischen Täter und Opfer damit nicht immer zum Ausdruck gebracht werden kann. Ein Bekannter, wie beispielsweise ein guter Freund oder die Kindergärtnerin bzw. Lehrerin, kann dem Kind weitaus näher stehen als ein Verwandter, zu dem nur sehr selten Kontakt besteht.

In der vorliegenden Untersuchung orientiert sich die „Verwandtschaft“ wie auch in der Polizeilichen Kriminalstatistik an dem Angehörigenbegriff des § 11 Absatz 1 Nr.1. Da nach dieser Vorschrift Pflegeeltern und Pflegekinder Angehörige sind, wurde in der Gruppe „Verwandtschaft“ ebenfalls der im Haushalt lebende Freund der Mutter erfasst. Um innerhalb dieser Gruppe noch weiter nach der bestehenden Nähebeziehung differenzieren zu können, wurde außerdem erfasst, ob es sich um eine Eltern-Kind-Beziehung handelte, d.h. das Opfer ein leibliches, adoptiertes oder angenommenes Kind des Probanden war, oder ein anderes Angehörigenverhältnis bestand.

Tabelle 11: Täter-Opfer-Beziehung im Vergleich zur PKS

	eigene Untersuchung in %	**PKS 1998[544] in %**
verwandt	27,3	11,3
Elternteil	19,2	-
sonstige Verwandtschaft	8,1	-
bekannt	41,1	30,1
fremd	31,6	49,0

542 *Gunder* 1999, 275 f.

543 *Elz* 2001, 118.

544 Polizeiliche Kriminalstatistik 1998, Tabelle 92, S.2. Die Polizeiliche Kriminalstatistik unterscheidet die Kategorien „Verwandtschaft“, „Bekanntschaft“, „Landsmann“, „flüchtige Vorbeziehung“, „keine Vorbeziehung“ und „ungeklärt“. Bei dem „Landsmann“ handelt es sich um einen Ausländer, der die gleicher Staatsangehörigkeit wie das Opfer hat, aber nicht mit diesem verwandt oder bekannt ist (Polizeiliche Kriminalstatistik 1998, Vorbemerkung zu Tab.92). Diese Kategorie ergibt mit der „keine Vorbeziehung“ in der Tabelle die Gruppe fremd. Die Kategorie „flüchtig Vorbeziehung“ wurde zur „Bekanntschaft“ hinzugerechnet.

Wie aus den in Tabelle 11 dargestellten Ergebnissen ersichtlich, sind die Geschädigten dem Probanden überwiegend bekannt. Hierbei handelte es sich um Kinder von befreundeten bzw. bekannten Personen oder Kinder aus der Nachbarschaft. Ein Verwandtschaftsverhältnis bestand hingegen bei den wenigsten Probanden. War ein solches jedoch vorhanden, handelte es sich sehr häufig um eine Eltern-Kind-Beziehung.

Aus der Polizeilichen Kriminalstatistik ergibt sich für den sexuellen Missbrauch von Kindern ein etwas anderes Bild hinsichtlich der Täter-Opfer-Beziehung. Bei fast der Hälfte der ermittelten Tatverdächtigen handelte es sich um für die Geschädigten fremde Personen. Der in der vorliegenden Untersuchung ermittelte geringere Anteil von dem Opfer fremden Probanden ist mit der Stichprobenziehung verbunden. Nicht einbezogen wurden alle Verfahren gegen unbekannte Personen, die damit dem Opfer auch fremd waren. Bei einem Vergleich der durch die vorliegenden Untersuchungen ermittelten Ergebnisse mit anderen Studien werden demgegenüber Übereinstimmungen deutlich: Der größte Anteil der Probanden war den Geschädigten bekannt, dem schloss sich ein etwas geringerer Anteil den Geschädigten fremder Probanden an und der geringste Anteil der Probanden war mit dem Opfer verwandt.[545]

Im Rahmen der Täter-Opfer-Beziehung ist jedoch nicht allein von Interesse, ob der Proband mit dem Opfer bekannt oder verwandt war. Vielmehr stellt sich auch die Frage, ob der Probanden und Opfer zum Tatzeitpunkt in einem Haushalt zusammen lebten. Dies dürfte zum einen die Durchführung der Tat erleichtert haben und zum anderen aber auch mit einem strafzumessungsrechtlich sicherlich relevanten Vertrauensbruch einhergegangen sein. 17,5 % der Probanden der Stichprobe lebten zum Tatzeitpunkt mit dem Opfer zusammen. Demzufolge lebten nicht alle mit den Opfern verwandte Probanden auch mit den Opfern in einem Haushalt zusammen. Das ist darauf zurückzuführen, dass bei einem Tatvorwurf gegen den Vater das betroffene Kind oft bei der vom Probanden getrennt lebenden Mutter wohnte.

---

545 *Gunder* 1999, 276: 40,6 % Bekannte, 30,1 % Fremde, 29,4 % Verwandte; *Langen* 2000, 59: 45,3 % Bekannte, 35,2 % Fremde, 14,8 % Verwandte (Bei 4,7 % der Probanden fehlten die Angaben zur Beziehung zwischen Beschuldigtem und Opfer.); *Wolke* 1995,64: 38,4 % Bekannte, 34,4 % Fremde, 25,6 % Verwandte (1,6 % der Beschuldigten waren nicht ermittelbar, so dass sie keiner Kategorie zugeordnet werden konnten.).

c) *Durchführung der Bezugstat*

aa) *Geschehen bei der Tatbegehung*

(1) *Intensität der sexuellen Handlung*

Im Kapitel A. wurde bereits dargestellt, wie vielfältig die Handlungen eines sexuellen Missbrauchs von Kindern sind. Deshalb ist es schwierig, die Begehungsarten in Kategorien zu unterteilen. Bei der Auswertung der Strafverfahrensakten wurden die sexuellen Übergriffe zunächst in 10 verschiedenen Kategorien erfasst. Diese Unterteilung eignete sich jedoch nicht für die durchzuführenden Berechnungen, so dass die verschiedenen Begehungsarten in folgende drei Gruppen eingeordnet wurden: „Sexuelle Handlungen ohne Körperkontakt", „sexuelle Handlungen mit Körperkontakt" sowie „Geschlechtsverkehr und ähnliche Handlungen".[546] In die Gruppe „sexuelle Handlungen ohne Körperkontakt" fallen alle exhibitionistischen Handlungen, aber auch telefonische Belästigungen und das Vorzeigen pornographischer Abbildungen. Als geschlechtsverkehrsähnliche Handlungen wurden alle oral-genitalen Kontakte, Penetrationen und das Berühren des Geschlechtsteils zur Befriedigung des Probanden durch das Kind als auch des Kindes durch den Probanden verstanden. In die Kategorie „sexuelle Handlungen mit Körperkontakt" fallen alle verbleibenden Handlungen mit Körperkontakt, die nicht von der Gruppe „Geschlechtsverkehr und ähnliche Handlungen" erfasst wurden, wie beispielsweise das Berühren der Brüste. Dabei ergeben sich die in Tabelle 12 dargestellten Häufigkeiten.

Tabelle 12: Intensität der sexuellen Handlung

	Verfahren der Stichprobe in %
sexuelle Handlungen ohne Körperkontakt	27,9
sexuelle Handlungen mit Körperkontakt	39,7
Geschlechtsverkehr und ähnliche Handlungen	26,3
unbekannt[547]	6,1

[546] So auch *Gunder* 1999, 279. Zu anderen Unterteilungen vgl. *Langen* 2000, 57; *Baurmann* 1996, 333; *Bange/Deegener* 1996, 135.

[547] In 18 Strafverfahren wurden sexuelle Missbrauch des Kindes mit Körperkontakt von den Eltern, anderen Verwandten oder Bekannten des Kindes vermutet. Eine genaue Begehungsart konnte jedoch nicht ermittelt werden, da das Kind selbst aufgrund des Alters noch keine Angaben machen konnte, sich nicht äußern wollte oder einen sexuellen Missbrauch verneinte.

Ähnliche Werte wie in der vorliegenden Untersuchung wurden auch in der Untersuchung von *Gunder* hinsichtlich der in drei Kategorien untergliederten Begehungsarten des sexuellen Missbrauchs ermittelt: Der Anteil der sexuellen Handlungen ohne Körperkontakt mit 25,7 % war genauso niedrig wie der Anteil von 27,2 % in der Kategorie Geschlechtsverkehr und ähnliche Handlungen; in den meisten Fällen handelte es sich um sexuelle Handlungen mit Körperkontakt.[548] In der Untersuchung von *Elz* lagen sexuelle Handlungen ohne Körperkontakt sogar nur in 16 % den Verfahren zugrunde.[549] Der geringe Anteil der sexuellen Handlungen ohne Körperkontakt überrascht nicht, da Verfahren gegen unbekannte Personen nicht in den Untersuchungen berücksichtigt wurden. Diesen Verfahren werden vermutlich vor allem exhibitionistische Handlungen oder telefonische Belästigungen zugrunde liegen, so dass in der strafrechtlichen Praxis der Anteil der sexuellen Handlungen ohne Körperkontakt wesentlich höher ist.[550]

(2) Mittel zur Zielerreichung der Probanden

Mit der Variable „Mittel zur Zielerreichung" wurden die Strategien der Probanden erhoben, welcher sie sich bedienten, um das von ihnen angestrebte Ziel zu erreichen. Die Häufigkeitsverteilung ist in Tabelle 13 aufgeführt.

Zum größten Teil nahmen die Probanden die sexuellen Handlungen ohne Einsatz irgendwelcher „Mittel" vor oder forderten das Kind auf, die entsprechenden

Tabelle 13: Mittel zur Zielerreichung der Probanden

	Verfahren der Stichprobe	
	N	%
Tat einfach durchgeführt	182	61,3
einfache Aufforderung	30	10,1
Versprechungen / Geschenke	21	7,1
psychischer Druck	12	4,0
Drohung / körperliche Gewalt	29	9,8
unbekannt	23	7,7

548 *Gunder* 1999, 280.
549 *Elz* 2001, 116.
550 Vgl. *Elz* 2001, 117; *Gunder* 1999, 280.

Handlungen vorzunehmen, ohne Konsequenzen in Aussicht zu stellen. Bei 34,6 % der unter diesen Umständen begangenen Sexualstraftaten wurde von dem Proband mit dem Kind kein Körperkontakt aufgenommen. In weiteren 45,5 % der Straftaten kam es zu sexuellen Berührungen, häufig aber nur über der Kleidung. Nur in den verbleibenden 19,9 % dieser Verfahren ergaben die Ermittlungen, dass die Probanden den Beischlaf vollzogen oder geschlechtsverkehrsähnliche Handlungen vorgenommen hatten. Erwähnenswert an dieser Stelle erscheint jedoch, dass dies bereits die Hälfte der insgesamt durchgeführten Geschlechtsverkehre ist, d.h. die Probanden bei der Vornahme des Geschlechtsverkehrs in der Hälfte der Fälle keine Zwangs- oder Lockmittel verwendeten.

Der Einsatz von Zwangsmitteln, d.h. psychischer Druck, Drohungen und körperliche Gewalt konnte lediglich in 14,8 % der durchgeführten Strafverfahren ermittelt werden. In 56,1 % dieser Fälle wurde der Geschlechtsverkehr vollzogen oder ähnliche sexuelle Handlungen vorgenommen. Eine Vergewaltigung im strafrechtlichen Sinn, d.h. unter Gewaltanwendung, lag nur sechs und damit 2,0 % der insgesamt durchgeführten Strafverfahren der Stichprobe zugrunde.

Drei Probanden führten bei den männlichen Geschädigten den Analverkehr durch, zwei andere Probanden vollzogen den Beischlaf mit einem Mädchen. In einem weiteren Verfahren wurden zwei Geschädigte ermittelt, wobei der Proband mit seiner Nichte den Geschlechtsverkehr vollzog und bei seinem Neffen den Analverkehr durchführte. Auch bei den übrigen Probanden handelte es sich überwiegend um verwandte Kinder.

(3) Alkoholisierung der Probanden

Bei fast der Hälfte (43,1 %) der Strafverfahren konnte nicht festgestellt werden, ob der Proband bei der ihm vorgeworfenen Tatbegehung unter Rauschmitteleinfluss stand oder nicht. D.h. in den Strafverfahrensakten waren hierzu keine Angaben enthalten. In diesen Fällen wird der Proband mit großer Wahrscheinlichkeit nicht unter dem Einfluss von Alkohol oder illegalen Drogen gestanden haben. Da dies jedoch nicht sicher ist, sollen nur die Strafverfahren betrachtet werden, in denen für den hier interessierenden Bereich Ermittlungen erfolgten.

In 71,0 %[551] der Strafverfahren mit Angaben zum Rauschmitteleinfluss konnte weder der Konsum von Alkohol noch der von illegalen Drogen festgestellt werden. Unter Alkoholeinfluss standen die Probanden in 28,4 %[552] der Strafverfahren und illegale Drogen hatte nur ein Proband zu sich genommen. In der Polizeilichen Kriminalstatistik standen im Jahr 1998 bei den aufgeklärten Fällen

---

[551] 40,4 % der insgesamt durchgeführten Strafverfahren.
[552] 16,2 % der insgesamt durchgeführten Strafverfahren.

10,2 % der Tatverdächtigen unter Alkoholeinfluss und 0,8 % hatten harte Drogen konsumiert.[553] Aus diesem Vergleich ist nicht zu schließen, dass der Anteil der unter Alkoholeinfluss stehenden Probanden der Stichprobe besonders hoch ist. Es ist eher davon auszugehen, dass in den Verfahren ohne Angaben zur Alkoholisierung der Probanden gerade kein Anhaltspunkte für einen Alkoholgenuss vor der Tat seitens des Probanden vorgelegen haben.

Die bei der Tatbegehung unter Rauschmitteleinfluss stehenden Probanden wiesen zwar gegenüber den nicht berauschten Probanden hinsichtlich der Intensität der sexuellen Handlung keinen signifikanten Unterschied[554] auf. Beim Einsatz von Zwangsmitteln ergab sich dagegen ein signifikanter Unterschied[555]. Die Alkoholisierung der Probanden führte aber nicht, wie vielleicht erwartet wird, zur häufigeren Anwendung von Zwangsmitteln. Im Gegensatz zu dieser Erwartung wandten die zur Tatzeit unter Rauschmitteleinfluss stehenden Probanden weniger Zwangsmittel an als die nicht alkoholisierten Probanden.

(4) Verhalten der Geschädigten

Bei der Auswertung der Strafverfahrensakten wurde ferner das Verhalten der Kinder bei der Tatbegehung erfasst, da es einen Unterschied macht, ob der Proband Widerstand überwinden musste oder die Initiative demgegenüber sogar von den Kindern ausging.

Wie aus der Tabelle 14 hervorgeht, hat sich ein großer Teil der Kinder gegen die sexuellen Handlungen zur Wehr gesetzt bzw. ist weggelaufen. In diesen Fällen waren die Probanden mehrheitlich für die Kinder fremde Personen, die sexuelle Handlungen ohne Körperkontakt vornahmen oder das Kind nur über der Kleidung berührten. In derartigen Konstellationen ist eine Gegenwehr auch leicht möglich.

Mit 51,6 % setzte sich ein größerer Anteil der Kinder jedoch nicht gegen den Täter zur Wehr. Hierbei wurde von den Probanden am häufigsten der Geschlechtsverkehr oder ähnliche sexuelle Handlungen durchgeführt. Außerdem handelte es sich nur in wenigen Fällen um den Kindern fremde Probanden. Bei bekannten oder gar verwandten Personen wird das Kind bei Gegenwehr vermutlich mit Konsequenzen rechnen und deshalb das Geschehen über sich ergehen lassen. Es kann eine Bestrafung sowohl durch körperliche Gewalt als auch durch

[553] Polizeiliche Kriminalstatistik 1998, Tab.12, S.1.
[554] $\chi^2 = 1{,}711$, df = 2, p = 0,425.
[555] $\chi^2 = 4{,}218$, df = 1, p = 0,040; phi = - 0,160.

Tabelle 14: Verhalten der Geschädigten bei Tatbegehung

	Verfahren der Stichprobe in %
Weglaufen / Gegenwehr	41,1
Duldung	39,1
Entgegenkommen	5,4
aktive Beteiligung	7,1
Tat nicht wahrgenommen	0,3
unbekannt[556]	7,1

Zurückweisung befürchtet haben, auch wenn der Täter diese nicht in Aussicht gestellt hat.

Die genannten Unterschiede sind nicht rein zufällig. Sowohl die Intensität der sexuellen Handlung als auch die Täter-Opfer-Beziehung stehen in einem höchst signifikanten Zusammenhang mit dem Verhalten der Kinder bei der Tatbegehung. Mit Zunahme der Intensität der sexuellen Handlung[557] als auch des Bekanntheitsgrades zwischen Proband und geschädigtem Kind[558] nahm die Gegenwehr der Kinder ab.

bb) Dauer und Häufigkeit der Tatbegehung

Den durchgeführten Strafverfahren lagen zu 54,5 % einmalige sexuelle Übergriffe zugrunde. Bei mehrmaliger Begehung der Sexualstraftaten konnte die genaue Anzahl meist nicht ermittelt werden, da sich die Taten über einen sehr langen Zeitraum erstreckten, der bis zu 10 Jahren reichte und die Kinder sich nicht an die genaue Anzahl der Taten erinnern konnten, ferner eine Errechnung aufgrund der fehlenden Regelmäßigkeit der Übergriffe nicht immer möglich war. Falls es in derartigen Fällen zu einer Anklage kam, wurde diese auf eine geringe Anzahl von Taten beschränkt.

Die Zeitspanne, über die sich die sexuellen Übergriffe erstreckten, betrug bei wiederholten Tatbegehungen durchschnittlich aM = 19 Monate. Der Median lag jedoch bei Md = 6 Monaten und damit erheblich unter dem Durchschnittswert.

---

[556] Das Kind hat geschlafen, während der Proband es unsittlich berührte.

[557] $\chi^2 = 41{,}594$, df = 2, p = 0,000; r = - 0,379.

[558] $\chi^2 = 59{,}739$, df = 2, p = 0,000; r = - 0,440.

Es handelt sich demnach um eine linksschiefe Verteilung, bei der sich 46,6 % der wiederholten Tatbegehungen auf einen Zeitraum von bis zu 6 Monaten erstreckten. Die restlichen Taten dehnten sich auf einen Zeitraum bis zu 120 Monaten aus.

Erwartungsgemäß überwogen bei mehrmaliger Deliktsbegehung schwerwiegendere Delikte und der Anteil der den Kindern verwandten bzw. bekannten Probanden.[559] In Strafverfahren, denen wiederholte Taten zugrunde lagen, erfolgten nur 16,3 % der sexuellen Übergriffe ohne Körperkontakt und in 10,4 % der Strafverfahren war dem betroffenem Kind der Proband fremd. Der Zusammenhang sowohl hinsichtlich der Begehungsart[560] als auch des Bekanntheitsgrades zwischen Proband und dem betroffenem Kind[561] ist auch hierbei höchst signifikant.

d) Tätertypen

Mithilfe der Variablen „Intensität der sexuellen Handlung" und „Täter-Opfer-Beziehung" lassen sich die Probanden in drei verschiedene Tätergruppen einordnen: Inzesttäter, Pädophile und Exhibitionisten. Diese Einteilung gründet sich jedoch nicht auf existierende Typologien bzw. Klassifizierungen von Sexualstraftätern[562] oder den oft damit verbundenen Erklärungsmodellen bzgl. des Vorkommens von sexuellem Missbrauch von Kindern[563]. Hierfür wären detaillierte Kenntnisse über die Entwicklung, Persönlichkeit und Motive der Probanden erforderlich, die durch eine Strafaktenanalyse nicht gewonnen werde können. Bei der Darstellung der biographischen Merkmale der Probanden ist bereits aufgefallen, dass über die Vergangenheit des Probanden und auch zu der gegenwärtigen Lebenssituation nur sehr wenig Angaben in den Strafverfahrensakten vorhanden waren.[564] Über die Motive der Probanden war nur in den seltenen Fällen etwas zu erfahren, in denen eine psychiatrisch-psychologische Begutachtung erfolgte, was jedoch sehr selten erfolgte.[565]

---

559 Vgl. *Elz* 2001, 125; *Gunder* 1999, 282; *Nixdorf* MschrKrim 1982, 90.

560 $\chi^2 = 41{,}279$, df = 2, p = 0,000; r = 0,353.

561 $\chi^2 = 77{,}820$, df = 2, p = 0,000; r = 0,510.

562 Die wohl bekanntesten Tätertypologien im deutschsprachigen Raum sind von *Beier* 1995; *Berner* 2001, 503 f.; *Braütigam/Clement* 1989, 140 ff.; *Lautmann* 1994; *Rehder* MschrKrim 1996, 374; *Schorsch* 1971.

563 Umfassende Übersichten zu den verschiedenen Erklärungsansätzen im Bereich des sexuellen Missbrauchs von Kindern sind mit weiteren Nachweisen zu finden zuletzt bei *Bange/Deegener* 1996, 51 ff.; *Bundschuh* 2001, 95 ff.; *Elz* 2001, 105 ff.; *Jäger* 2003, 52 ff.

564 Vgl. F.I.1.a)-c).

565 Vgl. F.I.4.a)dd) und c)cc).

Aus diesem Grund wird eine Unterteilung der Probanden in die drei Gruppen nach den auch in der Untersuchung von *Elz* herangezogen Kriterien vorgenommen.[566] Zunächst wurden mit der Variable „Intensität der sexuellen Handlung" die Probanden als Exhibitionisten erfasst, die sexuelle Handlungen ohne Körperkontakt vorgenommen haben. Diese Täter sind meist nicht auf kindliche Opfer festgelegt. So lagen den Strafverfahren auch Taten zugrunde, bei denen sich die Probanden vor Müttern und deren sehr jungen Kindern entblößten. Den Bundeszentralregisterauszügen der Probanden war außerdem zu entnehmen, dass sie sich neben der Bezugsentscheidung teilweise auch nur vor Erwachsenen enthüllten. Eine Untersuchung begutachteter Exhibitionisten kommt sogar zu dem Ergebnis, dass die Täter ihre Taten lieber vor Erwachsenen begehen würden, dies ihnen jedoch aufgrund eines mangelnden Selbstwertgefühls nicht möglich sei.[567] Die exhibitionistischen Handlungen unterscheiden sich erheblich von den „eigentlichen" Missbrauchshandlungen, bei denen es zum Körperkontakt zwischen dem Probanden und dem Kind kommt[568], so dass eine eigene Erfassung angemessen erscheint.

Die Probanden, bei denen es zum Körperkontakt mit den betroffenen Kindern kam, wurden durch die Variable „Täter-Opfer-Beziehung" dahingehend unterteilt, ob es sich um inzestuöse oder pädophile Tatbegehungen handelte. Als Inzesttat werden in der vorliegenden Untersuchung solche sexuellen Handlungen verstanden, die im familiären Umfeld vorgenommen werden, d.h. wenn der Proband und das betroffene Kind verwandt waren. Hierbei handelt es sich nicht nur um Straftaten, die unter § 173 fallen. Der hier verwandte Begriff „Inzest" ist weitreichender, weil nicht nur der Beischlaf erfasst wird und der Begriff der Verwandten nicht nur biologisch sondern auch sozial verstanden wird.[569] Als Pädophile wurden alle übrigen Probanden bezeichnet, die ein Kind außerhalb der biologischen oder sozialen Familie sexuell missbraucht haben.

Wie auch in der Untersuchung von *Elz*[570] war der größte Anteil der Probanden in diesem Sinne pädophil. Jedoch war der von *Elz* ermittelte Anteil 13 Prozentpunkte größer als der in der vorliegenden Untersuchung festgestellte. Dafür waren in der Stichprobe, wie aus Abbildung 7 ersichtlich, genauso viele Exhibitionisten wie Inzesttäter vertreten. In der Untersuchung von *Elz* waren demgegenüber mit 16 % deutlich weniger der Täter Exhibitionisten, während es sich in 25 % der Fälle und damit bei einem mit der vorliegenden Untersuchung

566 Vgl. *Elz* 2001, 114 ff.
567 *Bussius* 1996, 37.
568 Vgl. A.IV.1.b).
569 Zum hier verwandten Begriff „Verwandtschaft" vgl. F.I.2.b).
570 *Elz* 2001, 116.

Abbildung 7: Tätertypen

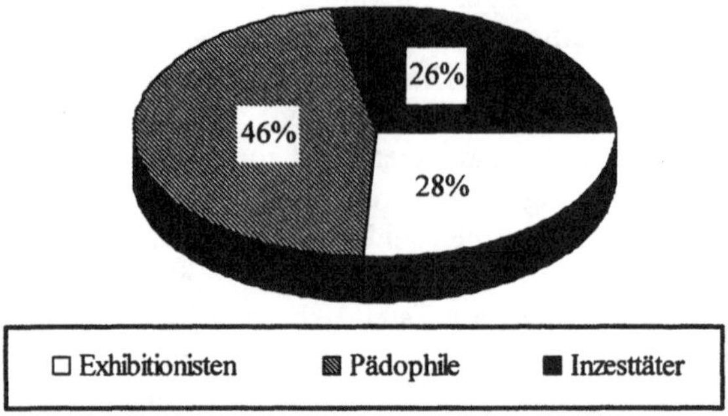

vergleichbaren Anteil um inzestuöse Handlungen handelte. Der geringere Anteil der Exhibitionisten in der Untersuchung von *Elz* kann darauf zurückzuführen sein, dass sie nur verurteilte Täter erfasste. In der vorliegenden Untersuchung wurden auch die eingestellten Verfahren erfasst. Bei den exhibitionistischen Handlungen handelt es sich um die Form des sexuellen Missbrauchs mit dem geringsten Tatunrecht. Deshalb ist davon auszugehen, dass bei Bestehen des hinreichenden Tatverdachts eine Einstellung des Verfahrens bei exhibitionistischen Handlungen häufiger vorgenommen wird als bei den gravierenderen Formen des sexuellen Missbrauchs von Kindern.

Bei einem Vergleich der drei Probandengruppen ließen sich viele Unterschiede hinsichtlich der die Bezugstat betreffenden Merkmalen feststellen, die signifikant und häufig sogar höchst signifikant waren. Nachfolgend werden die vorgefundenen Differenzen dargestellt.

aa) Unterschiede bei ausgewählten Opfern

Die Probandengruppen wiesen bei den Merkmalen Anzahl, Alter und Geschlecht der betroffenen Kinder höchst signifikante Unterschiede auf.[571]

Bei der Anzahl und dem Alter der Opfer waren diese höchst signifikanten Unterschiede jeweils auf eine der drei Probandengruppen zurückzuführen. Von den

---

571 Anzahl: χ^2 = 61,988, df = 2, p = 0,000 (H-Test nach Kuskal und Wallis); Alter: χ^2 = 22,186, df = 2, p = 0,000 (H-Test nach Kuskal und Wallis); Geschlecht: χ^2 = 22,199, df = 4, p = 0,000.

sexuellen Handlungen der Exhibitionisten waren bei der Bezugstat höchst

Tabelle 15: Unterschiede bei Opfermerkmalen

	Exhibitionisten	Pädophile	Inzesttäter
Anzahl			
mehr als ein Opfer	69,5 %	23,4 %	19,5 %
aM	2,46	1,45	1,22
Alter (aM)	9,8 Jahre	9,8 Jahre	7,9 Jahre
Geschlecht			
männlich	22,9 %	27,7 %	14,3 %
weiblich	57,8 %	69,3 %	77,9 %
männlich und weiblich	19,3 %	2,9 %	7,8 %

signifikant mehr Kindern betroffenen als von den Taten der Pädophilen[572] und der Inzesttäter[573]. Was das Alter der Opfer betrifft, unterscheiden sich die Inzesttäter von den beiden anderen Probandengruppen. Während die Opfer sowohl der Exhibitionisten als auch der Pädophilen durchschnittlich 9,8 Jahre alt waren, waren die Opfer der Inzesttäter mit durchschnittlich 7,9 Jahren höchst signifikant[574] jünger.

Hinsichtlich des Geschlechts der Opfer unterscheiden sich alle drei Probandengruppen signifikant, teilweise sogar höchst signifikant, voneinander.[575] Zwar waren bei allen drei Probandengruppen die betroffenen Kinder überwiegend weiblich, jedoch unterschieden sich diese Anteile in ihrer Größenordnung (vgl. Tabelle 15).

bb) Unterschiede bei Täter-Opfer-Beziehung

Da die Einteilung der drei Probandengruppen bereits anhand des Bekanntheitsgrades erfolgte, können die Inzesttäter, die in einem Verwandtschaftsverhältnis

[572] U = 2982,500, Z = -6,577, p = 0,000, r = -0,445.

[573] U = 1423,500, Z = -6,620, p = 0,000, r = -0,527.

[574] Inzesttäter-Exhibitionisten: U = 1952,500, Z = -3,971, p = 0,000, r = -0,318. Inzesttäter-Pädophile: U = 3290,500, Z = -4,352, p = 0,000, r = - 0,300.

[575] Exhibitionisten-Pädophile: χ^2 = 16,735, df = 2, p = 0,000. Exhibitionisten-Inzesttäter: χ^2 = 7,798, df = 2, p = 0,020. Pädophile-Inzesttäter: χ^2 = 6,901, df = 2, p = 0,032.

zum Opfer standen[576], bei den Berechnungen zur Täter-Opfer-Beziehung nicht berücksichtigt werden. Zwischen den Exhibitionisten und den Pädophilen ließ sich insoweit ein höchst signifikanter Unterschied[577] feststellen, als sich die meisten Exhibitionisten (72,3 %) vor fremden Kindern entblößten, während den Pädophilen die von den sexuellen Handlungen betroffenen Kinder in 75,2 % der durchgeführten Strafverfahren bekannt waren.[578] Demzufolge besteht hier ein Zusammenhang zwischen Schwere der Tat und Bekanntheitsgrad.[579]

cc) Unterschiede bei Durchführung der Bezugstat

Ebenso wie bei der Täter-Opfer-Beziehung können bei dem Vergleich der Intensität der sexuellen Handlungen nur zwei Probandengruppen berücksichtigt werden. An dieser Stelle können die Exhibitionisten nicht in die Berechnungen mit einbezogen werden, weil sie bereits anhand des Merkmals „sexuelle Handlungen ohne Körperkontakt" ausgewählt wurden. Zwischen den anderen beiden Probandengruppen wurde ein Unterschied dahingehend festgestellt, dass die Inzesttäter (46,8 %) sehr signifikant häufiger[580] als die Pädophilen (30,7 %) den Geschlechtsverkehr mit ihren Opfern vollzogenen oder ähnliche sexuelle Handlungen vorgenommen hatten. Dieses Ergebnis ist nicht überraschend, da bereits andere Untersuchungen ermittelt haben, dass es bei den untersuchten Inzesttätern vermehrt auch zum Geschlechtsverkehr kam.[581]

Des weiteren ließen sich signifikante Unterschiede in Bezug auf die Häufigkeit[582] und die Dauer[583] der Tatbegehung feststellen.[584] Bei den Inzesttätern lagen den durchgeführten Strafverfahren nur in 19,5 % der Fälle eine einmalige Tatbegehung zugrunde. Sowohl bei den Exhibitionisten mit 73,5 % als auch bei den Pädophilen mit 62,8 % war der Anteil der Verfahren, denen eine einmalige Tatbegehung zugrunde lag, höchst signifikant[585] größer. Zwar besteht auch zwischen dem Anteil der Exhibitionisten und der Pädophilen eine Differenz von über 10 Prozentpunkten, jedoch ist diese nicht signifikant. Dass Inzesttätern sehr

---

576 Vgl. F.I.2.d).

577 $\chi^2 = 53{,}296$, df = 1, p = 0,000, phi = 0,497.

578 Ähnliche Werte ermittelte auch Elz 2001, 119 f.

579 Ebenso bei *Gunder* 1999, 280.

580 $\chi^2 = 10{,}739$, df = 1, p = 0,001, r = 0,234.

581 *Elz* 2001, 120; *Häßler/Schläfke* MschrKrim 1999, 66, 74; *Rehder/Meilinger* KrimPäd 1997, 31, 32 f.

582 $\chi^2 = 53{,}947$, df = 2, p = 0,000.

583 $\chi^2 = 12{,}407$, df = 2, p = 0,002 (H-Test nach Kuskal und Wallis).

584 Vgl. hierzu bereits F.I.2.c)bb).

585 Exhibitionisten: $\chi^2 = 46{,}730$, df = 1, p = 0,000, phi = -0,540. Pädophile: $\chi^2 = 37{,}074$, df = 1, p = 0,000, phi = - 0,416.

häufig wiederholt Taten begehen, kann auf die Verfügbarkeit der Opfer in der Familie als auch auf das Abhängigkeitsverhältnis der Kinder gegenüber einem verwandten Probanden[586] zurückzuführen sein.

Lagen den Strafverfahren wiederholte Tatbegehungen zugrunde, erstreckten sich diese bei den Pädophilen und Inzesttätern über einen signifikant[587] längeren Zeitraum als bei den Exhibitionisten.

3. Verfahrensabschließende Entscheidung

Bevor auf die verschiedenen Stadien des Strafverfahrens genauer eingegangen wird, soll zunächst der Selektionsprozess des Strafverfahrens, dem die Stichprobe unterworfen gewesen ist, aufgezeigt werden. Die verfahrensabschließenden Entscheidungen der Strafverfolgungsbehörden sind in der Abbildung 8 dargestellt. Hervorzuheben ist an dieser Stelle bereits, dass lediglich 37,0 % der Strafverfahren bis zur Hauptverhandlung gelangten und über die Hälfte der Verfahren bereits im Ermittlungsverfahren eingestellt wurden.

a) Ermittlungsverfahren

Bei der das Ermittlungsverfahren abschließenden Entscheidung ist zunächst maßgeblich, ob ein hinreichender Tatverdacht besteht. Der unbestimmte Rechtsbegriff des „hinreichenden Tatverdachts" überlässt der Staatsanwaltschaft einen nicht unerheblichen Beurteilungsspielraum, zumal es sich um eine Prognoseentscheidung handelt.[588] Es stellt sich die Frage, ob nach dem gesamten Akteninhalt bei vorläufiger Tatbewertung die Verurteilung des Beschuldigten mit Wahrscheinlichkeit zu erwarten ist.[589] Die endgültige Aufklärung von Widersprüchen zwischen den Angaben des Beschuldigten und den vorhandenen Beweismitteln muss hierfür jedoch nicht durch die Staatsanwaltschaft erfolgen, sondern kann der Hauptverhandlung überlassen werden.[590]

Verneint die Staatsanwaltschaft den hinreichenden Tatverdacht, muss das Strafverfahren gem. § 170 Absatz 2 StPO eingestellt werden. Dies kann aus sach-

---

[586] Vgl. hierzu bereits F.I.2.c)aa)(4).

[587] Pädophile: $U = 289{,}500$, $Z = -2{,}348$, $p = 0{,}019$, $r = 0{,}289$. Inzesttäter: $U = 220{,}000$, $Z = -3{,}227$, $p = 0{,}001$, $r = 0{,}400$.

[588] *Meyer-Goßner* 2004 § 170 Rn.1.

[589] BGHSt 23, 304, 306.

[590] *Meyer-Goßner* 2004 § 170 Rn.1.

Abbildung 8: Verfahrensabschließende Entscheidung der Strafverfolgungsorgane[591]

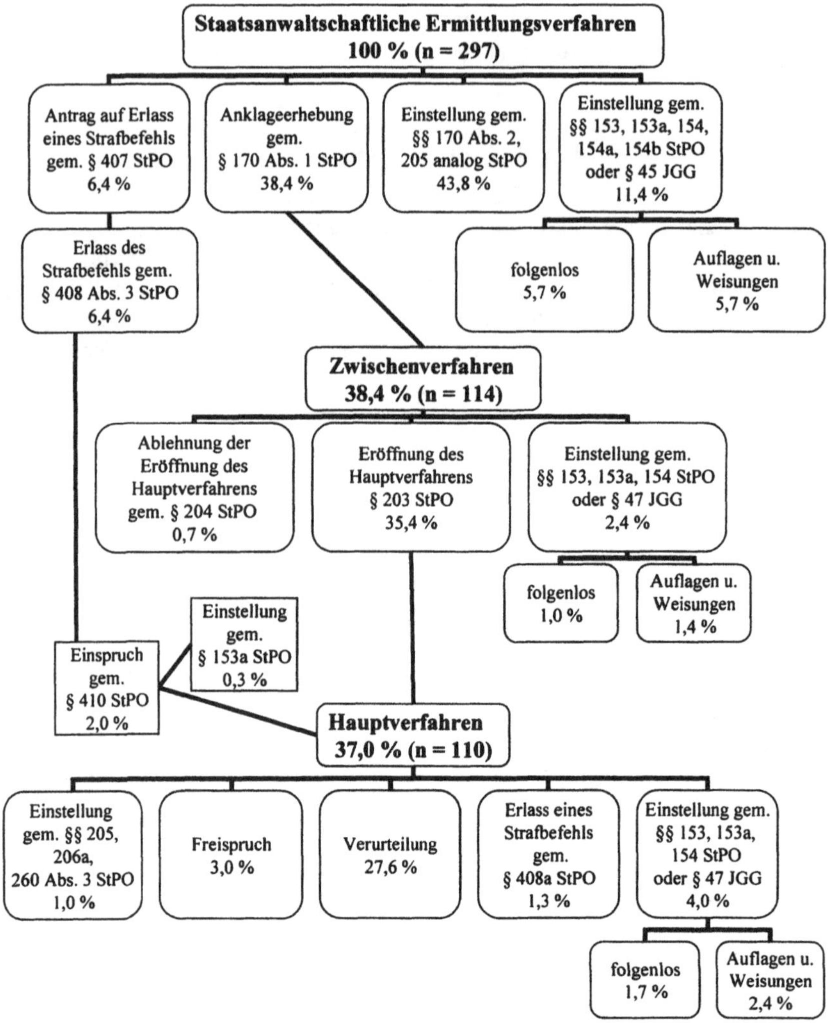

[591] Abweichungen um 0,1 Prozentpunkte sind auf die gerundeten Werte zurückzuführen.

lichen oder rechtlichen Gründen geschehen.[592] Ersteres ist gegeben, wenn die Beweislage nicht ausreichend ist, und letzteres bei vorliegender Schuldunfähigkeit des Beschuldigten oder bei Verjährung. Wird demgegenüber von der Staatsanwaltschaft der hinreichende Tatverdacht bejaht, ist entsprechend dem Legalitätsprinzips gem. § 170 Absatz 1 StPO die Anklage vor dem zuständigen Gericht zu erheben. Neben der Anklageerhebung stehen der Staatsanwaltschaft aber noch weitere Möglichkeiten zur Verfügung. Zum einen kann ein Strafbefehl als eine besondere Art der Klage nach § 407 StPO beantragt und zum anderen kann die Staatsanwaltschaft das Verfahren aus Opportunitätsgesichtspunkten ohne belastende Maßnahmen oder mit belastenden Rechtsfolgen einstellen. Bei dem Strafbefehl handelt es sich um ein summarisches Verfahren ohne Hauptverhandlung und Urteil, das im wesentlichen der Verfahrensbeschleunigung dient.[593] Hierdurch können neben Geldstrafen auch Freiheitsstrafen bis zu einem Jahr, deren Vollstreckung zur Bewährung ausgesetzt wird, festgesetzt werden.

Wie aus Tabelle 16 hervorgeht, unterscheidet sich die Erledigungspraxis der Staatsanwaltschaft bei Verfahren gegen die sexuelle Selbstbestimmung als auch bei dem sexuellen Miss- brauch von Kindern im Besonderen von der allgemei nen Praxis der Verfahrensbeendigung: In den der vorliegenden Untersuchung zugrunde liegenden Strafverfahren erfolgte deutlich häufiger eine Anklageerhebung als dies 1998 bei Strafsachen der sexuellen Selbstbestimmung in Niedersachsen und bei allen 1998 abgeschlossenen Strafverfahren im Bundesgebiet geschah. Während demgegenüber der Anteil der Einstellungen insgesamt jeweils über 50 % lag, gab es auch bei den Einstellungsgründen große Differenzen. Bei den Sexualdelikten in Niedersachsen als auch bei den der vorliegenden Untersuchung zugrunde liegenden Strafverfahren erfolgte die Einstellung fast immer mangels hinreichenden Tatverdachts gem. § 170 Absatz 2 StPO, bei allen 1998 im Bundesgebiet von der Staatsanwaltschaft eingestellten Strafverfahren jedoch nur in der Hälfte der Fälle.

Eine Erklärung der häufigen Einstellung gem. § 170 Absatz 2 StPO in Verfahren wegen des Verdachts des sexuellen Missbrauchs könnte in der oftmals schwierigen Beweislage liegen.[594] Wenn die Beweislage hingegen ausreichend ist, wird in der Regel von der Staatsanwaltschaft die Anklage erhoben. Vermutlich wird von der Möglichkeit der Beantragung eines Strafbefehls und der Einstellung aus Opportunitätsgründen seltener Gebrauch gemacht, weil hierin nicht ein die Schuld des Beschuldigten angemessenes Verfahren gesehen wird. Zum einen

592 *Hellmann* 1998, 170; *Meyer-Goßner* 2004 § 170 Rn.6.
593 *Beulke* 2004 , Rn.526.
594 Hierzu ausführlicher *Langen* 2000, 43 ff.

Tabelle 16: Verfahrensbeendigung der Staatsanwaltschaft im Vergleich[595]

	Straftaten insgesamt Deutschland[596] %	Sexualdelikte Niedersachsen[597] %	eigene Untersuchung %
Anklageerhebung	14,9	26,3	38,4
Antrag auf Erlass eines Strafbefehls	18,2	4,6	6,4
Einstellung mit Auflagen	6,9	3,5	5,7
Einstellung ohne Auflagen	26,8	9,3	5,7
Einstellung gem. § 170 Absatz 2 StPO	33,3	56,3	43,8

fehlen die Förmlichkeiten einer Hauptverhandlung und zum anderen ist der Strafrahmen sowohl beim Strafbefehl als auch bei einer Einstellung mit Auflagen und Weisungen erheblich begrenzt.[598]

aa) Einstellungen

(1) Mangels hinreichenden Tatverdachts gem. § 170 Absatz 2 StPO

Ebenso wie in anderen Untersuchungen wurde etwa die Hälfte der Strafverfahren durch die Staatsanwaltschaft gem. § 170 Absatz 2 StPO eingestellt.[599] Lediglich in der Untersuchung von *Volbert* und *Busse* wurde mit 66 % ein höherer Anteil dieser Einstellungen ermittelt, wobei aber in 56 % der Strafverfahren kein

[595] Die in den Staatsanwaltschaftsstatistiken ausgewiesene „andere Erledigungsart" (Abgabe an Verwaltungsbehörde als Ordnungswidrigkeit, Abgabe an eine andere Staatsanwaltschaft, Verbindung mit anderer Sache etc.) wurde in der Tabelle nicht berücksichtigt, da in der Stichprobe der Untersuchung keine derartigen Erledigungen erfasst wurden. Deshalb wurden die übrigen in der Tabelle erfassten Fälle auf 100% gesetzt.

[596] Arbeitsunterlage Staatsanwaltschaften 1998, Tab.2.2.1.2.

[597] Arbeitsunterlage Staatsanwaltschaften 1998, Anhang, Tab.1.6.1. Angaben für das gesamte Bundesgebiet wurden in der Statistik nicht gemacht. Da die vorliegende Untersuchung sich auf drei Landgerichtsbezirke Niedersachsens bezieht, werden die Daten für Niedersachsen dargestellt.

[598] Vgl. auch *Gunder* 1999, 312.

[599] *Gunder* 1999, 311: 54,5 %; *Langen* 2000, 41: 49,8 %.

Tatverdächtiger ermittelt werden konnte.[600] Aufgrund der von der hier vorliegenden Studie abweichenden Stichprobenziehung sind die Werte nicht vergleichbar.

Die Gründe der Einstellungen nach § 170 Absatz 2 StPO sind in Tabelle 17 aufgelistet. Die Verfahrenshindernisse waren in Form der Schuldunfähigkeit des Probanden und der Verjährung fast immer unbehebbar. Lediglich zwei Verfahren wurden aufgrund eines in der Person des Beschuldigten liegenden vorübergehenden Verfahrenshindernisses eingestellt. In einem Verfahren hielt sich der Täter im Ausland auf und in einem weiteren Verfahren befand sich das Opfer im Ausland und war dadurch nicht für eine Aussage erreichbar. Hierbei handelte es sich jedoch nicht um Einstellungen gem. § 170 Absatz 2 StPO, sondern nach § 205 StPO (analog).[601]

Bei den Einstellungen nach § 170 Absatz 2 StPO überwogen die Fälle, in denen nach Ansicht der Staatsanwaltschaft die Tatbegehung dem Beschuldigten nicht nachzuweisen war. In den davon betroffenen Verfahren ließen sich die Probanden entweder gar nicht zur Sache ein oder stritten die Tat ab. Weitere den Tatverdacht erhärtende Beweismittel waren meist nicht zu erlangen. Häufig mangelte es bereits an einer belastenden Aussage des Kindes, weil es hierfür noch zu jung war oder eine derartige Aussage verweigerte.

Tabelle 17: Gründe für Einstellungen nach § 170 Absatz 2 StPO

	N	%
Verfahrenshindernis	16	12,5
Verdacht entkräftet	25	19,5
fehlende Erheblichkeit nach § 184c	20	15,6
Beweisschwierigkeiten	62	48,4
keine Angaben	5	3,9
Gesamt	*128*	*99,9*[602]

[600] *Volbert/Busse* 1995, 157.
[601] Diese zwei Verfahren sind deshalb auch nicht in Tabelle 13 aufgeführt.
[602] Aufgrund der angewandten allgemeinen Rundungsregeln bei den einzelnen Werten ergibt die Summe nicht 100 %.

Ein weiterer nicht unerheblicher Anteil der Verfahren wurde wegen fehlender Erheblichkeit der sexuellen Handlungen eingestellt. Zum einen waren hiervon Küsse, das Streicheln der Wange oder des Armes der Kinder und das Berühren der Oberschenkel sowie des Pos über der Kleidung betroffen. Zum anderen stellte die Staatsanwaltschaft aber auch Verfahren ein, denen das Anfassen der Brüste oder der Geschlechtsteile zugrunde lag, jedoch nach ihrer Ansicht nicht ausgeschlossen werden könne, dass diese Handlungen von den Kindern missverstanden worden seien und es sich hierbei um keine Handlungen mit sexuellem Bezug handele.

Während bei der Einstellung wegen Beweisschwierigkeiten die Möglichkeit einer Tatbegehung durch den Beschuldigten weiterhin angenommen wurde, erfolgten 19,5 % der Einstellungen, weil ein sexueller Missbrauch des Kindes durch den Probanden ausgeschlossen werden konnte. Ein Grund für den zunächst entstandenen Verdacht waren meist bewusste Falschaussagen. Diese stammten allerdings nicht nur von den Kindern, sondern häufiger von Familienangehörigen im Rahmen eines Sorgerechtsverfahrens. Dem Probanden sollte aufgrund der vorgeworfenen Geschehnisse das Sorge- oder Umgangsrecht entzogen werden.[603]

Diejenigen Strafverfahren ausgenommen, bei denen der Verdacht des sexuellen Kindesmissbrauchs entkräftet wurde, fallen die Einstellungsquoten nach § 170 Absatz 2 StPO bei den drei Tätertypen sehr unterschiedlich aus. Bei den Exhibitionisten wurden 30,3 %, bei den Pädophilen 37,2 % und bei den Inzesttätern 47,8 % der Verfahren nach § 170 Absatz 2 StPO eingestellt. Von Interesse ist, ob die Schwere des Deliktes oder der Bekanntheitsgrad zwischen betroffenem Kind und dem Probanden für diesen Unterschied maßgeblich ist. Denkbar wäre auch beides.[604] Zwar bestand ein Unterschied zwischen den Verfahren, in denen Handlungen mit Körperkontakt und in denen Handlungen ohne Körperkontakt vermutet wurden: 40,8 % gegenüber 30,3 % Einstellungen nach § 170 Absatz 2 StPO. Dieser Unterschied ist jedoch nicht signifikant.[605] Zwischen der Einstellungspraxis der Staatsanwaltschaft nach § 170 Absatz 2 StPO und der Täter-Opfer-Beziehung ließ sich hingegen ein sehr signifikanter[606] Zusammenhang dahingehend feststellen, dass mit zunehmenden Bekanntheitsgrad der Anteil der Einstellungen zunahm (fremd: 29,1 %, bekannt: 36,5 %, verwandt: 50,7 %).

---

[603] Zur Häufigkeit und Motivation von Falschbezichtigungen *Endres/Scholz* NStZ 1994, 466, 469 ff.

[604] So in der Untersuchung von *Steinhilper* 1998, 172, 192 bei sexuell motivierten Gewaltdelikten.

[605] $\chi^2 = 2{,}592$, df = 1, p = 0,107.

[606] U = 7095,500; Z = -2,732, p = 0,006; r = 0,166.

Bei der Erklärung dieser Ergebnisse wurde der Einfluss einer Störvariablen in Betracht gezogen. D.h. es wurde vermutet, dass keine unmittelbare Kausalbeziehung zwischen der Einstellungspraxis und der Täter-Opfer-Beziehung besteht. Es wurde angenommen, dass vielmehr andere Faktoren von der Täter-Opfer-Beziehung abhängig sind, die dann ihrerseits Einfluss auf die verfahrensabschließende Entscheidung der Staatsanwaltschaft nehmen. Insbesondere ist hier an die Mitwirkungsbereitschaft der betroffenen Kinder und des Probanden im Strafverfahren zu denken. Bei Vorliegen einer den Probanden belastenden Aussage der Opfer und einem Geständnis des Probanden selbst, wird eine Einstellung gem. § 170 Absatz 2 StPO für die Staatsanwaltschaft nicht in Betracht kommen, es sei denn es liegen Verfahrensmängel vor. Es konnte jedoch kein signifikanter Zusammenhang dieser Faktoren mit dem Bekanntheitsgrad zwischen betroffenem Kind und dem Probanden festgestellt werden. Es muss deshalb der Schluss gezogen werden, dass die Täter-Opfer-Beziehung bei der Entscheidung über die Einstellung nach § 170 Absatz 2 StPO eine entscheidende Rolle spielt. Es ist anzunehmen, dass die Glaubwürdigkeit des Opfers bei dem Vorwurf sexueller Übergriffe von der Staatsanwaltschaft tendenziell in Zweifel gezogen wird, wenn sich der Beschuldigte und das potentielle Opfer bereits vor der Tat kannten. Demgegenüber kann in der Einstellung bei Zweifeln an einer späteren Verurteilung aber auch ein Schutz der kindlichen Opfer gesehen werden. So wird ihnen eine weitere sehr belastende Zeugenaussage vor Gericht erspart.

(2) Aus Opportunitätsgründen

Nur ein geringer Prozentsatz von 11,7 % der Strafverfahren wurden aus Opportunitätsgründen eingestellt. In anderen Untersuchungen lag dieser Anteil in einem ähnlichen Größenbereich, jedoch ließen sich trotzdem Unterschiede feststellen: In der Studie von *Langen* wurde mit 16,3 %[607] ein etwas höherer und von *Gunder* mit 7,3 %[608] sowie von *Volbert* und *Busse* mit 6,1 %[609] ein niedrigerer Anteil an Einstellungen aus Opportunitätsgründen ermittelt.

Noch deutlicher werden die Unterschiede bei einem Vergleich dahingehend, ob die Einstellungen mit oder ohne Sanktionierungen erfolgten. Keine Sanktionierung erfolgt bei einem Absehen bzw. einer Beschränkung der Strafverfolgung gem. §§ 153, 154 ff. StPO und § 45 Absatz 1 JGG.[610] Mit belastenden Rechtsfolgen sind lediglich § 153a StPO und § 45 Absatz 2 JGG verknüpft. Sowohl

---

607 *Langen* 2000, 42.
608 *Gunder* 1999, 311.
609 *Volbert/Busse* 1995, 157; eigene Berechnungen.
610 Vgl. *Beulke* 2004 , Rn.333; *Gunder* 1999, 313 f.

Volbert und *Busse* als auch *Langen* werteten das Absehen von der Verfolgung der Tat nach § 154 StPO und § 45 Absatz 1 JGG als Einstellung mit Sanktionierung.[611] Dem muss jedoch widersprochen werden, da die Einstellung nicht mit einer belastenden Rechtsfolge für den Probanden verbunden ist. Bei der Anwendung des § 154 StPO wird eine Strafe oder Maßregel der Besserung und Sicherung wegen einer anderen Tat verhängt.

Einstellungen aus Opportunitätsgründen mit und ohne Sanktionierungen erfolgten in der vorliegenden Untersuchung jeweils in 5,7 % der Strafverfahren. In den Arbeiten von *Volbert* und *Busse* sowie *Gunder* war der Anteil der Einstellungen mit Sanktionen erheblich geringer als der Anteil der folgenlosen Einstellungen.[612] In der Stichprobe von *Langen* war das Verhältnis demgegenüber umgekehrt: Es überwogen die Einstellungen mit Sanktionen.[613] Unterschiede gab es nicht nur zu anderen Studien, sondern auch zwischen den verschiedenen Erhebungsorten. So wurden von den Staatsanwaltschaften Braunschweig und Hannover Verfahrenseinstellungen aus Opportunitätsgründen etwas seltener mit Sanktionen verbunden (Braunschweig 5,5 % ohne und 3,9 % mit Sanktionen; Hannover 5,3 % ohne und 4,4 % mit Sanktionen)[614]. Von der Staatsanwaltschaft Göttingen erfolgten die Einstellungen aus Opportunitätsgründen hingegen fast doppelt so häufig in Verbindung mit Sanktionen als ohne Auferlegung von Sanktionen (7,0 % ohne Sanktionen und 12,3 % mit Sanktionen).

War mit der Einstellung die Erteilung von Auflagen oder Weisungen verbunden, handelte es sich in 64,7 % der davon betroffenen Verfahren um einen Geldbetrag, den der Proband an eine gemeinnützige Einrichtung oder die Staatskasse zahlen musste. Nur bei zwei der 13 Einstellungen nach § 153a StPO wurde keine Geldzahlung angeordnet. Einem Probanden wurden 20 Beratungsstunden und einem anderen ein Verhaltenstraining auferlegt.

bb) Anklageerhebung

Mit 38,0 % wurde ähnlich wie in anderen Untersuchungen ein recht großer Anteil an Strafverfahren von der Staatsanwaltschaft zur Anklage gebracht.[615] *Gun-*

---

[611] *Langen* 2000, 42; *Volbert/Busse* 1995, 157.

[612] *Gunder* 1999, 311: 5,6 % ohne Sanktionen und 1,7 % mit Sanktionen. *Volbert/Busse* 1995: 157, eigene Berechnungen: 4,6 % ohne Sanktionen und 1,5 % mit Sanktionen.

[613] *Langen* 2000, 42, eigene Berechnungen: 5,9 % ohne Sanktionen und 10,4 % mit Sanktionen.

[614] Die Prozentangaben beziehen sich auf die gesamte Stichprobe der jeweiligen Erhebungsorte.

[615] *Langen* 2000, 46: 40,5 %; *Wolke* 1995, 44: 45,2 %.

der ermittelte einen um fast 10 Prozentpunkte niedrigeren Anteil angeklagter Verfahren; dafür wurden mehr Verfahren nach § 170 Absatz 2 StPO eingestellt.[616] In der Stichprobe von *Volbert* und *Busse* wurden mit 17,4 % erheblich weniger Anklageerhebungen festgestellt.[617] Dies ist jedoch auf die bereits erwähnte unterschiedliche Stichprobenwahl zurückzuführen.[618]

Deutliche, jedoch nicht signifikante[619], Unterschiede lassen sich auch hier bei den drei Erhebungsorten feststellen. In Hannover wurden 42,5 % der Verfahren angeklagt, in Braunschweig 39,8 % und in Göttingen hingegen nur 26,3 %. Die Staatsanwaltschaft Göttingen stellt statt dessen mehr Verfahren aus Opportunitätsgründen ein als die anderen Staatsanwaltschaften.

In weiteren 19 Strafverfahren (6,4 %) erhob die Staatsanwaltschaft die öffentliche Klage durch Antrag auf Erlass eines Strafbefehls gem. § 407 StPO. In den von *Gunder* untersuchten Verfahren wurden ebenfalls in 7,0 % der Fälle ein Strafbefehl beantragt.[620] In anderen Orten scheint der Strafbefehl jedoch kaum angewandt zu werden. In Studien, die sich auf Landgerichtsbezirke außerhalb Niedersachsens bezogen, wurde von dieser Möglichkeit in weniger als einem Prozent der Verfahren bzw. gar nicht Gebrauch gemacht.[621] Da der Strafbefehl bei fehlendem rechtzeitigen Einspruch nach § 410 Absatz 3 StPO einem rechtkräftigem Urteil gleichsteht, ist das Vorgehen der niedersächsischen Staatsanwaltschaft aus Opfersicht positiv zu bewerten. Im Strafverfahren erfolgt eine Straffestsetzung ohne Hauptverhandlung, so dass die Opfern nicht mit weiteren belastenden Aussagen vor Gericht konfrontiert werden.

Außerdem wurde in einem Verfahren von der Staatsanwaltschaft die Eröffnung der Hauptverhandlung im Sicherungsverfahren beantragt. Bei der Antragsschrift im Sicherungsverfahren, die auf eine selbständige Anordnung von Maßregeln der Besserung und Sicherung abzielt, handelt es sich zwar nicht um eine Anklageschrift im eigentlichen Sinne[622], jedoch steht der Antrag gem. § 414 Absatz 2 Satz 1 StPO der öffentlichen Klage gleich.

---

616 *Gunder* 1999, 311.
617 *Volbert/Busse* 1995, 157.
618 Vgl. F.I.3.a)aa)(1). Einbeziehung von UJs-Sachen.
619 $\chi^2 = 4{,}527$, $df = 2$, $p = 0{,}104$.
620 *Gunder* 1999, 311.
621 *Langen* 2000, 46: 0,4 %; *Volbert/Busse* 1995, 157: 0,5 %; *Wolke* 1995, 44: 0 %.
622 Vgl. *Hellmann* 1998, 169.

b) Zwischenverfahren

Das Zwischenverfahren, welches durch Erhebung der öffentlichen Klage in Form der Anklageschrift eingeleitet wird, entscheidet über den Fortgang des Strafverfahrens. Das zuständige Gericht prüft in diesem Stadium als eine von der Anklagebehörde unabhängige Instanz zunächst in einem nichtöffentlichen Verfahren, ob tatsächlich hinreichende Verdachtsgründe bestehen. Das Zwischenverfahren besitzt damit eine negative Kontrollfunktion, da nicht erst die Verurteilung, sondern bereits die öffentliche Hauptverhandlung den Angeklagten durch ihre diskriminierende Wirkung belasten kann.[623]

Das Gericht entscheidet gem. § 199 Absatz 1 StPO, ob die Hauptverhandlung zu eröffnen oder das Verfahren einzustellen ist. Es kann die Einstellung nicht nur wegen Verfahrenshindernissen, sondern auch aus Opportunitätsgründen vornehmen, wenn die Staatsanwaltschaft und der Angeschuldigte zustimmen.

In der Stichprobe hat das Gericht gem. § 203 StPO für 92,1 % der ins Zwischenverfahren gelangten Verfahren die Eröffnung der Hauptverhandlung beschlossen. Eine Beendigung des Strafverfahrens im Zwischenverfahren ist demzufolge eher die Ausnahme. Wegen eines Verfahrenshindernisses wurde überhaupt kein Verfahren eingestellt, eine Einstellung nach dem Opportunitätsprinzip erfolgte nur bei 6,1 % der ins Zwischenverfahren gelangten Verfahren und die Eröffnung der Hauptverhandlung wurde in zwei Strafverfahren (1,8 %) gem. §§ 203, 204 StPO abgelehnt. Folglich wurden bezogen auf die gesamte Stichprobe nur 3,0 % aller durchgeführten Strafverfahren im Zwischenverfahren beendet. Einen ebenso geringen Prozentsatz ermittelten vergleichbare Untersuchungen.[624]

c) Strafbefehlsverfahren

Zwar wird gem. § 407 Absatz 1 Satz 4 StPO durch den Strafbefehlsantrag die öffentliche Klage erhoben, jedoch wird hierdurch nicht wie bei der Anklageschrift das Zwischenverfahren eröffnet. Ein solches findet beim Strafbefehlsverfahren nicht statt.[625] Auch wenn der Strafbefehl bei fehlendem rechtzeitigen Einspruch nach § 410 Absatz 3 StPO einem rechtkräftigem Urteil gleichsteht, handelt es sich um eine Straffestsetzung ohne Hauptverhandlung und Urteil. Der Strafbefehl kann demzufolge weder in das Zwischenverfahren noch in das

---

[623] *Beulke* 2004, Rn.352; *Hellmann* 1998, 185.

[624] *Gunder* 1999, 320, eigene Berechnungen: 2,1 %; *Langen* 2000, 47 f., eigene Berechnungen: 1,4 %; *Volbert/Busse* 1995, 156: 2,6 %.

[625] *Beulke* 2004, Rn.353.

Hauptverfahren eingeordnet werden. Es ist vielmehr eine besondere Verfahrensform, die dazwischen steht.

Das Gericht hat nach dem Gesetz mehrere Möglichkeiten über den Strafantrag zu entscheiden. Zum einen kann gem. § 408 Absatz 3 Satz 1 StPO dem Strafbefehlsantrag entsprochen werden, wenn keine Bedenken entgegenstehen. Das ist der Fall, wenn das Gericht nach Prüfung der vorgelegten Akten zu dem Schluss gelangt, dass die angeführten Tatsachen und vorgelegten Beweismittel die rechtliche Beurteilung der Staatsanwaltschaft tragen und die beantragten Rechtsfolgen tat- und schuldangemessen erscheinen.[626] Andernfalls muss der Strafbefehlsantrag gem. § 408 Absatz 2 StPO abgelehnt oder die Hauptverhandlung gem. § 408 Absatz 3 Satz 2 StPO anberaumt werden. Die Ablehnung erfolgt, wenn das Gericht den Angeschuldigten nicht für hinreichend verdächtig erachtet. Sie steht dem Beschluss gleich, durch den die Eröffnung des Hauptverfahrens abgelehnt wird. Die Anberaumung der Hauptverhandlung hingegen erfolgt zum einen, wenn das Gericht ohne Zustimmung der Staatsanwaltschaft vom Strafbefehlsantrag in rechtlicher Hinsicht oder im Rechtsfolgenausspruch abweichen will, zum anderen, sofern es Bedenken gegen eine Entscheidung ohne Hauptverhandlung hat. Die Bedenken können sich insbesondere daraus ergeben, dass eine Hauptverhandlung wegen der Bedeutung der Sache geboten oder zur vollständigen Klärung auch der Nebenumstände zweckmäßig erscheint.[627]
Sämtlichen Strafbefehlsanträgen haben die Gerichte entsprochen. Nur durch einen Strafbefehl wurde eine Freiheitsstrafe, deren Vollstreckung zur Bewährung ausgesetzt wurde, angeordnet. In den übrigen Fällen wurde eine Geldstrafe von bis zu 120 Tagessätzen festgesetzt.

Gegen sechs der Strafbefehle legten die Probanden Einspruch ein. Nach § 411 Absatz 1 Satz 2 hat dies zur Folge, dass ein Termin zur Hauptverhandlung anberaumt wird. Durch den Einspruch übernimmt der Strafbefehl folglich die Funktion eines Eröffnungsbeschlusses[628], so dass eine mündliche Hauptverhandlung erzwungen werden kann[629]. Es wurde jedoch nicht nach allen Einsprüchen eine Hauptverhandlung durchgeführt. Ein Verfahren wurde nach dem Einspruch vom Gericht ohne Hauptverhandlung gem. § 153a Absatz 2 StPO nach Zahlung von 3000,- DM eingestellt. Eigenartig ist jedoch, dass der Proband dem zustimmte, da die im Strafbefehl festgesetzte Geldstrafe von 70 Tagessätzen à 20,- DM erheblich geringer war als die Auflage der Einstellung.

---

626 *Hellmann* 1998, 320.
627 Vgl. RiStBV 175 III; *Meyer-Goßner* 2004, § 408 Rn.12.
628 *Beulke* 2004, Rn.528; *Meyer-Goßner* 2004, § 411 Rn.3.
629 *Hellmann* 1998, 321.

d) *Hauptverfahren*

In 110 (37,0 %) der durchgeführten Strafverfahren wurde das Hauptverfahren eröffnet. Das Gericht entscheidet in der Hauptverhandlung gem. § 261 StPO über das Ergebnis der Beweisaufnahme nach seiner freien, aus dem Inbegriff der Verhandlung geschöpften Überzeugung. Der Tathergang kann nicht immer mit absoluter Gewissheit rekonstruiert werden, so dass der Beweis erbracht ist, wenn der Richter keine vernünftigen Zweifel an dem Vorliegen der Tatsachen hat.[630] Ebenso wie im Ermittlungs- und Zwischenverfahren bestehen auch im Hauptverfahren mehrere Entscheidungsmöglichkeiten.

aa) *Freisprüche*

Ist das Gericht nicht von der Schuld des Angeklagten überzeugt, so muss es ihn freisprechen. Der Anteil der erfolgten Freisprüche bei den Verfahren, in denen in der vorliegenden Untersuchung das Hauptverfahren eröffnet wurde, entspricht größtenteils den in anderen Studien ermittelten Werten[631] und dem Anteil der bundesweit 1998 in Verfahren wegen Straftaten gegen die sexuelle Selbstbestimmung freigesprochenen Angeklagten[632].

Einem dieser Freisprüche lag die Schuldunfähigkeit des Probanden zugrunde, aufgrund derer vom Gericht die Unterbringung in einem psychiatrischen Krankenhaus nach § 63 StGB angeordnet wurde.

Tabelle 18: Verfahrensabschließende Entscheidung im Hauptverfahren

	N	%
Freispruch	9	8,2
Einstellung	15	13,6
Strafbefehl	4	3,6
Verurteilung	82	74,5
Gesamt	*110*	*99,9*[633]

[630] *Beulke* 2004, Rn.490; *Hellmann* 1998, 248 f.
[631] *Gunder* 1999, 326: 8,5 %; *Langen* 2000, 53, eigene Berechnungen: 7,1 %; *Volbert/Busse* 1995, 160, eigene Berechnungen: 11,0 %.
[632] Strafverfolgungsstatistik 1998, Tab.2.2, eigene Berechnungen: 6,9 %.
[633] Aufgrund der angewandten allgemeinen Rundungsregeln bei den einzelnen Werten ergibt die Summe nicht 100 %.

bb) Einstellungen

Eine Einstellung kommt im Hauptverfahren sowohl wegen eines Verfahrenshindernisses als auch aufgrund von Opportunitätsgesichtspunkten in Betracht. Die Häufigkeit der Einstellungsgründe ergibt sich aus Tabelle 19. Wegen eines Verfahrenshindernisses nach §§ 205, 206a StPO wurden nur 2,7 % der Verfahren im Hauptverfahren eingestellt. Der Opportunitätsgedanke lag hingegen 10,9 % der Verfahren zugrunde. In vier Verfahren erfolgte die Einstellung gem. § 153 Absatz 2 StPO und in einem Verfahren gem. § 154 Absatz 2 StPO, so dass jedenfalls in dem jeweiligen Bezugsverfahren keine Auflagen oder Weisungen erteilt wurden.[634] Bei den Einstellungen mit Sanktionierungen wurde in einem Verfahren § 47 JGG und in sechs Verfahren § 153a Absatz 2 StPO angewendet. Meist musste ein Geldbetrag zugunsten einer gemeinnützigen Einrichtung oder der Staatskasse gezahlt werden, der zwischen 300,- und 1.500,- DM lag. Lediglich ein Proband musste Arbeitsstunden ableisten und in dem Fall der Anwendung des Jugendgerichtsgesetzes wurde eine Therapie angeordnet.

Bei einem Vergleich der Ergebnisse der eigenen Untersuchung mit denen anderer Untersuchungen hinsichtlich des Anteils der Einstellungen lassen sich teilweise Übereinstimmungen erkennen, jedoch treten auch deutliche Unterschiede auf. So ermittelten *Langen*[635] sowie *Volbert* und *Busse*[636] ähnliche Werte, wohingegen der Anteil der Einstellungen im Hauptverfahren bei der Stichprobe von *Gunder*[637] niedriger und bei *Wolke*[638] höher war. Derartige Differenzen lassen sich auch zwischen den verschiedenen Erhebungsorten der vorliegenden Unter-

Tabelle 19: Einstellungsgründe im Hauptverfahren

	N	%
Verfahrenshindernis	3	2,7
Opportunität		
ohne Auflagen/Weisungen	5	4,5
mit Auflagen/Weisungen	7	6,4

[634] Bei einer Einstellung gem. § 153 Absatz 2 StPO musste der Proband jedoch zusichern, dass er keine Kinder mehr in seine Wohnung lässt.

[635] *Langen* 2000, 49, eigene Berechnungen: 17,7 %.

[636] *Volbert/Busse* 1995, 160, eigene Berechnungen: 15,1 %.

[637] *Gunder* 1999, 326: 3,7 %.

[638] *Wolke* 1995, 46: 25,9 %.

suchung feststellen. Der Anteil der Einstellungen im Hauptverfahren war mit 21,2 % in Hannover am höchsten, in Göttingen entsprach der Anteil mit 15,4 % dem Durchschnittswert und der Anteil in Braunschweig war mit 4,4 % sehr niedrig.

cc) Strafbefehle

Gem. § 408a StPO kann das Gericht auch nach Eröffnung der Hauptverfahrens auf Antrag der Staatsanwaltschaft einen Strafbefehl erlassen, wenn der Durchführung einer Hauptverhandlung das Ausbleiben oder die Abwesenheit des Angeklagten oder ein anderer wichtiger Grund entgegensteht. In der vorliegenden Untersuchung entsprach das Gericht in vier Verfahren einem von der Staatsanwaltschaft Hannover aufgrund der Abwesenheit des Probanden in der Hauptverhandlung gestellten Strafbefehlsantrag. Durch die Strafbefehle wurden in allen vier Fällen Geldstrafen festgesetzt. Von den Staatsanwaltschaften Braunschweig und Göttingen wurden keine entsprechenden Anträge gestellt.

dd) Verurteilungen

Wurde das Hauptverfahren eröffnet, erfolgte in den meisten Verfahren auch eine Verurteilung der Probanden. Dies entspricht sowohl den Ergebnissen anderer Untersuchungen[639] als auch der Erledigungspraxis der Gerichte im Bundesgebiet[640]. In den drei Erhebungsorten zeigten sich jedoch in Bezug auf den Anteil der Verurteilungen sehr signifikante[641] Unterschiede. So wurden die Probanden im Landgerichtsbezirk Braunschweig in 88,9 % der Verfahren verurteilt, im Landgerichtsbezirk Göttingen in 76,9 % der Verfahren und im Landgerichtsbezirk Hannover nur in 61,5 % der Verfahren.

Die vom Gericht verhängten Rechtsfolgen sind in Tabelle 20 aufgeführt, wobei auch Angaben zu den im Bundesgebiet für alle Straftaten und für Straftaten gegen die sexuelle Selbstbestimmung verhängten Sanktionen enthalten sind. Es fallen bei der Verurteilungspraxis nicht nur Unterschiede zu den Sanktionierungen der insgesamt begangenen Straftaten, sondern auch zu den Sanktionierungen der Sexualstraftaten nach allgemeinem Strafrecht auf. Der Strafverfolgungs-

---

639 *Gunder* 1999, 326, eigene Berechnungen: 87,8 %; *Langen* 2000, 52, eigene Berechnungen: 62,8 %; *Volbert/Busse* 1995, 160, eigene Berechnungen: 73,3 %.

640 Strafverfolgungsstatistik 1998, Tab.2.1, eigene Berechnungen: 82,8 % bei sexuellem Missbrauch von Kindern.

641 $\chi^2 = 9{,}554$, df = 2, p = 0,008.

Tabelle 20: Sanktionen bei Verurteilungen im Vergleich[642]

	insgesamt Deutschland %	Sexualdelikte Deutschland %	eigene Untersuchung %
nach JGG	**11,6**	**10,6**	**11,0**
Erziehungsmaßregeln u. Zuchtmittel	9,4	4,6	3,7
Jugendstrafe	2,2	6,0	6,1
nach StGB	**88,4**	**89,4**	**89,0**
Geldstrafe	71,9	30,8	9,8
Freiheitsstrafe	16,4	58,6	78,0
mit Bewährung	11,2	35,0	25,6

statistik ist ferner zu entnehmen, dass Sexualdelikte überwiegend mit einer Jugend- oder Freiheitsstrafe geahndet werden. Bei den Straftaten insgesamt überwiegt jedoch die Verhängung einer Geldstrafe.

Auch bei den Verurteilungen dieser Untersuchung wurden mehr Freiheitsstrafen als Geldstrafen ausgesprochen. Jedoch ist die Differenz zwischen den Anteilen der Geld- und Freiheitsstrafen wesentlich höher als bei der Verurteilungspraxis bei den Sexualdelikten im gesamten Bundesgebiet. Wahrscheinlich werden bei Straftaten mit kindlichen Opfern die Geldstrafen nicht mehr als schuldangemessen erachtet, so dass eine Freiheitsstrafe verhängt werden muss. Denn auch in den anderen Untersuchungen, bei denen in der Stichprobe die Opfer der Sexualstraftaten Kinder waren, ermittelten einen sehr geringen Anteil verhängter Geldstrafen und einen sehr hohen Anteil verhängter Freiheitsstrafen.[643]

---

[642] Angaben für Deutschland aus: Strafverfolgungsstatistik 1998, Tab.2.3, eigene Berechnungen.

[643] *Elz* 2001, 177: 85 % Jugend- und Freiheitsstrafe u. 10 % Geldstrafe; *Gunder* 1999, 326: 67,1 % Freiheitsstrafe u. 9,8 % Geldstrafe; *Langen* 2000, 53, eigene Berechnungen: 73,2 % Freiheitsstrafe u. 11,3 % Geldstrafe; *Volbert/Busse* 1995, 160, eigene Berechnungen: 73,3 % Freiheitsstrafe u. 16,7 % Geldstrafe.

(1) Rechtsfolgen nach dem JGG

Drei der zehn nach dem Jugendgerichtsgesetz verurteilten Probanden erhielten Erziehungsmaßregeln oder Zuchtmittel, wobei in einem Fall eine freiheitsentziehende Maßnahme in Form des Jugendarrests angeordnet wurde.

Bei den verbleibenden sieben Probanden wurde eine Jugendstrafe in Erwägung gezogen. In einem Fall wurde die Entscheidung über die Verhängung der Jugendstrafe gem. § 27 JGG ausgesetzt, da nicht mit Sicherheit beurteilt werden konnte, ob in der Tat schädliche Neigungen hervorgetreten waren, welche eine Jugendstrafe erforderlich machten. In einem weiteren Fall wurde von der Verhängung der Jugendstrafe gem. § 5 Absatz 3 JGG abgesehen, weil die Unterbringung des Probanden in einem psychiatrischen Krankenhaus angeordnet wurde.

Letztendlich wurden in fünf Verfahren Jugendstrafen zwischen 9 und 18 Monaten verhängt, von denen drei zur Bewährung ausgesetzt wurden. Die Gründe hierfür lagen zum einen bei den Umständen der Tat und zum anderen in einer notwendigen Therapie, die im Jugendstrafvollzug nicht gewährleistet sei. Zwei der Probanden wurde mit dem Bewährungsbeschluss auch auferlegt, an einer Therapie teilzunehmen.

(2) Geldstrafe

Die verhängten Geldstrafen betrugen zwischen 40 und 150 Tagessätzen, wobei die durchschnittliche Anzahl bei aM = 75 Tagessätzen und der Median bei Md = 60 Tagessätzen lag. Die Tagessätze wurden hierbei auf einen Betrag zwischen 15,- und 70,- DM festgesetzt. Da die Höhe eines Tagessatzes gem. § 40 Absatz 2 vom Gericht unter Berücksichtigung der persönlichen und wirtschaftlichen Verhältnisse des Täters bestimmt und dabei in der Regel vom Nettoeinkommen ausgegangen wird, ist allein die Anzahl und nicht die Höhe der Tagessätze abhängig von der begangenen Tat und der Schuld des Täters.

(3) Freiheitsstrafe

Die verhängten Freiheitsstrafen betrugen durchschnittlich aM = 25,3 Monate, wobei der Mittelwert bei Md = 24 Monaten liegt und die Standardabweichung s = 19,506 beträgt. Mindestens die Hälfte der Freiheitsstrafen kamen demzufolge für eine Aussetzung der Strafvollstreckung zur Bewährung nach § 56 in Betracht. Tatsächlich wurden jedoch nur gut ein Drittel (34,4 %) der Freiheitsstrafen zur Bewährung ausgesetzt. Dieser Anteil liegt erheblich unter den in anderen

Untersuchungen ermittelten Werten[644] und der Praxis im Bundesgebiet bei Straftaten gegen die sexuelle Selbstbestimmung[645].

Eine Freiheitsstrafe, deren Vollstreckung nicht zur Bewährung ausgesetzt wurde, erhielten nur Pädophile und Inzesttäter als Sanktion. Dass Exhibitionisten nicht mit einer zu vollstreckenden Freiheitsstrafe belegt wurden, kann darauf zurückzuführen sein, dass die Sexualstraftaten ohne Körperkontakt einen minderen Unrechts- und Schuldgehalt aufweisen. Daneben ist zu berücksichtigen, dass in § 183 Absatz 3 und 4 für Exhibitionisten eine von § 56 abweichende Sonderregelung für die Bewährungsvoraussetzungen gegeben ist. Danach kann das Gericht die Vollstreckung der Freiheitsstrafe auch dann aussetzen, wenn zu erwarten ist, dass der Täter erst nach einer längeren Heilbehandlung keine exhibitionistischen Handlungen mehr vornehmen wird. Die Dauer der Strafe wurde im Minimum auf 8 Monate und im Maximum auf 7 Jahre festgelegt. Die Freiheitsstrafen betragen im Durchschnitt aM = 45,82 Monate, der Median liegt bei Md = 42 Monaten und die Standardabweichung beträgt s = 18,436.

Bei den verhängten Bewährungsstrafen ist die maximale Dauer der Freiheitsstrafe durch das Gesetz auf 24 Monate begrenzt.[646] Dieses Höchstmaß wurde bei 35,7 % der zur Bewährung ausgesetzten Freiheitsstrafen ausgesprochen. Die durchschnittliche Dauer betrug aM = 14,55 Monate, wobei der Median bei Md = 12 Monaten liegt und die Standardabweichung s = 8,137 beträgt. Gem. § 56a bestimmt das Gericht bei der Vollstreckungsauszeit eine Bewährungszeit zwischen zwei und fünf Jahren. In den meisten Fällen legte das Gericht die Dauer auf drei Jahre fest. Eine längere Bewährungszeit wurde nur in 9,5 % der Aussetzungen angeordnet.

Das Gericht kann dem Verurteilten bei einer Strafaussetzung zu Bewährung sowohl einen Bewährungshelfer bestellen als auch Auflagen und Weisungen erteilen. Während die Auflagen gem. § 56b der Genugtuung für das begangene Unrecht dienen, ist für die Entscheidung über die Bestellung eines Bewährungshelfers und die Erteilung von Weisungen eine Prognose des Gerichts maßgeblich. So werden Weisungen gem. § 56c für die Dauer der Bewährungszeit erteilt, wenn der Verurteilten dieser Hilfe bedarf, um keine Straftaten mehr zu begehen. Nach § 56d unterstellt das Gericht den Verurteilten der Aufsicht und Leitung eines Bewährungshelfers, wenn dies angezeigt ist, um ihn von Straftaten abzuhalten. Da dies zwei ganz verschiedene Ausgangspunkte sind, werden die erteil-

---

[644] *Gunder* 1999, 325: 66,7 %; *Langen* 2000, 53, eigene Berechnungen: 94,2 %; *Volbert/ Busse* 1995, 160, eigene Berechnungen: 72,0 %.
[645] Strafverfolgungsstatistik 1998, Tab.2.3, eigene Berechnungen: 59,8 %.
[646] Vgl. § 56 Absatz 1 und 2 StGB.

ten Auflagen und Weisungen sowie die Unterstellung unter die Bewährungshilfe im Folgenden getrennt dargestellt.

Bei 42,8 % der Bewährungsstrafen wurde vom Gericht eine Auflage erteilt. In fast allen Fällen handelte es sich um einen Geldbetrag, der an eine gemeinnützige Einrichtung zu zahlen war. Nur in einem Verfahren wurde dem Verurteilten die Erbringung von Arbeitsleistungen auferlegt.

In 71,4 % der Verfahren, in denen die Freiheitsstrafe zur Bewährung ausgesetzt wurde, ging das Gericht nicht davon aus, dass die Verurteilten ohne Hilfe keine weiteren Straftaten begehen würden, da ein Bewährungshelfer bestellt oder andere Weisungen erteilt wurden. Einem Bewährungshelfer unterstellt wurden 19 (45,2 %) der 42 zur Bewährungsstrafe verurteilten Probanden. Bei 14 dieser Probanden wurden daneben weitere Weisungen erteilt. In insgesamt 25 Strafverfahren wurden Weisungen nach § 56c angeordnet. Die Häufigkeiten der verschiedenen Weisungen sind in Tabelle 21 zusammengefasst. Überwiegend wurde dem Probanden auferlegt, eine Therapie zu beginnen bzw. an einer bereits während des Strafverfahrens begonnenen Therapie auch weiterhin teilzunehmen. Drei Probanden wurde daneben der Kontakt zu den Opfern oder zu anderen Kindern oder Jugendlichen untersagt.

Tabelle 21: Erteilte Weisungen bei Bewährungsstrafen

	N	%
Therapie	11	39,3
Meldepflicht	6	21,4
kein Kontakt zu bestimmten Personen	5	17,9
Geldbetrag an Geschädigte	4	14,3
Entziehungskur	2	7,1
Gesamt	*28*[647]	*100,0*

[647] Weisungen wurden zwar nur in 25 Strafverfahren erteilt, jedoch wurden in drei Verfahren jeweils zwei Weisungen angeordnet.

(4) Maßregeln der Besserung und Sicherung

Das Gericht ordnete mit der Verurteilung in 12 Strafverfahren eine Maßregel der Besserung und Sicherung an.[648] Der Anteil der angeordneten Maßregeln im Hauptverfahren ist mit 11,8 % deutlich höher als der Anteil der Anordnungen 1998 im Bundesgebiet sowohl bezogen auf die Straftaten insgesamt als auch auf die Straftaten gegen die sexuelle Selbstbestimmung.[649]

In neun Verfahren wurde die Unterbringung in einem psychiatrischen Krankenhaus gem. § 63 angeordnet. Als Parallelstrafen wurden neben der Unterbringungsanordnung eine Freiheitsstrafe mit Bewährung, eine Jugend- und sechs Freiheitsstrafen ohne Bewährung verhängt und in einem Fall von der Verhängung einer Jugendstrafe abgesehen. In einem weiteren Verfahren wurde neben der Freiheitsstrafe ohne Aussetzung der Vollstreckung die Unterbringung in einer Entziehungsanstalt gem. § 64 angeordnet und in zwei Verfahren, in denen Freiheitsstrafen mit Bewährung verhängt wurden, Führungsaufsicht gem. § 68.

4. Merkmale des Strafverfahrens

Im folgenden Abschnitt werden die wesentlichen Ergebnisse der zu den einzelnen Verfahrensstadien erhobenen Daten dargestellt. Bei den Ausführungen zu den verschiedenen Verfahrensabschnitten wird aufgrund des Selektionsprozesses jeweils eine andere Anzahl von Strafverfahren zugrunde gelegt.[650] Auf die drei Tätertypen wird nur eingegangen, wenn Unterschiede bei den untersuchten Merkmalen zwischen diesen auftreten.

a) Ermittlungsverfahren

aa) Anzeigeerstattung

Die Anzeigen wurden in etwa der Hälfte (59,3 %) der Verfahren von Familienmitgliedern des betroffenen Kindes erstattet. Es handelte sich wie auch bei *Elz* überwiegend um die Eltern.[651] Von ihnen ging die Initiative in 54,9 % der insgesamt untersuchten Strafverfahren aus, wobei sehr häufig die Mutter die Anzeigenerstatterin war. Der Vater war bei der Anzeigeerstattung nur in 15,8 % der

---

648 Daneben wurde außerdem eine Maßregel der Besserung und Sicherung bei einem Freispruch angeordnet. Vgl. F.I.3.d)aa).

649 Strafverfolgungsstatistik 1998, Tab.5.4, eigene Berechnungen: 0,3 % bei Straftaten insgesamt, 3,0 % bei Straftaten gegen die Sexuelle Selbstbestimmung.

650 Vgl. F.I.3., Abbildung 8.

651 *Elz* 2000, 145: Anzeigeerstattung durch die Eltern in 59 % der Strafverfahren.

Strafverfahren mitbeteiligt. Des weiteren erfolgte in 15,8 % der Verfahren eine Ermittlung von Amts wegen durch die Polizei, nachdem in einer anderen Strafsache der Verdacht des sexuellen Missbrauchs eines Kindes aufgetaucht war. Auch durch das Opfer wurde in 10,1 % der Fälle die Anzeige erstattet. Diese Opfer waren zum Zeitpunkt der Anzeigeerstattung im Durchschnitt aM = 15,2 Jahre alt, wobei der Median bei Md = 13 Jahren liegt und die Standardabweichung s = 5,157 beträgt. Dies liegt daran, dass zwischen der letzten Tatbegehung und der Anzeigeerstattung mit durchschnittlich 4 ½ Jahren[652] ein sehr langer Zeitraum liegt. Knapp ein Viertel der Anzeigeerstatterinnen war sogar bereits volljährig.

Die Zeitspanne zwischen der letzten Tatbegehung und der Anzeigeerstattung beträgt bei allen durchgeführten Strafverfahren durchschnittlich aM = 20,9 Monate, also fast zwei Jahre. Der Median liegt jedoch bei Md = 0,7 Monaten und die Standardabweichung beträgt s = 46,54283. Ein Blick auf die drei Probandengruppen zeigt hierbei höchst signifikante[653] Unterschiede. Mit steigendem Bekanntheitsgrad und zunehmender Intensität der sexuellen Handlung wird die Zeitspanne zwischen Tatbegehung und Bekanntwerden der Tat bei den Strafverfolgungsbehörden immer länger. Während bei den Exhibitionisten im Durchschnitt etwa 2 ½ Monate vergingen, betrug der Zeitraum bei den Pädophilen bereits durchschnittlich gut 1 Jahr und bei den Inzesttätern etwa 4 ½ Jahre. Die Anzeige sexueller Übergriffe im familiären Bereich scheinen demnach mit besonderen Problemen behaftet zu sein. Wenn überhaupt, trauten sich die betroffenen Kinder erst nach langer Zeit, über die Geschehnisse zu sprechen. Meist handelte es sich dann nicht mehr um Kinder, sondern erwachsene Personen.

Ein Mädchen wurde von ihrem Stiefvater vom 6. bis zum 17. Lebensjahr sexuell missbraucht. Von „Anfassspielen" steigerten sich die Handlungen über orale Befriedigungen bis hin zum vollzogenen Geschlechtsverkehr im Alter von 13 Jahren. Der Proband schlug seine Stieftochter regelmäßig, wendete jedoch bei den sexuellen Übergriffen keine Gewalt an. Dies war auch nicht nötig, da das Mädchen aus Angst nicht wagte den Aufforderungen des Probanden zu widersprechen. Vielmehr versuchte sie, dem Missbrauch durch irgendwelche Einwendungen zu entgehen. Durch eine Anzeige in einer Pornozeitschrift nahm der Proband außerdem mit einem Ehepaar Kontakt auf, das gegen Geldzahlungen sexuelle Handlungen an seiner Stieftochter vornehmen konnte. Die Mutter des Opfers wusste von all den Missbrauchshandlungen und hat sich teilweise daran beteiligt. Die Strafverfolgungsbehörden erfuhren von den Taten erst durch Bemerkungen Dritter in einem anderen Strafverfahren. Zu diesem Zeitpunkt war das Opfer bereits 27 Jahre alt.

---

[652] aM = 55,7 Monaten; Md = 11,5 Monate; s = 68,70775.

[653] χ^2 = 81,658, df = 2, p = 0,000 (H-Test nach Kuskal und Wallis); r = 0,531.

bb) Geständnis

Als Geständnis wurde ein Zugeben der vorgeworfenen sexuellen Handlungen in vollem Umfang, aber auch ein nur teilweises Gestehen gewertet. Bei letzterem wurden von den Probanden sexuelle Handlungen vor oder an dem Kind eingestanden, relevante Teile für die strafrechtliche Einordnung, wie beispielsweise der Einsatz von Gewalt oder bei mehreren sexuellen Übergriffen einzelne Handlungen, abgestritten. Auf ein Auseinandersetzen mit der Tat, d.h. auf Reue oder dergleichen kam es hierbei nicht an. Auch war es nicht von Bedeutung, ob durch die Einlassung die Überführung des Probanden ermöglicht wurde oder ein Leugnen nach der gegebenen Beweislage aussichtslos gewesen wäre.[654]

Ein Geständnis im Sinne dieser Definition erfolgt in 22,6 % der untersuchten Strafverfahren.[655] *Gunder* ermittelte mit 15,0 % einen geringeren Anteil an Geständnissen im Ermittlungsverfahren.[656] Dies kann jedoch an einer anderen Definition liegen, da in ihrer Untersuchung geprüft wurde, ob ein Geständnis zu einer Verfahrensverkürzung geführt hatte. Folglich wird wahrscheinlich nur ein vollständiges Einräumen des Tatvorwurfes als Geständnis erfasst worden sein. Bei einem nur teilweisen Zugeben müssen noch weitere Ermittlungen angestellt werden, um die geleugneten Tatsachen aufzuklären. In den von *Elz* untersuchten Strafverfahren legten demgegenüber drei Viertel der Täter im Ermittlungsverfahren ein Geständnis ab.[657] Bei dieser Stichprobe handelt es sich jedoch um eine Auswahl der überführten und verurteilten Probanden aus der Grundgesamtheit derer, gegen die ein Tatverdacht bestanden hat.

Zwischen den Tätertypen treten signifikante Unterschiede[658] bei der Geständigkeit auf. Von den Inzesttätern legten nur 13,0 % ein Geständnis ab, von den Exhibitionisten waren hingegen 21,7 % und von den Pädophilen sogar 28,5 % der Probanden geständig.[659] Dies deckt sich mit der Untersuchung von *Elz*, die ebenfalls ein wesentlich geringeren Anteil an Geständnissen bei Inzesttätern gegenüber den anderen beiden Tätertypen feststellte.[660] Die Ursache für den Unterschied zwischen den Probandengruppen können prozesstaktische Motive sein. Ein Geständnis wird wahrscheinlich überwiegend abgelegt, wenn aufgrund der

---

[654] Es ist zu vermuten, dass Täter bei einem Beweis der Tat ein Geständnis ablegen, um in den Genuss von Strafmilderung zu gelangen.

[655] 29,0 % der Probanden stritten die Tat ab und 48,5 % der Probanden ließen sich nicht zur Sache ein.

[656] *Gunder* 1999, 369.

[657] *Elz* 2000, 148.

[658] $\chi^2 = 6{,}812$, df = 2, p = 0,033.

[659] Die Signifikanz ist auf den Unterschied zwischen den Inzesttätern und den Pädophilen zurückzuführen: $\chi^2 = 6{,}691$, df = 1, p = 0,010, phi = - 0,177.

[660] *Elz* 2000, 149.

Beweislage nicht mehr mit einer Einstellung wegen mangelnden Tatverdachts zu rechnen ist. Bei den Inzesttätern ist jedoch als belastendes Beweismaterial häufig nur die Aussage des betroffenen Kindes vorhanden. Wenn Familienmitglieder etwas von den Taten mitbekommen haben, sind sie durch die Beziehung zum Täter nur selten bereit eine belastende Aussage abzugeben. Bei einem außerfamiliären Missbrauch kann die belastende Aussage eines Kindes hingegen häufiger durch mehrere betroffene Opfer und unbeteiligte Zeugen gestützt werden.

cc) Glaubwürdigkeitsbegutachtungen

Die Beurteilung des Wahrheitsgehalts von Aussagen der Zeugen obliegt im Regelfall den mit der Vernehmung betrauten Personen, also der Polizei[661], der Staatsanwaltschaft und dem Gericht.[662] Insbesondere dem Tatrichter wird eine umfassende Sachkunde zur Beurteilung der Glaubwürdigkeit eines Zeugen zuerkannt, da die Würdigung der Zeugenaussage von jeher zum Wesen richterlicher Rechtswesen gehört.[663] Demnach schaltet die Staatsanwaltschaft einen Sachverständigen nur ein, wenn sie selbst die Glaubhaftigkeit der Aussage des Kindes nicht beurteilen kann oder der Ansicht ist, dass das Gericht nicht die hierfür nötige Sachkunde hat. Die Notwendigkeit der Hinzuziehung eines Sachverständigen wird auch bei psychischen Besonderheiten in der Person des Vernommenen, besonderen Eigentümlichkeiten des Tatgeschehens oder unaufgeklärten Widersprüchen zwischen den Aussagen mehrer Personen bestehen.[664] Insbesondere kann wegen des Zeitablaufs seit dem mutmaßlichen Tatgeschehen die Erinnerungsfähigkeit des Kindes zweifelhaft erscheinen.[665] Darüber hinaus kann die Zuverlässigkeit der Aussagen von Kleinkindern unter einer suggestive Beeinflussung durch gelenkte Fragen seitens Familienangehöriger sowie der Ermittlungsbeamten und anderer Personen leiden.[666]

Während des Ermittlungsverfahrens wurden nur 14 aussagepsychologische Gutachten erstellt, wobei neun der Gutachten von der Staatsanwaltschaft Hannover

---

661 Die das Kind vernehmenden Polizeibeamten machten im Vernehmungsprotokoll immer auch Angaben hinsichtlich des Verhaltens des Kindes bei der Vernehmung und den gewonnenen Eindruck von der Glaubwürdigkeit.

662 *Eisenberg* 2002, Rn.1860.

663 BGHSt 3, 52, 53; 8, 130, 131.

664 *Eisenberg* 2002, Rn.1860. Zu Erforderlichkeit und Inhalt der Glaubwürdigkeitsbegutachtungen ausführlich *Eisenberg* 2002, Rn.1411 ff., 1860 ff.; *Langen* 2000; *Gunder* 1999, 60 ff. (jeweils mit weiteren Nachweisen).

665 BGH StV 1994, 173.

666 Einen Überblick über die Forschung zur suggestiven Beeinflussung von Kinderaussagen geben *Volbert/Pieters* Psychologische Rundschau 1996, 183 ff.

und fünf von der Staatsanwaltschaft Braunschweig in Auftrag gegeben wurden. Der Anteil der aussagepsychologischen Begutachtungen mit 4,7 % ist etwas geringer als der von *Langen* ermittelte Anteil von 5,5 %[667] und nur etwa halb so groß wie der von *Gunder* ermittelte Anteil von 8,7 %[668]. Damit hielt die Staatsanwaltschaft nur in sehr wenigen Fällen ein Glaubwürdigkeitsgutachten für erforderlich. Ein aussagepsychologisches Gutachten wurde nur bei sexuellen Missbrauchshandlungen mit Körperkontakt in Auftrag gegeben. In 57,1 % der Begutachtungen handelte es sich bei dem Opfer um ein mit dem Probanden verwandtes Kind.

Die Ergebnisse der Gutachten sind in Tabelle 22 zusammengefasst. In drei Verfahren und damit fast einem Viertel der erfolgten Begutachtungen wurde die Aussage des Kindes von den Sachverständigen als nicht glaubhaft eingeschätzt. Zwar wurde in den Gutachten darauf hingewiesen, dass sexuelle Handlungen nicht sicher auszuschließen waren, aufgrund einer suggestiven Beeinflussung der Kinder jedoch keine Glaubhaftigkeit gegeben sei. Diese drei Verfahren wurden aufgrund dieser Ergebnisse durch die Staatsanwaltschaft nach § 170 Absatz 2 StPO eingestellt. In einem weiteren Verfahren konnte hinsichtlich der Glaubwürdigkeit des Kindes keine Aussage getroffen werden. Es handelte sich hierbei um ein 2-jähriges Mädchen, deren Mutter aufgrund von Erzählungen des Kindes[669] einen sexuellen Missbrauch seitens des Zeugentüchtigkeit verneinte. Das Verfahren wurde ebenfalls von der Staatsanwaltschaft nach § 170 Absatz 2 StPO eingestellt. Vaters vermutete. Während des Explorationsgespräches weigerte sich das Kind gänzlich etwas zu erzählen, so dass die Sachverständige bereits die Auch die vier Verfahren, in denen den Kindern bezüglich ihrer Aussage

Tabelle 22: Ergebnis der Glaubwürdigkeitsbegutachtung

	N	%
glaubwürdig	6	42,9
eingeschränkt glaubwürdig	4	28,6
unglaubwürdig	3	21,4
keine Feststellung möglich	1	7,1
Gesamt	*14*	*100,0*

667 *Langen* 2000, 79.
668 *Gunder* 1999, 331.
669 Der Papa kitzele sie beim Wickeln immer an der Scheide und sie müsse eklige Medizin nehmen, die bei Papa aus dem Bauch komme.

eine eingeschränkte Glaubhaftigkeit bescheinigt wurde, wurden von der Staatsanwaltschaft mangels hinreichenden Tatverdachts eingestellt. Die Gutachter kamen zu dem Ergebnis, dass ein sexueller Missbrauch stattgefunden habe. Aufgrund von suggestiver Einflüsse sei jedoch nicht mehr feststellbar, welche der Übergriffe tatsächlich stattfanden und welche von außen erzeugt wurden. Bestätigten die Gutachten die Glaubhaftigkeit der Aussage, erhob die Staatsanwaltschaft, abgesehen von einer Einstellung eines Verfahren wegen Verjährung, Anklage.

Es besteht wie in anderen Studien[670] folglich auch in dieser Untersuchung ein starker, sehr signifikanter[671] Zusammenhang zwischen dem Ergebnis des im Ermittlungsverfahrens beantragten aussagepsychologischen Gutachtens und der Entscheidung der Staatsanwaltschaft hinsichtlich des weiteren Verfahrensganges. Wenn das Gutachten die Glaubhaftigkeit der Aussage bescheinigte, erhob die Staatsanwaltschaft Anklage. Lediglich in einem Fall war sie wegen eines Verfahrenshindernisses daran gehindert. Wurde die Glaubwürdigkeit des Kindes nicht in vollem Umfang positiv beurteilt, erfolgte demgegenüber in allen Fällen eine Einstellung mangels hinreichenden Tatverdachts.

dd) Schuldfähigkeitsbegutachtung der Probanden

Für die Beurteilung der Schuldfähigkeit, bei der es entscheidend auf den psychischen Zustand des Beschuldigten ankommt, fehlt den juristisch ausgebildeten Personen in der Regel die erforderliche Sachkunde, so dass Sachverständige in den Strafprozess einbezogen werden müssen. In der vorliegenden Untersuchung wurden von der Staatsanwaltschaft lediglich in acht Verfahren (2,7 %) ein psychologisch-psychiatrisches Gutachten zur Klärung der Schuldfähigkeit des Beschuldigten in Auftrag gegeben. Besonderheiten fallen hierbei sowohl hinsichtlich der Erhebungsorte als auch der Probandengruppen auf: Begutachtungen wurden fast nur von der Staatsanwaltschaft Braunschweig für erforderlich gehalten. In Hannover wurde nur ein Gutachten und Göttingen keins in Auftrag gegeben. Eine Beauftragung eines Gutachters erfolgte außerdem nur bei sexuellen Handlungen mit Körperkontakt, wobei nur in einem Fall der Proband mit dem Opfer verwandt war.

Die Begutachtung ergab bei einem Probanden, dass er zum Tatzeitpunkt uneingeschränkt schuldfähig war. Die Staatsanwaltschaft erhob in diesem Fall Anklage. In drei weiteren Strafverfahren attestierten die Gutachter eine verminderte

---

670 *Gunder* 1999, 334; *Langen* 2000, 147.
671 Exakter Test nach Fischer (1-seitig): $p = 0{,}003$, $\phi = 0{,}861$.

Schuldfähigkeit des Beschuldigten im Sinne des § 21. Ursache hierfür waren eine neurotische Fehlentwicklung und Persönlichkeitsstörungen. Auch in diesen drei Verfahren erhob die Staatsanwaltschaft Anklage. In den verbleibenden vier Strafverfahren kamen die Gutachter zu dem Ergebnis, dass die Beschuldigten wegen der vorgeworfenen Straftaten nicht zur Verantwortung gezogen werden könnten. In einem Fall fehlte dem jugendlichen Probanden die nach § 3 JGG erforderliche strafrechtliche Verantwortlichkeit, so dass das Verfahren von der Staatsanwaltschaft wegen eines Verfahrenshindernisses nach § 170 Absatz 2 StPO eingestellt wurde. Die anderen drei Probanden waren aufgrund einer „paranoid-halluzinatorischen Psychose aus dem schizophrenen Formenkreis" bzw. einer „Störung im seelisch-geistigen Bereich" im Sinne von § 20 schuldunfähig. Bei Schuldunfähigkeit ist eine Bestrafung des Täters nicht möglich, jedoch können Maßregeln der Besserung und Sicherung angeordnet werden. Gem. § 62 muss hierbei der Grundsatz der Verhältnismäßigkeit eingehalten werden. D.h. es muss die Bedeutung der vom Täter begangenen und zu erwartenden Taten sowie der Grad der von ihm ausgehenden Gefahr beachtet werden. Zwei Verfahren wurden von der Staatsanwaltschaft deshalb gem. § 170 Absatz 2 StPO eingestellt und in einem Verfahren die Anordnung einer Maßregel der Besserung und Sicherung im Sicherungsverfahren gem. § 413 StPO beantragt.

In dem Gutachten des schizophrenen Probanden, für den die Staatsanwaltschaft die Anordnung einer Maßregel beantragte, wurde von einer einschlägigen Rückfallgefahr ausgegangen. Jedoch küsste der Proband lediglich ein ihm fremdes 10-jähriges Mädchen in der Öffentlichkeit auf die Wange.[672] Bei den anderen Probanden wurde von den Gutachtern eine Rückfallgefahr ausgeschlossen. Ein Proband griff einem 8-jährigem Mädchen auf der Straße zwischen die Beine und der andere Proband vollzog mit seiner 13-jährigen Freundin einverständlich den Geschlechtsverkehr.

In allen Gutachten wurde neben der Frage zur Schuldfähigkeit auch auf eine bestehende Rückfallgefahr eingegangen. Für drei Probanden wurde die Rückfallgefahr verneint, während die Gutachter bei den anderen fünf Probanden von der Wahrscheinlichkeit einschlägiger Rückfällen ausgingen.

ee) Vorläufige Freiheitsentziehung

In 39 (13,1 %) Strafverfahren kam es bereits im Ermittlungsverfahren zur Anwendung einer freiheitsentziehenden Maßnahme. In 69,2 % dieser 39 Strafver-

---

672 Im Zwischenverfahren wurde die Eröffnung des Hauptverfahrens vom Gericht abgelehnt, weil die dem Probanden zur Last gelegte und die zu erwartenden Taten nach dem Grundsatz der Verhältnismäßigkeit keine Unterbringung rechtfertigen.

fahren wurde Untersuchungshaft angeordnet.[673] Daneben wurde in 15,4 % der Verfahren eine Unterbringung des Probanden in einem psychiatrischen Krankenhaus angeordnet[674], wobei dieser in einem Fall § 126a StPO und in den fünf anderen Verfahren das Nds.PsychKG[675] zugrunde lag. Außerdem befanden sich die Probanden in 12,8 % der Verfahren während des Ermittlungsverfahrens wegen einer anderen Sache in Haft und in 5,1 % der Verfahren wurden die Probanden in Abschiebehaft genommen.

Von einer Anordnung der Untersuchungshaft oder der Unterbringung in einem psychiatrischen Krankenhaus wegen der dem untersuchten Strafverfahren zugrunde liegenden Delikte waren 3,6 % der Exhibitionisten, 10,9 % der Pädophilen und 18,2 % der Inzesttäter betroffen. Eine Unterbringung in einem psychiatrischen Krankenhaus erfolgte nur bei Probanden aus der Gruppe „Pädophile". Dass bei den Exhibitionisten signifikant seltener[676] als bei den anderen Probandengruppen eine Freiheitsentziehung erfolgte, ist aufgrund des Verhältnismäßigkeitsgrundsatzes plausibel.

Anders als in der Untersuchung von *Elz*[677] sind Probanden mit ausländischer Staatsangehörigkeit bei den Anordnungen der Untersuchungshaft nicht überrepräsentiert: Für 8,1 % der ausländischen Staatsangehörigen und für 9,5 % der deutschen Staatsangehörigen wurde ein Haftbefehl erlassen.

Die für den Erlass des Haftbefehls angeführten Gründe sind in Tabelle 23 dargestellt. In 10 Strafverfahren wurden zwei Haftgründe festgehalten.[678] In acht Verfahren wurde neben der Flucht- auch eine Verdunkelungsgefahr angenommen. In den zwei anderen Verfahren wurde der Haftbefehl sowohl auf Fluchtgefahr gem. § 112 Absatz 2 Nr.2 StPO bzw. Verdunkelungsgefahr gem. § 112 Absatz 2 Nr.3 StPO als auch auf Wiederholungsgefahr gem. § 112a Absatz 1 Nr.1 StPO gestützt. Letzteres ist sehr überraschend, da die Sicherungshaft nach § 112a Absatz 2 StPO gegenüber einem Haftbefehl aufgrund einer bestehender Flucht- oder Verdunkelungsgefahr subsidiär ist. Danach ist auch ausgeschlossen, den auf § 112 StPO gestützten Haftbefehl nur hilfsweise auf den Haftgrund der Wieder-

---

[673] Das entspricht 9,1 % der 297 untersuchten Strafverfahren. Dieser Anteil ist vergleichbar mit dem in der Untersuchung von *Gunder* 1999, 351 festgestellten in Höhe von 11,2 %.

[674] In einem Verfahren wurde ein zunächst erlassener Haftbefehl in einen Unterbringungsbefehl umgewandelt.

[675] Niedersächsisches Gesetz über die Hilfen und Schutzmaßnahmen für psychisch Kranke.

[676] $\chi^2 = 8{,}825$, $df = 2$, $p = 0{,}012$.

[677] *Elz* 2001, 158.

[678] Es wurden jeweils beide Haftgründe in der Tabelle erfasst.

Tabelle 23: Haftgründe

	N	%
Fluchtgefahr	15	40,5
Verdunkelungsgefahr	13	35,1
Wiederholungsgefahr	9	24,9
Gesamt	*37*	*99,9*[679]

holungsgefahr zu stützen.[680] Eine derartige rechtlich unzulässige Kombination der Haftgründe tritt nicht nur in der vorliegenden Untersuchung auf, sondern wurde auch von anderen, die Untersuchungshaft betreffenden Studien festgestellt.[681]

Eine Aussetzung des Vollzugs des Haftbefehls erfolgte nur in vier Verfahren[682], in denen zu erwarten war, dass der Zweck der Untersuchungshaft durch weniger einschneidende Maßnahmen erreicht werden konnte. Bei zwei wegen Verdunkelungsgefahr erlassenen Haftbefehlen wurde den Probanden der Kontakt zum Opfer und anderen Zeugen verboten. In dem Verfahren, in dem Fluchtgefahr angenommen wurde, musste der aus Polen stammende Proband eine Sicherheitsleistung von 2.000,- DM leisten. Der als Wiederholungstäter angesehene Proband wurde angewiesen, Plätze, an denen er wiederholt exhibitionistische Handlungen vorgenommen hatte, zu meiden.

ff) Verteidigung

In 38,7 % der untersuchten Strafverfahren wirkte bereits im Ermittlungsverfahren ein Verteidiger mit. Überwiegend handelte es sich hierbei um einen Wahlverteidiger; nur in 15,7 % der Verfahren mit einem Verteidiger handelte es sich um einen Pflichtverteidiger. Der geringe Anteil an Pflichtverteidigern ist jedoch nicht verwunderlich. Nach § 141 Absatz 1 StPO wird im Falle der notwendigen

679 Aufgrund der angewandten allgemeinen Rundungsregeln bei den einzelnen Werten ergibt die Summe nicht 100 %.

680 *Meyer-Goßner* 2004, § 112a Rn.17.

681 *Gebauer* 1987, 232; *Volk* 1995, 99 und 176 f.

682 *Gunder* 1999, 351 ermittelte in ihrer Untersuchung demgegenüber einen weit höheren Anteil von Aussetzungen (50 %).

Verteidigung[683] der Pflichtverteidiger erst nach Einreichung der Anklageschrift zwingend bestellt. Im Ermittlungsverfahren wird dem Beschuldigten hingegen nur ein Pflichtverteidiger beigeordnet, wenn die Staatsanwaltschaft dies nach ihrem Ermessen[684] beantragt. Dem Beschuldigten wird selbst kein Antragsrecht zuerkannt, vielmehr sei der Antrag des Beschuldigten auf Beiordnung eines Pflichtverteidigers als Anregung an die Staatsanwaltschaft aufzufassen.[685] Eine Sonderregelung enthält jedoch § 117 Absatz 4 StPO, wonach auch auf Antrag des Beschuldigten für die Dauer der Untersuchungshaft ein Verteidiger bestellt wird. 12 der 18 durch einen Pflichtverteidiger vertretenen Probanden befanden sich im Ermittlungsverfahren auch in Untersuchungshaft.

Von den Probanden, die im Ermittlungsverfahren einen Verteidiger hatten, waren nur 22,6 % Exhibitionisten. Weitere 33,9 % waren Inzesttäter und mit 43,5 % überwogen die Pädophilen. Wenn man diese Werte zu den Anteilen der Probandengruppen in der gesamten Stichprobe in Beziehung setzt, ergibt sich ein signifikanter[686] Zusammenhang zwischen den Probandengruppen und der Verteidigung der Beschuldigten im Ermittlungsverfahren. Die Inzesttäter wurden signifikant häufiger von einem Anwalt vertreten als die Pädophilen[687] und Exhibitionisten[688].

Wie sich aus der Tabelle 24 auch ergibt, bestehen signifikante Unterschiede bei der Bestellung eines Verteidigers sowohl hinsichtlich des Bekanntheitsgrades zwischen Proband und Opfer[689] als auch der Intensität der sexuellen Handlung[690]. Die den Opfern fremden Probanden nehmen sich sehr signifikant[691] seltener als die dem Opfer bekannten und höchst signifikant[692] seltener als die mit dem Opfer verwandten Probanden einen Anwalt. Der höchst signifikante Unterschied hinsichtlich des Bekanntheitsgrades ist damit auf die den betroffenen

683 Die Voraussetzungen der notwendigen Verteidigung ergeben sich aus § 140 Absatz 1 und 2 StPO. Vgl. hierzu *Beulke* 2004, Rn.165 ff.; *Meyer-Goßner* 2004, § 140 Rn.10 ff.

684 Die neuere Rechtsprechung nimmt in einigen Fallkonstellationen jedoch aufgrund des Art. 6 Absatz 3 Buchstabe b MRK eine Ermessenreduzierung auf Null an. Vgl. BGHSt 46, 93, 97 ff.; 47, 172, 176 f.

685 *Beulke* 2004, Rn.171; *Meyer-Goßner* 2004, § 141 Rn.5; KK StPO-*Laufhütte* 2003, § 141 Rn.6; aA LG Bremen StV 1999, 532, *Beckemper* NStZ 1999, 221, 226; *Hellmann* 1998, 157; LR-*Lüderssen* § 141 Rn.24; AK-*Stern* § 141 Rn.7 ff.

686 $\chi^2 = 6{,}816$, df = 2, p = 0,033.

687 $\chi^2 = 4{,}065$, df = 1, p = 0,044; phi = 0,138.

688 $\chi^2 = 6{,}184$, df = 1, p = 0,013; phi = 0,197.

689 $\chi^2 = 18{,}163$, df = 2, p = 0,000.

690 $\chi^2 = 6{,}163$, df = 2, p = 0,046.

691 $\chi^2 = 9{,}050$, df = 1, p = 0,003; phi = 0,205.

692 $\chi^2 = 17{,}731$, df = 1, p = 0,000; phi = 0,318.

Tabelle 24: Verteidigung

	Verteidigung des Probanden (%)	
	nein	ja
Bekanntheitsgrad		
fremd	77,7	22,3
bekannt	58,2	41,8
verwandt	46,9	53,1
Intensität der sexuellen Handlung		
ohne Körperkontakt	68,7	31,3
mit Körperkontakt	62,7	37,3
Geschlechtsverkehr oder ähnliche sexuelle Handlungen	50,0	50,0

Kindern fremden Probanden zurückzuführen. D.h. bei dem Bekanntheitsgrad war für die Hinzuziehung eines Verteidigers entscheidend, dass das Opfer dem Täter nicht fremd war. Daneben war es für die Bestellung eines Verteidigers entscheidend, ob der Proband den Geschlechtverkehr vollzog oder ähnliche sexuelle Handlungen durchführte.[693] Ob er eine sexuelle Handlung mit oder ohne Körperkontakt vorgenommen hatte war demgegenüber nicht von Bedeutung. Da Inzesttäter überwiegend den Geschlechtsverkehr mit ihrem Opfer vollziehen oder ähnliche sexuelle Handlungen vornehmen[694], wurden diese auch signifikant häufiger von einem Anwalt vertreten als die Pädophilen. Es wurde vermutet, dass eine Veränderung des Bekanntheitsgrades eine Veränderung der Intensität der sexuellen Handlung bewirkt und hierdurch die Wahl eines Verteidigers beeinflusst wird. Eine Kontrolle durch Konstanthaltung der Variable „Intensität der sexuellen Handlung" ergab jedoch, dass in den Fällen, in denen es weder zum Geschlechtsverkehr noch zu ähnlichen sexuellen Handlungen kam, wiederum der Bekanntheitsgrad zwischen dem Probanden und dem betroffenen Kind für die Frage von Bedeutung war, ob sich der Proband einen Verteidiger nimmt.

Es gibt im Strafverfahren nicht nur Faktoren, die dafür entscheidend sind, ob sich der Beschuldigte einen Anwalt nimmt. Es ergaben sich die in Tabelle 25

---

[693] $\chi^2 = 5{,}435$, df = 1, p = 0,020; phi = 0,140.
[694] Vgl. F.I.2.d)cc).

Tabelle 25: Verteidigung und Verfahrensabschluss

	Verteidigung des Probanden (%)	
	nein	ja
Einstellung gem. § 170 Absatz 2 StPO	51,9	29,8
sanktionslose Einstellungen	7,2	3,5
Einstellungen mit Sanktionen	5,5	6,1
Strafbefehlsantrag	7,7	4,4
Anklageerhebung	27,6	56,1

aufgeführten höchst signifikanten[695] Unterschiede bei der Verfahrensbeendigung durch die Staatsanwaltschaft zwischen den Probanden, die einen Verteidiger genommen hatten und denen, die keinen Verteidiger hatten. Hatte der Proband bereits im Ermittlungsverfahren einen Verteidiger, so stellte die Staatsanwaltschaft höchst signifikant seltener das Verfahren mangels hinreichenden Tatverdachts gem. § 170 Absatz 2 StPO ein[696] und erhob höchst signifikant häufiger Anklage[697]. Dies wird darauf zurückzuführen sein, dass Verteidiger vor allem dann eingeschaltet werden, wenn der Tatvorwurf zumindest in Teilen zutreffend ist.

b) Zwischenverfahren

Nachdem die Staatsanwaltschaft die Anklage erhoben hat, wird die Anklageschrift dem Angeschuldigten gem. § 201 StPO im Zwischenverfahren mitgeteilt, wobei er vom Gericht aufgefordert wird, innerhalb einer bestimmten Frist zu erklären, ob er Beweisanträge stellen oder Einwendungen vorbringen will.

Daneben kann das Gericht nach § 202 StPO auch von sich aus weitere Beweiserhebungen zur besseren Aufklärung der Sache anordnen. Dies ist aber nur zulässig, wenn lediglich einzelne Punkte des Vorwurfs genauer aufgeklärt werden müssen. Bestehen hingegen wesentliche Ermittlungslücken, muss die Staatsanwaltschaft zur Rücknahme der Anklage aufgefordert oder die Eröffnung des Hauptverfahrens abgelehnt werden.[698] So veranlasste das Gericht auch nur in vier der 114 Strafverfahren eine weitere Beweiserhebung. In allen Fällen han-

[695] $\chi^2 = 25{,}500$, df = 4, p = 0,000.
[696] $\chi^2 = 14{,}014$, df = 1, p = 0,000, phi = - 0,217.
[697] $\chi^2 = 23{,}661$, df = 1, p = 0,000, phi = 0,282.
[698] *Hellmann* 1998, 186 f.

delte es sich hierbei um eine in Auftrag gegebene Glaubwürdigkeitsbegutachtung der Aussage des betroffenen Kindes.

c) Hauptverfahren

Die Hauptverhandlung wird als „Kernstück des Strafprozesses" bezeichnet, in dem der Sachverhalt endgültig aufgeklärt und festgestellt wird.[699] Dies entspricht jedoch nicht mehr der heutigen Praxis, da nur ein geringer Anteil der durchgeführten Strafverfahren ins Stadium des Hauptverfahrens gelangt. In der vorliegenden Untersuchung wurde ein Hauptverfahren nur in 110, d.h. in 37,0 % der untersuchten Strafverfahren eröffnet.

aa) Geständnis

In der Hauptverhandlung legte mit 61,8 % ein weit größerer Anteil der Probanden als im Ermittlungsverfahren[700] ein Geständnis ab. Von den in diesem Stadium geständigen Probanden waren bereits 52,9 % im Ermittlungsverfahren geständig. Da das Gericht für die Eröffnung der Hauptverhandlung den Tatvorwurf für berechtigt halten muss und damit ein hinreichender Tatverdacht angenommen wird, werden es die Angeklagten wohl für zwecklos halten, die begangene Tat weiterhin zu leugnen.

Beim Aussageverhalten ließen sich, wenn auch nicht signifikante, Unterschiede zwischen den Probandengruppen feststellen: 46,7 % der Exhibitionisten, 61,3 % der Inzesttätern und 71,4 % der Pädophilen waren in der Hautverhandlung geständig.

bb) Glaubwürdigkeitsbegutachtungen

Eine Glaubwürdigkeitsbegutachtung der Zeugenaussage des betroffenen Kindes erfolgte in 6,4 % der durchgeführten Hauptverfahren. Wie auch im Ermittlungsverfahren wurde ein Gutachten vom Gericht nur in Auftrag gegeben, wenn dem Tatvorwurf sexuelle Handlungen mit Körperkontakt zugrunde lagen.

In sechs der sieben Begutachtungen wurde die Aussage als glaubhaft bezeichnet. In diesen Fällen erfolgte, abgesehen von einem dieser Verfahren, das wegen Todes des Angeklagten gem. § 206a StPO eingestellt wurde, die Verurteilung der

---

[699] *Meyer-Goßner* 2004, Vor § 226 Rn.1.
[700] Vgl. hierzu F.I.4.a)bb).

Probanden. Die siebte Begutachtung ergab eine eingeschränkte Glaubwürdigkeit, so dass der Proband freigesprochen wurde.

Das Gutachten gelangte in diesem Fall zu dem Ergebnis: „Die Möglichkeit der Übergriffe besteht zwar, aber die für eine Verurteilung erforderliche Überzeugung hinsichtlich der Tathandlung kann diese Möglichkeit nicht begründen."

Insgesamt, d.h. unter Einbeziehung der bereits im Ermittlungsverfahren erbrachten Glaubwürdigkeitsbegutachtungen, wurde in 12,7 % der abgeurteilten Verfahren die Glaubhaftigkeit der Aussage des betroffenen Kindes durch einen Sachverständigen beurteilt. In den meisten Fällen nahm demzufolge das Gericht diese Einschätzung selbst vor. Dies entspricht nicht der teilweise vorgebrachten Auffassung, dass eine Aburteilung von Sexualdelikten mit kindlichen und jugendlichen Zeugen kaum noch ohne Heranziehung eines Glaubwürdigkeits-Gutachters stattfinde.[701]

cc) Schuldfähigkeitsbegutachtung der Probanden

In der Hauptverhandlung wurde in 14,5 % der Verfahren ein psychologisch-psychiatrisches Gutachten zur Klärung der Schuldfähigkeit des Probanden in Auftrag gegeben. Bei den zu begutachtenden Probanden handelte es sich um fünf Exhibitionisten, fünf Inzesttäter und sechs Pädophile.

Bei einem Probanden konnte die Schuldunfähigkeit nicht ausgeschlossen werden. Hier stellte das Gericht das Verfahrens gem. § 153 Absatz 2 StPO ein. Die übrigen begutachteten Probanden wurden vom Gericht verurteilt. Zwar wurden hier auch Persönlichkeitsstörungen und Alkoholabhängigkeiten diagnostiziert, jedoch ließen diese nicht die Schuldfähigkeit des Probanden entfallen. Die Gutachter gingen lediglich von einer verminderten Schuldfähigkeit aus, die einer Bestrafung nicht entgegensteht. Die Begutachtungen enthielten für 12 der 16 Probanden auch eine Gefährlichkeitsprognose dahingehend, dass ein einschlägiger Rückfall zu befürchten sei.

Insgesamt wurden die Probanden in 24 der 297 untersuchten Strafverfahren auf ihre Schuldfähigkeit hin begutachtet. Auch in der Untersuchung von *Langen* wurde nur ein sehr geringer Anteil von Begutachtungen festgestellt.[702] Von den

---

[701] *Fischer* NStZ 1994, 1, 2; *Langen* 2000, 149. In der Untersuchung von *Busse/Volbert* 1997, 133 lag der Anteil der in der Hauptverhandlung vorliegenden Glaubwürdigkeitsbegutachtungen demgegenüber ebenfalls nur bei 16 %.

[702] *Langen* 2000, 80: 5,5 %.

verurteilten Probanden wurden im Laufe des Strafverfahrens 22,0 % begutachtet, was dem von *Elz* ermittelten Anteil entspricht.[703]

dd) Vorläufige Freiheitsentziehung

Während des Hauptverfahren waren 26,4 % der Probanden von einer freiheitsentziehenden Maßnahme betroffen: 82,8 % dieser Probanden wurden in Untersuchungshaft genommen, 10,3 % der Probanden befanden sich wegen einer anderen Strafsache in Haft und 6,9 % der Probanden waren gem. § 126a StPO in einem psychiatrischen Krankenhaus untergebracht. Bei 22 dieser 27 Probanden erfolgte bereits im Ermittlungsverfahren eine Freiheitsentziehung. Ebenso wie im Ermittlungsverfahren[704] bestanden signifikante, hier sogar höchst signifikante[705] Unterschiede zwischen den Probandengruppen hinsichtlich des Freiheitsentzuges während des Hauptverfahrens. Von den Exhibitionisten waren nur 6,7 % von einem Freiheitsentzug betroffen, hingegen bei den Pädophilen 22,4 % und bei den Inzesttätern 51,6 %.

ee) Verteidigung

Während im Ermittlungsverfahren die Mehrheit der Probanden keinen Verteidiger hatte[706], traf dies im Hauptverfahren nur auf 19,1 % der Probanden zu, was auf den hohen Anteil an Pflichtverteidigern in 62,9 % der Verfahren mit Verteidiger zurückzuführen ist.

Auch im Hauptverfahren waren bei der Verteidigung signifikante[707] Unterschiede zwischen den Probandengruppen feststellbar: Inzesttäter wurden signifikant[708] häufiger als Pädophile und sehr signifikant[709] häufiger als Exhibitionisten von einem Anwalt vertreten. Es besteht ein Zusammenhang zwischen der Verteidigung des Probanden und der Täter-Opfer-Beziehung[710] als auch der Intensität der sexuellen Handlung[711]. Dieser Zusammenhang stellte sich jedoch etwas anders dar, als im Ermittlungsverfahren. So stieg mit Zunahme der Intensität der sexuellen Handlung auch der Anteil an verteidigten Probanden. Bei dem Be-

---

703 *Elz* 2001, 153: ca. 25 %.
704 Vgl. F.I.4.a)ee).
705 $\chi^2 = 16{,}563$, df = 2, p = 0,000.
706 Vgl. F.I.4.a)ff)(1).
707 $\chi^2 = 9{,}046$, df = 2, p = 0,011.
708 $\chi^2 = 4{,}727$, df = 1, p = 0,030; phi = 0,243.
709 $\chi^2 = 9{,}350$, df = 1, p = 0,002; phi = 0,392.
710 $\chi^2 = 9{,}392$, df = 2, p = 0,009.
711 $\chi^2 = 8{,}490$, df = 2, p = 0,014.

kanntheitsgrad war jedoch allein die Verwandtschaft zwischen Proband und betroffenem Kind für eine Verteidigung maßgeblich. Es liegt die Vermutung nahe, dass der Bekanntheitsgrad die Frage einer Verteidigung nicht direkt beeinflusst, sondern vielmehr auf die Intensität der sexuellen Handlung einwirkt[712], die dann ihrerseits für eine Verteidigung entscheidend ist. Dies drängt sich gerade unter dem Gesichtpunkt der Voraussetzungen einer notwendigen Verteidigung nach § 140 StPO auf. Diese Annahme wurde auch bei Konstanthaltung der Variable „Intensität der sexuellen Handlung" bestätigt, da in den verschiedenen Ausprägungen keine signifikanten Unterschiede bei der Verteidigung zwischen fremden, bekannten und verwandten Probanden auftraten.

d) Strafvollstreckung und -vollzug

Zur Vollstreckung und zum Vollzug der Freiheitsstrafen können an dieser Stelle anhand der Strafverfahrensaktenanalyse keine Angaben gemacht werden. Zum einen liegt dies darin begründet, dass das Vollstreckungsverfahren bzw. der Vollzug der Freiheitsstrafe in 35 Fällen (39,3 %) zum Zeitpunkt der Datenauswertung noch andauerte und zum anderen wurden in der Erhebungsphase der Untersuchung von den Strafverfolgungsbehörden häufig keine Nebenakten zur Verfügung gestellt. Die Bewährungshefte konnten für 44,4 % der Probanden, die zu einer Jugend- oder Freiheitsstrafe mit Aussetzung der Strafvollstreckung zur Bewährung verurteilt wurden und die Vollsteckungshefte für 54,2 % der Probanden, die zu einer Jugend- oder Freiheitsstrafe ohne Strafaussetzung zur Bewährung verurteilt wurden, nicht eingesehen werden. Daneben stellte sich bei den eingesehenen Vollstreckungs- und Bewährungsheften das Problem, dass sie nur sehr wenige verwertbare Informationen enthielten.[713]

Die nachfolgenden Ausführungen beziehen sich deshalb nur auf die ausgewerteten Auskünfte des Bundeszentralregisters. Anhand dieser können allerdings zumindest für fast alle zu einer Jugend- oder Freiheitsstrafe verurteilten Probanden Aussagen hinsichtlich erfolgter Widerrufe und Strafrestaussetzungen zur Bewährung getroffen werden. Hierbei ist jedoch zu berücksichtigen, dass aufgrund der teilweise noch nicht abgeschlossenen Vollstreckungsverfahren nur Tendenzen aufgezeigt werden können.

---

[712] Der Zusammenhang zwischen dem Bekanntheitsgrad und der Intensität der sexuellen Handlung wurde bereits festgestellt. Vgl. F.I.2.d)cc).

[713] Vgl. E.VI.2.

aa) Jugend- und Freiheitsstrafe mit Aussetzung der Vollstreckung zur Bewährung

Aus dem Bundeszentralregister konnten für drei der 45 zu einer Jugend- oder Freiheitsstrafe verurteilten Probanden, deren Vollstreckung zur Bewährung ausgesetzt wurde, keine Informationen zum Strafverlauf gewonnen werden. Zwei dieser Probanden waren gestorben, so dass keine Auskunft erteilt wurde und bei einem Probanden war die Bezugsentscheidung im Bundeszentralregister nicht vermerkt.

Bei fünf der verbleibenden 42 Probanden und damit bei einem nur sehr geringen Anteil der Probanden erfolgte ein Widerruf. Zwei der Probanden hatten ihre Freiheitsstrafen von 8 und 12 Monaten bereits verbüßt. Zwei Probanden befanden sich laut Bundeszentralregisterauszug noch in Haft und bei einem Probanden erfolgte eine Reststrafenaussetzung, deren Bewährungszeit noch nicht abgelaufen war. Daneben war bei weiteren vier Probanden die Bewährungszeit der bei Urteilsverkündung ausgesetzten Vollstreckung der Freiheitsstrafe noch nicht abgelaufen.

bb) Jugend- und Freiheitsstrafe ohne Aussetzung der Vollstreckung zur Bewährung

Auch für drei Probanden, die zu einer zu vollstreckenden Freiheitsstrafe verurteilt wurden, konnten mangels Auskunftserteilung keine Informationen zu einer Reststrafenaussetzung und einem eventuell erfolgten Widerruf gesammelt werden. Einer dieser Probanden war bereits verstorben und bei den zwei anderen Probanden war die Verurteilung der Bezugsentscheidung nicht im Auszug des Bundeszentralregisters vermerkt.

Von den verbleibenden 21 Probanden befanden sich mit 12 Probanden noch über die Hälfte in Haft bzw. aufgrund der Anordnung einer Maßregel der Besserung und Sicherung im Maßregelvollzug. Bei weiteren drei Probanden wurde der Strafrest zur Bewährung ausgesetzt, wobei die Bewährungszeit bis zur Auskunftserteilung noch nicht abgelaufen war. Lediglich bei den verbleibenden sechs Probanden ist eine Erledigung des Verfahrens eingetreten, weil die verhängte Strafe bereits verbüßt wurde bzw. bei einem Probanden die ausgesetzte Reststrafe erlassen wurde. Da lediglich bei einem knappen Drittel der Probanden eine Erledigung eingetreten ist, können keine verallgemeinerungsfähigen Angaben zu Strafvollstreckung- und Vollzug dieser Probandengruppe gemacht werden.

5. Zusammenfassung

a) Biographische Merkmale der Probanden

Die Stichprobe umfasst sämtliche an Kindern begangenen Sexualdelikte, wegen derer im Jahr 1998 von den Staatsanwaltschaften Braunschweig, Göttingen und Hannover ein Ermittlungsverfahren eingeleitet wurde. Dabei handelt es sich überwiegend (98,3 %) um männliche Probanden. Mit 84,3 % besaß zum Tatzeitpunkt ein sehr großer Teil der 286 Probanden die deutsche Staatsangehörigkeit. Das Alter der Probanden betrug bei Begehung des Bezugsdeliktes durchschnittlich aM = 38,2 Jahre, wobei der Median bei Md = 36,3 Jahren liegt. Der jüngste Proband war 11,0 Jahre und der älteste 86,0 Jahre.

Bei der Probandengruppe der Untersuchung handelt es sich ganz überwiegend nicht um isolierte Personen, die zum Tatzeitpunkt keine sozialen Kontakte hatten und alleine lebten. Mit 41,6 % hatte der größte Anteil der Probanden einen festen Lebenspartner, mit dem er meist auch zusammenlebte. Über die Hälfte (61,3 %) dieser Probanden waren zum Zeitpunkt der Bezugstat mit ihrem Partner verheiratet. Bei den Probanden ohne partnerschaftliche Anbindung (32,2 % der Gesamtstichprobe[714]) handelte es sich meist um recht junge Personen. 26,1 % dieser Probanden waren noch minderjährig und lebten aufgrund ihres Alters noch bei den Eltern oder anderen Verwandten. Allein, d.h. in einem Ein-Personen-Haushalt und ohne partnerschaftliche Anbindung, lebten nur 18,5 % der Probanden.

Zu den Merkmalen der Schul- und Berufsausbildung konnten für die Mehrheit der Probanden aus den Strafverfahrensakten keine Angaben entnommen werden. Bei der Schulausbildung lag die Ausfallquote bei 75,5 % und bei der Berufsausbildung bei 50,7 %. Die Beschuldigten stammten jedoch nicht nur aus den unteren Schichten. Die Mehrheit der Probanden, für die Angaben zu den betreffenden Variablen den Strafverfahrensakten zu entnehmen waren, besuchte die Hauptschule. Einige Probanden besuchten jedoch auch weiterführende Schulen und Fachhochschulen oder Universitäten. Ebenso hatten einige Probanden im Berufsleben eine leitende Position eingenommen.

37,0 % der Probanden waren vorbestraft, d.h. sie wurden vor der Bezugsentscheidung bereits mindestens einmal sanktioniert.[715] Sanktionierungen wegen einschlägiger Delikte erfolgten bei 31 und damit 11 % der 281 Probanden, wo-

[714] Bei den verbleibenden 26,2 % der Probanden konnte den Strafverfahrensakten keine Angaben zur partnerschaftlichen Anbindung der Probanden entnommen werden.

[715] Für fünf Probanden wurden keine Auskünfte aus dem Bundeszentralregister erteilt, so dass sich die Angaben nur auf 281 der 286 Probanden beziehen.

bei 18 dieser Probanden auch wegen nicht einschlägiger Straftaten sanktioniert wurden. Die vorbestraften Probanden wurden durchschnittlich aM = 5,46 mal sanktioniert, wobei der Median bei Md = 3 Sanktionen liegt. Das Maximum erreichte ein Proband mit 24 Sanktionierungen. Die wegen auch einschlägiger Delikte vorbestraften Probanden wiesen ebenfalls durchschnittlich aM = 5,32 Sanktionierungen auf, wobei der Median bei Md = 3 Sanktionierungen liegt. Die Werte der Sanktionierungen sind jedoch auch darauf zurückzuführen, dass die einschlägig Vorbestraften vor der Bezugsentscheidung teilweise auch wegen sonstiger Delikte mit Sanktionen belegt wurden. Bezogen nur auf die wegen einschlägiger Delikte vorgenommenen Eintragungen ergibt sich für die Probanden ein arithmetisches Mittel von aM = 1,77 Sanktionierungen, wobei der Median bei Md = 1 Sanktion liegt. Das Maximum liegt hierbei bei sechs Sanktionierungen. Bei den einschlägigen Delikten handelte es sich bei gut der Hälfte der Probanden um einen sexuellen Missbrauch von Kindern gem. § 176.

b) Merkmale der Tatbegehung und Täter-Opfer-Beziehung

Bei den von den Tätern vorgenommenen sexuellen Handlungen handelte es sich überwiegend um solche mit Körperkontakt. In 26,3 % der Fälle wurden sogar der Geschlechtsverkehr oder ähnliche sexuelle Handlungen durchgeführt. Lediglich in 27,9 % der den Strafverfahren zugrunde liegenden Taten erfolgte kein Körperkontakt, wobei es sich fast ausschließlich um exhibitionistische Handlungen i.S.d. Strafgesetzbuches handelte.

Von den Taten war meist nur ein Kind betroffen. Auch handelte es sich bei den Geschädigten überwiegend um Mädchen. Männliche Geschädigte wurden nur in 31,7 % der Strafverfahren ermittelt. Das durchschnittlich Alter der Kinder lag bei 9,3 Jahren. Das jüngste Opfer war bei Begehung der Tat erst ein Jahr alt. Mit 41,1 % kannten die Mehrheit der Probanden ihre Opfer bereits vor der Tatbegehung. Es handelte sich um Kinder von Freunden bzw. Bekannten des Probanden oder Kinder aus der Nachbarschaft. Ein Verwandtschaftsverhältnis bestand hingegen nur bei den wenigsten Probanden. War ein solches jedoch vorhanden, handelte es sich sehr häufig um eine Eltern-Kind-Beziehung.

Sowohl die Intensität der sexuellen Handlung als auch der Bekanntheitsgrad zwischen Proband und Kind stehen in einem höchst signifikanten Zusammenhang zur Häufigkeit der Tatbegehung und dem Verhalten der Geschädigten. Mit Zunahme der Intensität der sexuellen Handlung als auch des Bekanntheitsgrades nahm die Gegenwehr der Kinder ab und überwogen mehrmalige Deliktsbegehungen.

Mit Hilfe der Variablen „Intensität der sexuellen Handlung“ und „Täter-Opfer-Beziehung“ konnten die Probanden in drei Tätertypen eingeordnet werden. 28 % der Probanden waren im Sinne dieser Untersuchung Exhibitionisten, d.h. sie nahmen sexuelle Handlungen ohne Körperkontakt vor. Überwiegend handelte es sich um Probanden, die typisch exhibitionistische Handlungen vornahmen, d.h. sich vor einem Kind entblößten. Es wurden jedoch auch die anderen sexuellen Handlungen ohne Körperkontakt, wie z.B. das Zeigen pornographischer Schriften, erfasst.[716] Die übrigen Probanden, bei denen es im Rahmen der sexuelle Handlungen zum Körperkontakt mit den Kindern kam, wurden außerdem mittels des Bekanntheitsgrades unterteilt. 26 % der Probanden waren Inzesttäter, die aus dem familiären Umfeld der von den Handlungen betroffenen Kindern stammten. Bei den verbleibenden 46 % der Probanden handelte es sich um Pädophile, d.h. sie waren mit den missbrauchten Kindern nicht verwandt.

Zwischen den Tätergruppen ließen sich hinsichtlich der ausgewählten Opfer als auch der Durchführung der Bezugstat signifikante Unterschiede feststellen. Von den sexuellen Handlungen der Exhibitionisten waren jeweils mehr Kinder betroffen als bei den anderen Tätergruppen, auch handelte es sich bei den Opfern überwiegend um dem Probanden fremde Kinder. Was das Alter der betroffenen Kinder betrifft, unterschieden sich die Inzesttäter von den anderen Probandengruppen: Deren Opfer waren signifikant jünger. Außerdem lag den durchgeführten Strafverfahren bei den Inzesttätern häufiger wiederholte sexuelle Handlungen zugrunde. Gegenüber den Pädophilen vollzogen diese Probanden auch signifikant häufiger den Geschlechtsverkehr mit ihren Opfern oder nahmen ähnliche sexuelle Handlungen vor.

c) *Verfahrensabschließende Entscheidung*

Es erfolgte lediglich in 27,6 % der 297 durchgeführten Strafverfahren eine Verurteilung des Probanden. Diese geringe Quote ist jedoch nicht auf eine Vielzahl der Freisprüche zurückzuführen, denn wurde das Hauptverfahren eröffnet, wurden die Pobanden in der Mehrheit der Verfahren auch verurteilt. Nur in neun Verfahren erfolgte ein Freispruch. Es fand vielmehr bereits vor der Hauptverhandlung eine starke Selektion statt. Eine Hauptverhandlung wurde nur in 37,0 % der 297 Verfahren durchgeführt.[717]

---

[716] Vgl. F.I.2.d).

[717] Zu den verfahrensabschließenden Entscheidungen der Staatsanwaltschaft und des Gerichts ausführlich F.I.3., insbesondere Abbildung 8.

Abweichend von der Erledigungspraxis bei Einbeziehung aller Straftaten im Bundesgebiet[718] erfolgte jedoch mit 38,4 % in einem recht großen Anteil der Verfahren eine Anklage durch die Staatsanwaltschaft. Allerdings stellte die Staatsanwaltschaft die übrigen Verfahren fast ausschließlich nach § 170 Absatz 2 StPO mangels hinreichenden Tatverdachts ein, wobei der Grund überwiegend in bestehenden Beweisschwierigkeiten bestand. Hierbei ließ sich ein Zusammenhang der Einstellung nach § 170 Absatz 2 StPO mit dem Bekanntheitsgrad zwischen Probanden und den betroffenen Kindern dahingehend feststellen, dass mit zunehmendem Bekanntheitsgrad die Anzahl der Einstellungen stieg. Damit verbunden wurden schwere Taten eher eingestellt als leichtere Taten, da mit zunehmendem Bekanntheitsgrad auch die Deliktsschwere zunahm. Diese Vorgehensweise der Staatsanwaltschaft scheint zunächst sehr bedenklich. Grund hierfür könnte jedoch sein, dass bei einer Bekanntschaft zwischen potentiellem Opfer und Probanden eher Zweifel an der Glaubwürdigkeit des Kindes bestehen und suggestive Einflüsse anderer Familienangehöriger in Betracht zu ziehen sind. Aus Rechtsstaatsgesichtpunkten muss in diesen Fällen die Unschuldsvermutung zu Gunsten des Beschuldigten berücksichtigt werden. Insbesondere weil gerade bei so schwerwiegenden Vorwürfen wie dem sexuellen Missbrauch von Kindern mit Körperkontakt auch bei einem in der Hauptverhandlung ergehenden Freispruch meist keine vollständige Rehabilitation des Angeklagten erfolgt. So ist oft zu hören oder zu lesen, dass an den Anschuldigungen schon etwas dran sei, es nur nicht bewiesen werden könne. Bis zur Anklage wird das Strafverfahren jedoch noch nicht so viele Menschen bekannt, so dass die Einstellung gem. § 170 Absatz 2 StPO aus Sicht des Beschuldigten vorteilhafter sein kann als ein Freispruch in der Hauptverhandlung. Außerdem wird durch eine Einstellung bei Zweifeln an einer späteren Verurteilung dem Kind eine weitere sehr belastende Aussage erspart.

d) Informationsbasis der Strafverfolgungsbehörden

Eines der Untersuchungsziele war es, die Quantität und Qualität der den Strafverfolgungsbehörden vorliegenden Informationen mit prognostischer Relevanz zu untersuchen. Dabei war von besonderem Interesse, ob es Unterschiede bei Einstellungen und Verurteilungen als auch bei bereits einschlägig vorbestraften und nicht vorbestraften Probanden gibt.[719]

Die aus kriminologischer Sicht für einen Rückfall bedeutsamen Faktoren lassen sich in verschiedene Kategorien unterteilen: Faktoren, welche die Vergangenheit

---

[718] Arbeitsunterlage Staatsanwaltschaften 1998, Tab.2.2.1.2: 11,8 % Anklageerhebung. Vgl. bereits F.I.3.a).

[719] Vgl. D.II.3.

des Probanden, die Lebenssituation zum Tatzeitpunkt oder die Bezugstat betreffen. Zu der letztgenannten Merkmalsgruppe waren aus allen Verfahrensakten in gleichem Maße Informationen zu gewinnen. Dies ergibt sich daraus, dass für die verfahrensabschließende Entscheidung der Strafverfolgungsbehörden das Tatgeschehen aufgeklärt werden muss. Unterschiede ergaben sich jedoch für die beiden erstgenannten Gruppen.

Die Informationen der Strafverfolgungsbehörden sowohl zur Vergangenheit als auch zur Lebenssituation im Tatzeitpunkt waren teilweise verschwindend gering. Insbesondere Informationen zu den relevanten Faktoren wie das Aufwachsens des Probanden, die Erziehung, Gewalt oder sexueller Missbrauch in der Herkunftsfamilie und psychische Auffälligkeiten waren in den Akten nur in sehr wenigen Fällen zu finden. Die Ausfallquote lag hier bei mindestens 80 %, häufig sogar über 90 %. Einzig die mittels der Auskünfte aus dem Bundeszentralregister leicht zu ermittelnden Informationen zur Vorstrafenbelastung waren vorhanden.

Unterschiede hinsichtlich des Umfangs der Informationen mit prognostischer Relevanz konnten zwischen den bereits vorbestraften und den nicht vorbestraften Probanden nicht festgestellt werden. Damit kann die eingangs genannte Hypothese H_3, dass die Strafverfahrensakten vorbestrafter Probanden mehr Angaben zu solchen Faktoren enthalten, die aus kriminologischer Sicht für einen Rückfall bedeutsam sind, als die Strafverfahrensakten nicht vorbestrafter Probanden, nicht bestätigt werden.

Jedoch ließen sich bei den Verfahren mit Einstellungen und Verurteilungen Unterschiede ausmachen, wenn diese auch nicht signifikant waren. Die Informationsbasis verbreiterte sich bei den mit einer Verurteilung abgeschlossenen Strafverfahren vor allem durch die Angaben zur Person, die von den Probanden zu Beginn der Hauptverhandlung gemacht wurden, und durch die Sachverständigengutachten, welche zur Frage der Schuldfähigkeit der Probanden in Auftrag gegeben wurden. Es handelt sich also um Informationen, die entweder routinemäßig oder zu einer ursprünglich anderen Frage als der Rückfallwahrscheinlichkeit gesammelt wurden. Eine gezielte Erforschung der rückfallrelevanten Faktoren durch die Strafverfolgungsbehörden war entgegen § 160 Absatz 3 StPO damit nicht festzustellen. Aufgrund der fehlenden Signifikanzen kann auch die eingangs genannte Hypothese H_2, dass die Strafverfahrensakten bei einer verfahrensabschließenden Entscheidung durch die Staatsanwaltschaft weniger Angaben zu solchen Faktoren enthalten, die aus kriminologischer Sicht für einen Rückfall bedeutsam sind, als bei einer Verfahrensbeendigung durch das Gericht, nicht bestätigt werden.

Diese Ergebnisse verwundern dahingehend nicht, dass die Staatsanwälte ebenso wie die Gerichte mit einer Vielzahl an Strafverfahren beschäftigt sind und ihnen für jeden einzelnen Fall nicht genügend Zeit bleibt, um neben dem Tatvorwurf auch noch die Vergangenheit des Probanden aufzuklären. Aus Effizienzgründen ist es deshalb nachvollziehbar, dass bei der Arbeitsüberlastung die rückfallrelevanten Faktoren vernachlässigt werden. Insbesondere, weil sie für die Frage der Strafbarkeit des Beschuldigten keine Rolle spielen. Jedoch sollte bedacht werden, dass diese Faktoren sowohl bei der Art der verfahrensabschließenden Entscheidung als auch bei der Art der speziellen Sanktion eine Rolle spielen können.[720] Und dies nicht nur bei einer Verurteilung, sondern bereits bei einer Einstellung. Auch hier muss unter dem Gesichtspunkt des öffentlichen Interesses an der Strafverfolgung berücksichtigt werden, inwieweit der Täter rückfallgefährdet ist und die Einstellung deshalb ganz unterbleiben oder nur unter bestimmten Auflagen bzw. Weisungen erfolgen darf.

[720] Vgl. *Meier* 2001, 184 ff.

II. Legalbewährung

1. Rückfallquoten

Die Legalbewährung der in der Stichprobe aufgenommenen Probanden wurde anhand der Auszüge des Bundeszentralregisters ermittelt. Vom Bundeszentralregister wurden jedoch nicht für alle Probanden, sondern nur für 280 Probanden die Auszüge zur Verfügung gestellt.[721] Daneben werden weitere vier bereits verstorbene Probanden, für die entgegen § 24 Absatz 1 Satz 2 BZRG Auskunft aus dem Bundeszentralregister erteilt wurde, bei den Rückfallberechnungen nicht miteinbezogen, so dass sich die dargestellten Rückfallquoten auf 276 der 286 Probanden beziehen, deren Strafverfahren ausgewertet wurden.

Die Wahl eines Bewährungszeitraum war in der vorliegenden Untersuchung durch die Bestimmungen über die Aufbewahrungsfristen für das Schriftgut der ordentlichen Gerichtsbarkeit, der Staatsanwaltschaften und der Justizvollzugsbehörden beschränkt. Gerade bei den „minderschweren" Fällen, die hier von besonderem Interesse sind, werden die Strafverfahrensakten bereits nach einem sehr kurzen Zeitraum vernichtet.[722] Die Festlegung des Bewährungszeitraumes auf mindestens vier Jahre hatte zur Folge, dass nicht alle ausgewerteten Strafverfahren in die Rückfalluntersuchung einbezogen werden konnten. Nicht ausreichend lange, d.h. vier Jahre nach der Bezugsentscheidung in Freiheit, haben sich 47 Probanden (17,0 %) befunden. Davon betroffen waren insbesondere die Probanden, die im Bezugsverfahren zu einer Freiheitsstrafe ohne Strafaussetzung zur Bewährung verurteilt wurden und bei denen die Unterbringung in einem psychiatrischen Krankenhaus angeordnet wurde. Es wäre sicherlich wünschenswert gewesen, auch diese Probanden hinsichtlich ihrer Rückfälligkeit zu untersuchen. Dazu wäre jedoch ein weit längerer Untersuchungszeitraum erforderlich gewesen, als er im Rahmen des Forschungsprojektes hier möglich war. Um diese kriminologisch besonders interessante Gruppe von Probanden zumindest ansatzweise in die Untersuchung einbeziehen zu können, werden die Rückfallquoten im nachfolgenden Abschnitt nicht nur für die Probanden mit einem Bewährungszeitraum von mindestens vier Jahren dargestellt. Es werden auch größere Probandengruppen erfasst[723], indem die Rückfallquoten für einen Bewährungszeitraum von drei, zwei und einem Jahr sowie für die gesamte Stichprobe berechnet werden.

---

[721] Vgl. E.VI.3.
[722] Vgl. E.I.4.
[723] Die genaue Anzahl der Probanden wird in Tab. 26 angegeben.

a) *Gesamtrückfallquoten*

Innerhalb des vierjährigen Bewährungszeitraums haben die 229 Probanden überwiegend (72,9 %) keine aus dem Bundeszentralregister ersichtlichen Straftaten begangen. Lediglich 62 und damit 27,1 % der Probanden haben mindestens eine neue Straftat begangen, wegen der sie auch sanktioniert wurden. Maximal wurden fünf nachfolgende Eintragungen im Bundeszentralregister vermerkt. Eine Eintragung wiesen 12,7 % der Probanden, zwei Eintragungen 8,7 %, drei Eintragungen 3,5 %, vier Eintragungen 1,7 % und fünf Eintragungen 0,4 % auf.

Mit 87,1 % (n = 54) begingen die meisten der rückfälligen Probanden keine einschlägigen Straftaten. Wegen weiterer Sexualdelikte wurden acht der Probanden erneut sanktioniert. Dies sind lediglich 3,5 % der Probanden mit einem Bewährungszeitraum von mindestens vier Jahren und 12,9 % der rückfälligen Probanden. Im Registerauszug eines Probanden wurden zwei Eintragungen wegen einschlägiger Delikte und daneben noch zwei weitere Eintragungen wegen nicht einschlägiger Delikte vermerkt. Die übrigen sieben Probanden wiesen jeweils nur eine Folgeeintragung wegen der Begehung weiterer Sexualdelikte auf, wobei bei zwei dieser Probanden eine weitere Eintragung und bei jeweils einem Proband zwei bzw. drei weitere Eintragungen wegen nicht sexueller Delikte im Register enthalten waren.

Auch bei Einbeziehung größerer Probandengruppen durch die Wahl kürzerer Bewährungszeiträume lassen sich, wie in Tabelle 26 dargestellt, keine gravierenden Abweichungen bei den Rückfallquoten feststellen. Insbesondere steigen die Werte nicht mit Länge des Bewährungszeitraums, da von einem längeren Bewährungszeitraum weniger Probanden erfasst werden. Ein großer Teil der Rückfälle erfolgte allerdings bereits innerhalb von ein bis drei Jahren

Tabelle 26: Rückfallquoten in Abhängigkeit vom Bewährungszeitraum

Bewährungs-zeitraum	Probanden (n)	Rückfall insgesamt (%)	Einschlägiger Rückfall (%)
≥ 1 Jahr	267	29,2	5,2
≥ 2 Jahre	253	28,9	4,7
≥ 3 Jahre	243	28,8	4,9
≥ 4 Jahre	229	27,1	3,5
insgesamt	*276*	*28,6*	*5,1*

nach der Bezugsentscheidung.[724] Aber gerade solche Täter, die bereits kurz nach der Bezugsentscheidung rückfällig geworden sind und aufgrund der Rückfalltat eine Haftstrafe verbüßen mussten, wiesen keinen ausreichend langen Bewährungszeitraum auf. Aufgrund der ähnlichen Rückfallquoten bei den verschiedenen Bewährungszeiträumen wird nachfolgend der Einfachheit halber nur noch auf den vierjährigen Bewährungszeitraum abgestellt.

Wegen der Vergleichbarkeit mit der Untersuchung von *Elz* wurden bei einigen Berechnungen außerdem die Probanden berücksichtigt, die noch nicht ausreichend Zeit in Freiheit verbracht hatten, jedoch wegen einer nachfolgenden Straftat bereits sanktioniert wurden. Dies betraf insgesamt 17 Probanden, bei denen der Bewährungszeitraum durchschnittlich nur 2 ½ Jahre betrug.

Bei der Berechnung der Rückfallquoten unter Einbeziehung dieser 17 Probanden[725] ergibt sich in Teilen ein anderes Bild. Zwar ist die Rückfälligkeit insgesamt nicht gravierend gestiegen: Etwa ein Drittel (32,1 %) der Probanden wurden erneut sanktioniert. Auch bei der Anzahl der Eintragungen wegen erfolgter Rückfalltaten ergaben sich nur geringfügige Unterschiede. Der Anteil der Probanden, deren Registerauszüge nur eine erneute Eintragung aufwiesen, stieg auf 14,6 %. Auch der Anteil der Probanden, für die zwei, drei oder vier nachfolgende Eintragungen erfasst wurden, stieg um jeweils maximal 1,5 Prozentpunkte. Für je einen Probanden (0,4 %) wurden fünf bzw. sechs Eintragungen registriert.

Abbildung 9: Rückfälligkeit innerhalb des Bewährungszeitraumes

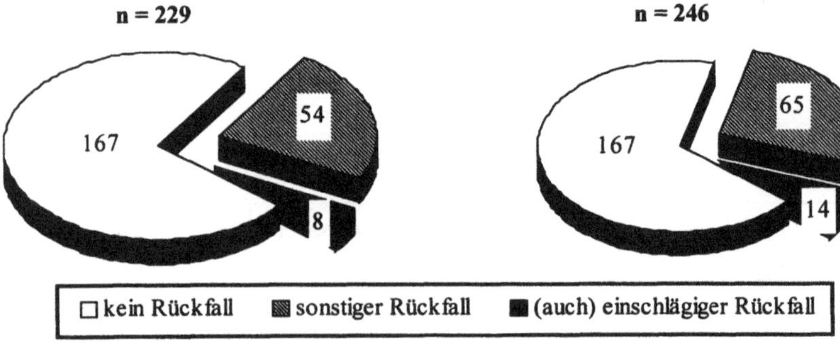

[724] Zur Rückfallgeschwindigkeit F.II.3.

[725] Grundsätzlich wird in den folgenden Darstellungen dieses Abschnittes von der Stichprobe mit den 229 Probanden, die einen Bewährungszeitraum von mindestens vier Jahren aufweisen, ausgegangen. Werden auch die weiteren 17 rückfälligen Probanden einbezogen, wird darauf explizit hingewiesen.

Mindestens eine Eintragung wegen eines Sexualdelikts weisen bei dieser Betrachtung jedoch 14 (5,7 %) Probanden auf. Dies sind 6 Probanden mehr als bei der Berücksichtigung der Probanden mit einem mindestens vierjährigen Bewährungszeitraum, was eine Steigerung von 75 % ausmacht.

Die mit Hilfe der Auszüge aus dem Bundeszentralregister ermittelten Rückfallquoten spiegeln die begangenen Straftaten der Probanden nur in Ansätzen wider.[726] Dies verdeutlicht ein Blick auf die bereits im Jahr 1998 in den drei Landgerichtsbezirken Braunschweig, Göttingen und Hannover mehrfach auffälligen Probanden. Aus dem Bundeszentralregister war nur bei drei der neun Probanden jeweils ein Strafverfahren, das 1998 eingeleitet und mit einer Verurteilung abgeschlossen wurde, ersichtlich. Dies entspricht 15,0 % der insgesamt 20 gegen diese neun Mehrfachauffälligen 1998 eingeleiteten Strafverfahren, denen ein an Kindern begangenes Sexualdelikt zugrunde lag. Von den verbleibenden 17 Strafverfahren wurden weniger als die Hälfte (41,2 %) gem. § 170 Absatz 2 StPO eingestellt, weil dem Beschuldigten die Tat nicht nachgewiesen werden konnte. Demgegenüber erfolgte in zehn Verfahren (58,8 %) trotz erwiesener Tatbegehung eine Einstellung. Vier Verfahren lag ein Verfahrenshindernis (mangelnde Reife, Schuldunfähigkeit) gem. § 170 Absatz 2 StPO zugrunde[727] und bei neun Verfahren erfolgte die Einstellung aufgrund §§ 154, 154a StPO. Als mehrfach auffällig erschien im Bundeszentralregister letztlich nur ein Proband, dessen Auszug zwei Einstellungen wegen Schuldunfähigkeit bezüglich der 1998 eingeleiteten Strafverfahren enthielt. Dem Bundeszentralregister konnte jedoch nicht entnommen werden, welche Straftat dem Verfahren zugrunde lag. Nur aufgrund der durchgeführten Aktenanalyse konnte ermittelt werden, dass es sich hierbei um Sexualdelikte handelte.

Der Anteil der Rückfalltäter sowohl bezüglich erneuter Sanktionierungen insgesamt als auch aufgrund einschlägiger Straftaten ergangener Sanktionierungen liegt erheblich unter den der dargestellten Rückfallstudien aus dem deutschsprachigen Raum[728]. Zu bedenken ist jedoch, dass in den bisher durchgeführten Untersuchungen zur mittleren und schweren Kriminalität die Legalbewährung der aus einer Strafanstalt oder Maßregelunterbringung Entlassenen untersucht wurde. Die Probanden der vorliegenden Untersuchung, die in der Bezugsentscheidung zu einer Freiheitsstrafe bzw. Jugendstrafe ohne Strafaussetzung zur Bewährung verurteilt wurden und/oder für die das Gericht eine Maßregel der Besserung und Sicherung angeordnet hatte, befanden sich überwiegend nicht ausreichend lange in Freiheit, so dass sie bei den Berechnungen der Rückfallquoten nicht berücksichtigt werden konnten. Lediglich ein einziger Proband, der zu einer Jugendstrafe ohne Strafaussetzung zur Bewährung verurteilt worden war, wies zur Zeit der Erhebung bereits einen Bewährungszeitraum von mindestens

---

[726] Vgl. zur begrenzten Aussagekraft des Bundeszentralregisters bereits Kapitel E.II.2 und VI.3.

[727] Im Bundeszentralregister waren aber nur zwei davon registriert, wobei bei der Einstellungen wegen Schuldunfähigkeit das zugrunde liegende Delikt nicht aufgeführt wird.

[728] Vgl. zu den durch die Untersuchungen ermittelten Rückfallquoten Kapitel C.I.

vier Jahren auf. Abgesehen davon, dass den jeweiligen Untersuchungen auch verschiedene Rückfalldefinitionen zugrunde lagen, sind Gruppen von Probanden nur miteinander vergleichbar, wenn sie nach den gleichen Kriterien ausgesucht wurden.[729] Demzufolge können die durch dieses Forschungsprojekt ermittelten Quoten nicht mit denen der bisher durchgeführten Rückfallstudien im Bereich der mittleren und schweren Kriminalität verglichen werden.

Ein Vergleich der Ergebnisse kann deshalb nur mit der Untersuchung von *Elz*[730], in der auch zu ambulanten Sanktionen verurteilte Probanden einbezogen wurden, erfolgen. Dabei fallen aber erhebliche Unterschiede in den ermittelten Werten auf. Der Anteil der rückfälligen Probanden ist in der Untersuchung von *Elz* mit 53 % gegenüber dem in der vorliegenden Untersuchung ermittelten Anteil von 27,1 % um 25,9 Prozentpunkte höher. Die Rückfallquote wegen auch einschlägiger Rückfalltaten ist mit 22 % sogar etwa sechs mal so groß wie die hier ermittelten Quote von 3,5 %. Während wegen sonstiger Delikte in der vorliegenden Untersuchung 23,6 % der Probanden erneut sanktioniert wurden, waren es in der Stichprobe von *Elz* 31 %. Auch wenn in die Berechnungen nicht nur die Probanden mit einem Bewährungszeitraum von vier Jahren, sondern ebenfalls die rückfälligen 17 Täter mit einem kürzeren Bewährungszeitraum einbezogen werden, bleiben diese Unterschiede im Wesentlichen bestehen.

Mit den in den Untersuchungen unterschiedlich gewählten Bewährungszeiträumen lassen sich die unterschiedlichen Rückfallquoten, insbesondere bei den einschlägigen Rückfalltaten, nicht erklären. Zwar ist dieser in der Untersuchung von *Elz* mit sechs Jahren zwei Jahre länger als in der vorliegenden Untersuchung, jedoch erfolgten bereits innerhalb der ersten vier Jahre 83,7 % der einschlägigen Rückfalltaten.[731] Die Unterschiede könnten aber auf die Zusammensetzung der Stichprobe zurückzuführen sein. Im Gegensatz zur Untersuchung von *Elz* wurden neben den zu ambulanten und stationären Sanktionen verurteilten Straftätern in der eigenen Untersuchung auch diejenigen Strafverfahren erfasst, die nicht mit einer Verurteilung abgeschlossen wurden. Dabei wurden fast die Hälfte der Strafverfahren von der Staatsanwaltschaft mangels hinreichenden Tatverdachts nach § 170 Absatz 2 StPO eingestellt.[732] Es liegt die Vermutung nahe, dass ebenso wie bei der Vorstrafenbelastung bei Einbeziehung nur der verurteilten Probanden der Stichprobe ähnliche Rückfallquoten wie in der Un-

---

729 *Hartung* 1981, 38.

730 *Elz* 2001, 202.

731 *Elz* 2001, 262. Bei der Berechnung der Rückfallgeschwindigkeit stellt *Elz* jedoch nicht auf die Hauptgruppe, für die sie die Rückfallquoten ermittelt hat, sondern auf alle durch eine Vollerhebung ermittelten einschlägigen Rückfälligen, die eine Seite des Extremgruppenvergleichs bildeten, ab. Vgl. auch C.I.2.c).

732 Vgl. F.I.3. Abb.8.

tersuchung von *Elz* ermittelt werden und nach einer Einstellung demzufolge die Rückfallquoten erheblich geringer sind. Dementsprechend müssten die Rückfallquoten in Abhängigkeit von der verfahrensabschließenden Entscheidung ganz unterschiedlich ausfallen. Deshalb wurde neben den Gesamtrückfallquoten auch die Rückfälligkeit bezogen auf die verschiedenen Erledigungs- und Sanktionsformen näher betrachtet.

b) Rückfallquoten nach Art der Bezugsentscheidung

Angemerkt sei an dieser Stelle zunächst, dass die ermittelten Rückfallquoten keinen Schluss auf die spezialpräventive Wirksamkeit[733] der Erledigungs- und Sanktionsformen zulassen. Denn der Umstand, dass nach einer bestimmten Sanktion eine bestimmte Rückfallquote zu verzeichnen ist, besagt noch nichts über den Einfluss der Erledigungs- und Sanktionsform auf die Rückfälligkeit. Es kann sein, dass die Rückfälligkeit ohne die Sanktion höher oder niedriger ausgefallen wäre; es ist aber auch denkbar, dass die Sanktion überhaupt keinen Einfluss auf die Rückfälligkeit hat und diese von ganz anderen Faktoren bestimmt wird.[734] Es muss außerdem berücksichtigt werden, dass die Erledigungs- und Sanktionsentscheidung auch jedes Mal eine auf die richterliche Sanktionstheorie zurückzuführende Selektionsentscheidung ist, so dass durch Rückfalluntersuchungen auch die Richtigkeit der richterlicher Prognosen gemessen wird, auf denen die Erledigungs- und Sanktionsentscheidungen basiert.[735] Die Nachweisbarkeit der Kausalität der Wirkung der Erledigungs- und Sanktionsform für den gemessenen Erfolg, d.h. die Legalbewährung, stellt ein methodisches Problem dar, weil eine Kausalbeziehung grundsätzlich nur mit einer experimentellen Untersuchungsanordnung nachgewiesen werden kann. Dies würde jedoch die Manipulierbarkeit der unabhängigen Variable (Erledigungs- und Sanktionsform) und die Kontrollierbarkeit der Moderatorvariablen (z.B. Alter) voraussetzen, was in der forensischen Praxis aus rechtlichen und ethischen Gründen jedoch nicht möglich ist.

---

733 Gemeint ist die Abschreckung (negative Spezialprävention) als auch die Erziehung und Besserung (positive Spezialprävention) des Täters. Einen Überblick mit weiterführender Literatur und Rechtsprechungsentscheidungen zu den Strafzwecken bietet *Meier* 2001, 15 ff.

734 *Dölling* 2000, 45.

735 Vgl. *Berckhauer/Hasenpusch* 1982, 286.

aa) Verfahrensabschließende Entscheidung durch die Staatsanwaltschaft

Von den bezüglich der Legalbewährung untersuchten 229 Strafverfahren wurden 142 Verfahren und damit der größte Teil (62,0 %) durch die Staatsanwaltschaft abgeschlossen. Die Rückfallquoten dieser Probandengruppe weisen zu den Gesamtrückfallquoten keine nennenswerten Unterschiede auf. So wurden 28,9 % der Probanden erneut sanktioniert, wobei dies bei 4 Probanden (2,8 %) auch auf einschlägige Delikte zurückzuführen war.

Ein besonderes Interesse galt der Frage, ob die Art der Einstellung für die Rückfälligkeit bedeutsam ist. Sowohl hinsichtlich der Eintragungen wegen erneut sanktionierter Straftaten als auch wegen einschlägiger Delikte konnten deutliche Unterschiede bei der Rückfallquote zwischen den verschiedenen Verfahrensbeendigungen festgestellt werden. Der Anteil der erneut sanktionierten Probanden lag nach einer Einstellung mangels hinreichenden Tatverdachts gem. § 170 Absatz 2 StPO (z.B. wegen Beweisschwierigkeiten) bei 31,7 %, nach einer Einstellung wegen Verfahrenshindernisses gem. § 170 Absatz 2 StPO[736] und § 205 StPO aber nur bei 14,3 %. Nach einer Einstellung, die mit der Erfüllung von Auflagen und Weisungen verbunden war[737], wurden 17,6 % der Probanden rückfällig. Bei den Strafverfahren, die mit einer folgenlosen Einstellung[738] abgeschlossen wurden, lag der Anteil der erneut sanktionierten Personen mit 40,0 % deutlich über dem Anteil der Gesamtpopulation. Erneute Sanktionierungen wegen Sexualstraftaten wurden im Bundeszentralregister nur für Probanden registriert, deren Verfahren in der Bezugssache nach § 170 Absatz 2 StPO eingestellt wurde: Von den 102 Probanden, deren Verfahren mangels hinreichenden Tatverdachtes eingestellt wurde, wurden vier Personen (4,0 %) wegen mindestens eines einschlägigen Deliktes erneut sanktioniert.

---

736 Nach § 170 Absatz 2 StPO muss die Staatsanwaltschaft das Verfahren einstellen, wenn die Ermittlungen keinen genügenden Anlass zur Erhebung der öffentlicher Klage bieten. Darunter wird verstanden, dass der hinreichende Tatverdacht im Sinne des § 203 StPO fehlt. Vgl. *Beulke* 2004, Rn.320; *Hellmann* 1998, § 8 Rn.10. Ein hinreichender Tatverdacht ist gegen, wenn nach dem gesamten Akteninhalt bei vorläufiger Tatbewertung die Verurteilung des Beschuldigten mit Wahrscheinlichkeit zu erwarten ist; *Meyer-Goßner* 2004, § 170 Rn.1. Bei Vorliegen eines unbehebbaren Verfahrenshindernisses ist eine Verurteilung nicht wahrscheinlich, so dass in dieser Konstellation kein hinreichender Tatverdacht besteht. Trotzdem soll hier zwischen Verfahrenshindernissen und dem nicht hinreichenden Tatverdacht unterschieden werden. So auch bei *Meyer-Goßner* 2004, § 170 Rn.1, 6. Kein hinreichender Tatverdacht meint hier, dass sich die Unschuld des Beschuldigten herausgestellt hat oder die Tat ihm nicht nachgewiesen werden konnte.

737 13 Einstellungen gem. § 153a Absatz 1 StPO, vier Einstellungen nach JGG.

738 Eine Einstellung gem. § 153 Absatz 1 StPO, sieben Beschränkungen der Strafverfolgung gem. §§ 154, 154a, b StPO (bei den Ausweisungen erfolgten jedoch erneut Straftaten, die von deutschen Gerichten abgeurteilt wurden), zwei Einstellungen nach JGG ohne Auflagen oder Weisungen.

bb) Verfahrensabschließende Entscheidung durch das Gericht

In den verbleibenden 87 Strafverfahren hat die Staatsanwaltschaft gem. § 170 Absatz 1 StPO Anklage erhoben[739] oder einen Strafantrag gem. § 407 StPO beantragt[740] und das Gericht daraufhin das Verfahren beendet. Die Rückfallquote der davon betroffenen Probanden liegt mit 24,1 % nur geringfügig unter der Gesamtrückfallquote. Wegen Sexualstraftaten wurden nach der Bezugsentscheidung vier der Probanden (4,6 %) erneut sanktioniert. Dieser Anteil liegt etwas höher als der Anteil der Gesamtpopulation. Erhebliche Unterschiede zeigen sich jedoch bei den verschiedenen verfahrensabschließenden Entscheidungen des Gerichts.

(1) Keine Verurteilung

Von den 42 Probanden, deren Strafverfahren nicht mit einer Verurteilung abgeschlossen wurde[741], begingen acht Personen (19,0 %) erneute Straftaten, aufgrund derer eine Sanktionierung erfolgte. Dieser Wert liegt deutlich unter dem der Gesamtpopulation als auch unter dem der Probanden, deren Verfahren durch ein Gericht abgeschlossen wurde. Sanktionierungen wegen einschlägiger Delikte waren dem Bundeszentralregister für zwei Personen dieser Probandengruppe zu entnehmen. Bei zwei der erneut sanktionierten Probanden erfolgte in der Bezugsentscheidung ein Freispruch[742], bei drei Probanden eine Einstellung (bei zwei Probanden nach § 47 JGG sowie bei einem Probanden nach § 153 Absatz 2 StPO)[743] und bei drei Probanden wurde dem Strafbefehlsantrag entsprochen[744]. Die Eintragungen wegen einschlägiger Delikte waren zum einen nach einer Einstellung gem. § 47 JGG und dem Erlass eines Strafbefehls zu finden. Diese Werte, insbesondere die höchste Rückfallquote mit 28,6 % nach erfolgten Freisprüchen, dürfen aufgrund der nur geringen Fallzahlen nicht überbewertet werden.

---

739 In 69 Fällen.

740 In 18 Fällen.

741 In 15 Fällen wurde der beantragte Strafbefehl gem. § 408 Absatz 3 bzw. § 408a Absatz 1 StPO erlassen, in zwei Fällen die Eröffnung der Hauptverhandlung gem. § 204 StPO abgelehnt und in sieben Fällen erfolgte ein Freispruch. Die restlichen 18 Verfahren wurden eingestellt: sechs gem. § 153 Absatz 2 StPO, acht gem. § 153a Absatz 2 StPO, eins gem. § 154 StPO, eins gem. §§ 206a, 260 Absatz 3 StPO und zwei gem. § 47 JGG.

742 Dies sind 28,6 % der freigesprochenen Probanden.

743 Dies sind 15,0 % der Probanden, deren Verfahren in der Bezugsentscheidung eingestellt wurde.

744 Dies entspricht 20,0 % der Probanden, denen in der Bezugsentscheidung ein Strafbefehl ausgesprochen wurde.

(2) Verurteilung

Von den 45 verurteilten Probanden wurde nur ein Proband mit einer freiheitsentziehenden Sanktion belegt, wobei es sich um eine Jugendstrafe handelte. Dieser Proband wurde nach der Bezugsentscheidung erneut vier mal verurteilt. Von diesem einen Probanden kann natürlich nicht auf die Rückfallquote aller Probanden, die zu einer freiheitsentziehenden Sanktion verurteilt wurden, geschlossen werden.

Bei den übrigen 44, nicht zu freiheitsentziehenden Sanktionen verurteilten Probanden lag die Rückfallquote mit 27,3 % ähnlich wie bei der Gesamtpopulation. Erneute Sanktionierungen wegen einschlägiger Delikte wiesen zwei (4,5 %) der zu ambulanten Sanktionen verurteilten Probanden auf. Damit liegen nicht nur die Rückfallquoten der Gesamtpopulation, sondern auch die Anteile der zu ambulanten Sanktionen verurteilten Probanden weit unter den in der Untersuchung von *Elz* ermittelten Werten.[745] Auch bei Berücksichtigung der neun rückfälligen Probanden, die nach der Verurteilung im Bezugsverfahren noch keinen Bewährungszeitraum von mindestens vier Jahren aufwiesen, liegt der Anteil sowohl der einschlägig Rückfälligen mit 11,5 % als auch der insgesamt Rückfälligen mit 38,5 % ebenfalls weit unter den von *Elz* ermittelten Werten. Die sehr unterschiedlichen Rückfallquoten können auf die unterschiedlichen Stichproben der Untersuchungen zurückzuführen sein. In der vorliegenden Untersuchung wurden alle im Jahre 1998 von den Staatsanwaltschaften Braunschweig, Göttingen und Hannover in einem Strafverfahren wegen Sexualstraftaten mit kindlichen Opfern ermittelte Tatverdächtige erfasst. Die Untersuchung von Elz erfasste jedoch insbesondere Rückfalltäter, da die Bezugsentscheidungen für den Urteilsjahrgang 1987 anhand von im Jahr 1996 erteilten Bundeszentralregisterauszügen ermittelt wurden. Da zwischen Verurteilung der Täter und Auskunftserteilung aus dem Bundeszentralregister mehr als fünf Jahr vergangen und die Verurteilungen zu ambulanten Sanktionen in der Regel bereits getilgt waren,[746] ist für nicht rückfällige Täter, die an sich aufgrund ihres Bezugsdeliktes in der Stichprobe der Untersuchung erfasst sein müssten, von dem Bundeszentralregister keine entsprechende Auskunft erteilt worden. Hiervon ausgenommen und in der Untersuchung von *Elz* erfasst sind demgegenüber solche Täter mit ambulanten Sanktionen in der Bezugsentscheidung, die vor der Bezugsentscheidung wegen eines schwerwiegenderen Delikts oder nach der Bezugsentscheidung wegen einer Rückfalltat verurteilt worden sind, da durch diese Verurteilungen auch die Tilgungsfrist der Bezugsentscheidung gehemmt wurde.

---

[745] *Elz* 2001, 213 hat bei ambulanten Sanktionen eine Rückfallquote von 55 % ermittelt, wobei 22 % der Probanden der Gesamtpopulation (auch) einschlägige Delikte begingen.

[746] Zu den Tilgungsfristen bereits E.VI.3.

Ebenso wie bei den durch die Staatsanwaltschaft abgeschlossenen Strafverfahren, fallen bei den verurteilten Probanden die Rückfallquoten in Abhängigkeit von der verhängten Sanktion ganz unterschiedlich aus. Die Probanden, die nach dem Jugendstrafrecht verurteilt wurden, wiesen mit 87,5 % den höchsten Anteil an Rückfälligen auf. Diese sehr hohe Rückfallquote kann jedoch auf die Altersabhängigkeit der Rückfallquoten zurückgeführt werden.[747] Einschlägige Straftaten lagen den nachfolgenden Sanktionierungen der in der Bezugsentscheidung nach dem Jugendgerichtsgesetz verurteilten Probanden jedoch nicht zugrunde. Von den zu einer Freiheitsstrafe mit Strafaussetzung zur Bewährung verurteilten Probanden wurden demgegenüber nur 19,4 % rückfällig. Den Sanktionierungen der sechs rückfälligen Probanden lagen jedoch auch bei zwei Probanden einschlägige Straftaten zugrunde. Von den sechs zur Geldstrafe Verurteilten beging niemand erneut Straftaten, die zu einer Eintragung im Bundeszentralregister führten. Bei Einbeziehung der zwei zu Geldstrafe verurteilten Probanden, die keinen Bewährungszeitraum von mindestens vier Jahren aufwiesen[748], ergibt sich jedoch ein anderes Bild. Diese zwei Probanden wurden allgemein rückfällig, wobei im Bundeszentralregister auch Eintragungen wegen einschlägiger Straftaten vermerkt waren. Die Rückfallquote bezüglicher erneuter Sanktionierungen und bezüglich der Sanktionierung wegen einschlägiger Straftaten nach der Verhängung einer Geldstrafe steigt damit jeweils auf 25,0 %.

cc) Vergleich der ermittelten Rückfallquoten

Ein Vergleich der Rückfallquoten nach unterschiedlichen verfahrensabschließenden Entscheidungen (Tab. 27) ergibt, dass der Anteil der Probanden, die nach einer verfahrensabschließenden Entscheidung durch die Staatsanwaltschaft erneut sanktioniert wurden, höher ist als der Anteil der Probanden, bei denen das Gericht das Strafverfahren abgeschlossen hat. Dieser nur geringfügige Unterschied von 4,8 Prozentpunkte ist, wie zu erwarten, nicht signifikant.[749] Die geringere Rückfallquote nach verfahrensabschließenden Entscheidungen durch das

[747] Vgl. *Elz* 2001, 214; *dies.* 2003, 131. Auch *Jehle/Brings* Wirtschaft und Statistik 1999, 498, 504 sowie *Jehle/Heinz/Sutterer 2003,* 39 haben bei Sonderauswertungen des Datenbestandes im Bundeszentralregister festgestellt, dass bei der Rückfälligkeit erhebliche Unterschiede nach dem Alter des Probanden bestehen: Je jünger die Täter sind, desto höher ist ihre Rückfallquote. Derartige Befunde wurden ebenfalls von *Keudel* 2000, 121 ermittelt: Während die Rückfallquote der Erwachsenen bei 9 % lag, betrug sie bei den Heranwachsenden 27 % und bei den Jugendlichen sogar 42 %.

[748] Bei diesen Probanden zog sich das Strafverfahren bis zur rechtskräftige Verurteilung sehr lange hin. Die letzte Verurteilung erfolgte erst im Jahr 2001.

[749] $\chi^2 = 0{,}613$, df = 1, p = 0,434.

Tabelle 27: Rückfallquote nach verfahrensabschließender Entscheidung

verfahrensabschließende Entscheidung	Probanden	Rückfall insgesamt		einschlägiger Rückfall	
		n	%	n	%
Staatsanwaltschaft	**142**	**41**	**28,9**	**4**	**2,8**
Einstellung mangels hinreichenden Tatverdachts	101	32	31,7	4	4,0
Einstellung wegen Verfahrenshindernissen	14	2	14,3	-	-
folgenlose Einstellung	10	4	40,0	-	-
Einstellung mit Auflagen und Weisungen	17	3	17,6	-	-
Gericht	**87**	**21**	**24,1**	**4**	**4,6**
ohne Verurteilung	**42**	**8**	**19,0**	**2**	**4,8**
Freispruch	7	2	28,6	-	-
Einstellung	20	3	15,0	1	5,0
Strafbefehl[750]	15	3	20,0	1	6,7
Verurteilung	**45**	**13**	**28,9**	**2**	**4,4**
nach JGG	6	7	87,5	-	-
Geldstrafe	6	-	-	-	-
Freiheitsstrafe mit Strafaussetzung	31	6	19,4	2	6,5
Gesamt	***229***	***62***	***27,1***	***8***	***3,5***

Gericht ist außerdem auf die gegenüber den in der Bezugsentscheidung verurteilten Probanden um 9,9 Prozentpunkte[751] niedrigere Quote bei den vom Gericht abgeurteilten, jedoch nicht verurteilten Probanden zurückzuführen.

Auch bei den Verfahren, die nicht mit einer Verurteilung abgeschlossen wurden, ist die Rückfallquote nach einer Verfahrensbeendigung durch die Staatsanwaltschaft höher als bei einem Verfahrensabschluss durch das Gericht. Hierbei handelt es sich um einen zwar nicht signifikanten[752], jedoch deutlichen Unterschied.

[750] Zwar steht der Strafbefehl, gegen den nicht rechtzeitig Einspruch erhoben wurde, gem. § 410 Absatz 3 StPO einem rechtskräftigem Urteil gleich, jedoch erfolgt hier aufgrund der Besonderheiten des Strafbefehlsverfahren keine Aufnahme unter den Gliederungspunkt „Verurteilung".

[751] Zwar ist dieser Unterschied größer, jedoch nicht signifikant: $\chi^2 = 1{,}149$, df = 1, p = 0,284.

[752] $\chi^2 = 1{,}149$, df = 1, p = 0,284.

Dieses Ergebnis wurde auch für den Fall festgestellt[753], dass die das Strafverfahren abschließende Strafverfolgungsbehörde von der Tatbegehungen seitens des Probanden ausgegangen ist.[754]

Diese zwar nicht signifikanten, aber deutlichen Unterschiede könnten darauf zurückzuführen sein, dass einer Gerichtsentscheidung von den betroffenen Personen ein höheres Gewicht beigemessen wird und deshalb die Einbeziehung des Gerichts einen abschreckenderen Charakter besitzt. Ein noch deutlicherer Unterschied wurde bei der Differenzierung danach, ob bei der Annahme der vorgeworfenen Tatbegehung das Verfahren für den Probanden folgenlos beendet wurde oder die Verfahrensbeendigung mit der Auferlegung von Auflagen und Weisungen oder erzieherischen Maßnahmen bzw. mit dem Erlass eines Strafbefehls verbunden war, festgestellt. Nach einer für den Probanden folgenlosen Verfahrenserledigung wurden 36,8 % der Probanden erneut sanktioniert, während von den durch die verfahrensabschließende Entscheidung beschwerten Probanden nur 15,0 % rückfällig wurden.[755] Dieser Unterschied könnte darauf zurückzuführen sein, dass die Probanden von einer folgenlosen Verfahrensbeendigung nicht sonderlich beeindruckt sind, da die begangene Straftat trotz Entdeckung nicht geahndet wurde. Demgegenüber wird mit einer Auferlegung von Auflagen und Weisungen oder erzieherischen Maßnamen als auch mit dem Erlass eines Strafbefehls deutlich gemacht, dass das Verhalten der betreffenden Person nicht zu billigen ist. Die Ahndung der begangenen Tat scheint eine warnende und abschreckende Wirkung auf den Probanden auszuüben.

Eine Gegenüberstellung der Rückfallquote der Probanden, bei denen das Strafverfahren entweder durch die Staatsanwaltschaft oder das Gericht ohne eine Verurteilung abgeschlossen wurde und der Rückfallquote der Probanden, deren Strafverfahren mit einer Verurteilung abgeschlossen wurde, ergab, dass der Anteil der wegen erneut begangener Straftaten sanktionierten Probanden mit

---

[753] 25,9 % nach Verfahrensabschluss durch Staatsanwaltschaft, 18,8 % nach Verfahrensabschluss durch das Gericht. Der Unterschied ist aber nicht signifikant: $\chi^2 = 0{,}439$, $df = 1$, $p = 0{,}508$.

[754] Gemeint sind die Verfahren, in denen eine Einstellung nach §§ 153 ff. StPO oder §§ 45, 47 JGG erfolgte bzw. ein Strafbefehl erlassen wurde. Der Wortlaut des § 153 StPO „..., wenn die Schuld des Täters als gering anzusehen wäre ...“ bringt zum Ausdruck, dass die Schuld nicht nachgewiesen werden muss, sondern die Strafverfolgungsbehörden zur Unterlassung weiterer Recherchen berechtigt sind. Auf der Basis des bisherigen Ermittlungsstandes muss jedoch zumindest hinsichtlich des Verdachtgrades zumindest die Wahrscheinlichkeit der Verurteilung bestehen. Ist der Anfangsverdacht widerlegt, darf nicht nach § 153 StPO, vielmehr muss nach § 170 Absatz 2 StPO eingestellt werden. (Vgl. *Beulke* 1998, Rn.334; *Meyer-Goßner* 2004, § 153 Rn.3)

[755] Dies ist jedoch kein signifikanter Unterschied. Exakter Test nach Fischer (1-seitig): $p = 0{,}062$.

26,6 % nach einem Verfahrensabschluss ohne Verurteilung niedriger ist als nach einer Verurteilung mit 28,9 %.[756] Andere Untersuchungen, in denen die Rückfallquoten nach Einstellungen und Verurteilungen verglichen wurden, stellten ebenfalls fest, dass der Anteil der rückfälligen Probanden nach einer Verurteilung höher ist.[757] Die Differenz war jedoch wesentlich höher als die in der vorliegenden Untersuchung ermittelte von 2,3 Prozentpunkten. Ein Vergleich verbietet sich jedoch dahingehend, dass in den verschiedenen Studien Einstellungen in Jugendstrafverfahren nach §§ 45, 47 untersucht wurden[758], in der vorliegenden Untersuchung jedoch überwiegend die Legalbewährung erwachsener Probanden betrachtet wurde.[759] Wird nur auf die Probanden abgestellt, deren Verfahren mit einer Entscheidung nach den Vorschriften des Jugendgerichtsgesetzes beendet wurde, ergibt sich ein den bisher durchgeführten Untersuchungen ähnliches Bild: Nach einer Verfahrensbeendigung gem. §§ 45, 47 JGG wurden 37,5 % und nach einer Verurteilung nach dem Jugendgerichtgesetz 87,5 % der Probanden rückfällig.[760]

Bei den nicht verurteilten Probanden ließ sich insgesamt der Trend feststellen, dass mit Zunahme der Reaktionsschwere, d.h. bei Einschaltung des Gerichts und Ahndung der Tat, die Rückfallquote sank. Demgegenüber haben bisherige Rückfalluntersuchungen[761] bei verurteilten Probanden einen gegenläufigen Trend ermittelt: Die Rückfallhäufigkeit ist nach Verurteilungen zu ambulanten Maßnahmen geringer als nach vollstreckten stationären Maßnahmen. D.h. je schwerer die durch die Verurteilung auferlegte Sanktion, desto höher ist auch die Rückfallwahrscheinlichkeit. Damit könnte die Verurteilung einen Wendepunkt zu Lasten der Legalbewährung darstellen. Ob auch bei den verurteilten Probanden der vorliegenden Untersuchung mit Zunahme der Sanktionsschwere

---

756 Dieser Unterschied ist nicht signifikant. $\chi^2 = 0{,}093$, df =1, p = 0,760.

757 Vgl. *Busse* 2001, 139 (56 % / 82 %) ; *Heinz/Hügel* 1987, 62 (35 bzw. 40 % / 50 %); *Hock-Leydecker* 1994, 152 (28 % / 46 %); *von Schlieben* 1994, 69, 140 (10 % / 41%).

758 Lediglich eine Untersuchung (*von Schlieben* 1994) bezog sich auf Erwachsene. Hierbei wurden die Rückfallquoten nach Einstellungen gem. § 153a Absatz 1 StPO und verhängten Geldstrafen ermittelt. Zu diesen Erledigungsarten ist die Anzahl der Probanden in der vorliegenden Untersuchung, die einen Bewährungszeitraum von vier Jahren aufwiesen, jedoch zu gering, so dass ein Vergleich nicht möglich ist.

759 Lediglich bei acht Probanden erfolgte in der Bezugsentscheidung ein Verfahrensabschluss nach §§ 45, 47 JGG.

760 Aufgrund der sehr kleinen Fallzahlen verbieten sich weitere Signifikanztests.

761 Vgl. *Berckhauer/Hasenpusch* 1982, 286; *Jehle* 2003, 389, 402; *Streng* 1997, Rn.273 ff. *Elz* 2001, 213 f. stellte jedoch ein umgekehrtes Verhältnis fest; die Rückfälligkeit nach ambulanten Sanktionen betrug 55 % und nach freiheitsentziehenden Sanktionen 47 %. Dies wurde jedoch darauf zurückgeführt, dass neben dem erhöhten Anteil von Exhibitionisten und Pädophilen bei den ambulanten Rechtsfolgen auch fast alle Jungtäter in dieser Gruppe zu finden waren.

die Rückfallhäufigkeit steigt, konnte nicht überprüft werden, da nur wenige verurteilte Probanden einen ausreichenden Bewährungszeitraum aufwiesen und eine Unterteilung nach den verschiedenen Sanktionen demzufolge nicht möglich war bzw. nicht aussagekräftig wäre.

Einschlägige Delikte, die aus dem Bundeszentralregister ersichtlich waren, wurden nach einem Verfahrensabschluss durch die Staatsanwaltschaft nur von Probanden begangen, deren Verfahren in der Bezugsentscheidung mangels hinreichenden Tatverdachts gem. § 170 Absatz 2 StPO eingestellt wurde. Nach einer Verfahrensbeendigung durch das Gericht erfolgten hingegen einschlägige Rückfalltaten nur bei den Probanden, bei denen der hinreichende Tatverdacht als gegeben angesehen wurde. Dem Bundeszentralregister waren Eintragungen wegen einschlägiger Delikte nach in der Bezugsentscheidung verhängter Freiheitsstrafe mit Strafaussetzung zur Bewährung, dem Erlass eines Strafbefehls und einer Einstellung nach § 47 JGG zu entnehmen.[762]

Zusammenfassend muss festgehalten werden, das hinsichtlich der Rückfälligkeit allgemein als auch bezüglich einschlägiger Straftaten keine signifikanten Unterschiede zwischen den verschiedenen Erledigungs- und Sanktionsformen festgestellt werden konnten. Damit kann die zentrale Nullhypothese H_{01} nicht abgelehnt werden. D.h. die Annahme, dass es für die Rückfälligkeit von Bedeutung ist, wie das Strafverfahren durch die Staatsanwaltschaft bzw. durch das Gericht abgeschlossen wurde, lässt sich durch die ermittelten Ergebnisse statistisch nicht bestätigen. Es scheint zwischen der verfahrensabschließenden Entscheidung und der Rückfälligkeit demnach kein Zusammenhang zu bestehen. Allerdings muss berücksichtigt werden, dass in den Analysen die Tätergruppen der besonders rückfallgefährdeten Probanden, die noch einsaßen, nicht berücksichtigt wurden. Dem ungeachtet ist es strafrechtspolitisch betrachtet höchst problematisch, dass verschiedene Verfahrensbeendigungen zu ähnlichen Rückfallquoten führen. Es wurde insbesondere erwartet, dass bei rückfallgefährdeten Probanden eine Anklageerhebung erfolgte. Dann hätte allerdings nach einer Verfahrensbeendigung durch die Staatsanwaltschaft eine deutlich geringere Rückfallquote als nach einer Verurteilung festgestellt werden müssen. Zwar wird von der Strafrechtsdogmatik nicht vorausgesetzt, präventive Gesichtspunkte bei jeder verfahrensabschließenden Entscheidung zu berücksichtigen. Wie der sehr hohe Anteil an Verfahrenseinstellungen gem. § 170 Absatz 2 StPO zeigt, stehen in Verfahren wegen des Verdachts der Begehung eines Sexualdelikts demgegenüber Entscheidungen wegen bestehender Beweisschwierigkeiten im Vordergrund. Jedoch wäre aus Opferschutzinteressen wünschenswert, bei rückfallgefährdeten

[762] Wegen der geringen Anzahl der einschlägigen Rückfälle können keine Signifikanztests durchgeführt werden.

Tätern die Ermittlungen zu intensivieren, damit eine Anklage und Verurteilung erfolgen kann.

c) Erneute Auffälligkeit

Die Heranziehung der bei den einzelnen Staatsanwaltschaften geführten Verfahrensregister bestätigt die Vermutung, dass mit Hilfe der Bundeszentralregisterauszüge nur eingeschränkte Informationen zur Rückfälligkeit der Probanden gewonnen werden können. So war den Ausdrucken der Verfahrensregister zu entnehmen, dass 42,4 % (n = 97) der 229 Probanden mit einem Bewährungszeitraum von mindestens vier Jahren nach der Bezugsentscheidung bei den Staatsanwaltschaften Braunschweig, Göttingen oder Hannover als Beschuldigte aufgenommen wurden. Ein Proband wies für diesen Zeitraum sogar 14 Eintragungen auf.

Von diesen 97 erneut Auffälligen waren 49 Probanden nach Auskunft aus dem Bundeszentralregister nicht rückfällig. Bei den restlichen 48 Probanden wurden Eintragungen im Bundeszentralregister registriert. Die Differenz zwischen diesen 48 Auffälligen mit Eintragungen im Bundeszentralregister und den 62 rückfälligen Probanden ist mit der Auskunft aus den Verfahrensregistern von nur drei Staatsanwaltschaften zu erklären. Gegen die übrigen 14 rückfälligen Probanden wurde nicht von den Staatsanwaltschaften Braunschweig, Göttingen und Hannover ein Strafverfahren eingeleitet, sondern von einer Staatsanwaltschaft eines anderen Landgerichtsbezirkes.

Bei 30 (30,9 %) der 97 erneut Auffälligen lag den eingeleiteten Strafverfahren sogar der Tatverdacht eines Sexualdeliktes zugrunde. Bezogen auf die Stichprobe der 229 Probanden mit einem Bewährungszeitraum von mindestens vier Jahren sind 13,1 % der Probanden mit einschlägigen Delikten erneut auffällig geworden. Sechs dieser Probanden sind nach Auskunft aus dem Bundeszentralregister auch mit einschlägigen Delikten rückfällig geworden. Demzufolge wurde gegen zwei rückfällige Probanden bei einer anderen Staatsanwaltschaft als in der Bezugssache ein Strafverfahren eingeleitet.[763] Bei einem Blick in das das gesamte Bundesgebiet umfassende Zentrale Staatsanwaltschaftliche Verfahrensregister würde sich der Anteil der erneut Auffälligen demnach sicherlich noch erhöhen. Außerdem enthielten die Auszüge aus dem Bundeszentralregister bei zwei auffälligen Probanden weniger Eintragungen als die Ausdrucke der staatsanwaltschaftlichen Verfahrensregister. Für 80 % der mit einschlägigen Delikten auffäl-

---

[763] Insgesamt sind acht Probanden einschlägig rückfällig geworden. Vgl. F.II.1.a).

ligen Probanden war demgegenüber im Bundeszentralregister keine Eintragung wegen eines Sexualdeliktes vermerkt.

Insgesamt waren den Ausdrucken der staatsanwaltschaftlichen Verfahrensregistern 37 wegen des Verdachtes der Begehung eines Sexualdelikts eingeleitete Strafverfahren zu entnehmen. Bei 25 Probanden wurde ein Verfahren, bei drei Probanden zwei Verfahren und bei zwei Probanden drei Verfahren eingeleitet. 22 (59,5 %) der Verfahren wurde gem. § 170 Absatz 2 StPO eingestellt, in einem Verfahren wurde von der Verfolgung der Tat gem. § 154 Absatz 1 StPO abgesehen und in vier Fällen waren die Verfahren zur Auskunftserteilung noch anhängig. Lediglich 10 Verfahren (27,0 %) gelangten zum Gericht: In einem Verfahren wurde der Erlass eines Strafbefehls beantragt und in neun Verfahren wurde Anklage erhoben. Da jedoch nur sechs dieser Probanden nach Auskunft des Bundeszentralregisters mit einschlägigen Delikten rückfällig wurden, muss das Verfahren in vier Fällen noch anhängig sein oder das Gericht eine Einstellung vorgenommen haben.

Welche Taten den Strafverfahren zugrunde lagen, ist nicht genau festzustellen, da bei dem sexuellen Missbrauch von Kindern lediglich § 176 ohne Angabe der Absätze und Nummern angegeben war. Einer Tat gem. § 176 wurden 18 Probanden verdächtigt. Gegen zwei dieser Probanden wurden daneben Verfahren wegen des Verdachts einer sexuellen Nötigung im besonders schweren Fall gem. § 177 Absatz 2 Nr.2 und bei einem Probanden wegen des Verdachts exhibitionistischer Handlungen gem. § 183 eingeleitet. Bei weiteren acht Probanden lag den eingeleiteten Strafverfahren eine sexuelle Nötigung gem. § 177 Absatz 1 zugrunde; bei fünf dieser Probanden bestand der Verdacht der Verwirklichung eines besonders schweren Falles. Drei Probanden wurden exhibitionistischer Handlungen gem. § 183 verdächtigt und gegen einen Probanden wurde das Strafverfahren wegen des Verdachts der Ausbeutung von Prostituierten gem. § 180a eingeleitet.

Aufgrund dieser Befunde müssen die anhand des Bundeszentralregisters ermittelten geringen Rückfallquoten relativiert werden. Bereits die Auskünfte von drei Staatsanwaltschaften ließen die Rückfallquoten deutlich steigen. Sehr bedenklich erscheint hierbei insbesondere, dass auch bei einschlägigen Rückfalltaten nicht notwendigerweise eine Anklage erfolgte.

2. Rückfalltaten

a) Einschlägige Straftaten

Von den 14 Probanden[764], in deren Bundeszentralregisterauszug eine Verurteilung wegen erneut begangener Sexualdelikte eingetragen war, begingen sieben Probanden Sexualstraftaten ohne Körperkontakt mit dem Opfer. Den Verurteilungen von drei Probanden lagen exhibitionistische Handlungen vor Kindern gem. § 176 Absatz 3 Nr.1 zugrunde. Zwei der Probanden erhielten eine Freiheitsstrafe von acht Monaten bzw. einem Jahr.[765] Der dritte Proband wurde zu einer Geldstrafe von 150 Tagessätzen verurteilt. Außerdem wurde er wegen einer zweiten einschlägigen Rückfalltat nach § 183 zu einer Geldstrafe von 90 Tagessätzen verurteilt.[766] Den Strafverfahren dieser Probanden lagen in der Bezugsentscheidung ebenfalls exhibitionistische Handlungen vor Kindern zugrunde.

Zwei der Probanden öffneten ihre Hose vor Kindern und manipulierten an ihrem Glied. Während einer der zu einer Freiheitsstrafe verurteilten Täter im Bezugsverfahren bei einer Lichtbildvorlage von den Kindern nicht wieder erkannt wurde und das Verfahren deshalb gem. § 170 Absatz 2 StPO eingestellt werden musste, wurde der wegen seiner Rückfalltaten zu Geldstrafen verurteilte Täter im Bezugsverfahren mit einer Freiheitsstrafe von sechs Monaten belegt, deren Vollstreckung zur Bewährung ausgesetzt wurde. Der dritte Proband wurde im Bezugsverfahren zu einer Geldstrafe von 30 Tagessätzen verurteilt. Er hatte im alkoholisierten Zustand auf einem Kinderspielplatz mehreren Kindern eine Kusshand zugeworfen, seine Hose heruntergezogen, sein Glied in die Hand genommen und war den Kindern mit den Worten „Nehmt dieses, ihr könnt es haben!" hinterhergelaufen.

Außerdem hatte ein Proband als Rückfalltat gem. § 184 Absatz 5 pornographische Schriften, die den sexuellen Missbrauch von Kindern zum Gegenstand hatten, verbreitet und wurde deshalb zu einer Geldstrafe von 70 Tagessätzen verurteilt. Im Bezugsverfahren wurde der Täter ebenfalls wegen einer Tat gem. § 184 Absatz 5 zu einer Geldstrafe verurteilt. Ein anderer Proband hatte nach der Bezugsentscheidung in vier Fällen ein Delikt gem. § 176 Absatz 3 Nr.3 began-

[764] Die Angaben beziehen sich demnach nicht nur auf die einschlägigen Rückfälle der acht Probanden, die einen Bewährungszeitraum von mindestens vier Jahre aufwiesen. Da nur sehr wenige einschlägige Rückfalltaten erfolgten, wird der Vollständigkeit halber auf alle wegen einer einschlägigen Rückfalltat verurteilten Probanden abgestellt (n = 14, vgl. Abb.9).

[765] Neben den einschlägigen Delikten wurden von diesen Probanden auch andere Rückfalltaten begangen. Dies war bei einem Probanden eine Sachbeschädigung gem. § 303, die mit einer Geldstrafe geahndet wurde. Der zweite Proband wurde neben der Verurteilung zur Freiheitsstrafe zwei Mal zu Geldstrafen verurteilt. Es lagen Taten gem. §§ 242, 248a sowie §§ 123, 185, 263 zugrunde.

[766] Daneben wurde er zwei Mal wegen begangner Diebstähle gem. §§ 242, 248a zu Geldstrafen von jeweils 10 und 20 Tagessätzen verurteilt.

gen[767], weshalb ihn das Gericht zu einer 18-monatigen Freiheitsstrafe, deren Vollstreckung zur Bewährung ausgesetzt wurde, verurteilte. In der Bezugssache wurde der Täter zwar auch wegen des sexuellen Missbrauchs von Kindern ohne Körperkontakt verurteilt. Jedoch lag der Verurteilung zu einer 20-monatigen Freiheitsstrafe zur Bewährung auch der sexuelle Missbrauch von Kindern mit Körperkontakt gem. 176 Absatz 1 zugrunde.

Der Täter guckte sich mit zwei Jungen, denen er in seiner Wohnung Unterschlupf gewährt und Alkohol zu trinken gegeben hatte, einen Pornofilm an, befriedigte sich selbst vor den Kindern und führte an diesen auch den Oralverkehr aus. Anschließend haben die Kinder dem Täter auf dessen Wunsch Gegenstände in den After und eine Nadel in den Penis eingeführt.

Zwei weitere Probanden wurden wegen exhibitionistischer Handlungen nach § 183 verurteilt; einer zur Geldstrafe von 30 Tagessätzen und einer zu einer 3-monatigen Freiheitsstrafe, deren Vollstreckung zur Bewährung ausgesetzt wurde. Während der zur Freiheitsstrafe verurteilte Täter in der Bezugsentscheidung ebenfalls exhibitionistischer Handlungen, teilweise auch vor Kindern, beging und wegen dieser Straftaten zu einer Freiheitsstrafe mit Strafaussetzung zur Bewährung verurteilt worden war, wurde der wegen der Rückfalltat zur Geldstrafe verurteilte Proband in der Bezugsentscheidung eines Kindesmissbrauchs mit Körperkontakt verdächtigt.

Dem Probanden, einem Freund des Vaters des betroffenen Kindes, wurde vorgeworfen, über einen längeren Zeitraum sexuelle Handlungen an dem Kind vorgenommen zu haben. Insbesondere soll er einen Finger in die Scheide eingeführt haben. Da von dem Kind unterschiedliche Angaben bezüglich der Häufigkeit der Übergriffe gemacht wurden und es mit mehreren Bezugspersonen über das Erlebte gesprochen hatte, wurde ein Gutachten über die Glaubhaftigkeit der Aussage in Auftrag gegeben. Von dem Gutachter konnten zwar Glaubhaftigkeitsmerkmale festgestellt, jedoch nicht suggestive Einflüsse durch die vorhergehenden Gespräche ausgeschlossen werden. Dies hatte zur Folge, dass die Staatsanwaltschaft das Verfahren mangels hinreichenden Tatverdachts nach § 170 Absatz 2 StPO einstellte.

Demgegenüber begingen fünf Probanden als Rückfalltat einen sexuellem Missbrauch von Kindern mit Körperkontakt. Bei drei Probanden waren dies Taten gem. § 176 Absatz 1: Ein Proband, der dieses Delikt in 12 Fällen beging und in zwei Fällen sexuelle Handlungen vor Kindern gem. § 176 Absatz 3 Nr.1 vornahm, erhielt eine 9-monatige Jugendstrafe, deren Vollstreckung zur Bewährung

[767] Ob dieser Proband auf das Kind durch Vorzeigen pornographischer Abbildungen oder Darstellungen, durch Abspielen von Tonträgern pornographischen Inhalts oder durch entsprechende Reden eingewirkt hat, konnte dem Bundeszentralregister nicht entnommen werden.

ausgesetzt wurde.[768] Das Bezugsverfahren, in dem der Proband beschuldigt wurde, ein Kind aufgefordert zu haben die Scheide zu zeigen, wurde gem. § 170 Absatz 2 StPO von der Staatsanwaltschaft eingestellt. Bei einem weiteren Proband erfolgte wegen der Rückfalltat nach § 176 Absatz 1 eine Verhängung einer 14-monatigen Freiheitsstrafe. Davor wurde er bereits wegen der Erregung öffentlichen Ärgernisses gem. § 183a mit einer Freiheitsstrafe von fünf Monaten, die zur Bewährung ausgesetzt wurde, sanktioniert.[769] Der Bezugssache lag ein Sexualdelikt ohne Körperkontakt zugrunde. Der Täter wurde wegen exhibitionistischer Handlungen vor Kindern gem. § 176 Absatz 3 Nr.1 a.F. zu einer Geldstrafe verurteilt. Der dritte Proband wurde sogar auf Anordnung durch das Gericht in einem psychiatrischen Krankenhaus untergebracht. Bei diesem Täter wurde das Bezugsverfahren, in dem ihm vorgeworfen wurde, ein Kind in den Hintern gekniffen zu haben, gem. § 170 Absatz 2 StPO eingestellt. Grund hierfür war jedoch nicht der mangelnde hinreichende Tatverdacht, sondern die Schuldunfähigkeit des Täters. Eine Unterbringung in einem psychiatrischen Krankenhaus nach § 63 wurde im Bezugsverfahren von der Staatsanwaltschaft als unverhältnismäßig angesehen.

Bei den zwei verbleibenden Probanden, die wegen einer Rückfalltat mit Körperkontakt verurteilt wurden, handelte es sich um Taten gem. § 176a Absatz 1 Nr.1 und damit um einen schweren sexuellen Missbrauch, bei dem der Täter den Beischlaf vollzog oder ähnliche Handlungen vornahm, die mit dem Eindringen in den Körper verbunden waren. Die wegen der Rückfalltaten verhängten Freiheitsstrafen betrugen 1 Jahr und 3 Monate sowie 2 Jahre und 2 Monate. Ein Proband wurde im Strafverfahren der Bezugssache einer Tat ohne Körperkontakt beschuldigt. Dieses Verfahren wurde jedoch nach § 170 Absatz 2 StPO eingestellt. Der andere Proband wurde wegen der ihm im Bezugsverfahren vorgeworfenen Sexualstraftat mit Körperkontakt bereits zu einer Freiheitsstrafe verurteilt, deren Vollstreckung zur Bewährung ausgesetzt wurde. Aufgrund der begangenen Rückfalltat erfolgte nunmehr neben der Verhängung der Freiheitsstrafe auch die Anordnung der Unterbringung in einem psychiatrischen Krankenhaus.

Zwei weitere Probanden wurden aufgrund des Folgedeliktes ebenfalls in ein psychiatrisches Krankenhaus eingewiesen. Im Bundeszentralregister war für einen Probanden eine Eintragung wegen exhibitionistischer Handlungen gem. § 183 und des versuchten sexuellen Missbrauchs von Kindern gem. § 176 eingetragen. Weil die Eintragung bei der Angabe der Normen sehr ungenau ist[770],

[768] Dieser Proband beging nach der Bezugsentscheidung außerdem eine Straftat gem. § 21 Absatz 1 Nr.2 StVG, dieses Verfahren wurde nach § 47 JGG beendet.

[769] Daneben wurde er wegen Taten nach §§ 132a Absatz 1 Nr.1, 263 zu einer Freiheitsstrafe von 15 Monaten und wegen Taten nach § 145 Absatz 1 Nr.1 zu einer Geldstrafe verurteilt.

[770] Es fehlt für § 176 die Angabe des Absatzes.

kann jedoch nicht festgestellt werden, ob es sich bei der versuchten Tat um Handlungen ohne oder mit Körperkontakt handelte. Aufgrund der Anwendung der Maßregeln der Besserung und Sicherung ist aber anzunehmen, dass es sich wegen der erforderlichen Verhältnismäßigkeit um eine versuchte Tat mit Körperkontakt handelte. Das Bezugsverfahren wurde gem. § 170 Absatz 2 StPO eingestellt, weil der vorgebrachte Sachverhalt[771] keine Straftat darstellte. Bei dem anderen Probanden war eine Straftat nach § 179 Absatz 1 Nr.1, Absatz 4 Nr.1 vermerkt. Es handelt sich zwar nicht um einen mit einem Kind vollzogenen Beischlaf oder ähnliche Handlungen, jedoch war das Opfer widerstandsunfähig. Auch im Bezugsverfahren, wurde dem Probanden die Ausübung des Geschlechtsverkehrs vorgeworfen. Da der geistig behinderte Täter auf Antrag seines Vaters in einem Landeskrankenhaus untergebracht wurde, stellte das Gericht das Verfahren im Zwischenverfahren gem. § 47 JGG ein.

Den Auszügen des Bundeszentralregisters sind keine Angaben zum Sachverhalt der einschlägigen Rückfalltat zu entnehmen, so dass keine genauen Aussagen zum Steigerungsverhalten bzgl. der Deliktsschwere der Rückfalltaten gemacht werden können. Eingeschränkte Aussagen sind jedoch möglich, indem auf die verwirklichten Absätze des § 176 und damit auf das Kriterium des Körperkontaktes abgestellt wird. Überwiegend wurden Sexualdelikte ohne Körperkontakt begangen. Von den Tätern, deren Rückfalltat eine Sexualstraftat mit Körperkontakt war, wurden nur drei Täter im Bezugsverfahren eines Deliktes ohne Körperkontakt bezichtigt. Von einem generellen Steigerungsverhalten bzgl. der Deliktsschwere ist demnach nicht auszugehen.

b) *Sonstige Rückfalltaten*[772]

Bei 29 (44,6 %) der 65 mit lediglich nichteinschlägigen Delikten rückfällig gewordenen Probanden, wurde im Bundeszentralregister lediglich eine Eintragung vermerkt. 22 Probanden (33,8 %) wiesen dagegen zwei Eintragungen, neun Probanden (13,8 %) drei Eintragungen, drei Probanden (4,6 %) vier Eintragungen und jeweils ein Proband (1,5 %) sogar fünf und sechs Eintragungen auf.

Wie sich aus Tabelle 28 ergibt, begingen die Täter überwiegend Eigentums- und Vermögens-delikte, wobei dem Diebstahl eine besondere Bedeutung zukam.

---

771 Der Täter sprach das Kind in einem Supermarkt an und wollte es nach draußen locken.

772 Ebenso wie bei den einschlägigen Rückfalltaten wird in diesem Abschnitt auf alle Probanden, die mit nicht einschlägigen Delikten rückfällig geworden sind, abgestellt. Die Angaben beziehen sich demzufolge auf die in Abbildung 9 dargestellte Grundgesamtheit n = 246.

Tabelle 28: Nichteinschlägige Rückfalltaten

	Erste Rückfalltat		Rückfalltaten insgesamt	
	n	%	n	%
Körperverletzung	10	15,4	17	13,8
Raub, Erpressung	-	-	1	0,8
Nötigung	-	-	1	0,8
Diebstahl	13	20,0	26	21,1
sonstige Eigentums- und Vermögensdelikte	15	23,1	22	17,9
Straßenverkehrsdelikte	13	20,0	28	22,8
Sonstiges	14	21,5	28	22,8
Insgesamt	*65*	*100,0*	*123*	*100,0*

Daneben machten sich die Probanden des Betruges, der Erschleichung von Leistungen und der Sachbeschädigung strafbar. Gewaltsame Vermögensdelikte als auch Nötigungen wurden nur zu einem sehr geringen Teil begangen und dies auch nur von Tätern, die mehrere Folgeeintragungen aufwiesen. Neben den Eigentums- und Vermögensdelikten fielen die Straßenverkehrsdelikte, wobei es sich vornehmlich um das Fahren ohne Führerschein handelte, mit einem Anteil von 22,8 % und die Körperverletzungsdelikte mit einem Anteil von 13,8 % an den begangenen Rückfalltaten ins Gewicht. Als sonstige Delikte wurden erfasst: Widerstand gegen Vollstreckungsbeamte, Hausfriedensbruch, Aussagedelikte, falsche Verdächtigung, Beleidigung, Strafvereitelung, Urkundenfälschung, Vollrausch sowie Straftaten nach dem Betäubungsmittel-, Ausländer- und Pflichtversicherungsgesetz.

Die Verteilung der nichteinschlägigen Rückfalldelikte entspricht den von *Elz* ermittelten Ergebnissen. In der KrimZ-Studie wurde festgestellt, dass es sich um vergleichsweise „harmlose“ Taten handelte, da die Probanden im wesentlichen mit einfachen Eigentums- und Vermögensdelikten und Verkehrsstraftaten in Erscheinung traten.[773] Während der Anteil der begangenen Diebstahl- und Straßenverkehrsdelikte an den Rückfalltaten auch mit den Angaben der Strafverfolgungsstatistik zu den innerhalb eines Jahres erfolgten Verurteilungen vergleich-

[773] *Elz* 2001, 205.

bar ist[774], ist der Anteil der begangenen Körperverletzungsdelikten fast doppelt so groß wie der aus der Strafverfolgungsstatistik ermittelbare Wert von 7,0 %[775].

Bei den Probanden, die mit mehreren Delikten rückfällig geworden sind, beschränkt sich die delinquente Aktivität nur in sehr wenigen Fällen auf eine Deliktskategorie. Die monotropen Täter, d.h. Täter deren Delinquenz sich in einem Deliktsbereich bewegte, begingen eher leichtere Delikte. Vier Täter begingen Straftaten nach dem Straßenverkehrsgesetz (Fahren ohne Führerschein), zwei Täter machten sich mehrmals des Diebstahls strafbar, zwei Täter begingen Körperverletzungen und ein Täter Urkundenfälschungen.

Aufgrund der begangenen Folgedelikte wurden die meisten der nichteinschlägigen Rückfalltäter (50,8 %) zu einer Geldstrafe verurteilt. Eine Jugend- bzw. Freiheitsstrafe, deren Vollstreckung zur Bewährung ausgesetzt wurde, stellte für 20,0 % der Probanden und eine Freiheitsstrafe ohne Strafaussetzung zur Bewährung für 13,8 % der Probanden die schwerste Sanktion dar. Der Strafverfolgungsstatistik ist zu entnehmen, dass die Geldstrafe bundesweit ebenfalls die am meisten verhängte Sanktion ist. Jedoch nimmt die Geldstrafe im Bundesgebiet einen weit höheren Anteil ein als in der vorliegenden Untersuchung, während der Anteil der Jugend- bzw. Freiheitsstrafe sowie mit als auch ohne Strafaussetzung zur Bewährung geringer ist.[776] Diese Verschiebung zu Lasten der Geldstrafe ist darauf zurückzuführen, dass es sich bei den Probanden nur um rückfällige Täter handelt, die in der Regel härter bestraft werden. Die Angaben der Strafverfolgungsstatistik beziehen sich jedoch auf alle Verurteilten, d.h. sowohl erstmalig verurteilte Täter als auch Rückfalltäter. Bereits bei Betrachtung der wegen der ersten Rückfalltat verhängten Sanktionen ergibt sich ein etwas anderes Bild. Der Anteil der zu einer Geldstrafe verurteilten Probanden erhöht sich auf 55,4 %. Demgegenüber wurden nur 10,8 % der Probanden zu einer Jugend- bzw. Freiheitsstrafe mit Strafaussetzung zur Bewährung und 9,2 % der Probanden zu einer Freiheitsstrafe ohne Strafaussetzung zur Bewährung verurteilt.

---

774 Strafverfolgung 1998-2002, Tab.2.1 (für 2003 waren die Daten noch nicht erhältlich), eigene Berechnungen: Durchschnittliche Verteilung des Diebstahls 20,9 %, Straßenverkehrsdelikte 28,5 %.

775 Strafverfolgung 1998-2002, Tab.2.1; eigene Berechnungen.

776 Strafverfolgung 1998-2002, Tab.3.1, 3.3, 4.1; eigene Berechnungen: Geldstrafe 70,1 %, Jugend- und Freiheitsstrafe mit Strafaussetzung zur Bewährung 13,1 %, Jugend- und Freiheitsstrafe ohne Strafaussetzung zur Bewährung 6,4 %.

Abbildung 10: Schwerste Rechtsfolge der nichteinschlägigen Rückfalltaten

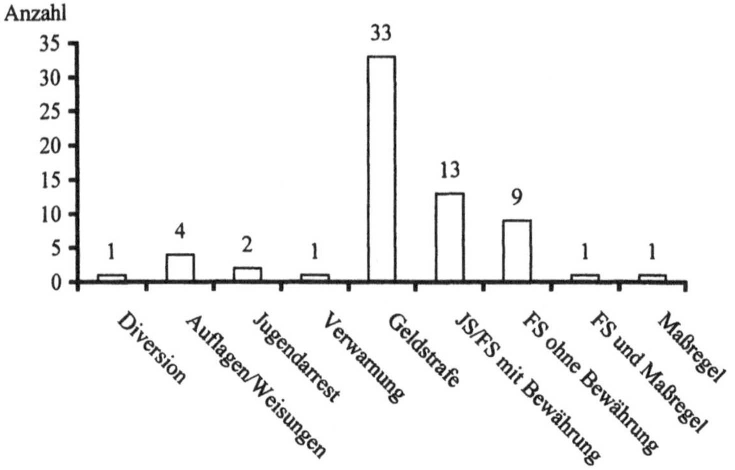

3. Rückfallgeschwindigkeit

Bei den dargestellten Rückfallgeschwindigkeiten wurde der Zeitraum von der Bezugsentscheidung bis zur Begehung der ersten nachfolgenden Tat berechnet.[777] Dabei ist zu beachten, dass im Bundeszentralregister bei einer Verurteilung, der mehrere Straftaten zugrunde lagen, nur das Datum der letzten Tat erfasst wird. Daher kann bei Taten, die über einen längeren Zeitraum begangen wurden, mit Hilfe der Auszüge aus dem Bundeszentralregister nicht die tatsächliche, sondern nur eine „verlängerte Rückfallzeit" ermittelt werden.[778]

Wie nach allgemeinen kriminologischen Erkenntnissen zu erwarten war, erfolgten die Rückfalltaten innerhalb kürzester Zeit nach der verfahrensabschließenden Bezugsentscheidung. Der Mittelwert der Rückfallgeschwindigkeit aller erneut begangenen Straftaten nach der Bezugsentscheidung unabhängig von einem Bewährungszeitraum lag bei 1,74 Jahren und bei den einschlägigen Delikten bei 1,91 Jahren. Werden nur die Täter mit einem Bewährungszeitraum von mindes-

[777] Auf das Rückfallintervall im Sinne von „Lambda" wird bei den Darstellungen zur kriminellen Karriere unter F.II.4.b)cc) eingegangen.

[778] Zur Schwierigkeit bei der Berechnung der Rückfallintervalle vgl. *Göppinger* 1997, 75 f.

tens vier Jahren berücksichtigt, verlängert sich der durchschnittliche Zeitraum zwischen der Bezugsentscheidung und der ersten Rückfalltat hinsichtlich der begangenen Straftaten nur geringfügig und beträgt 1,96 Jahre. Bei den einschlägigen Rückfalldelikten beträgt er hingegen nunmehr 2,44 Jahre.

Auch der Zeitpunkt der ersten erneut begangenen nichteinschlägigen Straftat, die aus dem Bundeszentralregister ermittelt werden konnten, entsprach den Erwartungen: Über die Hälfte der sanktionierten Folgetaten wurden bereits in den ersten zwei Jahren nach der Bezugsentscheidung begangen. Von den Probanden, die einen Bewährungszeitraum von mindestens vier Jahren aufwiesen, begingen 61,3 % innerhalb der ersten zwei Jahre nach der Bezugsentscheidung die erste Rückfalltat. Bei Einbeziehung aller mit nichteinschlägigen Delikten rückfällig gewordenen Probanden stellte sich heraus, dass 35,4 % der Probanden bereits im ersten Jahr nach der Bezugsentscheidung die erste Rückfalltat begangen hatten. Im darauf folgenden zweiten Jahr wurden weitere 31,7 % der Probanden erstmals rückfällig, so dass innerhalb der ersten zwei Jahre bereits von 67,1 % der Probanden die erste Rückfalltat begangen wurde. In den darauf folgenden Jahren ging die Anzahl der als erste Rückfalltat begangenen Delikte erheblich zurück.

Der Zeitpunkt des ersten einschlägigen Folgedeliktes der Probanden mit einem mindestens 4-jährigen Bewährungszeitraum entsprach jedoch nicht den Erwartungen. Andere Untersuchungen zur Rückfälligkeit von Sexualdelinquenten ließen vermuten, dass in den ersten zwei Jahren nach der Bezugsentscheidung über die Hälfte der ersten einschlägigen Folgedelikte von den Probanden begangen wurden und ab dem dritten Jahr die Rückfälle erheblich zurückgehen würden.[779] Wie aus der Abbildungen 11 ersichtlich ist, erfolgten in den ersten zwei Jahren

Abbildung 11: Kumulierte Rückfallhäufigkeit

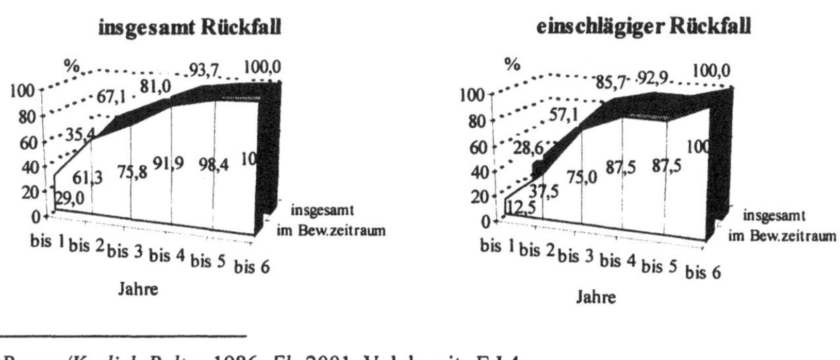

[779] *Berner/Karlick-Bolten* 1986; *Elz* 2001. Vgl. bereits E.I.4.

nicht die Hälfte der Rückfälle, sondern nur 37,5 %. Auch gingen die Rückfälle im dritten Jahr noch nicht zurück. Vielmehr ist für die ersten drei Jahre ein kontinuierlicher Anstieg der einschlägigen Rückfälle festzustellen (in Abbildung 12 Linie für die einschlägigen Rückfälle). Im dritten Jahr waren sogar genauso viele Rückfälle zu verzeichnen wie im ersten und zweiten Jahr nach der Bezugsentscheidung zusammen. Bei Berücksichtigung aller Probanden mit einschlägigen Rückfalltaten unabhängig vom Bewährungszeitraum ergab sich ebenfalls ab dem zweiten Jahr keine abfallende Kurve (in Abbildung 12 Säulen für die einschlägigen Rückfälle). Zwar erfolgten in den ersten zwei Jahren bereits in 57,1 % der Fälle die erste einschlägige Rückfalltat, jedoch nahm der Anteil im dritten Jahr gegenüber dem Vorjahr noch nicht ab.

Abbildung 12: Zeitpunkt der ersten Rückfalltat[780]

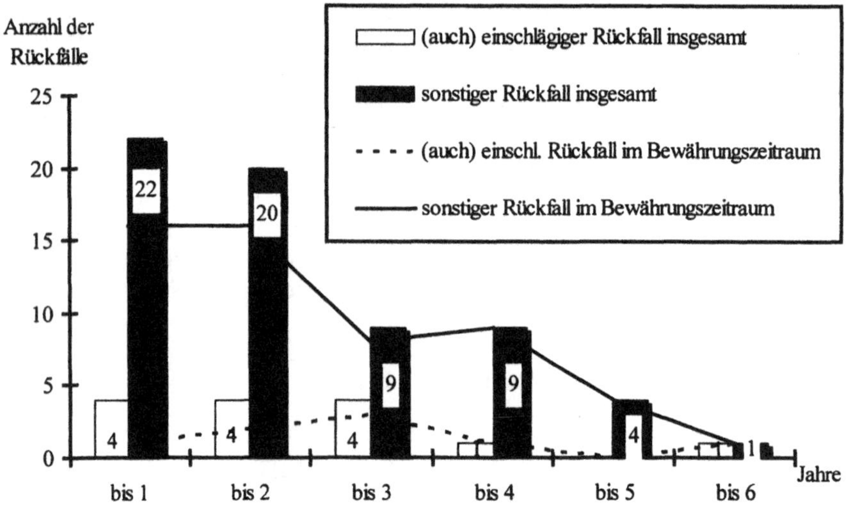

[780] Der Zeitpunkt der ersten Rückfalltat für alle rückfälligen Probanden unabhängig von einem Bewährungszeitraum ist durch die Säulen dargestellt. Die angegebenen Werte beziehen sich auf diese Rückfälle. Durch die Linien werden die Rückfalltaten derjenigen Probanden dargestellt, die einen Bewährungszeitraum von mindestens vier Jahren aufwiesen. Von den Angabe der Anzahl wurde wegen der Übersichtlichkeit abgesehen.

4. Kriminelle Karriere

Die Rückfallquoten und die Rückfallgeschwindigkeit sagen allein noch nichts über die strafrechtlich relevante Entwicklung des einzelnen Täters aus. Durch diese rein quantitative Zählweise erhält man ein zu schematisches Bild, da ein sofortiges Umschwenken auf den „Pfad der Tugend" zu viel verlangt erscheint.[781] Nach einem schwerwiegenden Sexualdelikt kann bereits positiv bewertet werden, wenn vom Täter nur ein sehr leichtes Delikt (wie z.B. ein Diebstahl geringwertiger Sachen) begangen wird oder nach einer Freiheitsstrafe in der Bezugsentscheidung nur eine Geldstrafe wegen der Folgetat verhängt wird. Daher ist es zur Beurteilung der Frage, ob der Proband eine kriminelle Karriere eingeschlagen hat, auch erforderlich qualitative Differenzierungen vorzunehmen. Die Auswahl entsprechender Kriterien wird in der Forschungspraxis allerdings nicht einheitlich gehandhabt. So kann u.a. eine Unterscheidung nach der Schwere der begangenen Delikte, d.h. nach der Einteilung der Taten in Verbrechen oder Vergehen sowie nach Deliktstypen, nach der Anzahl der begangenen Delikte als auch nach Art und Höhe der verhängten Sanktionen vorgenommen werden.[782]

a) Karrieretypen

Zunächst wurde der Frage nachgegangen, ob das Bezugsdelikt des Probanden die einzige Sexualstraftat oder sogar die einzige Straftat überhaupt ist. Hierfür wurde anhand der Auszüge aus dem Bundeszentralregister erhoben, ob die Probanden Voreintragungen aufwiesen und ob es sich hierbei ausschließlich um Sexualdelikte oder sonstige Delikte bzw. sowohl um Sexualdelikte als auch um sonstige Delikte handelte. Für die vier Probandengruppen (keine Voreintragung, nur sonstige Delikte, nur Sexualdelikte, Sexualdelikte und sonstige Delikte) wurde – wie aus der Abbildung 13 ersichtlich – ermittelt, ob Sanktionierungen wegen begangener Rückfalltaten erfolgten und ob diesen Sexualdelikte oder sonstige Delikte bzw. Sexual- und sonstige Delikte zugrunde lagen.

In Anlehnung an die von *Elz* vorgenommene Differenzierung[783] können folgende Karrieretypen gebildet werden: Einmalauffällige, Ein- und Aussteiger (Gelegenheitstäter) sowie Umsteiger und Serientäter (Mehrfachtäter). Mit 58,5 % sind

[781] *Hartung* 1982, 59.
[782] Vgl. *Hartung* 1982, 60, *Schubert* 1997, 56 ff.
[783] Vgl. *Elz* 2001, 205 ff. Zur Bildung von Karrieregruppen oder -typen außerdem *Dahle* 1998, 47, 49 ff.; *Hermann/Kerner* KZfSS 1988, 485, 496 ff; *Schneider/Dahle* DVJJ-Journal 2002, 434; *Stelly u.a.* MschrKrim 1998, 104 ff..

Abbildung 13: Karrieretypen innerhalb des 4-jährigen Bewährungszeitraums[784]

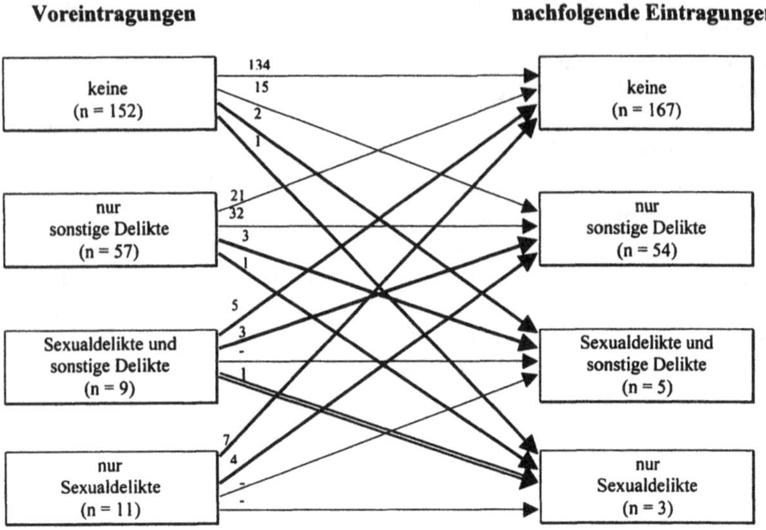

über die Hälfte der Probanden, die einen Bewährungszeitraum von mindestens vier Jahren aufwiesen, nach Auskunft des Bundeszentralregisters bisher weder vor noch nach der Bezugsentscheidung in Erscheinung getreten, d.h. der Auszug enthielt nur die Entscheidung der Bezugssache oder gar keine Eintragung (bei nicht eintragungspflichtigen Entscheidungen[785]). Es handelt sich demzufolge im Rahmen dieser Untersuchung um nur einmalauffällige Probanden.[786] Bei der zweitgrößten Gruppe der Probanden handelt es sich mit 22,3 % um Gelegenheitstäter, für die im Bundeszentralregister entweder Vor- oder Folgeeintragungen vermerkt waren. Als Mehrfachtäter, für die im Bundeszentralregister sowohl Vor- als auch Folgeeintragungen registriert waren, konnten dahingegen nur 19,2 % der Probanden identifiziert werden.

---

784 Durch die unterschiedliche Ausgestaltung der Pfeile wird die Qualität der verschiedenen Karrieretypen hinsichtlich der Begehung einschlägiger Delikte kenntlich gemacht (dickerer Pfeil: entweder Vor- oder Folgeeintragung wegen mindestens eines Sexualdelikts; doppelter Pfeil: sowohl Vor- als auch Folgeeintragungen wegen Sexualstraftaten).

785 Zu den Eintragungen im Bundeszentralregister bereits oben E.II.2.

786 Bei der Staatsanwaltschaft können die Probanden jedoch mehrmals wegen begangener Straftaten in Erscheinung getreten sein. Dies wird jedoch nicht im Bundeszentralregister, sondern in dem zentralen staatsanwaltschaftlichen Verfahrensregister eingetragen.

Tabelle 29: Karrieretypen

	Probanden mit 4-jährigem Bewährungszeitraum		Probanden insgesamt[787]	
	Anzahl (n)	%	Anzahl (n)	%
Einmalauffälliger	**134**	**58,5**	**150**	**54,3**
Gelegenheitstäter	**51**	**22,3**	**69**	**25,0**
Einsteiger	3	1,3	5	1,8
Aussteiger	12	5,2	21	7,6
Mehrfachtäter	**27**	**19,2**	**57**	**20,7**
Umsteiger	11	4,8	16	5,8
Serientäter	1	0,4	2	0,7
	229	***100,0***	***276***	***100,0***

Für die Mehrzahl der Probanden (88,2 %) konnte mit Hilfe des Bundeszentralregisters neben dem Bezugsdelikt kein weiteres Sexualdelikt ermittelt werden. Von den 27 Probanden, deren Auszug neben dem Bezugsdelikt noch weitere Verurteilungen wegen begangener Sexualstraftaten zu entnehmen waren, wurden für 26 Probanden (96,3 %) entweder nur Voreintragungen oder nur Folgeeintragungen mit zugrunde liegenden einschlägigen Delikten registriert. Drei Probanden (14,8 %) waren Einsteiger, für die keine der Bezugsentscheidung vorhergehende Eintragung, jedoch nachfolgende Eintragungen auch wegen begangener Sexualdelikte vorhanden waren. Für 12 Probanden (44,4 %) und damit die Mehrheit der 27 Probanden konnte ein Ausstieg aus der im Bundeszentralregister aufgezeichneten Kriminalität festgestellt werden. Sie wiesen in den Voreintragungen zwar mindestens ein Sexualdelikt, jedoch weder einschlägige noch sonstige Rückfalltaten auf. Bei weiteren 11 Probanden (40,7 %) handelte es sich um Umsteiger, für die im Bundeszentralregister sowohl Voreintragungen als auch nachfolgende Eintragungen erfasst wurden, denen jedoch nur vor oder nach der Bezugsentscheidung Sexualstraftaten zugrunde lagen. Den Vorstellungen des ständigen Wiederholungstäters, d.h. eines Serientäters, der sowohl vor

[787] Da die Probanden bis zur Begehung des Bezugsdeliktes bereits eine kriminelle Karriere eingeschlagen haben können, wurden die Probanden auch unabhängig vom Bewährungszeitraum in Karrieretypen eingeteilt. Auf ein näheres Eingehen der in der Tabelle dargestellten Anteile wurde jedoch mangels Unterschiede zu der Verteilung bei den Probanden, die einen 4-jährigen Bewährungszeitraum aufwiesen, verzichtet.

als auch nach der Bezugsentscheidung u.a. wegen Sexualstraftaten verurteilt wurde, entsprach nur ein Proband (4,3 %).[788]

Dieser Täter beging in der Zeit von März 1994 bis Juli 1996 mehrere Taten, wegen derer er zu einer Freiheitsstrafe von zwei Jahren mit Aussetzung der Strafvollstreckung zur Bewährung verurteilt wurde. Der Verurteilung lag nach Auskunft aus dem Bundeszentralregister ein sexueller Missbrauch von Kindern in 11 Fällen, davon in einem Fall in Tateinheit mit dem Einwirken auf ein Kind durch Vorzeigen pornographischer Abbildungen zur sexuellen Erregung und in zwei Fällen in Tateinheit mit der Bestimmung eines Kindes zur Vornahme sexueller Handlungen an einem Dritten oder von einem Dritten an sich vornehmen zu lassen gem. §§ 176 Absatz 1, Absatz 2, Absatz 5 Nr.1 und Nr.3, 52, 53 zugrunde. In der Tatbezeichnung spiegelte sich nicht § 176 Absatz 5 Nr.1, der bei den angewendeten Vorschriften mit aufgenommen wurde, wider. Entweder wurde diese Norm nur fälschlicherweise aufgenommen oder der Proband hat sich außerdem wegen exhibitionistischer Handlungen strafbar gemacht. Für letzteres spricht das Tatgeschehen, das der Bezugentscheidung zugrunde lag. Anfang 1998 guckte sich der Täter mit zwei Jungen, denen er in seiner Wohnung Unterschlupf gewährt hatte und Alkohol zu trinken gab, einen Pornofilm an, befriedigte sich selbst vor den Kindern und führte an diesen auch den Oralverkehr aus. Anschließend steckten die Kinder dem Täter auf dessen Wunsch Gegenstände in den After und eine Nadel in den Penis.[789] Dies führte ebenfalls zu einer Verurteilung zur Freiheitsstrafe, deren Vollstreckung zur Bewährung ausgesetzt wurde. Dem Täter wurde vom Gericht aufgegeben, an einer Sexualtherapie teilzunehmen und keine Personen unter 16 Jahren in seine Wohnung zu lassen. Dem Bewährungsheft war jedoch zu entnehmen, dass 2000 erneut ein Ermittlungsverfahren eingeleitet wurde, weil sich in der Wohnung des Probanden wieder Kinder aufhielten. Laut Auskunft des Bundeszentralregister hat der Proband als Rückfalltat einen sexuellen Missbrauch von Kindern in vier Fällen gem. § 176 Absatz 3 Nr.3 begangen, aufgrund dessen er zu einer Freiheitsstrafe von 18 Monaten verurteilt wurde. Auch diese setzte das Gericht zur Bewährung aus. Aus den Strafverfahrensakten ging ferner hervor, dass neben den drei mit einer Verurteilung abgeschlossen Strafverfahren ein anderes Strafverfahren, dem ebenfalls einschlägige Delikte zugrunde lagen, 1997 eingestellt wurde.

Der als Serientäter erfasste Proband ist allerdings nicht der einzige Wiederholungstäter der Stichprobe. Als solche können auch Probanden, deren Auszug aus dem Bundeszentralregisters mehrere Vor- oder Folgeeintragungen wegen einschlägiger Delikte zu entnehmen waren, bezeichnet werden.[790] Bei den Rückfalldelikten wies nur ein Proband mehr als eine Verurteilung wegen Sexualstraf-

788 Auch *Elz* 2001, 207 ermittelte nur eine sehr kleine Gruppe, deren Probanden als Serientäter bezeichnet werden konnten.

789 Dieses Tatgeschehen wurde bereits bei den einschlägigen Rückfalltaten der Probanden (F.II.2.a)) beschrieben.

790 Auch ein Täter mit nur einer einschlägigen Vor- bzw. Folgeeintragung kann ein Wiederholungstäter sein, wenn der Verurteilung mehrere Sexualstraftaten zugrunde lagen. Bei 12 der Probanden, die neben dem Bezugsdelikt nur eine Verurteilung wegen einschlägiger Delikte aufwiesen, erfolgte diese Verurteilung wegen Sexualstraftaten, die in Tatmehrheit begangen wurden.

taten auf. Von den 19 Probanden mit einem 4-jährigem Bewährungszeitraum, für die einschlägige Vorstrafen registriert waren, wiesen jedoch acht Probanden zwei einschlägige Voreintragungen auf. Bei vier Probanden handelte es sich um zwei Einträge, bei jeweils einem Probanden um drei und vier Eintragungen sowie bei zwei weiteren Probanden sogar um fünf Voreintragungen wegen einschlägiger Delikte. Damit handelt es sich neben dem als Serientäter bezeichneten Probanden bei 33,3 % der Probanden, die neben dem Bezugsdelikt bereits wegen einschlägiger Delikte sanktioniert wurden, um Wiederholungstäter.[791]

Bei Berücksichtigung aller Probanden, unabhängig vom Bewährungszeitraum, waren im Bundeszentralregister für einen weiteren Probanden ebenfalls sowohl eine Vor- als auch eine Folgeeintragung wegen einschlägiger Delikte vermerkt. So dass insgesamt zwei Probanden als Serientäter bezeichnet werden können.

Bei diesem zweiten Serientäter handelt es sich um einen Probanden mit einer gestörten Persönlichkeitsentwicklung, welche auf das schlechte Verhältnis zu den Eltern, insbesondere zur Mutter, zurückzuführen ist. Bei allen Taten handelte es sich um exhibitionistischen Handlungen. Während im ersten aus dem Bundeszentralregister ersichtlichen Verfahren wegen einer Straftat nach § 183 von der Verfolgung gem. § 45 Absatz 2 JGG abgesehen wurde, erfolgten in den darauf folgenden Verfahren wegen Sexualstraftaten Verurteilungen zu Freiheitsstrafen, deren Vollstreckung zur Bewährung ausgesetzt wurde.

Daneben wurden für einen weiteren Probanden zwei Eintragungen wegen einschlägiger Rückfalltaten sowie für vier Probanden mehrere einschlägige Voreintragungen erfasst. Demzufolge liegt der Anteil der Wiederholungstäter bei 31,8 % der Probanden, deren Bundeszentralregisterauszug neben dem Bezugsdelikt weitere Sexualstraftaten zu entnehmen waren.[792]

b) Verlauf der kriminellen Karriere

In einer Fülle von retrospektiven und prospektiven Untersuchungen veröffentlichten japanische Kriminologen aus dem Umkreis von *Yoshimasu*[793] nach dem 2. Weltkrieg wesentliche Studien über die Formen und Bedingungen delinquenter Verläufe. Die Rezeption der Arbeiten in Deutschland, welche außerhalb Japans kaum aufgenommen wurden, ist *Engel*[794] zu verdanken.[795] Er unterscheidet nach einem rein zeitlichen Einteilungsprinzip, der Dauer des delinquenten Ver-

[791] Bezogen auf die 229 Probanden, die einen Bewährungszeitraum von vier Jahren aufwiesen, sind das 3,9 %.
[792] Dies sind 5,1 % der gesamten Stichprobe.
[793] *Yoshimasu* Acta Crim. Med. Jap. 1965, 144 ff. und 190 ff.; 1975, 691 ff.
[794] *Engel* 1973; *ders.* 1978, 77 ff.
[795] *von Engelhardt* 1978, 5, 48.

haltens entsprechend, verschiedene Verlaufsformen[796] und beschreibt mit Tatrichtung, Tatintensität, Tatrhythmus und Tatschwere die Modalitäten, die den deliktischen Verlauf prägen.[797] Angewandt werden diese Beschreibungsdimensionen mit etwas anderen Begrifflichkeiten (frequency, seriousness, career length) ebenfalls im angloamerikanischen Raum, wo die Karriereforschung eine starke Tradition und einen zentralen Stellenwert eingenommen hat.[798] Nachfolgend werden die genannten Kriterien herangezogen, um neben der Darstellung der Karrieretypen weitere qualitative Differenzierungen hinsichtlich der kriminellen Karriere der Probanden vornehmen zu können.[799]

aa) Beginn einer kriminellen Karriere

Für die Beurteilung der Frage, ob der Proband eine kriminellen Karriere eingeschlagen hat, ist die Anzahl der verhängten Sanktionen heranzuziehen. Eigentlich wäre der richtige Ansatzpunkt die Anzahl der begangenen Delikte. Denn von einer kriminellen Karriere ist nach einer Minimaldefinition dann zu sprechen, wenn ein Täter mit hoher Frequenz über einen längeren Zeitraum hinweg kriminelle Handlungen begeht.[800] Jedoch kann die Anzahl der begangenen Straftaten nicht anhand der Auszüge aus dem Bundeszentralregister ermittelt werden, da einer Verurteilung bzw. der Einstellungsentscheidung im Jugendgerichtsverfahren häufig mehrere Taten zugrunde liegen, so dass im Rahmen dieser Untersuchung nur auf die Sanktionierungen abgestellt werden kann.[801]

Die Probanden wiesen neben der Bezugsentscheidung durchschnittlich 2,5 gegen sie verhängte Sanktionen auf. Dieser geringe Wert ist darauf zurückzuführen, dass nach Auskunft aus dem Bundeszentralregister 54,3 % der Probanden neben dem Bezugsdelikt nicht wegen weiterer Straftaten sanktioniert wurden.

---

[796] Vgl. unten F.II.4.b)bb).

[797] *Engel* 1978, 77, 78 ff. Zur Verlaufsforschung ebenfalls *Croissier* 1978, 231, 234 ff.; *Engelhardt* 1978, 5, 43 ff.; *ders.* 1978, 325, 325 ff.; *Schlagenhoff* 1978, 281, 283 ff; für die gegenwärtige Verlaufsforschung *Mischkowitz* 1993, 71 ff.; *Schubert* 1997, 56 ff.

[798] Arbeiten zur Karriereforschung im angloamerikanischen Bereich: *Blumstein et al.* 1986, *Farrington* 1997; *Glueck/Glueck* 1950; *Petersilia* 1980; *Sampson/Laub* 1993; *Tracy et al.* 1990; *Wolfgang et al.* 1972. Ein umfassender Überblick ist zu finden bei *Piquero/Farrington/Blumstein* 2003, 359 ff.

[799] Abgestellt wird hierbei auf alle 276 Probanden.

[800] *Albrecht* 1990, 101. Trotz zahlreicher Forschungsbemühungen ist bis heute keine theoretisch fundierte und einigermaßen verbindliche Definition der kriminellen Karriere gelungen. Ausführliche Definitionen von Vertretern des Karriereansatzes finden sich bei *Schubert* 1997, 55.

[801] Diese Vorgehensweise kann zur Folge haben, dass die Anzahl krimineller Karrieren unterschätzt wird.

Wird indessen nur auf die 126 Probanden abgestellt, für die neben der Bezugsentscheidung weitere Eintragungen im Bundeszentralregister erfasst wurden, ergibt sich ein Mittelwert von 5,48 Sanktionen, wobei die Spannbreite von 1 bis 25 Sanktionen reicht. Der Modalwert liegt bei Mo = 1 Sanktion, der Median bei Md = 3 Sanktionen und die Standardabweichung beträgt s = 5,37.

Voraussetzung einer kriminellen Karriere ist die Begehung mehrerer Straftaten, so dass eine Vor- oder Folgeeintragung nicht ausreicht. Von einer kriminellen Karriere kann demnach erst gesprochen werden, wenn der Proband neben einer mit Sanktionen verbundenen Bezugsentscheidung mit mindestens einer weiteren Sanktion oder unabhängig von der Bezugsentscheidung mit mindestens zwei weiteren Sanktionen belegt wurde. Dies traf auf 109 Probanden (39,5 %) der Stichprobe zu. Diese Probanden wurden durchschnittlich mit 6,6 Sanktionen belegt. Der Median liegt bei Md = 5 Sanktionen und der Modalwert bei Mo = 2 Sanktionen. Die Standardabweichung beträgt dabei s = 5,45. Mit mindestens zwei Eintragungen wegen Sexualstraftaten wurden 25 Probanden (56,8 %) der 44 Probanden mit einschlägigen Vor- und/oder Folgeeintragungen ermittelt. Die Probanden erhielten durchschnittlich 2,9 Sanktionen wegen einschlägiger Sanktionen. Der Median liegt bei Md = 3 Sanktionen, der Modalwert bei Md = 2 Sanktionen und das Maximum bei Max = 7 Sanktionen. Die Standardabweichung beträgt s = 1,29.

Zwar können auch die Straftaten der anderen Probanden, für die im Bundeszentralregister bisher nur eine Eintragung registriert wurde, bereits den Einstieg in eine kriminelle Karriere bedeuten. Die Feststellung einer solchen kann jedoch erst im Nachhinein erfolgen, wenn bereits mehrere Straftaten begangen wurden.

Was den Beginn der Kriminalität betrifft, wurde von *Yoshimasu* zwischen Frühkriminalität und Spätkriminalität unterschieden, wobei er die Grenze bei 25 Jahren festsetzte.[802] Der überwiegende Teil der Probanden (61,5 %) beging bereits im Alter von unter 25 Jahren die erste Straftat. Der Mittelwert des Alters bei der ersten Straftat der frühkriminellen Probanden beträgt aM = 18,0 Jahre, der Median Md = 16,8 Jahre und das Minimum liegt bei 14,1 Jahren. Bei den spätkriminellen Probanden ergibt sich bezüglich des Alters bei der ersten Straftat ein Mittelwert von aM = 38,3 Jahren. Der Median liegt bei Md = 32,7 Jahren. Der bei Begehung der ersten Straftat älteste Proband war bereits 67,8 Jahre alt. Von den Probanden, die eine kriminelle Karriere auch mit einschlägigen Delikten eingeschlagen haben, waren ebenfalls über die Hälfte (52,0 %) frühkriminell. Im Durchschnitt waren die frühkriminellen Probanden mit einschlägigen Taten jedoch bei Begehung der ersten Straftat mit aM = 19,8 Jahren etwas älter. Der

[802] *Yoshimasu* 1975, 691, 699.

Median liegt bei diesen Probanden bei Md = 18,0 Jahren. Der jüngste Proband war bei der ersten Tatbegehung 15,6 Jahre alt. Bei den auch mit einschlägigen Delikten spätkriminellen Probanden beträgt der Median hinsichtlich des Alters bei der ersten Straftat mit Md = 32,0 Jahren ähnlich wie bei den insgesamt spätkriminellen Probanden. Das durchschnittliche Alter liegt bei aM = 34,9 Jahren und das Maximum bei Max = 60,3 Jahren. Diese Werte liegen damit etwas unterhalb der bei allen Spätkriminellen festgestellten. Als erste Straftat begingen jedoch nur 11 Probanden ein Sexualdelikt. Bei Begehung des ersten Sexualdelikts waren die Probanden zwischen 16,4 und 60,3 Jahre alt. Nur vier Probanden (36,4 %) waren jedoch noch keine 25 Jahre alt.[803]

bb) Länge der kriminellen Karriere und Verlaufsformen

Als „career length“ wird die Zeitdauer, in welcher der Delinquent aktive Gesetzesverstöße begeht, bezeichnet. Hierzu wird die Differenz zwischen dem ersten und dem letzten begangenem Delikt gemessen. Die Karrierelänge beträgt bei den mehrmals sanktionierten Probanden durchschnittlich aM = 11,4 Jahre, wobei der Median bei nur Md = 6,7 Jahren liegt. Die längste kriminelle Karriere wies ein Proband mit 51,5 Jahren auf. Zwischen dem ersten und letzten Sexualdelikt liegen durchschnittlich aM = 10,9 Jahre, wobei der Median Md = 5,6 Jahre beträgt. Mit 48,7 Jahren ist auch die längste Karriere mit einschlägigen Delikten relativ lang.

Engel bildete der Dauer des delinquenten Verhaltens entsprechend fünf Verlaufsformen: delinquenter Übersprung, delinquente Episode, delinquente Perseveranz, delinquente Kontinuität und delinquente Stabilität.[804]

Bei dem delinquenten Übersprung steht in einem sonst makellosen Leben ein Rechtsbruch isoliert oder es kommen innerhalb weniger Tage mehrere Delikte stoßweise zusammen. Da die Täter, die lediglich eine Vor- oder Folgeeintragung aufwiesen, bereits aufgrund der Voraussetzungen einer kriminellen Karriere ausgesondert wurden, konnte nur bei einem sehr kleinen Anteil von 2,8 % als Verlaufsform der delinquente Übersprung festgestellt werden. Eine Zeitspanne bis zu drei Jahren, in der Rechtsbrüche begangen werden, wird als delinquente Episode bezeichnet. Dies traf auf 17,4 % der Probanden zu. Die Mehrheit der Probanden (45,0 %) wiesen eine delinquente Perseveranz auf. D.h., das rechtsbrecherische Verhalten dieser Probanden dauerte drei bis 10 Jahre. Weitere

---

803 Bei den Frühkriminellen beträgt aM = 20,1 Jahre und Md = 19,6 Jahre. Bei den Spätkriminellen beträgt aM = 38 Jahre und Md = 32,9 Jahre.

804 Diese werden bei *Engel* 1978, 77, 78 f. beschrieben und auch graphisch dargestellt.

Tabelle 30: Verlaufsformen der kriminellen Karriere

	kriminelle Karriere (%)	kriminelle Karriere mit Sexualdelikten (%)
Übersprung	2,8	-
Episode	17,4	24,0
Perseveranz	45,0	44,0
Kontinuität	11,9	12,0
Stabilität	22,9	20,0

11,9 % der Probanden verübten bis zu 20 Jahre lang Delikte, so dass eine delinquente Kontinuität gegeben war. Bei einem knappen Viertel (22,9 %) und damit der zweitgrößten Gruppe der Karrieretäter lag eine delinquente Stabilität in der Form vor, dass sich die Straftatenbegehung über einen Zeitraum von mehr als 20 Jahren erstreckte.

Wird nur auf die Zeitspanne zwischen dem ersten und letzten Sexualdelikt abgestellt, zeigt sich, dass der größte Teil der Probanden über einen Zeitraum von drei bis 10 Jahren die Sexualstraftaten begeht. Bei 44,0 % der Probanden liegt eine delinquente Perseveranz vor. Die delinquente Episode ist bei 24,0 % der Probanden gegeben. Die delinquente Stabilität trat in 20 % und die Kontinuität in 12 % der Fälle auf, während ein delinquenter Übersprung bei den Sexualstraftaten nicht zu finden war.

Da der Begriff „Verlaufsform delinquenten Handelns“ die gesamte Zeitstrecke vom ersten bis zum letzten bekannt gewordenen Delikt meint[805], jedoch auch vereinzelte Rechtsbrüche mit u.a. sehr langen deliktfreien Intervallen dazwischen auftreten können, sind die Verlaufsformen allein noch nicht sehr aussagekräftig.

cc) Modalitäten des delinquenten Verlaufs

(1) Tatintensität

Zur weiteren Verdeutlichung der Verlaufsformen soll auch die Häufigkeit der Delikte mit einbezogen werden. Die Anzahl der Delikte im Verhältnis zu dem Zeitraum, in dem sie begangen werden, ergibt die Tatintensität bzw. Frequency,

[805] *Engel* 1978, 77, 78.

wie es im angloamerikanischen Bereich genannt wird. Die verschiedenen Grade der Tatintensität werden in der deutschsprachigen Literatur mit den Begriffen „tatdünn“, „tatreich“ und „tatgesättigt“ bezeichnet.[806] Handelt es sich um sehr wenig Delikte im Verhältnis zur Zeit und fallen diese der Zahl nach kaum ins Gewicht, wird dies als tatdünn bezeichnet. Werden dagegen viele Delikte nicht nur gelegentlich, sondern häufig begangen, handelt es sich um eine tatreiche Deliktshäufigkeit. Eine Tatsättigung ist letztlich gegeben, wenn innerhalb eines Verlaufs eine Art Dauerdelinquenz vorliegt oder erstaunlich viele Delikte begangen werden. Abgesehen von dieser Erklärung der Begriffe gibt *Engel* keine Grenzwerte vor. Eine mathematische Lösung des Problems „Anzahl der Delikte im Verhältnis zur Zeit“ sei deshalb zu schwierig gewesen, weil die Zeiteinheiten der Verläufe zwischen Monaten, Jahren und Jahrzehnten schwankten und die Ergebnisse damit unüberschaubar würden.[807] In Tabelle 31 wurden für die verschiedenen Verlaufsformen die durchschnittliche Dauer der kriminellen Karriere sowie die durchschnittliche Anzahl der begangenen Delikte[808] innerhalb der kriminellen Karriere als auch die durchschnittliche Anzahl der Delikte pro Jahr angegeben, um die Tatintensität der Probandengruppen darzustellen.

Mit zunehmender Dauer der kriminellen Karriere nimmt zwar auch die Anzahl der erfolgten Sanktionierungen zu, die durchschnittliche Anzahl der Verurteilungen pro Jahr nimmt jedoch ab. D.h. zwischen den einzelnen Delikten liegt mit zunehmender Dauer der kriminellen Karriere auch mehr Zeit, die Tatintensität verringert sich demzufolge. Dies kann darauf zurückzuführen sein, dass mit zunehmender Dauer der kriminellen Karriere und damit auch zunehmender Zahl der Sanktionierungen zugleich die Schwere der Sanktionierungen zunimmt. Werden die Täter jedoch mit einer Jugend- oder Freiheitsstrafe verurteilt, haben sie, im Gegensatz zu denjenigen Tätern, die sich nicht im Strafvollzug befinden, während der Strafvollstreckung nicht mehr die Möglichkeiten, Straftaten zu begehen.

[806] *Engel* 1978, 77, 82. Vgl. auch *Crossier* 1978, 231, 236; *Schlangenhoff* 1978, 281, 287.
[807] *Engel* 1978, 77, 82.
[808] Abgestellt wird auch hier auf die Sanktionierungen. Vgl. F.II.4.b)aa).

Tabelle 31: Tatintensität

	kriminelle Karriere			kriminelle Karriere mit Sexualdelikten		
	Dauer in Jahren	Anzahl der Delikte	Anzahl der Delikte pro Jahr	Dauer in Jahren	Anzahl der Delikte	Anzahl der Delikte pro Jahr
Übersprung	0,00	2,00	-	-	-	-
Episode	1,82	2,58	1,78	1,40	2,50	3,10
Perseveranz	5,85	4,43	0,78	5,37	2,73	0,55
Kontinuität	14,94	7,54	0,49	16,80	3,00	0,18
Stabilität	29,23	14,24	0,52	30,69	3,80	0,13

(2) Tatrhythmus

Sowohl *Yoshimasu* als auch *Engel* gehen mit dem Tatrhythmus auf die Verteilung der Delikte ein, beschreiben diesen jedoch anders. Der Rhythmus wird von *Yoshimasu* in vier Formen nur nach dem Zeitraum zwischen den einzelnen Delikten eingeteilt.[809] Bei der Suspensivform erfolgt kein Rückfall, bei der Intermissionsform liegt zwischen den Delikten ein Intervall von mehr als 5 Jahren, bei der Remissionsform ein Intervall von 2,5 bis 5 Jahren und bei der Sukzessionsform ein Intervall unter 2,5 Jahren. *Engel* unterscheidet hingegen sogar sieben Formen.[810] Die erste Gliederungsform nennt er irregulärer oder streuender Verlauf. Ein Rhythmus ist hierbei nicht feststellbar, die Delikte folgen einander unregelmäßig. In der zweiten Gliederungsform erscheinen die Delikte stetig und konstant. D.h. sie werden in ähnlichen Zeitabständen begangnen. Bei der dritten, der progressiven Gliederungsform kommt es gegen Ende des Verlaufs zu einer Häufung der Rechtsbrüche, so dass die Zeitabstände kleiner werden. Der regressive Typus verhält sich gerade umgekehrt. Hier steht die Tathäufung bereits am Anfang der Delinquenz und die Abstände zwischen den Delikten werden am Ende größer. Bei der fünften Gliederungsform, dem eingipfligen Typus, kommt es zu einer auffälligen Häufung der Delikte an beliebiger Stelle des Verlaufs, jedoch nicht am Anfang oder Ende. Dem Höhepunkt der delinquenten Verlaufsform geht ein allmähliches Einsetzen voraus und folgt ein allmähliches Auslaufen. Eine weitere Gliederungsform zeigt mehrere Gipfel delinquenter Verdichtung und wird deshalb als mehrgipfliger Typus bezeichnet. Die letzte Gliederungsform wird periodisch genannt, wenn die deliktfreien Intervalle fünf Jahre

809 *Yoshimasu* 1975, 691, 699.
810 *Engel* 1978, 77, 82 f.

und mehr betragen. Diese Form bezieht sich demnach auf Jahre bzw. Jahrzehnte, da im Laufe eines Lebens einzelne oder Schübe von Rechtsbrüchen weit voneinander getrennt begangen werden können.

Da bei den wenigsten Probanden (11,0 %) eine konstante Verteilung mit ähnlichen Zeitabständen zwischen den einzelnen Straftaten vorlag, ist die von *Yoshimasu* vorgenommene Einteilung des Tatrhythmus nicht anwendbar. Auch mit der von *Engel* vorgenommenen Einteilung lässt sich der Rhythmus kriminellen Karrieren nicht adäquat beschreiben. In die Gliederungsform des irregulären Verlaufs mussten 30,3 % der Probanden eingeordnet werden, d.h. nach der Definition von *Engel* war kein Rhythmus feststellbar. Bei diesen Probanden waren die Zeitabstände überwiegend zu Beginn und am Ende des beobachteten Verlaufs relativ gering, während dazwischen sehr große Intervalle lagen bzw. es wurden erst zwei Eintragungen registriert, so dass sich noch kein Rhythmus ergeben hat. Sofern ein Rhythmus festgestellt werden konnte, trat die periodische Verteilung mit 25,7 % am häufigsten auf. Insbesondere bei den Tätern, die über einen sehr langen Zeitraum kriminelle Handlungen begehen, liegen zwischen den einzelnen Straftaten mehr als fünf Jahre, in einigen Fällen sogar mehr als 10 Jahre. Zu einer Tatverdichtung zu Beginn oder am Ende der beobachteten kriminellen Karriere kam es bei 21,1 % der Probanden (progressiver Typus 8,3 % und regressiver Typus 12,8 %). Demgegenüber war der Verlauf der kriminellen Karriere von 11,0 % der Probanden mehrgipflig und von 1,8 % eingipflig.

Tabelle 32: Tatrhythmus

	kriminelle Karriere (%)	**kriminelle Karriere mit Sexualdelikten (%)**
irregulär	30,3	36,0
konstant	10,1	20,0
progressiv	8,3	8,0
regressiv	12,8	8,0
eingipflig	1,8	-
mehrgipflig	11,0	-
periodisch	25,7	28,0

Auch bezogen auf die Sexualdelikte war in neun Fällen nach *Engels* Einteilung kein Rhythmus feststellbar. Daneben wurde die periodische Verteilung bei 28,0 % der Probanden festgestellt. Lagen zwischen dem ersten und letzten Sexualdelikt mehr als 20 Jahre, betrug mindestens ein Intervall zwischen den Delikten mehr als fünf Jahre. In sehr vielen Fällen lag das Intervall auch weit darüber. Das Maximum lag bei 36 ¼ Jahren. Neben diesen sieben Tatrhythmen trat die konstante Gliederungsform in fünf Fällen und die progressive als auch regressive Gliederungsform in der Karriere von jeweils zwei Probanden auf.

(3) Tatrichtung

Je nachdem, in wie viele Tatrichtungen Delikte begangen werden, wird zwischen Monotropie, Ditropie und Polytropie unterschieden.[811] Die Richtung der Delinquenz ist monotrop, wenn sie sich auf eine Deliktart bezieht; ditrop, wenn sie zwei, und polytrop, wenn sie drei oder mehr Deliktartengruppen umfasst. Die meisten der Probanden, die eine kriminelle Karriere eingeschlagen haben, blieben nicht in einem Deliktsbereich. Nur bei 8,3 % der Probanden war dies gegeben. Fünf der neun monotropen Täter begingen nur Sexualdelikte. Bei weiteren drei monotropen Tätern beschränkte sich die Kriminalität auf die Begehung von Straßenverkehrsstraftaten und bei dem letzten Probanden auf Körperverletzungsdelikte.[812] Etwa ein Drittel (33,9 %) der Karrieretäter beging in zwei Deliktbereichen Straftaten. Bei der Mehrheit (57,8 %) bewegte sich die Delinquenz jedoch in mehr als zwei Deliktbereichen. Den Schwerpunkt bildeten bei den di- und polytropen Tätern mit 21,0 % die Diebstahlsdelikte, gefolgt von den Sexual- und Körperverletzungsdelikten mit jeweils 11,0 % und den Straßenverkehrsdelikten mit 10,0 %. Bei einem großen Teil (33,0 %) der di- und polytropen Karrieretätern konnte kein Deliktschwerpunkt festgestellt werden.

Setzt man die Tatrichtung zu den Verlaufsformen in Beziehung, so wird deutlich, dass mit wachsender Dauer der kriminellen Karriere auch die Deliktvariabilität zunimmt. Monotrope Täter waren nur bei der delinquenten Episode und Perseveranz zu finden. Unterdessen nimmt der Anteil der ditropen Täter von 100 % beim delinquenten Übersprung bis auf 4,0 % bei der delinquenten Stabilität stetig ab, während der Anteil der polytropen Täter von 15,8 % bei der delinquenten Episode bis auf 96,0 % bei der delinquenten Stabilität kontinuierlich steigt. Mit zunehmender Dauer der kriminellen Karriere kommt es bei den

[811] Vgl. *Engel* 1978, 77, 81; *Yoshimasu* 1975, 691, 699.

[812] Die in der Bezugsentscheidung den Probanden vorgeworfene Begehung von Sexualdelikten konnte ihnen nicht nachgewiesen werden, so dass diese auch nicht bei der kriminellen Karriere berücksichtigt wurden.

Tabelle 33: Tatrichtung

	Tatrichtung (%)			Deliktsschwerpunkt (%)	
	monotrop	ditrop	polytrop	keinen	Sexualdelikt
Übersprung	-	100,0	-	100,0	-
Episode	21,1	63,2	15,8	52,6	10,5
Perseveranz	10,2	36,7	53,1	32,7	22,4
Kontinuität	-	23,1	76,9	23,1	-
Stabilität	-	4,0	96,0	4,0	12,0

Tätern trotz wachsender Variationsbreite der Delinquenz außerdem zu einer vermehrten Schwerpunktbildung. So war bei keinem Täter des delinquenten Übersprungs ein Deliktsschwerpunkt zu finden. Bei der delinquenten Episode war bei 47,4 % der Täter ein Deliktsschwerpunkt auszumachen. Und bei den Tätern mit einer delinquenten Stabilität begingen fast alle Täter die Delikte in einem Deliktsbereich. Während bei den Tätern, die bisher über einen Zeitraum von weniger als drei Jahren delinquent gewesen waren, als Deliktsschwerpunkt die Körperverletzungsdelikte dominierten, waren es bei den Tätern mit einer Delinquenzdauer von mehr als drei bis 10 Jahren die Sexualdelikte und bei einer Karrierelänge von mehr als 10 Jahren die Diebstahlsdelikte. Mit steigender Delinquenzdauer nahm ferner auch der Anteil der Probanden mit diesem Deliktsschwerpunkt zu. Bei der delinquenten Episode begingen 15,8 % der Probanden schwerpunktmäßig Körperverletzungsdelikte. Bei der delinquenten Perseveranz wurden von 22,4 % der Täter Sexualstraftaten begangen. Diebstahlsdelikte wurden bei der delinquenten Kontinuität von 30,8 % der Probanden und bei der delinquenten Stabilität von 44,0 % der Probanden begangen.

(4) Tatschwere

Grade der Kriminalität lassen sich nicht ablesen wie die Tatrichtung oder auszählen wie die Tatintensität und der Tatrhythmus. Solange man linear wertet, d.h. innerhalb einer Deliktart bleibt, scheint das Urteil noch verhältnismäßig einfach zu sein. So wiegt ein Bandendiebstahl schwerer als ein einfacher Diebstahl. Sobald die Wertung jedoch verschiedene Deliktgruppen betrifft, bleibt die Einschätzung, welches Delikt schwerer wiegt, sehr subjektiv. Wie stehen beispielsweise der einfache Diebstahl und der Betrug im Normalfall zueinander? Man muss hier werten, ohne dass es einen verbindlichen Maßstab gibt.[813]

Aus diesem Grund wurden Skalen entwickelt, welche die Schwere der verschiedenen Straftaten angeben.[814] Hierbei lassen sich mehrere Ansätze unterscheiden. Zunächst kann eine Einteilung aus rechtsdogmatischer Sicht vorgenommen werden, indem die Delikte mit Hilfe ihrer Strafrahmen und deren Modifizierungen durch Milderungen und Strafschärfungen klassifiziert werden.[815] Eine rein rechtsdogmatisch begründete Skala hat jedoch den Nachteil, dass sie möglicherweise nicht mit den tatsächlichen Wertungen des Justizsystems in Übereinstimmung steht.[816] Eine andere Möglichkeit der Skalierung besteht in der empirischen Gewinnung von Strafindizes. Eine der ersten dieser Skalen stammt von *Sellin* und *Wolfgang*[817], die in der Folge vielfach benutzt und repliziert wurde. Die Deliktsschwereskala wurde aufgrund einer Befragung von Studenten, Polizeibeamten und Jugendrichtern entwickelt. Eine neuere empirische Skalierung der Delikte wurde von *Höfer*[818] mittels der Optimalen Skalierung vorgenommen. Außerdem können die beiden soeben genannten Ansätze kombiniert werden.[819]

Da die Karriereverläufe der Probanden, wie bereits festgestellt, überwiegend polytrop waren, wird nachfolgend auf eine umfassende Darstellung des Deliktsschwereverlaufs anhand der verfügbaren Skalen verzichtet und nur die Entwicklung der Tatschwere bei den Sexualstraftaten in den Blick genommen. Selbst hier stellt sich dies ohne nähere Angaben zum Tathergang und lediglich mit Hilfe der Bundeszentralregisterauszügen recht schwierig dar.[820] Für die Einschätzung der Schwere wird nicht auf die Strafandrohung abgestellt. Es werden die Tatkriterien herangezogen, die sich aus den angegebenen Normen ergeben. Dies sind das Alter des Opfers, der Körperkontakt zwischen Täter und Opfer, das Einsetzen von Gewalt oder Drohung sowie andere verwirklichte Qualifikationen.

---

813 Vgl. *Engel* 1978, 77, 83 f.
814 Ein Überblick ist zu finden bei *Amelang* 1986, 83 ff.
815 So *Villmow* 1977, 154; *Momberg* 1982, 63 ff.
816 Ebenso *Höfer* 2003, 38.
817 *Sellin/Wolfgang* 1978.
818 *Höfer* 2003, 96 ff.
819 *Schöch* KrimGegfr 1976, 214, 226 (Fn.27) entwickelte einen Deliktsschwereindex anhand eines dreidimensionalen Maßstabes. Die Höhe des gesetzlichen Strafrahmens, die richterliche Strafzumessungspraxis und die Schwereeinschätzung von Jurastudenten wurden zusammengefasst. Weiterentwickelt u.a. von *Dölling* 1978, 112, 296 ff. (Anhang 6).
820 Vgl. F.II.2.a).

Eine Steigerung bei der Tatschwere war bei 10 der 25 Probanden und damit bei der Mehrheit der Probanden mit einer einschlägigen Karriere feststellbar. Bei näherem Betrachten der verwirklichten Delikte relativiert sich jedoch das Bild. Bei fünf Probanden fand eine Steigerung dahingehend statt, dass die Täter exhibitionistische Handlung auch vor Kindern vornahmen, nachdem dies bereits vor Erwachsenen geschah. Eine bedenkliche Steigerung fand jedoch bei immer noch 20,0 % der Täter statt, die mehrere Sexualstraftaten verwirklichten. Zwei der Täter begannen ihre Karriere mit exhibitionistische Handlungen sowohl vor Erwachsenen als auch vor Kindern. Anschließend wurde einer der Täter wegen sexuellen Missbrauchs von Kindern mit Körperkontakt gem. § 176 Absatz 1 und der zweite wegen einer sexuellen Nötigung gem. § 178 Absatz 1 a.F. verurteilt. Die sexuelle Nötigung war für letztgenannten Täter jedoch nicht die letzte Tat. Nach der Steigerung nahm die Tatschwere wieder ab. Der Täter wurden erneut wegen exhibitionistischer Handlungen vor Kindern und Erwachsenen verurteilt. Bei den drei anderen Tätern war bereits das Einstiegsdelikt ein sexueller Missbrauch von Kindern mit Körperkontakt. Es folgte bei einem Täter eine sexuelle Nötigung einer erwachsenen Person gem. § 178 a.F. und von den anderen beiden Tätern wurde mit dem Kind der Beischlaf vollzogen (§ 176 Absatz 1 und 3 Nr.1 a.F. bzw. § 176a Absatz 1 Nr.1).

Demgegenüber nahm die Tatschwere der Sexualdelikte bei acht Tätern im Verlauf der kriminellen Karriere wieder ab. Zwei Täter hatten als Ausgangsdelikt einen sexuellen Missbrauch von Kindern mit Körperkontakt gem. § 176 Absatz 1 begangen und nahmen anschließend nur noch exhibitionistische Handlungen vor Kindern vor. Eine Abschwächung bei der Begehung exhibitionistischer Taten konnte bei zwei Tätern hinsichtlich der Opferauswahl festgestellt werden. Den Eintragung wegen § 183, d.h. exhibitionistischen Handlungen vor Erwachsenen, gingen Eintragungen wegen vor Kindern vorgenommener exhibitionistischer Handlungen voraus. Bei weiteren vier Tätern wurde die erste aus dem Bundeszentralregister ersichtliche Sexualstraftat unter Anwendung von Gewalt oder Drohung begangen. Bei diesen Tätern fand eine Abschwächung der Deliktsschwere insoweit statt, als sie auf den Einsatz eines Nötigungsmittels verzichteten.

Bei den verbleibenden sieben Tätern hat sich die Tatschwere bisher nicht verändert. Fünf Probanden machten sich des sexuellen Missbrauchs von Kindern ohne Körperkontakt und die beiden anderen Täter eines sexuellen Missbrauchs mit Körperkontakt gem. § 176 Absatz 1 Nr.3 a.F.[821] bzw. § 176 Absatz 1 strafbar.

[821] Geändert durch das 4. StrRG von 1973 (BGBl. I, 1725).

(5) Sanktionsschwere

Der Begriff der Karriere wird in der kriminologischen Forschung selten in Verbindung mit Sanktionen gebraucht. Die Entwicklung der gegen Karrieretäter verhängten Sanktionen wird nur sehr wenig Beachtung gewidmet. Mit Hilfe der verhängten Sanktionen kann aber dessen ungeachtet ebenfalls die Entwicklung der Kriminalitätsschwere von Tat zu Tat innerhalb der kriminellen Karriere untersucht werden. Wird ein bereits zu einer längeren Freiheitsstrafe verurteilter Täter nach der Entlassung nur ein- oder mehrmals lediglich mit Geldstrafe sanktioniert, so kann man von einer sich abschwächenden Karriere sprechen. Nach längerem Strafvollzug dürfte selbst eine Verurteilung zur Freiheitsstrafe mit Strafaussetzung zur Bewährung eine verminderte kriminelle Intensität und damit eine Änderung in der kriminellen Kariere anzeigen.[822]

In Deutschland sind zwar mehrere Studien zum Sanktionshärteverlauf durchgeführt wurden, diese konzentrieren sich allerdings größtenteils auf das Jugendstrafrecht.[823] Die Studien zeigen ein eindeutiges Ergebnis. Zwar zeigen sich in einzelnen individuellen Verläufen durchaus Schwankungen, im Trend findet sich aber eine Steigerung der Sanktionshärte innerhalb von Registriertenkarrieren. Zur Erklärung dieser Steigerung geben die Autoren an, dass zunächst Art und Schwere der begangenen Delikte ausschlaggebend seien. Mit zunehmender Zahl an Vorverurteilungen würden diese jedoch an Bedeutung gewinnen, wobei nicht nur die Zahl, sondern auch die Schwere der vorherigen Sanktionen einen Einfluss haben.[824] *Höfer*, der neben dem Sanktionshärte- auch den Deliktsschwereverlauf analysierte, ermittelt in seiner Studie eine lineare Steigerung bei beiden Verläufen. Dabei ist die Varianz in den Delikten allerdings klein. Die Deliktsschwere steigt über die Registrierungen nur geringfügig an und ist nahezu konstant. Auch die Varianz in den Sanktionen ist insgesamt gering, im Vergleich zu den Delikten aber deutlich größer. In der Folge fallen Sanktionshärte und Deliktsschwere immer weiter auseinander, so dass sich im Sanktionshärteverlauf die durch die Vorstrafenbelastung verursachte Eigendynamik zeigt.[825]

Hier stellt sich nun das Problem, die einzelnen Sanktionen sowohl des allgemeinen Strafrechts als auch des Jugendstrafrechts in eine Rangfolge zu bringen, um sie miteinander vergleichen zu können. Genauso wie bei dem Deliktsschwere-

---

822 *Baumann/Maetze/Mey* MschrKrim 1983, 137.

823 *Gerken/Berlitz* 1988; *Hauser* 1980; *Heinz* 1989, *Hering* 1993; *Höfer* 2003; *Hupfeld* 1996; *Kaufmann u.a.* 1975; *Lamnek* 1983; *Ludwig* 1982; *Pfeiffer* 1989. Lediglich die Untersuchung von *Höfer* bezieht sowohl nach dem Jugendrecht als auch nach dem Erwachsenenstrafrecht sanktionierte Täter mit ein.

824 Zusammenfassend *Höfer* 2003, 54 ff.

825 *Höfer* 2003, 132 ff.

skalen lassen sich auch bei den Sanktionsschwereskalen verschiedene Ansätze unterscheiden. So kann eine Einteilung aus rechtsdogmatischer Sicht vorgenommen werden, indem eine Ordinalskala der Rechtsfolgen gebildet wird.[826] Demgegenüber wurden für den Opp-Peuckert-Index[827] Strafindizes gebildet. Hierfür wurden Richter gebeten, zu fiktiven Fällen Strafurteile abzugeben und diesen Urteilen Punktwerte zugeordnet. Noch aufwendiger ist die empirische Gewinnung der Strafindizes. Dabei werden Bevölkerungsgruppen nach ihren Einschätzungen befragt und unter Verwendung psychometrischer Skalierungsmethoden Skalen gebildet.[828] Dieses Verfahren wurde überwiegend von angloamerikanischen Studien herangezogen.[829] Diese so ermittelten Skalen sind jedoch aufgrund des unterschiedlichen Sanktionensystems nicht auf Deutschland übertragbar. *Langer*[830] und *Oswald*[831] haben deshalb eigene Skalen für die Rechtsfolgen des allgemeinen Strafrechts entwickelt. Sie baten Richter auf einer Skala zwischen 0 und 100 Bewährungs-, Freiheits- und Geldstrafen einzuordnen. Eine empirische Skalierung auch der Rechtsfolgen des Jugendstrafrechts findet sich bei *Höfer*[832].

Die Gewichtung der Sanktionen erfolgte in der vorliegenden Untersuchung anhand der im Jugendgerichtsgesetz, Strafgesetzbuch und der Strafprozessordnung zum Ausdruck kommenden Wertungen. Die Rangfolge der Sanktionen im Erwachsenenstrafrecht und im Jugendstrafrecht ist in Tabelle 34 in jeweils aufsteigender Richtung dargestellt. Der Frage, inwieweit die Rechtsfolgen nach dem Jugendgerichtsgesetz schwerer wiegen als die Sanktionen nach dem Strafgesetzbuch, wird hier nicht nachgegangen. Es war lediglich entscheidend, ob der Proband nach einer freiheitsentziehenden Sanktion erneut eine Freiheitsstrafe verbüßen musste oder zu ambulanten Sanktionen verurteilt wurde. Deshalb wurde z.B. eine Jugendstrafe ohne Bewährung als ebenso schwerwiegend angesehen wie eine Freiheitsstrafe ohne Bewährung.

Da sich die Karriereverläufe der einzelnen Täter, insbesondere bei denen mit einer hohen Anzahl an verhängten Sanktionen, sehr individuell gestalten, können nur Tendenzen dargestellt werden. In den seltensten Fällen wird eine kontinuierliche Steigerung bzw. Abschwächung der kriminellen Karriere bezogen auf die verhängten Sanktionen vorliegen.

---

826 So *Bruns* 1985, 72.
827 Opp/Peuckert 1971.
828 Vgl. zum Skalierungsverfahren ausführlich *Borg/Staufenbiel* 1997.
829 Ein Überblick bietet *Höfer* 2003, 40 (Fn.115).
830 *Langer* 1994, 187 ff.
831 *Oswald* 1994, 103 ff.
832 *Höfer* 2003, 96 ff. und Anhang.

Tabelle 34: Rangfolge der Rechtsfolgen einer Straftat

Rechtsfolgen nach Jugendstrafrecht	Rechtsfolgen nach allgemeinem Strafrecht
Verwarnung	Verwarnung mit Strafvorbehalt
Erteilung von Auflagen und Weisungen	Geldstrafe
Jugendarrest	
Jugendstrafe mit Bewährung	Freiheitsstrafe mit Bewährung
Jugendstrafe ohne Bewährung	Freiheitsstrafe ohne Bewährung

So hat das Gericht beispielsweise einem Täter zunächst mehrmals ambulante Erziehungsmaßregeln und Zuchtmittel auferlegt, ehe es mit Jugendarrest eine schwerere Sanktion aussprach. Bevor der Täter sodann zu einer Jugendstrafe verurteilt wurde, deren Vollstreckung zur Bewährung ausgesetzt wurde, erteilte das Gericht nochmals Auflagen. Demnach hat die Sanktionsschwere nach einem anfänglichem Anstieg von der Erteilung von Auflagen und Weisungen zum Jugendarrest durch eine nochmalige Erteilung von Auflagen wieder abgenommen und ist anschließend mit der Verurteilung zu der Jugendstrafe mit einer Strafaussetzung zur Bewährung erneut angestiegen. Dieser Verlauf wurde insgesamt jedoch als ein Anstieg der Sanktionsschwere gewertet.

Bei der Mehrheit der Probanden (63,3 %) wurde ein Anstieg der Sanktionsschwere zu Beginn der kriminellen Karriere verzeichnet. Bei 28,4 % dieser 69 Probanden war auch insgesamt eine Eskalation der kriminellen Karriere festzustellen, d.h. die Sanktionsschwere stieg von Tat zu Tat. Als schwerste Sanktion wurde dabei am häufigsten die Jugend- bzw. Freiheitsstrafe mit Strafaussetzung zur Bewährung verhängt. Eine Freiheitsstrafe, deren Vollstreckung nicht zur Bewährung ausgesetzt wurde, mussten bisher nur acht der Probanden (25,0 %) verbüßen. Bei den übrigen 37 Probanden nahm die Sanktionsschwere nach einem anfänglichen Anstieg bereits wieder ab. Die schwerste Sanktion war bei 15 Probanden eine Jugend- bzw. Freiheitsstrafe und bei 13 Probanden eine Jugend- bzw. Freiheitsstrafe, deren Vollstreckung zur Bewährung ausgesetzt wurde. Während sich bei 10 Probanden in der graphischen Darstellung des Karriereverlaufs eine eingipflige Kurve ergab, war die Kurve bei 27 Probanden mehrgipflig, weil sich ein Ansteigen mit anschließendem Abfallen der Schwere der verhängten Sanktionen wiederholte – teilweise sogar mehrfach.

Demgegenüber kam es bei 24 Probanden zu einer Abschwächung der Sanktionsschwere. Von diesen Probanden wurden bereits neun zu Beginn ihrer kriminellen Karriere zu einer Jugend- bzw. Freiheitsstrafe und acht zu einer Jugend- bzw. Freiheitsstrafe mit Strafaussetzung zur Bewährung verurteilt. Nachdem bei

13 Probanden zunächst mehrere weniger einschneidende Sanktionen verhängt wurden, stieg die Schwere der verhängten Sanktionen nochmals an, so dass sich in der graphischen Darstellung eine u-förmige Kurve ergibt. Eine Abschwächung der kriminellen Karriere konnte letztendlich nur bei 11 Probanden festgestellt werden.

Es gab außerdem 16 Probanden, bei denen sich die Sanktionsschwere nicht änderte. 14 Probanden wurden lediglich zu Geldstrafen verurteilt, ein Proband wurde zu einer Freiheitsstrafe verurteilt und ein Probanden wurden im Rahmen mehrerer Jugendgerichtsverfahren mit Auflagen und Weisungen belegt.

Bei der Sanktionierung der Sexualstraftaten ist das Verhältnis ähnlich. Bei den meisten Probanden (56,0 %) wurde eine Steigerung der Sanktionsschwere festgestellt. Für fünf Probanden war die Jugend- bzw. die Freiheitsstrafe, deren Vollstreckung zur Bewährung ausgesetzt wurde, die schwerste gegen sie verhängte Sanktion. Sechs Probanden mussten eine Jugend- bzw. Freiheitsstrafe verbüßen, ein Proband wurde untergebracht und ein weiterer Proband wurde maximal zu einer Geldstrafe verurteilt. Die fünf Probanden bei denen die Sanktionsschwere abnahm, wurden bereits wegen der ersten Sexualstraftat mit einer Jugend- bzw. Freiheitsstrafe belegt oder untergebracht. Bei sechs Probanden war die Sanktionsschwere während der kriminellen Karriere immer gleich bleibend. Drei Probanden wurden immer zu Freiheitsstrafen, zwei Probanden zu Freiheitsstrafen mit Strafaussetzung zur Bewährung und ein Proband zu Geldstrafen verurteilt. Erwähnenswert scheint, dass der Verlauf der Sanktionsschwere nur in 44,0 % der Fälle mit dem Verlauf der Tatschwere übereinstimmte. Verständlich erscheinen die Verläufe, bei denen die Sanktionsschwere trotz gleich bleibender Tatschwere zunahm, da die bisherigen Sanktionen noch nicht ausreichend auf den Täter eingewirkt zu haben scheinen. Mit den Informationen aus den Aus-

Tabelle 35: Sanktionsschwereentwicklung

	kriminelle Karriere (%)	**kriminelle Karriere mit Sexualdelikten (%)**
Eskalation	**63,6**	**56,0**
eingipflig	9,2	4,0
mehrgipflig	24,8	4,0
Abschwächung	**22,0**	**20,0**
u-förmig	11,9	4,0
keine Änderung	**14,7**	**24,0**

zügen des Bundeszentralregisters ist jedoch nicht erkennbar, warum bei einem Anstieg der Tatschwere die Sanktionsschwere abnahm oder umgekehrt bei einer Abnahme der Tatschwere die Sanktionsschwere stieg.

So wurde beispielsweise ein Täter wegen des sexuellen Missbrauchs von Kindern, bei dem er auch Nötigungsmittel einsetzte, zu einer Freiheitsstrafe mit Strafaussetzung zur Bewährung und aufgrund der Begehung einer Tat nach dem Grunddelikt gem. § 176 Ansatz 1 zu einer mehrjährigen Freiheitsstrafe verurteilt. Ein anderer Täter wurde wegen des sexuellen Missbrauchs von Kindern gem. § 176 Ansatz 1 zu einer Geldstrafe von nur 60 Tagessätzen verurteilt, für die anschließend begangene exhibitionistische Handlung erhielt er jedoch eine Freiheitsstrafe, deren Vollstreckung zur Bewährung ausgesetzt wurde.

5. Prognostische Relevanz verschiedener Merkmale

Nachdem sowohl die Rückfallquoten, Rückfalltaten und Rückfallgeschwindigkeit als auch der Verlauf der eingeschlagenen kriminellen Karrieren dargestellt wurden, verbleibt die Untersuchung der prognostischen Relevanz der anhand einer Literaturanalyse ermittelten Risikofaktoren bei den Probanden der vorliegenden Stichprobe. Um Zusammenhänge zwischen den einzelnen Merkmalen und einer späteren Rückfälligkeit aufzudecken, müssen Vergleichsgruppen gebildet werden. Denkbar wäre, die Probanden in folgende fünf Gruppen aufzuteilen: Nicht Rückfällige, insgesamt Rückfällige, nur einschlägig Rückfällige, auch einschlägig Rückfällige und nur sonstig Rückfällige. *Hanson* und *Bussière*[833] haben durch ihre Meta-Analyse herausgefunden, dass bei Sexualdelinquenten unterschiedliche Faktoren auch unterschiedliche Arten von Rückfällen beeinflussen. Deshalb ist der Vergleich der nicht rückfälligen, der nur mit sonstigen Delikten rückfälligen und der auch mit einschlägigen Delikten rückfälligen Probanden von besonderem Interesse. Jedoch sind innerhalb des Bewährungszeitraumes nur acht Probanden und unabhängig von einem Bewährungszeitraum 14 Probanden mit einschlägigen Delikten rückfällig geworden. Bei dieser geringen Fallzahl können keine verallgemeinerungsfähigen Aussagen getroffen werden, so dass sich Signifikanztests verbieten. Für die auch einschlägigen Rückfalltäter wird aus diesem Grund lediglich beschreibend auf die verschiedenen Merkmale eingegangen.

Wie bereits festgestellt[834], enthielten die Strafverfahrensakten meist keine Angaben zu vielen in der Literatur als rückfallfördernd bezeichneten Faktoren. Davon betroffen sind insbesondere solche Merkmale, die sich auf die Kindheit und Ju-

---

[833] *Hanson/Bussière* Journal of Consulting and Clinical Psychology 1998, 348 ff. Vgl. bereits C.I.3.

[834] Vgl. oben F.I.1. und 5.d).

gend sowie auf psychische Störungen des Probanden beziehen. Angaben zu diesen Faktoren lieferten in der Regel nur die in Auftrag gegebenen Gutachten zur Frage der Schuldfähigkeit. Sofern bei den einzelnen Faktoren die Anzahl der Fälle ohne Angaben die der Fälle mit Angaben zu den entsprechenden Merkmalen überwog, wird keine statistische Auswertung vorgenommen.

Grundsätzlich ist die unabhängige Variable in der tabellarischen Darstellung die Basis der Prozentuierung, d.h. es wird in Richtung auf die unabhängige Variable prozentuiert.[835] Demzufolge beziehen sich die Prozentangaben in den folgenden Tabellen auf die denkbaren Rückfallfaktoren. In der Untersuchung von *Elz*, mit der die Ergebnisse der vorliegenden Untersuchung auch in diesem Abschnitt verglichen werden sollen, erfolgt die Prozentuierung jedoch nicht in Richtung auf die unabhängige Variable. Die Prozentzahlen werden jeweils für die nicht Rückfälligen, nur sonstig Rückfälligen und auch einschlägig Rückfälligen angegeben. Deshalb werden in den folgenden Tabellen auch die Prozentzahlen bezogen auf die abhängige Variable der Rückfälligkeit angegeben.[836] Da die drei Probandengruppen in ihrer Größe stark voneinander abweichen, ist durch diese Vorgehensweise außerdem möglich, die Unterschiede zwischen den Gruppen bezogen auf die einzelnen Merkmale ohne Beachtung der jeweiligen Größe aus den Tabellen abzulesen.

Grundlage der nachfolgenden Berechnungen sind die Probanden, die einen Bewährungszeitraum von mindestens vier Jahren aufwiesen: 167 (72,9 %) Nichtrückfällige, 54 (23,6 %) mit nur sonstigen Delikten Rückfällige und acht (3,5 %) mit einschlägigen Delikten Rückfällige.

a) Bivariate Analysen

aa) Biographische Merkmale der Probanden

(1) Alter

In mehreren Rückfallfalluntersuchungen wurde die Bedeutsamkeit des Alters des Probanden für eine spätere Rückfälligkeit aufgedeckt. Danach spielt sowohl das Alter beim Bezugsdelikt als auch bei der ersten begangenen Straftat sowie beim ersten Sexualdelikt eine Rolle. Einheitlich wurde festgestellt, dass das Rückfallrisiko um so größer ist, je jünger der Täter bei der ersten Straftat war.[837] Gleiches gilt für die Rückfälligkeit mit Sexualdelikten: Je jünger der Täter beim

[835] *Benninghaus* 2001, 178; *Mayntz/Holm/Hübner* 1978, 191.
[836] In den Tabellen gekennzeichnet durch „*% von (nicht) Rückfälligen*".
[837] *Elz* 2001, 223; *Rehder* 2002, 10.

ersten Sexualdelikt war, desto größer ist die Wahrscheinlichkeit eines erneuten Sexualdeliktes.[838] Unterschiedliche Ergebnisse wurden dagegen hinsichtlich des Alters bei Begehung des Bezugsdeliktes ermittelt. Die Untersuchung von *Elz*[839] sowie die von *Hanson* und *Bussière*[840] ergab, dass um so eher mit neuerlichen Straftaten gerechnet werden musste, je jünger die Täter bei Begehung des Bezugsdeliktes waren. *Berner* und *Karlick-Bolten*[841] stellten fest, das die Täter im mittleren Altersbereich von 25 bis 40 Jahren sowohl für die Rückfälligkeit mit sonstigen Delikten als auch mit einschlägigen Delikten am stärksten gefährdet waren. Ähnlich waren die Befunde von *Beier*[842], wonach die Täter, die älter als 30 Jahre waren, ein hohes Rückfallrisiko aufwiesen.

Auch in der vorliegenden Untersuchung ergaben sich auffällige Unterschiede das Tatalter betreffend. Die nicht rückfälligen Probanden waren bei den verschiedenen Deliktsverwirklichungen durchschnittlich sowohl älter als die mit nur sonstigen Delikten rückfälligen Probanden als auch als die mit auch einschlägigen Delikten rückfälligen Probanden. Dabei betrug der Altersunterschied jeweils durchschnittlich 8,6 bis 12,3 Jahre. Die Differenz war zwischen den nicht Rückfälligen und den mit sonstigen Delikten Rückfälligen mit 12,3 Jahren bei Begehung der ersten Sexualstraftat am größten. Bei den nicht Rückfälligen und den auch mit einschlägigen Delikten Rückfälligen war sie mit 11,2 Jahren bei Begehung des Bezugsdeliktes am größten. Signifikanzberechnungen bestätigten, dass die ermittelten Altersunterschiede zwischen den nicht rückfälligen und den mit sonstigen Delikten rückfälligen Probanden nicht nur zufällig sind.

Tabelle 36: Alter bei Deliktsverwirklichung

	nicht Rückfällige	sonstig Rückfällige	auch einschlägig Rückfällige
bei erster Straftat	36,9 Jahre	25,4 Jahre	25,7 Jahre
bei erstem Sexualdelikt	40,9 Jahre	28,6 Jahre	32,3 Jahre[843]
bei Bezugsdelikt	41,3 Jahre	29,9 Jahre	30,9 Jahre

838 *Elz* 2001, 223; *Hanson & Bussière* Journal of Consulting and Clinical Psychology 1998, 348, 351; *Rehder* 2002, 10.

839 *Elz* 2001, 223.

840 *Hanson & Bussière* Journal of Consulting and Clinical Psychology 1998, 348, 351.

841 *Berner/Karlick-Bolten* 1986, 115.

842 *Beier* 1995, 98, 106.

843 Das Alter bei dem ersten Sexualdelikt ist größer als das bei der Tatbegehung, weil nur ein Proband eine einschlägige Vorstrafe aufwies und dieser bei der ersten begangenen Sexualstraftat älter war als die einschlägig Rückfälligen im Durchschnitt bei der Begehung des Bezugsdeliktes.

Die mit sonstigen Delikten rückfälligen Probanden sind sowohl hinsichtlich der ersten begangenen Straftat als auch des Bezugsdeliktes höchst signifikant[844] und hinsichtlich des ersten Sexualdelikts sehr signifikant[845] jünger als die nicht rückfälligen Probanden. Daraus kann geschlussfolgert werden, dass eher mit nicht einschlägigen Rückfällen gerechnet werden muss, je jünger der Täter sowohl bei der ersten Straftat, dem ersten Sexualdelikt und dem Bezugsdelikt war. Der bereits aus der kriminologischen Forschung bekannte Zusammenhang zwischen Rückfälligkeit und Alter[846] kann daher auch mit den Ergebnissen der vorliegenden Untersuchung bestätigt werden.

(2) Lebenssituation zum Tatzeitpunkt

(a) Soziale Kontakte

Rückfallgefährdet sind den Ergebnissen der sich auf Sexualstraftäter beziehenden Rückfalluntersuchungen zufolge außerdem Täter, die zum Tatzeitpunkt alleinstehend waren[847] und unter sozialer Vereinsamung litten[848]. Auch in der vorliegenden Untersuchung unterscheiden sich die nicht rückfälligen Probanden hinsichtlich ihres Familienstandes von den mit sonstigen Delikten und den mit auch einschlägigen Delikten rückfällig gewordenen Probanden. Von den nicht Rückfälligen waren zum Tatzeitpunkt 32,9 % der Probanden verheiratet. Von den mit einschlägigen Delikten rückfälligen Probanden waren demgegenüber nur 25,0 % und von den mit sonstigen Delikten rückfälligen Probanden nur 14,8 % zum Tatzeitpunkt verheiratet. Dieser Unterschied von fast 20 Prozentpunkten ist auch sehr signifikant.[849] Zum Tatzeitpunkt waren demnach nicht rückfällige Sexualstraftäter häufiger verheiratet als rückfällige Täter. Hieraus kann geschlussfolgert werden, dass die Heirat ein Schutzfaktor im Hinblick auf eine künftige Straffälligkeit ist.

Während sich die Bestimmung des Familienstandes aus den Strafverfahrensakten recht einfach gestaltete, da dies bereits bei der ersten Beschuldigtenvernehmung in dem dafür vorgesehen Bogen festgehalten wird, war die Feststellung einer sozialen Vereinsamung nicht möglich. Zwar wurde neben dem Familienstand erfasst, ob eine partnerschaftliche Anbindung des Probanden bestand, ob

---

[844] Bei erster Straftat: U =1096,00; Z = -4,435; p = 0,000; r = - 0,366; bei Bezugsdelikt: t = 4,703, df = 219; p = 0,000; r = - 0,303.

[845] t = 3,204; df = 94; p = 0,002; r = - 0,314.

[846] Vgl. hierzu bereits bei F.II.1.b)bb)(2) Fn.738.

[847] *Hanson & Bussière* Journal of Consulting and Clinical Psychology 1998, 348, 351.

[848] *Beier* 1995, 89.

[849] $\chi^2 = 6{,}573$; df = 1; p = 0,010; phi = 0,172.

er Kinder hat und ob er allein wohnte. Diese Gesichtpunkte lassen jedoch keinen Schluss auf das Vorliegen einer sozialen Vereinsamung zu. Auch wenn der Proband keinen Lebenspartner oder Kinder hatte und alleine wohnte, besteht die Möglichkeit, dass er soziale Kontakte zu Verwandten, Freunden oder Bekannten pflegte. Davon ist in der heutigen Gesellschaft, die durch Alleinlebende mit ausreichend sozialen Kontakten gekennzeichnet ist, sogar auszugehen. Der Frage, ob die soziale Vereinsamung mit einer Rückfälligkeit des Probanden verbunden ist, konnte demzufolge nicht nachgegangen werden. Bei einem Blick auf die Angaben zur partnerschaftlichen Anbindung und der Wohnsituation der Probanden fallen jedoch einige Besonderheiten auf.

Der Anteil der nicht rückfälligen und der mit sonstigen Delikten rückfällig gewordenen Probanden, die einen festen Lebenspartner zur Tatzeit hatten, unterscheidet sich nur geringfügig. Die nicht rückfälligen Probanden hatten mit 41,3 % etwas häufiger einen festen Lebenspartner als die mit sonstigen Delikten rückfällig gewordenen Probanden mit 35,2 %.[850] Bei den auch mit einschlägigen

Tabelle 37: Partnerschaftliche Anbindung, Kinder und Wohnsituation

	nicht Rückfällige (%)	**sonstig Rückfällige (%)**	**auch einschlägig Rückfällige (%)**
verheiratet	84,6	12,3	3,1
% von (nicht) Rückfällige	*32,9*	*14,8*	*25,0*
Partnerschaft	76,7	21,1	2,2
% von (nicht) Rückfällige	*41,3*	*35,2*	*25,0*
eigene Kinder	83,5	13,9	2,5
% von (nicht) Rückfällige	*39,5*	*20,4*	*25,0*
Wohnsituation			
allein	76,2	19,0	4,8
% von (nicht) Rückfällige	*28,7*	*22,2*	*37,5*
mit Partner	81,4	17,1	1,4
% von (nicht) Rückfällige	*34,1*	*22,2*	*12,5*
bei Eltern/Verwandten	50,9	43,4	5,7
% von (nicht) Rückfällige	*16,2*	*42,6*	*37,5*

850 $\chi^2 = 0{,}640$; df = 1; p = 0,424.

Delikten rückfälligen Probanden war der Anteil der Probanden, die einen Lebenspartner hatten, demgegenüber mit 25,0 % fast nur halb so groß. Umgekehrt war das Verhältnis bezogen auf die Probanden, die alleine lebten. Der Anteil der allein lebenden mit auch einschlägigen Delikten rückfälligen Probanden war mit 37,5 % am höchsten. Von den mit einschlägigen Delikten rückfälligen Probanden lebte nur ein Proband zum Tatzeitpunkt mit einem Lebenspartner zusammen (Der zweite Proband, der zum Tatzeitpunkt verheiratet war, lebte alleine.), aber 37,5 % der Probanden wohnten bei den Eltern oder anderen Verwandten. Bei den mit einschlägigen Delikten rückfälligen Probanden handelt es sich demnach größtenteils um Probanden, die entweder alleine lebten oder noch bei ihren Eltern wohnten und überwiegend keinen Lebenspartner hatten.

Die mit sonstigen Delikten rückfälligen Probanden und die nicht rückfälligen Probanden wiesen zwar teilweise ähnliche Werte auf, jedoch waren auch erhebliche Unterschiede zu finden. Den signifikanten Unterschieden hinsichtlich des Familienstandes entsprechend lebten von den nicht rückfälligen Probanden mit 34,1 % auch mehr mit ihrem Partner zusammen als dies bei 22,2 % der mit sonstigen Delikten rückfällig gewordenen Probanden vorkam. Das Zusammenleben mit dem Lebenspartner war für einen Rückfall für sich nicht signifikant[851]. Bei dem Anteil der allein lebenden Probanden konnten zwischen den beiden Probandengruppen keine gravierenden Unterschiede ausgemacht werden.[852] Die mit sonstigen Delikten rückfällig gewordenen Probanden wohnten indessen mit 42,6 % höchst signifikant häufiger noch bei den Eltern als die nicht rückfälligen Probanden, von denen demgegenüber nur 16,2 % bei den Eltern wohnten.[853] Diese Signifikanz lässt sich indessen auf den Zusammenhang zwischen dem Alter zum Tatzeitpunkt und einer späteren Rückfälligkeit zurückführen. Die Rückfallwahrscheinlichkeit ist bei den jüngeren Probanden am höchsten. Diese wohnten aufgrund ihres Alters noch bei ihren Eltern. Bei Konstanthaltung der Variable Alter zum Tatzeitpunkt waren bei den Probandengruppen dann bezüglich des bei den Eltern Wohnens auch keine signifikanten Ergebnisse mehr zu finden. Ein weiterer Unterschied bezog sich auf das Vorhandensein von leiblichen Kindern. Von den nicht rückfälligen Probanden hatten 39,5 % der Probanden eigene Kinder. Bei den mit sonstigen Delikten rückfälligen Probanden lag der Anteil der Probanden mit eigenen Kindern hingegen mit nur 20,4 % sehr signifikant niedriger.[854] Die nicht rückfälligen Probanden hatten diesen Werten zufolge häufiger bereits eine eigene Familie durch eine Heirat und die Geburt von Kindern gegründet als die mit sonstigen Delikten rückfällig gewordenen Probanden. Ent-

[851] $\chi^2 = 0{,}084$; df = 1; p = 0,772.
[852] $\chi^2 = 0{,}877$; df = 1; p = 0,349.
[853] $\chi^2 = 16{,}277$; df = 1; p = 0,000; phi = 0,271.
[854] $\chi^2 = 6{,}592$; df = 1; p = 0,010; phi = -0,173.

sprechend den bisherigen empirischen Befunden[855] ließ sich auch in der vorliegenden Untersuchung ein Zusammenhang zwischen der Gründung einer Familie und der Rückfälligkeit feststellen. Folglich wirken enge persönliche Bindungen an andere Menschen der eigenen Familie rückfallmindernd.[856]

(b) Ausbildungs- und Beschäftigungssituation, finanzielle Situation

Zur Schul- und Berufsausbildung sowie zur finanziellen Situation des Probanden ließen sich den Strafverfahrensakten in den meisten Fällen keine Angaben entnehmen, so dass diesbezüglich auch keine Berechnungen möglich waren. Es konnte lediglich eine Auswertung der Stellung des Probanden im Erwerbsleben zum Tatzeitpunkt erfolgen.[857]

Auch bei der Stellung im Erwerbsleben lassen sich zwischen den Probandengruppen Unterschiede feststellen, die auf den Einfluss der Altersvariable[858] zurückzuführen sind. So ging von den mit nur sonstigen und von den mit auch einschlägigen Delikten rückfälligen Probanden ein höherer Anteil als von den nicht rückfälligen Probanden noch zur Schule oder befanden sich noch in der Ausbildung. Dementsprechend befanden sich von den nicht rückfälligen Probanden bereits 15,0 % bereits in Rente oder Pension, während dies bei den sonstig Rückfälligen nur bei 5,6 % der Probanden gegeben war. Von den auch mit einschlägigen Delikten rückfälligen Probanden war noch nicht eine Person Rentner oder Pensionär.

Die Unterschiede zwischen den Probandengruppen bezüglich der Berufstätigkeit und Arbeitslosigkeit lassen sich jedoch nicht mit dem Alter erklären. Der Anteil der Probanden, die am Berufsleben teilnahmen, war bei den nicht Rückfälligen mit 37,7 % sehr signifikant[859] höher als bei den mit sonstigen Delikten rückfälligen Probanden mit 18,5 %. Bezogen auf den Prozentsatz der Arbeitslosen in den jeweiligen Gruppen war der Unterschied ähnlich. Von den nicht rückfälligen Probanden waren zum Tatzeitpunkt lediglich 19,8 % arbeitslos, von den mit

---

855 Vgl. *Meier* 2003, § 6 Rn.60 ff.

856 Dies entspricht der „Theorie der sozialen Kontrolle" von *Hirschi* 2002. Zu den Kontrolltheorien außerdem *Friday/Kirchhoff* 1998; *Shoemaker* 2000; *Vold/Bernard/Snipes* 2002.

857 Aber auch hierbei enthielten die Strafverfahrensakten bei 21,6 % der nichtrückfälligen Probanden, bei 14,8 % der mit sonstigen Delikten rückfälligen Probanden und bei 37,5 % der auch mit einschlägigen Delikten rückfälligen Probanden keine Angaben.

858 Vgl. F.II.5.a)aa)(1).

859 $\chi^2 = 6{,}804$; df = 1; p = 0,009; phi = -0,175.

Tabelle 38: Stellung im Erwerbsleben

	nicht Rückfällige (%)	sonstig Rückfällige (%)	auch einschlägig Rückfällige (%)
Schule / Ausbildung	39,1	56,5	4,3
% von (nicht) Rückfällige	*5,4*	*24,1*	*12,5*
berufstätig	84,0	13,3	2,7
% von (nicht) Rückfällige	*37,7*	*18,5*	*25,0*
arbeitslos	60,0	36,4	3,6
% von (nicht) Rückfällige	*19,8*	*37,0*	*25,0*
Rentner / Pensionär	89,3	10,7	-
% von (nicht) Rückfällige	*15,0*	*5,6*	-

sonstigen Delikten rückfälligen Probanden waren es demgegenüber mit 37,0 % sehr signifikant[860] mehr Probanden.

D.h. es ist für die Rückfälligkeit entscheidend, ob der Proband einer beruflichen Tätigkeit nachgeht oder ob er arbeitslos ist. Ist der Proband im Erwerbsleben eingebunden, indem er einer beruflichen Tätigkeit nachgeht, wird er nicht in dem Maß der Unzufriedenheit über seine Situation ausgesetzt sein, wie ein arbeitsloser Proband. Zum einen kann diese Unzufriedenheit als Stressabbau in die Begehung von Straftaten münden. Zum anderen fehlt einem Arbeitslosen die Einbindung in eine normkonforme Tätigkeit, so dass die Straftaten verhindernden Bindungen an gesellschaftliche Konventionen fehlen.[861]

(3) Kindheit und Jugend, psychische Auffälligkeiten, Suchtmittelabhängigkeit

Für eine Rückfallprognose sind nach bisherigen Kenntnissen Merkmale aus der Vergangenheit des Täters besonders wichtig. Als rückfallfördernd wurde der Verlust eines Elternteils, eine vorwiegend weibliche Erziehung, ein Wechsel in der Erziehungsperson und ein Heimaufenthalt bezeichnet.[862] Neben der Frage, wie der Proband aufgewachsen ist, spielt auch eine Rolle, ob bis zum Tatzeitpunkt bereits psychische Auffälligkeiten oder eine Suchtmittelabhängigkeit aufgetreten ist und ob diesbezüglich therapeutische Maßnahmen ergriffen wur-

---

860 $\chi^2 = 6{,}681$; df = 1; p = 0,010; phi = 0,174.

861 Dies entspricht ebenfalls der „Theorie der sozialen Kontrolle“ von *Hirschi* 2002.

862 *Berner/Karlick-Bolten* 1986, 119 ff.; Vgl. bereits oben C.I.

den.[863] Trotz der Relevanz dieser Faktoren für die Rückfallprognose waren für die Probanden in 80 %, meist sogar in über 90 % der Strafverfahren in den Akten keine Angaben zu den entsprechenden Merkmalen enthalten.

(4) Vorstrafenbelastung

(a) Anzahl der Eintragungen im Bundeszentralregister

Dass die Vorstrafenbelastung ein Prädiktor für die Rückfälligkeit ist, wurde für Sexualstraftäter durch mehrere Rückfalluntersuchungen belegt.[864] Die Untersuchungen ermittelten jedoch unterschiedliche Bedeutungen der einschlägigen und nicht einschlägigen Vorstrafen. So wurde durch einige Studien die Bedeutung der einschlägigen Vorstrafen für die einschlägige Rückfälligkeit bestätigt, wobei nichteinschlägige Vorstrafen für die Vorhersage von Sexualdelikten keine Rolle spielten.[865] Ein Zusammenhang zwischen nicht einschlägigen Vorstrafen und entsprechenden Folgedelikten konnte ebenfalls nicht festgestellt werden.[866] In anderen Untersuchungen wurde hingegen ermittelt, dass nicht einschlägige Vorstrafen allein[867] oder neben früheren Sexualstraftaten[868] ein Risikofaktor für einschlägige Rückfalltaten waren.

In der vorliegenden Untersuchung wurde bei den mit sonstigen Delikten rückfälligen Probanden eine höhere Vorstrafenbelastung als bei den nicht rückfälligen Probanden festgestellt. Bei der Vorstrafenbelastung insgesamt, d.h. unter Einbeziehung aller begangenen Delikte, konnte ein Unterschied von 52,4 Prozentpunkten bestimmt werden. Auch der Unterschied bei den wegen nicht einschlägiger Delikte im Bundeszentralregister vermerkten Eintragungen betrug noch 49,2 Prozentpunkte. Bei diesen Vorstrafenbelastungen handelt es sich um höchst signifikante Unterschiede[869]. Zwar besteht auch bezüglich der einschlägigen Vorbelastung ein deutlicher Unterschied zwischen den nicht rückfälligen Probanden und den mit nur sonstigen Delikten rückfälligen Probanden, dieser ist

---

863 Vgl. *Berner/Kalick-Bolten* 1986, 128 ff.; *Berner/Bolterauer* R&P 1995, 114, 115 f.; *Elz* 2001, 235; *Hanson/Bussière* Journal of Consulting and Clinical Psychologie 1998, 348, 351 ff.; *Rehder* 2001, 101; *ders.* 2002, 12.

864 *Beier* 1995, 98, ff.; *Berner/Karlick-Bolten* 1986, 84, 111; *Hanson/*Bussière Journal of Consulting and Clinical Psychology 1998, 348, 351 ff.; *Elz* 2001, 224; *Rehder* 2001, 101; *ders.* 2002, 17.

865 *Berner/Karlick-Bolten* 1986, 84, 111; *Elz* 2001, 224; *Rehder* 2001, 101; *ders.* 2002, 17.

866 *Elz* 2001, 224.

867 *Beier* 1995, 98, ff.

868 *Hanson/*Bussière Journal of Consulting and Clinical Psychology 1998, 348, 351 ff.

869 Vorstrafenbelastung insgesamt: $\chi^2 = 51{,}129$; df = 1; p = 0,000; phi = 0,481. Vorbelastung nicht einschlägig: $\chi^2 = 49{,}521$; df = 1; p = 0,000; phi = 0,473.

jedoch nicht signifikant[870]. Es besteht folglich ein statistisch bedeutsamer Zusammenhang sowohl zwischen der Vorstrafenbelastung insgesamt als auch der nicht einschlägigen Vorstrafenbelastung und der Rückfälligkeit der Probanden mit sonstigen Delikten. Ein Zusammenhang zwischen der einschlägigen Vorstrafenbelastung und der Rückfälligkeit mit sonstigen Delikten konnte hingegen nicht festgestellt werden.

Die Vorstrafenbelastung der mit auch einschlägigen Delikten rückfällig gewordenen Probanden ist ebenfalls deutlich höher als die der nicht rückfälligen Probanden. Sie ist jedoch in allen Bereichen niedriger als die Vorstrafenbelastung der mit sonstigen Delikten rückfällig gewordenen Probanden.

Es ist für die Rückfälligkeit mit sonstigen Delikten nicht nur von Bedeutung, ob Vorbelastungen existieren oder nicht. Ein höchst signifikanter[871] Zusammenhang besteht auch hinsichtlich der Anzahl der Vorstrafen. Bei den nicht rückfälligen Probanden liegt die durchschnittliche Anzahl an Voreintragungen im Bundeszentralregister bei aM = 0,78 Eintragungen, der Median bei Md = 0,00 Eintragungen und das Maximum der Vorstrafen bei Max = 14 Eintragungen. Die durchschnittliche Anzahl der Voreintragungen wegen nur sonstiger Delikte liegt bei aM = 0,62 Eintragungen, der Median wiederum bei Md = 0,00 Eintragungen und das Maximum bei Max = 12 Eintragungen. Die mit sonstigen Delikten rückfällig gewordenen Probanden wiesen demgegenüber durchschnittlich aM = 3,48 Eintragungen auf, wobei der Median bei Md = 2,00 Eintragungen und das Maximum bei Max = 23 Eintragungen liegt. Die durchschnittliche Anzahl der

Tabelle 39: Vorstrafenbelastung

	nicht Rückfällige (%)	**sonstig Rückfällige (%)**	**auch einschlägig Rückfällige (%)**
insgesamt	43,4	51,3	5,3
% von (nicht) Rückfällige	*19,8*	*72,2*	*50,0*
einschlägig	60,0	35,0	5,0
% von (nicht) Rückfällige	*7,2*	*13,0*	*12,5*
sonstige Delikte	39,4	53,0	7,6
% von (nicht) Rückfällige	*15,6*	*64,8*	*62,5*

[870] Exakter Test nach Fischer (1-seitig): p = 0,150.
[871] Vorstrafenbelastung insgesamt: U = 2086,5; Z = -7,130; p = 0,000; r = 0,481. Vorbelastung nicht einschlägig: U = 2247,5; Z = -7,034; p = 0,000; r = 0,474.

Voreintragungen wegen nicht einschlägiger Delikte beträgt aM = 3,30 Eintragungen, der Median Md = 1,50 Eintragungen und auch hier liegt das Maximum bei Max = 23 Eintragungen.

Bei Einbeziehung der Voreintragungen insgesamt, wurden von den Probanden ohne Voreintragungen nur 10,1 % rückfällig. Bei den Probanden, die zwei Eintragungen im Bundeszentralregister aufwiesen, war mit 75,0 % der größte Anteil rückfälliger Probanden festzustellen. Von den Probanden mit einer Eintragung wurden hingegen nur 44,0 % der Probanden rückfällig, so dass sich die Rückfallwahrscheinlichkeit bei zwei Eintragungen gegenüber einer Eintragung fast verdoppelt hat. Bei drei und mehr Voreintragungen im Bundeszentralregister sank der Anteil der rückfälligen Probanden jedoch wieder auf 54,3 %. Wird nur auf die Vorbelastungen wegen nicht einschlägiger Delikte abgestellt, ergibt sich ein ähnliches Bild. Auch hier war der Anteil der Rückfälligen bei den Probanden, für die keine Voreintragung im Bundeszentralregister vermerkt war mit 11,9 % am niedrigsten. War eine Voreintragung registriert, lag der Anteil der rückfälligen Probanden bereits bei 45,0 %. Kam noch eine weitere Voreintragung hinzu, verdoppelte sich der Anteil der Rückfälligen sogar fast erneut: Von den Probanden mit zwei Voreintragungen wurden 88,9 % rückfällig. Mit Zunahme der Voreintragungen sank der Anteil der Rückfälligen dann indessen wieder ab. Von den Probanden mit drei Voreintragungen wurden 62,5 % und von den Probanden mit vier oder mehr Voreintragungen 54,2 % rückfällig.

(b) Art der Sanktionierung vor der Bezugsentscheidung

Von Interesse ist nicht nur, ob eine Vorstrafenbelastung bzw. die Anzahl der Vorstrafen für einen Rückfall bedeutsam ist. Daneben wurde auch der Frage nachgegangen, ob die Art der Vorstrafen von Bedeutung ist.

Mit einer nachfolgenden nichteinschlägigen Registrierung korrelierten sowohl die Verhängung einer Freiheitsstrafe[872] als auch die einer Geldstrafe[873] bei den Vorstrafen als schwerste Sanktion. Von den einschlägig rückfälligen Probanden wurde nur ein Proband vor der Bezugsentscheidung zu einer Freiheitsstrafe ohne Strafaussetzung zur Bewährung verurteilt. Dies entsprach nicht der Erwartung, dass mit zunehmender Sanktionsschwere auch das Rückfallrisiko steigt.[874]

---

[872] $\chi^2 = 13{,}073$; df = 1; p = 0,000; phi = 0,243. Freiheitsstrafe ohne Bewährung: $\chi^2 = 9{,}456$; df = 1; p = 0,002; phi = 0,207; Freiheitsstrafe mit Bewährung: Exakter Test nach Fischer (1-seitig): p = 0,028; phi = 0,159.

[873] Exakter Test nach Fischer (1-seitig): p = 0,005; phi = 0,210.

[874] *Elz* 2003, 227 f. stellte fest, dass sich die einschlägig Rückfälligen signifikant häufiger als die nicht bzw. sonstig Rückfälligen vor der Bezugsentscheidung schon mindestens einmal

Fraglich ist jedoch, ob die signifikanten Ergebnisse bezüglich der Bedeutung verschiedener Sanktionen in den Vorstrafen durch den Zusammenhang zwischen der Vorstrafenbelastung und der Rückfälligkeit bedingt wurde. Eine Konstanthaltung der dichotomen Variable Vorstrafenbelastung[875] war hier nicht möglich. Denn die Probanden, die in die Kategorie keine Vorstrafen einzuordnen waren, können auch nicht mit einer Geldstrafe oder Freiheitsstrafe belegt worden sein. Bei Berücksichtigung nur der vorbestraften Probanden, konnten keine signifikanten Unterschiede zwischen den Nichtrückfälligen und den Rückfälligen bezogen auf in den Vorstrafen als schwerste Sanktion verhängte und Freiheitsstrafen[876] festgestellt werden. Ein signifikantes Ergebnis besteht dagegen hinsichtlich der Verhängung einer Geldstrafe bei den vorbestraften Probanden.[877] Als schwerste Sanktion erhielten 92,3 % der nicht rückfälligen und 42,9 % der mit sonstigen Delikten rückfälligen Probanden eine Geldstrafe. Der Geldstrafe kam damit bei den vorbestraften Probanden eine rückfallmindernde Wirkung zu.

bb) Merkmale der Bezugstat und Täter-Opfer-Beziehung

Alle Rückfalluntersuchungen, die sich mit der Ermittlung von Risikofaktoren nach begangenen Sexualstraftaten befassten, stellten Zusammenhänge zwischen tatbezogenen Merkmalen und dem späteren Rückfall fest. Mit einer erhöhten Rückfallgefahr ist zum einen die Auswahl fremder[878] und sehr junger[879] männlicher[880] Opfer und zum anderen die Anzahl der betroffenen Opfer[881] verbunden. Außerdem ist die einschlägige Rückfallgefahr um so größer, je weniger intensiv die sexuellen Handlungen bei der Bezugstat waren.[882]

Es ist zwar denkbar zu überprüfen, welche Delikte nach der strafrechtlichen Einordnung (§§ 174, 176, 177 etc.) auf welche Weise mit einem Rückfall korrelieren, jedoch wurde eine strafrechtliche Einordnung nur bei den Verurteilten

---

im Haftvollzug aufhalten haben. *Rehder* 2002, 15 ermittelte sogar eine Korrelation zwischen der Hafterfahrung auf der einen und einer erneuten Inhaftierung nach der Haftentlassung auf der anderen Seite bei Sexualdelinquenten.

875 Erste Kategorie: keine Vorstrafen, zweite Kategorie: Vorstrafen.

876 $\chi^2 = 1{,}498$; df = 1; p = 0,221; Freiheitsstrafe ohne Bewährung: $\chi^2 = 0{,}036$; df = 1; p = 0,850; Freiheitsstrafe mit Bewährung: $\chi^2 = 2{,}336$; df = 1; p = 0,126.

877 Exakter Test nach Fischer (1-seitig): p = 0,004; phi = -0,495.

878 *Beier* 1995, 98, 106; *Elz* 2001, 238; *Hanson*/Bussière Journal of Consulting and Clinical Psychology 1998, 348, 351 ff.; *Rehder* 2002, 18 f., 29.

879 *Beier* 1995, 98, 106; *Hanson*/Bussière Journal of Consulting and Clinical Psychology 1998, 348, 351 ff.

880 *Elz* 2001, 238.

881 *Berner/Karlick-Bolten* 1986, 106; Elz 2001, 239.

882 *Elz* 2001, 238; *Rehder* 2002, 30.

von der Staatsanwaltschaft und dem Gericht vorgenommen. Bei den eingestellten und damit der Mehrheit der Strafverfahren wurde in der Strafanzeige von der Polizei überwiegend lediglich § 176 notiert, weil die Opfer Kinder waren. Eine genauere Einordnung aufgrund der Täter-Opfer-Beziehung oder der genauen Begehungsart wurde in der Regel nicht vorgenommen. Deshalb erfolgt hier nur eine Prüfung der für die strafrechtliche Einordnung entscheidenden Kriterien.[883]

(1) Die Opfer und die Täter-Opfer-Beziehung

Es ist also zunächst von Interesse, ob sich die nicht rückfälligen, die mit nur sonstigen Delikten rückfälligen und die mit einschlägigen Delikten rückfälligen Probanden hinsichtlich der in der Bezugstat ausgewählten Opfer voneinander unterscheiden.

Hinsichtlich der genannten opferbezogenen Risikofaktoren konnten in der vor liegenden Untersuchung größtenteils keine bedeutsamen, d.h. weder deutliche

Tabelle 40: Merkmale der Opfer

	nicht Rückfällige	sonstig Rückfällige	auch einschlägig Rückfällige
Anzahl			
mehr als ein Opfer	70,4 %	24,7 %	4,9 %
% von (nicht) Rückfällige	*34,1 %*	*37,0 %*	*50,0 %*
aM	1,66	1,57	2,13
Alter (aM in Jahren)	9,33	9,43	9,50
Geschlecht			
männlich	75,4 %	21,1 %	3,5 %
% von (nicht) Rückfällige	*25,7 %*	*22,2 %*	*25,0 %*
männlich und weiblich	77,8 %	16,7 %	5,6 %
% von (nicht) Rückfällige	*8,4 %*	*5,6 %*	*12,5 %*
weiblich	71,4 %	25,3 %	3,2 %
% von (nicht) Rückfällige	*65,9 %*	*72,2 %*	*62,5 %*

[883] Vgl. zu den Voraussetzungen der einzelnen Tatbestände Kapitel A.

noch signifikante, Unterschiede zwischen den nicht rückfälligen und den mit nur sonstigen Delikten rückfälligen Probanden festgestellt werden.

Die durchschnittliche Anzahl der Opfer unterschied sich bei beiden Probandengruppen nur minimal voneinander.[884] Bei den nicht rückfälligen Probanden lag sie sogar mit 1,66 Opfern geringfügig über der Anzahl der Opfer der mit sonstigen Delikten rückfälligen Probanden, die 1,57 betrug. Dies liegt daran, dass das Maximum der letztgenannter Probandengruppe bei fünf Opfern, das der nicht rückfälligen Probanden jedoch bei 10 Opfern lag. Was den Anteil der Probanden mit mehr als einen Opfer in der Bezugstat betraf, war das Verhältnis umgekehrt. Bei den mit sonstigen Delikten Rückfälligen lag er mit 37,0 % um 2,9 Prozentpunkte höher als bei den nicht Rückfälligen.[885]

In beiden Probandengruppen waren die Opfer durchschnittlich 9 ½ Jahre alt, wobei die meisten Opfer (bei den nicht Rückfälligen 44,8 %, bei den nur sonstig Rückfälligen 50,9 %) im vorpubertären Alter zwischen 11 und 13 Jahren waren. Der Anteil der 6- bis 10-jährigen war jedoch fast genauso groß (bei den nicht Rückfälligen 43,1 %, bei den nur sonstig Rückfälligen 34,0 %). Unter 6 Jahren waren die Opfer bei den nicht Rückfälligen in 12,1 % und bei den nur sonstig Rückfälligen in 15,1 % der Fälle.

Zwar nicht signifikante, aber doch nennenswerte Unterschiede zwischen den beiden Probandengruppen bestanden sowohl hinsichtlich des Geschlechts der Opfer als auch bezüglich der Täter-Opfer-Beziehung. Um ein dem Täter fremdes Opfer handelte es sich bei den nicht Rückfälligen in 34,1 % und bei den nur sonstig Rückfälligen in 27,8 % der Fälle.[886] Bei den nicht rückfälligen Probanden waren die Opfer mit 34,1 % häufiger Jungen als bei den sonstig rückfälligen mit 27,8 %.[887] Unter Berücksichtigung der bisherigen Forschung war jeweils ein umgekehrtes Verhältnis zu erwarten.

Wie sich aus der Tabelle 41 ergibt, wurden auch geringfügige Unterschiede das Opferverhaltens bei der Tatbegehung betreffend, festgestellt. Bei den nur sonstig rückfälligen Probanden waren die Opfer mit 40,7 % überwiegend passiv und haben die Handlungen des Täters duldend hingenommen. Bei den nicht rückfälligen Probanden setzten sich die Opfer mit 41,3 % hingegen größtenteils zur

---

884 $U = 4416{,}000$; $Z = -0{,}028$; $p = 0{,}978$.

885 $\chi^2 = 0{,}152$; $df = 1$; $p = 0{,}697$.

886 $\chi^2 = 0{,}750$; $df = 1$; $p = 0{,}386$.

887 $\chi^2 = 0{,}750$; $df = 1$; $p = 0{,}386$. Es wurden die Fälle einbezogen, in denen die Opfer nur männlich waren und solche bei denen neben weiblichen auch männliche Opfer ausgemacht wurden.

Wehr bzw. liefen weg. Die Unterschiede zwischen den verschiedenen Alternativen des Opferverhaltens waren auch hier nicht signifikant.[888]

Sehr deutliche Unterschiede traten bei Betrachtung der einschlägig rückfälligen Probanden hinsichtlich einiger opferbezogenen Merkmale hervor. Von diesen Probanden hatten 50 % mehr als ein Opfer ausgewählt und für die Mehrheit der Probanden (62,5 %) handelte es sich um fremde Opfer. Außerdem setzte sich bei

Tabelle 41: Täter-Opfer-Beziehung und Verhalten der Opfer bei der Tat

	nicht Rückfällige (%)	sonstig Rückfällige (%)	auch einschlägig Rückfällige (%)
Täter-Opfer-Beziehung			
Elternteil[889]	82,4	17,6	-
% von (nicht) Rückfällige	*16,8*	*11,1*	-
Verwandtschaft	81,3	18,8	-
% von (nicht) Rückfällige	*7,8*	*5,6*	-
Bekanntschaft	67,6	29,4	2,9
% von (nicht) Rückfällige	*41,3*	*55,6*	*37,5*
fremdes Opfer	74,0	19,5	6,5
% von (nicht) Rückfällige	*34,1*	*27,8*	*62,5*
Verhalten des Opfers[890]			
Gegenwehr/Weglaufen	72,6	21,1	6,3
% von (nicht) Rückfällige	*41,3*	*37,0*	*75,0*
Passivität	74,4	24,4	1,1
% von (nicht) Rückfällige	*40,1*	*40,7*	*12,5*
aktive Beteiligung	65,2	30,4	4,3
% von (nicht) Rückfällige	*9,0*	*13,0*	*12,5*

888 Gegenwehr: $\chi^2 = 0{,}311$; df = 1; p = 0,577; Passivität: $\chi^2 = 0{,}007$; df = 1; p = 0,936; aktive Beteiligung: $\chi^2 = 0{,}721$; df = 1;p = 0,396.

889 Sowohl leibliche als auch adoptierte und angenommene Kinder wurden hierunter erfasst.

890 In insgesamt 20 Fällen konnte das Verhalten des Opfers bei der Tatbegehung nicht aus den Strafverfahrensakten ermittelt werden und in einem Fall hatte das Opfer die Tat nicht wahrgenommen, weil es geschlafen hat.

der Bezugstat mit 75,0 % ein sehr großer Anteil der Opfer zur Wehr.[891] Beachtenswerte Unterschiede bei dem Alter und dem Geschlecht der Opfer ließen sich aber auch hier nicht feststellen. Das durchschnittliche Alter der Opfer lag mit 9,50 Jahren ähnlich wie bei den anderen Probandengruppen. Bei 37,5 % der einschlägig rückfälligen Probanden waren die Opfer in der Bezugstat männlich. Dieser Anteil ist zwar um 9,7 Prozentpunkte größer als der Anteil der mit nur sonstigen Delikten rückfälligen Probanden. Bei den nicht rückfälligen Probanden war der Wert mit 34,1 % jedoch ähnlich.

Damit konnte die Bedeutung der in der Rückfallforschung ermittelten Risikofaktoren für die nur mit sonstigen Delikten rückfälligen Probanden nicht bestätigt werden. Einige dieser Faktoren, namentlich die Anzahl der Opfer, der Bekanntheitsgrad zwischen Täter und Opfer sowie das Verhalten des Opfers bei der Begehung der Bezugstat scheinen jedoch Einfluss auf den einschlägigen Rückfall zu haben.

(2) Durchführung der Tat

Wie auch in anderen Studien fiel in der vorliegenden Untersuchung auf, dass die einschlägig rückfälligen Probanden in der Bezugstat weniger intensive sexuelle Handlungen vornahmen. So fand bei 75,0 % kein Körperkontakt statt. Der Anteil der Probanden bei den Vergleichsgruppen war demgegenüber sowohl bei den nicht Rückfälligen mit 28,1 % als auch bei den nur sonstig Rückfälligen mit 31,5 % wesentlich geringer.[892]

Bei weiteren untersuchten Merkmalen der Bezugstat traten ebenfalls sehr deutliche Unterschiede zwischen den einschlägig rückfälligen Probanden und den beiden Vergleichsgruppen auf. Von den einschlägig rückfälligen Probanden wendete lediglich ein Proband bei der Tatbegehung Gewalt an. Von den anderen einschlägig rückfälligen Probanden wurden keine besonderen Mittel zur Zielerreichung bei der Bezugstat eingesetzt. Vielmehr hatten die Probanden die sexuelle Handlung einfach vorgenommen oder das Kind zur Vornahme der entsprechenden Handlung aufgefordert. Demgegenüber wurde von 12 nicht rückfälligen Probanden und fünf nur sonstig rückfälligen Probanden Drohungen oder körperliche Gewalt angewendet.[893] Diese beiden Probandengruppen machten

[891] Erklärung dieses Befundes nach Darstellung der Tatdurchführung unten F.II.5.a)bb)(2).

[892] Bei den nicht Rückfälligen und nur sonstig Rückfälligen handelt es sich um einen nicht signifikanten Unterschied: $\chi^2 = 0{,}221$; df = 1; p = 0,638.

[893] Nicht signifikanter Unterschied: $\chi^2 = 0{,}247$; df = 1; p = 0,619.

Tabelle 42: Durchführung der Bezugstat

	nicht Rückfällige (%)	sonstig Rückfällige (%)	auch einschlägig Rückfällige (%)
Intensität der sexuellen Handlung[894]			
kein Körperkontakt	67,1	24,3	8,6
% von (nicht) Rückfällige	*28,1*	*31,5*	*75,0*
Penetration	100,0	-	-
% von (nicht) Rückfällige	*5,4*	-	-
Oralverkehr	66,7	25,0	8,3
% von (nicht) Rückfällige	*4,8*	*5,6*	*12,5*
Geschlechtsverkehr	58,3	37,5	4,2
% von (nicht) Rückfällige	*8,4*	*16,7*	*12,5*
Täterstrategien[895]			
Versprechungen / Geschenke	82,4	17,6	-
% von (nicht) Rückfällige	*8,4*	*5,6*	-
Psychischer Druck	50,0	50,0	-
% von (nicht) Rückfällige	*3,0*	*9,3*	-
Drohung / Gewalt	66,7	27,8	5,6
% von (nicht) Rückfällige	*7,2*	*9,3*	*12,5*
Alkoholisierung d. Täters	71,1	21,1	7,9
% von (nicht) Rückfällige	*16,2*	*14,8*	*37,5*

894 Zu den nicht aufgeführten Handlungen gehörten das Berühren sowohl des bekleideten Kindes (nicht Rückfällige: 29,9 %, nur sonstig Rückfällige: 24,1 %) als auch des unbekleideten Kindes (nicht Rückfällige: 25,6 %, nur sonstig Rückfällige: 13,0 %), sowie die manuelle Befriedigung des Täters durch das Opfer (nicht Rückfällige: 1,2 %, nur sonstig Rückfällige: 1,9 %). In den verbleibenden Fällen wurde der Vorwurf des sexuellen Missbrauchs erhoben, ohne dass die sexuellen Handlungen näher eingegrenzt werden konnten.

895 Neben den aufgeführten Mitteln zur Zielerreichung wurde die Tat vom Probanden in den meisten Fällen einfach durchgeführt (nicht Rückfällige: 67,1 %, nur sonstig Rückfällige: 53,7 %, einschlägig Rückfällige: 50,0 %) oder es erfolgte nur eine einfache Aufforderung durch den Probanden (nicht Rückfällige: 6,0 %, nur sonstig Rückfällige: 11,1 %, einschlägig Rückfällige: 37,5 %). In den verbleibenden Fällen konnten den Strafverfahrensakten zu dieser Variable keine Angaben entnommen werden.

den Kindern außerdem Geschenke und Versprechungen[896] oder setzten sie psychisch unter Druck[897] (vgl. Werte in Tabelle 42). Das fehlende Einsetzen von Mitteln und auch die Tatsache, dass sich die Opfer der einschlägig Rückfälligen sehr häufig zur Wehr setzten[898], ist mit der Auswahl der Opfer und der Art der Tatausführung zu erklären. Die einschlägig rückfälligen Probanden begingen in der Bezugssache überwiegend Straftaten ohne Körperkontakt, d.h. exhibitionistische Handlungen vor fremden Kindern. In dieser Situation ist es jedoch kaum vorstellbar, dass die Probanden psychischen Druck, Gewalt oder Drohungen zur Tatdurchführung einsetzen. Vielmehr nehmen Exhibitionisten die sexuellen Handlungen einfach vor. Auch ist eine Gegenwehr bzw. das Weglaufen der Kinder bei exhibitionistischen Handlungen relativ leicht, zumal diese in der Öffentlichkeit geschehen. Da es sich bei den Opfern überwiegend um für den Täter fremde Kinder handelt, müssen sie bei einer Gegenwehr auch keine Repressalien befürchten. Besteht demgegenüber zwischen Täter und Opfer ein Verwandtschaftsverhältnis bzw. sind sie miteinander bekannt, hat der Täter eher die Möglichkeit psychischen Druck auszuüben und das Kind muss bei einer Gegenwehr mit einer Bestrafung rechnen.

Außerdem waren die einschlägig rückfälligen Probanden mit 37,5 % häufiger während der Bezugstat alkoholisiert als die nicht rückfälligen Probanden mit 16,2 % und die nur mit sonstigen Delikten rückfällig gewordenen Probanden mit 14,8 %. Diese Werte sind jedoch nicht sehr aussagekräftig, weil bei 12,5 % der einschlägig rückfälligen Probanden keine Angaben in den Strafverfahrensakten zu der Alkoholisierung bei der Tatbegehung zu finden waren. Bei den beiden Vergleichsgruppen konnten für einen erheblich größeren Anteil (nicht Rückfällige: 46,7 %, nur sonstig Rückfällige: 38,9 %) keine Angaben zu diesem Merkmal aus den Akten entnommen werden.

Des Weiteren begingen die einschlägig Rückfälligen die Bezugstat überwiegend (75,0 %) auf öffentlichen Plätzen. Darunter wurden der öffentliche Straßenverkehrsraum und öffentliche Verkehrsmittel, Spielplätze, Schwimmbäder und Geschäfte erfasst. Als Tatort wählten diese Plätze demgegenüber nur 24,0 % der nicht Rückfälligen und 31,5 % der nur sonstig Rückfälligen.[899] Dieser Unterschied ist darauf zurückzuführen, dass die Opfer der Bezugstat den einschlägig

---

[896] Nicht signifikanter Unterschied: Exakter Test nach Fischer (1-seitig): p = 0,365.

[897] Nicht signifikanter Unterschied: Exakter Test nach Fischer (1-seitig): p = 0,067.

[898] Vgl. oben F.II.5.a)bb)(1).

[899] Der Unterschied zwischen nicht Rückfälligen und nur sonstig Rückfälligen ist nicht signifikant: $\chi^2 = 1{,}209$; df = 1; p = 0,272. Die Unterschiede hinsichtlich der anderen Tatorte ist ebenfalls nicht signifikant (Opferwohnung: $\chi^2 = 0{,}240$; df = 1; p = 0,624; Beschuldigtenwohnung: $\chi^2 = 2{,}125$; df = 1; p = 0,145).

rückfälligen Probanden fremd waren. Fremde Kinder konnte der Proband an öffentlichen Orten am ehesten antreffen.

Zwischen den nicht rückfälligen und nur sonstig rückfälligen Probanden ließ sich ein signifikanter[900] Unterschied hinsichtlich der Dauer der Tatbegehung feststellen. Bei den nur sonstig Rückfälligen kam es mit 74,1 % signifikant[901] häufiger nur zu einer einmaligen Vornahme der sexuellen Handlungen als bei den nicht Rückfälligen mit 56,9 %. Bei mehrmaliger Tatbegehung erstreckten sich die Straftaten bei den nicht Rückfälligen über einen längeren Zeitraum als bei den nur sonstig Rückfälligen. Während das Maximum bei den nur sonstig Rückfälligen bei zwei Jahren lag, erstreckten sich die Straftaten bei den nicht rückfälligen Probanden auf einen Zeitraum bis zu 10 Jahren. Auch die einschlägig rückfälligen Probanden beschränkten sich überwiegend auf eine einmalige Tatbegehung. Bei den zwei Probanden, die mehrmals sexuelle Handlungen vornahmen, erstreckten sich diese jedoch auf maximal drei Monate.

Tabelle 43: Häufigkeit und Tatort der Bezugstat

	nicht Rückfällige (%)	sonstig Rückfällige (%)	auch einschlägig Rückfällige (%)
einmalige Tatbegehung	67,4	28,4	4,3
% von (nicht) Rückfällige	*56,9*	*74,1*	*75,0*
Tatort			
Opferwohnung[902]	72,7	27,3	-
% von (nicht) Rückfällige	*19,2*	*22,2*	-
Beschuldigtenwohnung	80,6	18,1	1,4
% von (nicht) Rückfällige	*34,7*	*24,1*	*12,5*
öffentliche Plätze	63,5	27,0	9,5
% von (nicht) Rückfällige	*24,0*	*31,5*	*75,0*

900 U = 3141; Z = -2,194; p = 0,028; r = -0,155.

901 χ^2 = 5,071; df = 1; p = 0,024; phi = 0,151.

902 Hierunter wurden auch die Fälle erfasst, in denen das Opfer und der Proband in einem Haushalt lebten, da auch hier der sexuelle Übergriff im Lebensbereich des Opfers stattfand. Bei den nicht Rückfälligen traf dies auf 12,0 % und bei den nur sonstig Rückfälligen auf 11,1 % der Fälle zu.

Man könnte daran denken, dass die Dauer der Tatbegehung durch die Täter-Opfer-Beziehung als auch durch das Verhalten des Opfers bedingt ist. Bei einer engen Beziehung, bei welcher der Täter sogar psychischen Druck auf das Kind ausübt und das Kind die Sexualstraftaten ohne Gegenwehr hinnimmt, ist es für den Täter leichter die Taten über einen längeren Zeitraum auszuüben als bei einem unbekannten oder sich zur Wehr setzendem Opfer. Bei den einschlägig Rückfälligen handelte es sich auch größtenteils um den Probanden fremde Kinder, die sich bei den Taten zur Wehr setzten. Gegen diese Überlegungen bei den mit nur sonstigen Delikten Rückfälligen spricht jedoch, dass bezüglich der entsprechenden Merkmale keine wesentlichen Unterschiede zu den nicht rückfälligen Probanden bestanden. Eine Erklärung für den Zusammenhang zwischen der Dauer der Tatbegehung und der Rückfälligkeit mit sonstigen Delikten war folglich nicht zu finden.

Es bleibt festzuhalten, dass die Wahrscheinlichkeit mit einschlägigen Delikten rückfällig zu werden bei den Probanden höher ist, welche eine ohne Körperkontakt begangene Sexualstraftat an öffentlich zugänglichen Orten begingen und dabei weder psychischen Druck, Drohungen oder Gewalt einsetzten noch Versprechungen und Geschenke machten. Für einen nicht einschlägigen Rückfall waren jedoch die einmalige Tatbegehung und bei mehrmaliger Tatbegehung eine kurze Zeitspanne zwischen erster und letzter Tat begünstigend.

cc) Ermittlungsverfahren

Im Ermittlungsverfahren haben die Staatsanwaltschaft und die Polizei zur Entschließung darüber, ob die öffentliche Klage zu erheben ist, den Sachverhalt bzw. die Straftat zu erforschen. Trotz dieser Zielsetzung ist jedoch denkbar, dass auch Merkmale des Ermittlungsverfahrens für die Rückfälligkeit von Bedeutung sein können.

So könnte der Umstand, dass der Beschuldigte ein Geständnis ablegt, eine Form der „Selbstresozialisierung" darstellen. Bei einer Überprüfung der in Betracht gezogenen Merkmale zwischen den nicht rückfälligen und den nur sonstig rückfälligen Probanden konnte kein signifikanter Unterschied ermittelt werden. Zwar wurden insbesondere hinsichtlich des Aussageverhaltens der Probanden Unterschiede zwischen den nicht Rückfälligen und den nur sonstig Rückfälligen dahingehend festgestellt, dass sich von den mit sonstigen Delikten Rückfälligen mehr Probanden zur Tat eingelassen und ein Geständnis abgelegt bzw. die Tat abgestritten haben. Diese Unterschiede waren jedoch nicht signifikant.[903] Es wurde außerdem vermutet, dass es Differenzen zwischen den Probandengruppen bezüglich einer psychologisch-psychiatrischen Begutachtung und einer Freiheitsentziehung gibt. Zwar stehen diese Faktoren nicht in einem unmittelbaren Zusammenhang mit einem Rückfall, weil es sich hierbei um den Umgang der Strafverfolgungsorgane mit dem Beschuldigten handelt. Jedoch sind mit einer Begutachtung und der Untersuchungshaft prognostische Erwägungen der am Verfahren Beteiligten verbunden.[904] Außerdem könnten freiheitsentziehende Maßnahmen, wie beispielsweise die Untersuchungshaft, eine abschreckende Wirkung haben. Ein Vergleich der nicht Rückfälligen und der nur sonstig Rückfälligen konnte diese Vermutung jedoch nicht bestätigen. Es konnten sowohl bei

Tabelle 44: Ermittlungsverfahren

	nicht Rückfällige (%)	**sonstig Rückfällige (%)**	**auch einschlägig Rückfällige (%)**
Aussageverhalten des Probanden			
keine Einlassung	80,6	16,1	3,2
% von (nicht) Rückfällige	*29,9*	*18,5*	*25,0*
Geständnis	68,8	29,2	2,1
% von (nicht) Rückfällige	*19,8*	*25,9*	*12,5*
Tat abgestritten	70,6	25,2	4,2
% von (nicht) Rückfällige	*50,3*	*55,6*	*62,5*
Begutachtung des Probanden	80,0	20,0	-
% von (nicht) Rückfällige	*2,4*	*1,9*	-
Freiheitsentziehung[905]	66,7	13,3	20,0
% von (nicht) Rückfällige	*6,0*	*3,7*	*37,5*

903 Keine Einlassung: $\chi^2 = 2{,}691$; df = 1; p = 0,101; Geständnis: $\chi^2 = 0{,}926$; df = 1; p = 0,336; Abstreiten der Tat: $\chi^2 = 0{,}451$; df = 1; p = 0,502.

904 Vgl. *Elz* 2001, 242.

905 Im Ermittlungsverfahren wurde die Freiheitsentziehung auf verschiedene Rechtsnormen gestützt. Nicht Rückfällige: 4,2 % Untersuchungshaft; 1,2 % psychiatrisches Krankenhaus; 0,6 % Abschiebehaft. Nur sonstig Rückfällige: 1,9 % psychiatrisches Krankenhaus; 1,9 % Abschiebehaft. Einschlägig Rückfällige: 25,0 % Untersuchungshaft; 12,5 % psychiatrisches Krankenhaus.

dem Merkmal der psychologisch-psychiatrischen Begutachtung[906] als auch bei der Freiheitsentziehung[907] keine nennenswerten Unterschiede ausgemacht werden.

Die einschlägig Rückfälligen unterschieden sich jedoch deutlich von den beiden anderen Probandengruppen bezüglich einer Freiheitsentziehung während des Ermittlungsverfahrens. Für 25,0 % der einschlägig Rückfälligen wurde bereits während des Ermittlungsverfahrens ein Haftbefehl vollstreckt. Von den sonstig Rückfälligen befand sich kein Proband während des Ermittlungsverfahrens in Untersuchungshaft und von den nicht rückfälligen waren nur 4,2 % der Probanden davon betroffen.

Außerdem unterschieden sich die einschlägig rückfälligen Probanden in ihrem Aussageverhalten von den anderen Probandengruppen. Der größte Anteil der einschlägig Rückfälligen stritt die Tat ab. Zwar tat dies auch die Mehrheit der nicht rückfälligen und der nur sonstig rückfälligen Probanden, der Anteil in diesen Probandengruppen lag jedoch 12,2 bzw. 6,9 Prozentpunkte unter dem Wert bei den einschlägig rückfälligen Probanden. Dafür legten die einschlägig rückfälligen Probanden im Bezugsverfahren seltener ein Geständnis ab. Dies könnte damit begründet werden, dass die einschlägig rückfälligen Probanden überwiegend exhibitionistische Handlungen vor fremden Kindern vorgenommen hatten. Es bestand demzufolge keine emotionale Beziehung zwischen Proband und Opfer, durch die sich der Proband zu einem Geständnis veranlasst sah.

dd) Hauptverhandlung

Wegen der Bezugsstraftat wurde nur für 65 Probanden das Hauptverfahren eröffnet. Die Mehrheit dieser Probanden (72,3 %) ist nicht rückfällig geworden.[908] Trotzdem war ebenso wie beim Ermittlungsverfahren von Interesse, ob die Probanden während des Hauptverfahrens inhaftiert waren, eine Begutachtung erfolgte und wie die Probanden zur Sache aussagten.

Auffallend ist, dass im Unterschied zum Ermittlungsverfahren die Mehrheit der nicht rückfälligen und nur mit sonstigen Delikten rückfälligen Probanden sich zur Tat einließ und die Tat nicht mehr abstritt, sondern ein Geständnis ablegte.

---

[906] Exakter Test nach Fischer (1-seitig): p = 0,645.

[907] Exakter Test nach Fischer (1-seitig): p = 0,403.

[908] Hinsichtlich der Prozentangaben muss berücksichtigt werden, dass in die Gruppe der nur sonstig Rückfälligen 16 Probanden und in der Gruppe der einschlägig Rückfälligen nur zwei Probanden erfass sind. Allein ein Proband bewirkt durch die geringe Gesamtzahl einen hohen Prozentsatz.

In der Gruppe der nur sonstig Rückfälligen ließen sich sogar alle Probanden zur Sache ein und 68,7 % der Pobanden legten ein Geständnis ab.[909] Die geständigen Probanden legten jedoch überwiegend bereits im Ermittlungsverfahren ein Geständnis ab. Die Probanden, die ihr Aussageverhalten im Hauptverfahren änderten, waren mehrheitlich anwaltlich vertreten. Es ist demnach davon auszugehen, dass die Probanden von dem Anwalt durch Aufzeigen der Möglichkeit einer Strafmilderung zu einem Geständnis bewegt wurden.

Im Rahmen des Hauptverfahrens wurden nur nicht rückfällige Probanden psychologisch-psychiatrisch begutachtet. Die Gutachter prognostizierten bei vier Probanden einen einschlägiger Rückfall. In den beiden anderen Gutachten wurde keine Stellung zu dieser Frage genommen bzw. konnte keine genaue Prognose gestellt werden. Wie auch im Ermittlungsverfahren waren die gestellten Prognosen zur Frage der Rückfälligkeit unzutreffend.

Tabelle 45: Hauptverfahren

	nicht Rückfällige (%)	**sonstig Rückfällige (%)**	**auch einschlägig Rückfällige (%)**
Aussageverhalten des Probanden			
keine Einlassung	100,0	-	-
% von (nicht) Rückfällige	*8,5*	-	-
Geständnis	66,7	30,6	2,8
% von (nicht) Rückfällige	*51,1*	*68,7*	*50,0*
Tat abgestritten	76,0	20,0	4,0
% von (nicht) Rückfällige	*40,4*	*31,3*	*50,0*
Begutachtung des Probanden	100,0	-	-
% von (nicht) Rückfällige	*12,8*	-	-
Freiheitsentziehung	66,7	16,7	16,7
% von (nicht) Rückfällige	*8,5*	*6,3*	*50,0*

909 Bezüglich des Aussageverhaltens ergaben sich zwischen den nicht Rückfälligen und den nur sonstig Rückfälligen keine signifikanten Unterschiede: Keine Einlassung: Exakter Test nach Fischer (1-seitig): $p = 0{,}299$; Geständnis: $\chi^2 = 1{,}512$; $df = 1$; $p = 0{,}219$; Abstreiten der Tat: $\chi^2 = 0{,}426$; $df = 1$; $p = 0{,}514$.

Der einschlägig rückfällige Proband und drei der vier nicht rückfälligen Probanden, die sich während der Hauptverhandlung in Untersuchungshaft befanden, wurden bereits während des Ermittlungsverfahrens aufgrund eines Untersuchungshaftbefehls inhaftiert. Der nur sonstig rückfällige Proband wurde gem. § 453c StPO in Sicherungshaft genommen. Während des Ermittlungsverfahrens erfolgte bei diesem noch kein Freiheitsentzug.

ee) Vollstreckungsverfahren

Zwar war es auch von Interesse, ob sich die Vergleichsgruppen hinsichtlich des Vollzugs der Freiheitsstrafe und des Verlaufs der Strafaussetzung zur Bewährung voneinander unterscheiden, jedoch war ein Vergleich aufgrund der geringen Probandenzahl und der fehlenden Angaben bezüglich des Vollstreckungsverfahrens in den Akten nicht möglich.[910] In der Gruppe der nicht Rückfälligen waren 29 Probanden, die zu einer Jugend- bzw. Freiheitsstrafe mit Strafaussetzung zur Bewährung und 19 Probanden, die zu einer Jugend- bzw. Freiheitsstrafe ohne Strafaussetzung zur Bewährung verurteilt wurden. Von den nur sonstig Rückfälligen erhielten nur 11 Probanden eine Jugend- oder Freiheitsstrafe, deren Vollstreckung bei neun Probanden zur Bewährung ausgesetzt wurde und von den einschlägig Rückfälligen wurden nur vier Probanden mit einer entsprechenden Strafe belegt.

b) Zusammenhang zwischen verfahrensabschließender Entscheidung und Legalbewährung bei Konstanthaltung der Moderatorvariablen

Zwischen der verfahrensabschließenden Entscheidung und der Legalbewährung als abhängiger Variablen konnten bisher keine Zusammenhänge festgestellt werden.[911] Es lag die Vermutung nahe, dass derartige Zusammenhänge nicht nachweisbar waren, weil sie von stärkeren Einflüssen überdeckt wurden. Nachdem die Moderatorvariablen für die Stichprobe dieser Untersuchung ermittelt wurden[912], soll nun überprüft werden, ob sich zwischen der verfahrensabschließenden Entscheidung und der Legalbewährung Zusammenhänge statistisch ermitteln lassen, wenn die ermittelten Rückfallfaktoren kontrolliert werden.[913]

Zwar wäre hierbei optimal, alle ermittelten Moderatorvariablen gleichzeitig bei der Überprüfung konstant zu halten. Jedoch würde ein derartiges Vorgehen zu

---

[910] Vgl. E.VI.2. und F.I.4.d).
[911] Vgl. F.II.1.b).
[912] Vgl. F.II.5.a).
[913] Zu dem Verfahren der der Kontrolle der Moderatorvariablen bereits E.VII.

einer beträchtlichen Reduktion der Stichprobengröße führen. Deshalb wurde jeweils nur eine Variable bei der Ermittlung des Zusammenhangs zwischen der verfahrensabschließenden Entscheidung und der Legalbewährung konstant gehalten.

Auch bei diesem Vorgehen ließen sich überwiegend keine signifikanten Unterschiede ermitteln. Lediglich bei Konstanthaltung der Variablen „Vorstrafenbelastung“ ergaben sich Signifikanzen in der Kategorie der vorbestraften Probanden. Wie in Tabelle 46 abzulesen ist, werden von den vorbestraften Probanden diejenigen vermehrt rückfällig, bei denen die Staatsanwaltschaft das Strafverfahren beendete. Im Vergleich zu der Rückfallquote nach einer Verfahrensbeendigung durch das Gericht ergibt sich ein signifikanter Unterschied.[914] Diese Signifikanz ist auf die vom Gericht ohne Verurteilung abgeschlossenen Verfahren zurückzuführen.[915] Denn zwischen der verfahrensabschließenden Entscheidung durch die Staatsanwaltschaft und einer Verurteilung lässt sich kein signifikanter Unterschied hinsichtlich der Rückfälligkeit feststellen.[916] Dies spricht für die bereits geäußerten Vermutung dahingehend, dass einer Gerichtsentscheidung von den betroffenen Personen ein höheres Gewicht beigemessen wird und deshalb die Einbeziehung des Gerichts einen abschreckenderen Charakter besitzt.[917]

Tabelle 46: Rückfälligkeit in Abhängigkeit von Vorstrafen und verfahrensabschließender Entscheidung

Vorstrafen	Verfahrensabschluss	Nicht Rückfällige (%)	Rückfällige (%)
nein	Staatsanwaltschaft	87,9	12,1
	Gericht	87,0	13,0
	ohne Verurteilung	82,1	17,9
	mit Verurteilung	92,3	7,7
ja	Staatsanwaltschaft	32,6	67,4
	Gericht	57,6	42,4
	ohne Verurteilung	78,6	21,4
	mit Verurteilung	42,1	57,9

914 $\chi^2 = 4{,}757$; df = 1; p = 0,026; phi = 0,012.
915 $\chi^2 = 9{,}081$; df = 1; p = 0,003; phi = 0,339.
916 $\chi^2 = 0{,}525$; df = 1; p = 0,469.
917 Vgl. bereits F.II.1.cc).

Dies jedoch nur, solange es nicht zu einer Verurteilung kommt, da nach einer Verurteilung signifikant mehr Probanden rückfällig werden als nach einer Verfahrensbeendigung durch das Gericht ohne Verurteilung.[918] Die Verurteilung ist demzufolge ein Wendepunkt, bei dem die Rückfallwahrscheinlichkeit wieder zunimmt. Da auch einer Verurteilung eine Abschreckungswirkung zukommt, die sogar größer sein dürfte als bei einer Nichtverurteilung, muss es sich bei den verurteilten Probanden und den nicht verurteilten Probanden um unterschiedliche Tätergruppen handeln. D.h. diese lassen sich den Ergebnissen zufolge von den Strafverfolgungsbehörden unterschiedlich beeindrucken. Eine andere Erklärung für diesen Wendepunkt könnte auch die stigmatisierende Wirkung einer Verurteilung sein.

Damit muss letztendlich die zentrale Nullhypothese H_{01} abgelehnt werden. D.h. für die Rückfälligkeit der mit Sexualstraftaten auffällig gewordenen Personen ist es von Bedeutung, wie das Strafverfahren durch die Staatsanwaltschaft bzw. durch das Gericht abgeschlossen wird. Es scheint ein Zusammenhang zwischen der verfahrensabschließenden Entscheidung und der Rückfälligkeit dahingehend zu bestehen, dass bei vorbestraften Probanden der Verfahrensabschluss durch das Gericht ohne eine Verurteilung rückfallmindernd wirkt.

c) *Multivariate Analyse*

Nachdem in den vorangegangenen Abschnitten bereits durch bivariate Analysen unabhängige Variablen ermittelt wurden, die statistisch signifikant mit der Rückfälligkeit der Probanden in Zusammenhang stehen, soll deren spezielle Bedeutung anhand einer Diskriminanzanalyse aufgeklärt werden. Die abhängige Variable „Rückfälligkeit" ist hierbei dichotom(ja / nein) kategorisiert.[919]

aa) *Einbeziehung aller signifikanten unabhängigen Variablen*

Die unabhängigen Variablen, für die sich im Hinblick auf die Rückfälligkeit auch nach Konstanthaltung von Moderatorvariablen Signifikanzen ergaben, sind in Tabelle 47 in der Reihenfolge ihrer durch den standardisierten kanonischen Diskriminanzfunktionskoeffizienten ermittelten Bedeutung aufgeführt.[920] Demnach hat das Alter des Probanden bei der Tatbegehung der Bezugssache für die

---

[918] $\chi^2 = 4{,}388$; $df = 1$; $p = 0{,}036$; $phi = 0{,}365$.

[919] Ein Beschreibung der Diskriminanzanalyse findet sich bereits bei E.VII.

[920] Entscheidend sind die Beträge der Koeffizienten, das Vorzeichen ist für die Bedeutung unbeachtlich.

Tabelle 47: Bedeutung der signifikanten unabhängigen Variablen für die Rückfälligkeit

	standardisierter Diskriminanzfunktions-koeffizient
Alter bei Tatbegehung	1,370
Anzahl nichteinschlägige Vorstrafen	- 0,735
Alter bei erster Sexualstraftat	- 0,599
frühere Geldstrafe	0,512
nichteinschlägige Vorstrafen (ja - nein)	- 0,476
Vorstrafenbelastung (ja - nein)	- 0,376
Verfahrensabschluss der Bezugsentscheidung (Staatsanwaltschaft - Gericht)	0,365
Alter bei erster Straftat	- 0,340
Berufstätigkeit	0,149
Anzahl Vorstrafen	0,141
Dauer der Tatbegehung der Bezugstat	0,140
zur Tatzeit verheiratet	0,112
Arbeitslosigkeit	0,110
Kinder	- 0,068
einmalige Tatbegehung bei Bezugstat	- 0,024

Eigenwert = 0,532; Kanonische Korrelationskoeffizient = 0,589; Wilks' Lambda = 0,653; χ^2 = 34,785; df = 15; p = 0,003.

Rückfälligkeit die größte Bedeutung. Die Anzahl der vorgenommenen sexuellen Handlungen oder die Frage, ob der Proband eigene Kinder hat, spielen demgegenüber kaum eine Rolle für die Rückfälligkeit. Es ist insbesondere hervorzuheben, dass der Verfahrensabschluss in der Bezugsentscheidung eine größere Bedeutung für die Rückfälligkeit hat als beispielsweise das Alter des Probanden bei der ersten Straftat, welches in anderen Untersuchungen als Risikofaktor ermittelt worden ist.

Neben den Diskriminanzfunktionskoeffizienten werden bei der Analyse weitere Maßzahlen, die der Überprüfung der Modellgüte dienen, ausgegeben. Diesen Werten liegt die Annahme zugrunde, dass sich eine gute Diskriminanzfunktion unter anderem dadurch auszeichnet, dass sich die durchschnittlichen Funktionswerte der einzelnen Gruppen, d.h. die Mittelwerte der Diskriminanzfunktion in den einzelnen Gruppen, deutlich voneinander unterscheiden.[921] In diesem Zusammenhang wird die Streuung zwischen den Gruppen im Verhältnis zur Streuung innerhalb der Gruppen untersucht. Über Wilks` Lambda wird mit dem Chi-Quadrat-Test die Hypothese getestet, die Gruppenmittelwerte der Diskriminanzfunktionswerte seien in der Grundgesamtheit identisch. Bei den in die Diskriminanzfunktion eingeführten unabhängigen Variablen hat sich eine Signifikanz von $p = 0{,}003$ ergeben. Demnach kann davon ausgegangen werden, dass sich die Gruppenmittelwerte der Funktion unterscheiden. Dies bedeutet jedoch nicht, dass das gesamte Modell der Diskriminanzanalyse gut geeignet ist, um von den Gruppenmittelwerten auf die Gruppen zu schließen. Zusätzlich müssen auch der Eigenwert und der kanonische Korrelationskoeffizient berücksichtigt werden. Der Eigenwert von 0,532 zeigt an, dass die Streuung zwischen den Gruppen nur das 0,5fache der Streuung innerhalb der Gruppen beträgt. Der kanonische Korrelationskoeffizient misst die Strenge des Zusammenhangs zwischen den Funktionswerten der Diskriminanzfunktion und den Gruppen der abhängigen Variablen. Bei Einbeziehung aller signifikanten unabhängigen Variablen beträgt er 0,589. Diese geringen Werte weisen darauf hin, dass mit den unabhängigen Variablen keine besonders gute Trennung der Probanden in die Gruppen nicht Rückfällige und Rückfällige erfolgen kann.

Ein Vergleich der Gruppen, denen die einzelnen Fälle aufgrund der Funktionswerte im Rahmen der Diskriminanzanalyse zugeordnet werden, mit den Gruppen, aus denen sie tatsächlich stammen, bestätigt diesen Eindruck. Wie sich aus Tabelle 48 ergibt, wurden nur 73,6 % der Fälle korrekt klassifiziert. Der Anteil der falsch Positiven und falsch Negativen ist dabei ähnlich. Falsch positiv, d.h. als rückfällig eingruppiert, jedoch tatsächlich nicht rückfällig geworden, sind 24,2 % der Probanden. Bei 31,0 % der Probanden wurde kein Rückfall vorhergesagt, jedoch erfolgte ein solcher.

Zwar wurden „nur" etwa ein Viertel der Probanden falsch zugeordnet und damit eine nicht zutreffende Prognose erstellt, jedoch ist dieses Viertel in Anbetracht der Konsequenzen noch zu hoch. Und dies nicht nur bezüglich der falsch Negativen, die erneut strafbare Handlungen begehen und damit unsere Gesellschaft gefährden. Zu diesen Rückfalltaten gehören insbesondere solche, über die spektakulär und öffentlichkeitswirksam in den Medien berichtet wird. Aber auch die falsch Positiven dürfen nicht aus dem Blick verloren werden, da sie im Normalfall nicht auffallen. Die Legalbewährung kann sich zum Beispiel bei einer ungünstigen Prognose aufgrund der erfolgten Haftvollstreckung oder Anordnung einer Maßregel der Besserung und Sicherung nicht zeigen.

---

[921] Vgl. *Brosius* 2004, 736 ff.

Tabelle 48: Klassifizierungsergebnisse bei allen signifikanten unabhängigen Variablen[922]

		vorhergesagte Gruppenzugehörigkeit	
		kein Rückfall	Rückfall
Tatsächliche Gruppenzugehörigkeit	kein Rückfall	47	15
		75,8 %	24,2 %
	Rückfall	9	20
		31,0 %	69,0 %

bb) Schrittweise Methode

Bei der bisherigen Darstellung der Diskriminanzanalyse wurden alle durch bivariate Analysen ermittelten unabhängigen Variablen berücksichtigt, die mit der Rückfälligkeit der Probanden in einem statistisch signifikanten Zusammenhang stehen. Völlig unberücksichtigt bleibt dabei die mögliche Wechselwirkung zwischen den unabhängigen Variablen. Sind einige unabhängige Variablen untereinander korreliert, wird der Einfluss einer unabhängigen Variablen auf die abhängige Variable in dem Modell möglicherweise einer anderen unabhängigen Variablen zugeschrieben. Bei der schrittweisen Methode kann man eine Reihe von potentiell als erklärende Variablen in Betracht kommende Variablen angeben und die Auswahl der am besten für die Vorhersage der Gruppenzugehörigkeit geeigneten Variablen von der Diskriminanzanalyse vornehmen lassen.[923]

Als erstes wird in dem schrittweisen Verfahren die Variable ausgewählt, für welche sich der beste Wert des Selektionskriteriums Wilks' Lambda[924] ergibt. Von allen Variablen ergab sich für das Merkmal der nicht einschlägigen Vorstrafenbelastung das kleinste Wilks' Lambda. In einem weiteren Schritten wird aus den verbleibenden Variablen erneut nach dem gleichen Selektionskriterium eine Variable ausgewählt und die zuerst aufgenommene Variable daraufhin

---

922 n = 91. Bei 138 der 229 Probanden mit einem Bewährungszeitraum von mindestens vier Jahren fehlte die Angabe für mindestens eine der in die Diskriminanzanalyse einbezogenen Variablen, so dass diese Probanden in der Analyse nicht berücksichtigt werden konnten.

923 *Brosius* 2004, 757 f.

924 Wilks' Lambda ist ein inverses Gütemaß, welches das Verhältnis der Streuung innerhalb der Gruppen zur gesamten Streuung kennzeichnet. D.h. kleinere Werte bedeuten höhere Trennkraft der Diskriminanzfunktion und umgekehrt. Vgl. *Backhaus u.a.* 2003, 182.

überprüft, ob sie nach wie vor dem Kriterium zum Verbleib in der Gleichung genügt. D.h. es wird untersucht, ob ihr Erklärungswert auch unter Berücksichtigung der zweiten Variable groß genug ist, um eine Verwendung dieser Variablen in der Diskriminanzfunktion zu rechtfertigen. Ist dies nicht gegeben, wird sie wieder aus der Funktion entfernt. Anschließend folgen weitere wie soeben beschriebene Schritte bis alle Variablen in dem Modell aufgenommen wurden oder keine der noch nicht aufgenommenen Variablen das Aufnahmekriterium erfüllt, d.h. keine bessere Trennung der Gruppen bewirkt.

Wie sich aus Tabelle 49 ergibt spielen neben der nichteinschlägigen Vorstrafenbelastung auch das Alter der Probanden bei der Tatbegehung der Bezugssache als auch die Strafverfolgungsbehörde, welche die verfahrensabschließende Entscheidung trifft, eine Rolle für die spätere Rückfälligkeit. Dem standardisierten Diskriminanzfunktionskoeffizienten ist außerdem zu entnehmen, dass der Einfluss des Verfahrensabschlusses durch die Strafverfolgungsbehörde größer ist als das Alter des Probanden bei der Tatbegehung.

Die Maßzahlen zeigen, dass sich die Rückfälligen und die nicht Rückfälligen durch diese drei Merkmale höchst signifikant voneinander unterscheiden. Jedoch ist der sehr geringe Eigenwert von nur 0,379 nicht sehr befriedigend. D.h. die Streuung der Funktionswerte der Diskriminanzfunktion innerhalb der beiden Gruppen ist sehr groß, so dass eine eindeutige Zuordnung schwierig ist. Der Vergleich der Gruppen, denen die einzelnen Fälle aufgrund der Funktionswerte im Rahmen der Diskriminanzanalyse zugeordnet werden, mit den Gruppen, aus denen sie tatsächlich stammen, bestätigt auch hier die schlechte Trennung der

Tabelle 49: Bedeutendsten Merkmale für die Rückfälligkeit

	standardisierter Diskriminanzfunktions-koeffizient	**verändertes Wilks` Lambda**
nichteinschlägige Vorstrafenbelastung (ja – nein)	-0,747	0,842
Verfahrensabschluss der Bezugsentscheidung (Staatsanwaltschaft – Gericht)	0,486	0,774
Alter bei Tatbegehung	0,484	0,725

Eigenwert = 0,379; Kanonische Korrelationskoeffizient = 0,524;
Wilks` Lambda = 0,725; χ^2 = 23,133; df = 3; p = 0,000.

Tabelle 50: Klassifizierungsergebnisse bei schrittweiser Methode (n = 229)

		vorhergesagte Gruppenzugehörigkeit	
		kein Rückfall	Rückfall
tatsächliche Gruppen-zugehörigkeit	kein Rückfall	97 58,1 %	70 41,9 %
	Rückfall	11 17,7 %	51 82,3 %

Gruppen mittels der Variablen. Nur 64,6 % der vorhergesagten Gruppenzugehörigkeit entsprach auch der festgestellten Wirklichkeit. Dass diese Trefferquote geringer ist als bei Einbeziehung aller signifikanten unabhängigen Variablen bedeutet nicht, dass unter Einbeziehung aller Variablen die Prognose sicherer wird. Dieser Unterschied ist auf die aus den fehlenden Angaben in den Akten resultierenden unterschiedlichen Stichprobengrößen zurückzuführen.

Der Anteil der falsch Negativen ist unter Einbeziehung der von der Diskriminanzanalyse ermittelten Variablen mit 17,7 % relativ gering. Eine immer zutreffende Prognose, d.h. dass die Wahrscheinlichkeitsaussagen über die spätere Rückfälligkeit immer zutreffend sind, kann nicht erwartet werden.[925] Der Anteil der falsch Positiven in Höhe von 41,9 % ist jedoch eindeutig viel zu hoch. Die drei Faktoren sind demnach nicht allein geeignet eine vertretbare Prognose über die Rückfälligkeit zu treffen. Die falsche Gruppenzuordnung muss indessen nicht auf falsche Parameter der Funktion gegründet sein.[926] In den wenigsten Fällen wird es möglich sein, eine abhängige Variable wie die Rückfälligkeit durch eine oder mehrere unabhängige Variablen zu beschreiben, da auch eine große Anzahl nicht erfassbarer Faktoren Einfluss auf die abhängige Variable hat. Daneben stellte sich bei der Untersuchung das Problem, dass in den Strafverfahrensakten zu vielen in der bisherigen Rückfallforschung als bedeutsam ermittelten Merkmalen keine Angaben zu finden waren.[927] Es ist deshalb davon auszugehen, dass die Fragen, ob der Proband bereits Vorstrafen hat und ob das Strafverfahren von der Staatsanwaltschaft oder dem Gericht abgeschlossen wird als auch das Alter des Probanden bei der Tatbegehung für die Rückfälligkeit bedeutsam sind und demzufolge in die Prognosestellung einfließen müssen. Neben diesen drei Faktoren spielen für die Rückfälligkeit jedoch noch weitere Variab-

[925] Zu dem Problem der Prognosestellung ausführlich C.II.
[926] *Brosius* 2004, 736.
[927] Vgl. F.I.1. und 5.d).

len, die bei der Erhebung der Daten aus den Strafverfahrensakten für die Probanden nicht oder nur in sehr wenigen Fällen ermittelt werden konnten, eine bedeutende Rolle.

G. Zusammenfassung und Schlussfolgerungen

I. Zusammenfassung der Untersuchungsergebnisse

1. Die Probanden und der Tatvorwurf

Die Untersuchung erfasste alle Personen gegen die im Jahr 1998 von den Staatsanwaltschaften Braunschweig, Göttingen und Hannover ein Ermittlungsverfahren wegen des Verdachts des sexuellen Missbrauchs eingeleitet worden ist. Damit wurde ein Querschnitt aus der bei den Staatsanwaltschaften erledigten Sexualkriminalität an Kindern erhoben. Zusammenfassend kann auch nach dieser Untersuchung festgehalten werden, dass es ein Stereotyp des Sexualstraftäters nicht gibt. Sowohl hinsichtlich der Person als auch hinsichtlich der Taten konnten sehr große Unterschiede zwischen den 286 Probanden festgestellt werden.

So war der jüngste Proband gerade erst 11 Jahre und der älteste bereits 86 Jahre alt. Es gab Probanden, die geistig behindert waren oder deren Intelligenz unterdurchschnittlich war und die keinen Schulabschluss schafften, so dass sie jahrelang arbeitslos waren. Demgegenüber haben einige Probanden die Universität erfolgreich absolviert und im Berufsleben eine leitende Position eingenommen. Ein Proband war zum Zeitpunkt bereits 24 mal vorbestraft, ein weiterer Proband wies neben mehreren nicht einschlägigen Vorstrafen auch sechs einschlägige Vorstrafen auf, andere Probanden hatten hingegen eine sog. „weiße Weste“; im Auszug aus dem Bundeszentralregister war kein Eintrag registriert.

Es sollen jedoch nicht nur die Einzelfälle herausgegriffen und dargestellt werden. Von besonderem Interesse ist vielmehr, um welche Personen es sich überwiegend handelte. Wie erwartet, waren die Probanden fast ausschließlich männlich. Lediglich gegen fünf Frauen wurde von den Staatsanwaltschaften Braunschweig, Göttingen und Hannover im Jahr 1998 ein Strafverfahren wegen der Begehung eines an einem Kind begangenen Sexualdeliktes eingeleitet. Die Probanden besaßen überwiegend die deutsche Staatsangehörigkeit und waren durchschnittlich 38 Jahre, also mittleren Alters. Entgegen den Medienberichten aus der jüngsten Vergangenheit handelt es sich bei den Personen, die eines sexuellen Missbrauchs von Kindern verdächtigt werden, nicht überwiegend um Jugendliche. Lediglich 11 % der Probanden der vorliegenden Untersuchung waren zum Zeitpunkt der Bezugstat noch keine 18 Jahre alt und bei weiteren 3 % der Probanden handelte es sich um Heranwachsende, welche 18 bis 21 Jahre alt waren.

Von den Probanden, für die Angaben zur Schulbildung in den Strafverfahrensakten zu finden waren[928], besuchte die Mehrheit eine Hauptschule. Nicht den in der Bevölkerung verbreiteten Annahmen entsprach das soziale Umfeld und die Vorstrafenbelastung der Probanden. Es handelte sich keineswegs um isolierte Personen mit keinen bzw. nur wenigen sozialen Kontakten. Stattdessen hatte etwa die Hälfte der Probanden einen festen Lebenspartner, mit dem er meist auch zusammenlebte. 26 % der Probanden ohne partnerschaftlicher Anbindung waren minderjährig und lebten aufgrund ihres Alters noch bei den Eltern oder anderen Verwandten. Ganz allein lebte mit 19 % nur ein geringer Teil der Probanden.

Was die Vorstrafenbelastung betrifft[929], wurde festgestellt, dass viele Probanden (63 %) nach Auskunft aus dem Bundeszentralregister zum Zeitpunkt der Bezugstat nicht vorbestraft waren. Vorbestraft waren demzufolge 37 % der Probanden, einschlägig vorbestraft waren dabei lediglich 11 %. Bezüglich aller Vorstrafen lag der Durchschnitt bei 5,46 Sanktionen, wobei für die Hälfte der vorbestraften Probanden jedoch nur maximal 3 Eintragungen im Bundeszentralregister vermerkt waren. Diese Werte entsprechen auch denen der einschlägig Vorbestraften. Stellt man bei diesen Probanden jedoch nur auf die einschlägigen Vorstrafen ab, ergibt sich ein anderes Bild. Im Auszug der 31 einschlägig vorbestraften Probanden wurden durchschnittlich 1,77 Sanktionen wegen einschlägiger Delikte registriert. Bei der Hälfte aller eingetragenen Sexualdelikte handelte es sich zudem um einen sexuellen Missbrauch von Kindern nach § 176.

Bei den Straftaten der Bezugsverfahren der Probanden handelte es sich überwiegend um sexuelle Handlungen mit Körperkontakt. In 26 % der Fälle wurde sogar der Geschlechtsverkehr vollzogen oder ähnliche sexuelle Handlungen vorgenommen, wie beispielsweise oral-genitale Kontakte, Penetrationen und Berührungen des Geschlechtsteils zur Befriedigung. Sexualstraftaten ohne Körperkontakt lagen in nur 28 % der Strafverfahren zugrunde. Anhand der Intensität der sexuellen Handlung als auch der Täter-Opfer-Beziehung wurden die Probanden in drei Gruppen unterteilt. Die Probanden, die keinen Körperkontakt aufnahmen, wurden als Exhibitionisten bezeichnet. Die übrigen Probanden wurden außerdem mittels des Bekanntheitsgrades unterteilt. 26 % der Probanden waren mit dem betroffen Kind verwandt, meist waren es sogar die Eltern. Diese Probanden wurden als Inzesttäter bezeichnet. Die verbleibenden 46 % wurden

[928] Die Ausfallquote lag bei 75,5 %.

[929] Da für fünf Probanden keine Auskünfte aus dem Bundeszentralregister erteilt wurden, beziehen sich die Prozentangaben nicht auf die Gesamtstichprobe, sondern nur auf 281 Probanden.

als Pädophile eingestuft; es bestand zwar kein Verwandtschaftsverhältnis, jedoch kannten sich Proband und Kind bereits vor der Bezugstat.

Zwischen den so gebildeten Tätergruppen ließen sich hinsichtlich der ausgewählten Opfer als auch der Durchführung der Bezugstat signifikante Unterschiede feststellen. Von den sexuellen Handlungen der Exhibitionisten waren jeweils mehr Kinder betroffen als bei den anderen Tätergruppen, auch handelte es sich bei den Opfern überwiegend um dem Probanden fremde Kinder. Dies ist bereits auf die Art der Ausübung der sexuellen Handlung zurückzuführen. Die Probanden entblößten sich überwiegend auf öffentlichen Plätzen, auf denen sich mehrere ihm fremde Personen befanden, die diese Handlungen wahrnahmen. Was das Alter der betroffenen Kinder betrifft, unterschieden sich die Inzesttäter von den anderen Probandengruppen dahingehend, dass deren Opfer signifikant jünger waren.

Außerdem stehen sowohl die Intensität der sexuellen Handlung als auch der Bekanntheitsgrad zwischen den Probanden und den betroffenen Kindern in einem höchst signifikanten Zusammenhang zur Häufigkeit der Tatbegehung und dem Verhalten der Geschädigten. Mit Zunahme der Intensität der sexuellen Handlung als auch des Bekanntheitsgrades setzten sich die Kinder weniger gegen die sexuellen Handlungen zur Wehr und es überwogen mehrmalige Deliktsbegehungen. Bei den Probanden fremden Kindern ist eine mehrmalige Kontaktaufnahme kaum denkbar. Auch ist es für die Kinder bei sexuellen Handlungen ohne Körperkontakt besonders leicht, sich zur Wehr zu setzen, indem sie weglaufen. Bei Handlungen mit Körperkontakt und damit fehlendem Abstand wird es für die Kinder demgegenüber bereits schwieriger, Gegenwehr auszuüben. Zum einen ist ihr Gegenüber in der Regel bereits älter und im Normalfall auch stärker, zum anderen werden die Kinder bei bestehender Bekanntschaft oder sogar Verwandtschaft psychisch gehemmt sein. Es ist vorstellbar, dass das Kind mit steigendem Bekanntheitsgrad Konsequenzen durch eine Gegenwehr fürchtet. So kann der Proband dem Kind ausdrücklich mit einer Bestrafung durch körperliche Gewalt oder Zurückweisung gedroht bzw. das Kind diese nur vermutet und deshalb das Geschehen über sich ergehen lassen haben. Demgegenüber ist jedoch auch denkbar, dass das Kind sich gerade bei ihm sehr vertrauten Personen nicht zur Wehr setzt, weil es die sexuellen Handlungen aufgrund der Nähebeziehung als etwas Gewöhnliches ansieht und erst mit dem Älterwerden begreift, dass das Geschehen nicht normal ist.

2. Die verfahrensabschließende Entscheidung

Bereits im Ermittlungsverfahren erfolgte eine erhebliche Selektion der Strafverfahren. In nur 38 % der 297 durchgeführten Strafverfahren erhob die Staatsanwaltschaft Anklage. Dies ist jedoch im Vergleich zur Erledigungspraxis bei allen 1998 in Deutschland durchgeführten Strafverfahren ein hoher Anteil an Anklageerhebungen.[930] Der überwiegende Teil der Strafverfahren wurde mangels hinreichenden Tatverdachts nach § 170 Absatz 2 StPO eingestellt, was auf die oftmals schwierige Beweislage bei einem Verdacht des sexuellen Missbrauchs von Kindern zurückzuführen sein wird. Einstellungen aus Opportunitätsgründen und Anträge auf Erlass eines Strafbefehls erfolgten demgegenüber recht selten.

Bei der verfahrensabschließenden Entscheidung der Staatsanwaltschaft ließ sich ein Zusammenhang der Einstellung nach § 170 Absatz 2 StPO und dem Bekanntheitsgrad zwischen Probanden und den betroffenen Kindern feststellen. Mit zunehmendem Bekanntheitsgrad stieg die Anzahl der Einstellungen. Demzufolge wurden schwere Taten eher eingestellt als leichtere Taten, da mit zunehmendem Bekanntheitsgrad auch die Intensität der sexuellen Handlung zunahm. Grund hierfür könnte sein, dass bei einer Bekanntschaft zwischen potentiellem Opfer und Probanden eher Zweifel an der Glaubwürdigkeit des Kindes bestehen und suggestive Einflüsse anderer Familienangehöriger in Betracht zu ziehen sind. Aus Rechtsstaatsgesichtpunkten muss in diesen Fällen die Unschuldsvermutung zu Gunsten des Beschuldigten berücksichtigt werden. Insbesondere weil gerade bei so schwerwiegenden Vorwürfen wie dem sexuellem Missbrauch von Kindern mit Körperkontakt auch bei einem in der Hauptverhandlung ergehenden Freispruch nicht immer eine vollständige Rehabilitation des Angeklagten erfolgt.

Im Zwischenverfahren war die Selektion sehr gering. In fast allen Strafverfahren wurde auch das Hauptverfahren eröffnet. Gleiches gilt für das Hauptverfahren. Nur in 3 % der insgesamt durchgeführten Strafverfahren erfolgte ein Freispruch. Verurteilungen sprach das Gericht letztendlich in 28 % der 297 Strafverfahren aus.[931]

---

930 Arbeitsunterlage Staatsanwaltschaften 1998, Tab.2.2.1.2: In 11,8 % der Strafverfahren erfolgte eine Anklageerhebungen. Vgl. F.I.3.a).

931 Zu den einzelnen Verfahrensabschließenden Entscheidungen F.I.3., insbesondere Abbildung 8.

3. Informationsbasis zur Rückfallprognose

Zur Bezugstat als auch zu der das Strafverfahren abschließenden Entscheidung konnten den Strafverfahrensakten umfangreiche Informationen entnommen werden. Ziel des Strafverfahrens ist es gerade, den Tatvorwurf aufzuklären. Die Ermittlungsergebnisse sowie die sodann getroffene verfahrensabschließende Entscheidung der Strafverfolgungsbehörde werden in den Akten dokumentiert.

Für die Prognose über das weitere Legalverhalten des Täters sind darüber hinaus aber noch weitere Faktoren bedeutsam. Verschiedene Studien ermittelten folgende Prädiktoren: soziale Vereinsamung, das Leben als Single, durchschnittliche oder überdurchschnittliche Intelligenz, Alkoholabhängigkeit, Persönlichkeitsstörungen, Vorstrafenbelastung, Verlust eines Elternteils, vorwiegend weibliche Erziehung, Wechsel der Erziehungsperson, Heimerziehung, etc.[932] Zu diesen Merkmalen enthielten die Strafverfahrensakten überwiegend keine Angaben. Zum Aufwachsen des Probanden und seiner Erziehung waren in mindestens 80 %, meist sogar über 90 % der Fälle aus den Strafverfahrensakten keine Informationen in Erfahrung zu bringen. Lediglich die Vorstrafenbelastung ließ sich mit Hilfe der beim Bundeszentralregister angeforderten Auszüge feststellen.

Eine Verbreiterung der Informationsbasis zur Rückfallprognose war bei den verurteilten Probanden auszumachen.[933] Dies ist auf das routinemäßige Vorgehen bei der Hauptverhandlung zurückzuführen. Gem. § 243 Absatz 2 StPO vernimmt der Vorsitzende den Angeklagten zu Beginn der Hauptverhandlung über seine persönlichen Verhältnisse, wobei Informationen zu dessen Lebenssituation zum Zeitpunkt der Hauptverhandlung als auch zur Vergangenheit des Probanden gewonnen werden. Des Weiteren wägt das Gericht bei der Strafzumessung nach § 46 Absatz 2 die Umstände gegeneinander ab, die für und gegen den Täter sprechen. Nach dem Gesetzeswortlaut sind dabei u.a. auch das Vorleben des Täters sowie seine persönlichen und wirtschaftlichen Verhältnisse in Betracht zu ziehen. Folglich werden hierzu auch Informationen gesammelt.

Es werden demnach im Strafverfahren nur für einen eng begrenzten Personenkreis rückfallrelevante Information gesammelt. Aufgrund der Arbeitsbelastung sowohl bei der Staatsanwaltschaft als auch beim Gericht und in Zeiten immer knapper werdender Mittel kann von den Strafverfolgungsbehörden nicht verlangt werden, in jedem Strafverfahren neben der Klärung des Tatvorwurfes auch die rückfallrelevanten Faktoren zu ermitteln. Insbesondere weil diesbezüglich bei den Staatsanwälten und Richtern selten eingehende Kenntnisse vorhanden sein werden. Erfolgt außerdem eine Einstellung mangels hinreichenden Tatver-

---

[932] Vgl. C.I.

[933] Jedoch handelte es sich um keinen signifikanten Unterschied zu den übrigen Probanden.

dachts, spielt die Rückfallgefahr nach dem normativem Programm keine Rolle, da eine Einstellung des Verfahrens gem. § 170 Absatz 2 StPO erfolgen muss. Bei den Einstellungen aus Opportunitätsgründen und den Verurteilungen ist dies jedoch anders zu beurteilen. Hier wäre an sich eine Erforschung der aus kriminologischer Sicht für einen Rückfall bedeutsamen Faktoren erforderlich, um die für den Probanden am besten geeignete Sanktion bzw. die passenden Auflagen oder Weisungen auszuwählen. Da als öffentliches Interesse an der Verfolgung auch Gründe der Spezial- und Generalprävention angesehen werden können[934], wäre es ratsam bei der Entscheidung, ob eine Einstellung aus Opportunitätsgründen erfolgen kann, auch die Rückfallwahrscheinlichkeit zu ermitteln.

4. Rückfallquoten

Bei der Auswertung der Rückfälligkeit konnten nicht alle Probanden, deren Strafverfahrensakten ausgewertet wurden, berücksichtigt werden. Für einige Probanden wurde keine Auskunft aus dem Bundeszentralregister erteilt, weitere Probanden waren zum Erhebungszeitpunkt bereits verstorben. Außerdem wurde ein Bewährungszeitraum von mindestens vier Jahren festgelegt,[935] so dass nur 229 Probanden in den Berechnungen berücksichtigt werden konnten.[936]

Mit 73 % beging die Mehrheit der Probanden keine aus dem Bundeszentralregister ersichtlichen Straftaten. Von den 62 rückfälligen Probanden wurden innerhalb eines Zeitraums von vier Jahren nur acht Probanden wegen der Begehung einer Sexualstraftat erneut sanktioniert. Dies sind lediglich 4 % der 229 Probanden mit einem ausreichend langen Bewährungszeitraum. Bei den Rückfalltaten handelte es sich überwiegend um Sexualstraftaten ohne Körperkontakt. Auch konnte ein Steigerungsverhalten bzgl. der Deliktsschwere bei den einschlägig rückfälligen Probanden nicht festgestellt werden. Es ist demnach nicht so, dass das Exhibitionieren der „Einstieg“ zum Missbrauch von Kindern mit Körperkontakt ist.

Es ist jedoch zu berücksichtigen, dass diese Rückfallquoten aufgrund der begrenzten Aussagekraft des Bundeszentralregisters nicht alle nach der Bezugsentscheidung begangenen Straftaten der Probanden widerspiegeln. Dies ergibt sich bereits aus der Stichprobe der Untersuchung: Im Jahr 1998 wurden bei den Staatsanwaltschaften Braunschweig, Göttingen und Hannover wegen des Verdachts eines sexuellen Missbrauchs von Kindern gegen neun Personen mehr als

---

[934] Vgl. *Meyer-Goßner* 2004, § 153 Rn.7.

[935] Rückfallquoten bei geringerem Rückfallzeitraum: F.II.a), Tabelle 26.

[936] Lediglich bei den Vergleichen mit der Untersuchung von *Elz* 2001 wurde auf eine andere Probandenanzahl abgestellt. Vgl. F.II.a).

ein Ermittlungsverfahren eingeleitet. Nur bei einem dieser Mehrfachauffälligen befanden sich in dem Bundeszentralregisterauszug jedoch zwei Eintragungen wegen der 1998 eingeleiteten Strafverfahren. Bei den anderen acht Probanden war nur eines der durchgeführten Strafverfahren oder gar keines aus dem Bundeszentralregister ersichtlich. D.h. mithilfe des Bundeszentralregisters konnte nur ein Proband von den neun Mehrauffälligen auch als Mehrauffälliger ermittelt werden.

Neben dem Bundeszentralregister wurde die Rückfälligkeit der Probanden zusätzlich anhand der Auszüge aus den bei den Staatsanwaltschaften Braunschweig, Göttingen und Hannover geführten Verfahrensregistern erhoben. Auch die hierdurch ermittelten Werte verdeutlichen die begrenzte Aussagekraft und Unvollständigkeit des Bundeszentralregisters. Danach waren 43 % der 229 Probanden nach der Bezugsentscheidung bei den drei genannten Staatsanwaltschaften erneut auffällig geworden, d.h. gegen diese 97 Probanden wurde erneut mindestens ein Strafverfahren eingeleitet. Bei einem Abgleich der Daten aus den Verfahrensregistern der Staatsanwaltschaft mit den Daten des Bundeszentralregisters war festzustellen, dass sich für 49 Probanden und damit die Hälfte der erneut Auffälligen kein Rückfall aus dem Bundeszentralregisterauszug ergab.[937] Bei 30 Probanden lag dem eingeleiteten Ermittlungsverfahren sogar der Verdacht einer Sexualstraftat zugrunde, so dass 13 % der 229 Probanden nach der Bezugsentscheidung erneut mit einschlägigen Delikten auffällig waren. Nur für sechs dieser Probanden ergab sich hingegen aus dem Bundeszentralregister ein einschlägiger Rückfall.

Von zentralem Interesse der Studie waren jedoch nicht nur die Gesamtrückfallquoten der untersuchten Stichprobe, sondern vor allem die Rückfallquoten nach den verschiedenen Arten der das Strafverfahren abschließenden Entscheidung.[938] Bei der Unterscheidung, ob die Staatsanwaltschaft oder das Gericht das Verfahren beendete, ergaben sich noch keine gravierenden Unterschiede hinsichtlich der Rückfälligkeit. Jedoch traten bei den Entscheidungen durch das Gericht große Unterschiede dahingehend auf, dass 29 % der verurteilten Probanden, aber nur 19 % der Probanden, bei denen das Gericht das Verfahren ohne Verurteilung abschloss, rückfällig wurden.

---

937 Dass die Anzahl der erneut Auffälligen, für die auch eine Folgeeintragung im Bundeszentralregister vermerkt war mit 48 geringer ist als die Anzahl der Rückfalltäter (n = 62), ist darauf zurückzuführen, dass die Rückfälligkeit anhand des bundesweiten Bundeszentralregisters, die erneute Auffälligkeit jedoch nur mit Hilfe der bei den Staatsanwaltschaftlichen Braunschweig, Göttingen und Hannover geführten Verfahrensregister erfasst wurde.

938 Vgl. F.II.1.b), insbesondere Tabelle 27.

Bei Berücksichtigung nur der Verfahren, welche nicht mit einer Verurteilung abgeschlossen wurden, ist hingegen die Rückfallquote nach einer Verfahrensbeendigung durch die Staatsanwaltschaft mit 29 % deutlich höher als nach einer Verfahrensbeendigung durch das Gericht mit 19 %. Dieser Unterschied wurde auch bei der weitergehenden Differenzierung dahingehend, ob die Strafverfolgungsbehörden bei Verfahrensabschluss von der Tatbegehung durch den Probanden ausgingen[939], festgestellt. Während bei der Bejahung der Tatbegehung nach Verfahrensabschluss durch die Staatsanwaltschaft 26 % der Probanden rückfällig wurden, lag die Rückfallquote nach der Verfahrensbeendigung durch das Gericht bei 19 %. Stellt man darauf ab, ob das Verfahren bei Bejahung der Tatbegehung für den Probanden folgenlos beendet wurde oder die Verfahrensbeendigungen mit der Auferlegung von Weisungen oder Auflagen, erzieherischen Maßnahmen bzw. mit dem Erlass eines Strafbefehls verbunden war, tritt ein noch deutlicherer Unterschied auf. Nach einer für den Probanden folgenlosen Verfahrenserledigung wurden 37 % der Probanden rückfällig und nach den mit Folgen verbundenen verfahrensabschließenden Entscheidungen wurden nur 15 % der Probanden rückfällig. Bei Zunahme der Reaktionsschwere durch Einschaltung des Gerichts und/oder einem mit Folgen verbundenen Verfahrensabschluss, sinkt demnach die Rückfallquote der Probanden.

Wenn die Ergebnisse anderer Rückfalluntersuchungen hinsichtlich verurteilter Täter mit den Rückfallquoten dieser Untersuchung übereinstimmen würden, müsste die Verurteilung als ein Wendepunkt für die Rückfallwahrscheinlichkeit betrachtet werden. Denn im Gegensatz zur Abnahme der Rückfallwahrscheinlichkeit mit Zunahme der Reaktionsschwere bei nicht verurteilten Probanden nimmt die Rückfallgefahr ausweislich der Ergebnisse in anderen Studien mit Zunahme der Sanktionsschwere bei verurteilten Probanden zu.[940] Von den 229 Probanden mit einem ausreichend langen Bewährungszeitraum wurden jedoch nur 23 Probanden in der Bezugsentscheidung verurteilt, wobei nur drei Probanden eine Geldstrafe erhielten. Wegen dieser geringen Fallzahlen war es nicht möglich, die Rückfallquoten in Abhängigkeit von der verhängten Sanktion zu überprüfen bzw. die ermittelten Quoten zu werten und den Ergebnissen anderer Studien gegenüberzustellen.

---

939 Dies wurde bei einer Einstellung gem. §§ 153 ff. StPO bzw. §§ 45, 47 JGG oder dem Erlass eines Strafbefehls angenommen.

940 Vgl. hinsichtlich der Rückfallwahrscheinlichkeit in Abhängigkeit von der Sanktionsschwere: *Berckhauer/Hasenpusch* 1982, 286; *Jehle* 2003, 389, 402; *Streng* 1997, Rn.273 ff.

5. Rückfallfaktoren

Anhand von statistischen Verfahren und Signifikanztests konnten eine Reihe von Faktoren ermittelt werden, die mit einem nichteinschlägigen Rückfall der Probanden in einem Zusammenhang stehen. Bezüglich der einschlägigen Rückfälle konnten aufgrund der kleinen Fallzahlen[941] keine statistischen Tests durchgeführt werden, jedoch fielen auch hier Unterschiede zu den nicht rückfälligen und den mit nur sonstigen Delikten rückfälligen Probanden auf.

So waren die auch einschlägig rückfälligen Probanden sowohl bei der Tatbegehung als auch bei der ersten im Bundeszentralregister vermerkten Straftat und dem ersten registrierten Sexualdelikt jünger als die nicht rückfälligen Probanden. Wie auch andere Untersuchungen bereits ergeben hatten, war von den einschlägig Rückfälligen ein erheblich größerer Anteil der Probanden zum Zeitpunkt der Bezugssache wegen der Begehung einschlägiger sowie nicht einschlägiger Delikte bereits vorbestraft. Von den vorbestraften einschlägig rückfälligen Probanden musste jedoch erst ein Proband eine Freiheitsstrafe verbüßen, was nicht den Erwartungen entsprach.[942] Dagegen erfolgte bei den einschlägig rückfälligen Probanden häufiger als bei den nicht rückfälligen und den mit nur sonstigen Delikten rückfälligen Probanden eine Freiheitsentziehung im Ermittlungsverfahren durch Untersuchungshaft oder die Unterbringung in einem psychiatrischen Krankenhaus. Außerdem lebte nur ein Proband zum Bezugszeitpunkt mit einem Lebenspartner zusammen, die meisten Probanden lebten allein und waren weder verheiratet noch hatten sie eine feste Beziehung. Hinsichtlich der Merkmale der Bezugstat und der Täter-Opfer-Beziehung unterschieden sich die einschlägig Rückfälligen sowohl von den nicht Rückfälligen als auch von den mit nur sonstigen Delikten Rückfälligen. Es handelte sich überwiegend um Sexualstraftaten ohne Körperkontakt auf öffentlichen Plätzen, wobei bei der Hälfte der einschlägig rückfälligen Probanden von den Delikten mehr als ein Opfer betroffen waren. Die Probanden waren während der Bezugstat auch häufiger alkoholisiert als die der anderen zwei Probandengruppen. Bedingt durch die Art der Sexualdelikte der Bezugssache handelte es sich bei den Opfern ebenfalls sehr häufig um den Probanden fremde Kinder.

Signifikante Unterschiede konnten zwischen den nicht rückfälligen und mit nur sonstigen Delikten Rückfälligen Probanden auch hinsichtlich der Vorstrafenbelastung sowie des Alters bei der ersten begangenen Straftat, der ersten begangenen Sexualstraftat und dem Bezugsdelikt festgestellt werden. Die mit nur sonstigen Delikten Rückfälligen waren zu den genannten Zeitpunkten jeweils jünger

---

[941] Nur acht Probanden begingen innerhalb des Bewährungszeitraums einschlägige Rückfalltaten.

[942] Vgl. F.II.5.a)aa)(4)(b).

als die nicht Rückfälligen. Bei den mit sonstigen Delikten Rückfälligen wurde eine höhere Vorstrafenbelastung als bei den nicht rückfälligen Probanden festgestellt, wobei bezüglich der Vorstrafenbelastung insgesamt, d.h. unter Einbeziehung aller begangenen Delikte, und der nicht einschlägigen Delikte die Unterschiede höchst signifikant waren. Der Unterschied bei den einschlägigen Delikten war jedoch nicht signifikant. Für die Rückfälligkeit mit sonstigen Delikten war aber nicht nur von Bedeutung, ob die Probanden bereits vorbestraft war, sondern auch die Anzahl der Vorstrafen spielte eine Rolle. Bei bis zu zwei Eintragungen stieg die Rückfallgefahr zunächst, bei der weiteren Zunahme der Vorstrafen sank die Rückfallgefahr allerdings wieder leicht ab. Daneben hatte die Geldstrafe als Sanktion der Vorverurteilungen einen rückfallmindernden Einfluss.

Zwischen den nicht rückfälligen und den mit nur sonstigen Delikten rückfälligen Probanden ließen sich in Bezug auf die Merkmale der vorgeworfenen Tatbegehung in der Bezugssache und der Täter-Opfer-Beziehung kaum signifikante Unterschiede feststellen. Lediglich die Häufigkeit der Tatbegehung war von Bedeutung. Bei den nur sonstig Rückfälligen kam es signifikant häufiger nur zu einer einmaligen Vornahme der sexuellen Handlungen und bei mehrmaliger Tatbegehung in der Bezugssache erstreckten sich die Sexualstraftaten der nicht Rückfälligen über einen längeren Zeitraum als bei den nur sonstig Rückfälligen.

Hinsichtlich der die Lebenssituation des Probanden zum Zeitpunkt der Bezugstat betreffenden Faktoren wirkte sich die Gründung einer Familie durch Heirat und Geburt eines Kindes als auch das Eingebundensein im Berufsleben rückfallmindernd aus, wohingegen von den mit sonstigen Delikten Rückfälligen signifikant mehr Probanden arbeitslos waren als von den nicht Rückfälligen.

Nach der Ermittlung einer Vielzahl von Faktoren, welche die nicht rückfälligen und die mit nur sonstigen Delikten rückfälligen Probanden signifikant voneinander unterscheiden, wurde mittels der Diskriminanzanalyse die Bedeutung der einzelnen Faktoren überprüft.[943] Anhand der schrittweisen Methode wurde festgestellt, dass die nicht einschlägige Vorstrafenbelastung, das Alter des Probanden bei Tatbegehung der Bezugssache und die Frage, wer die das Strafverfahren abschließende Entscheidung traf (Staatsanwaltschaft oder Gericht), von allen Faktoren am besten geeignet sind, die Rückfälligkeit vorherzusagen. Durch diese drei Merkmale konnten allerdings nur 65 % der Probanden den Gruppen „Rückfall“ und „kein Rückfall“ zugeordnet werden. Die Merkmale sind demnach für sich allein nicht geeignet, eine verlässliche Prognose zu treffen. Bei Berücksichtigung aller signifikanten Merkmale ergibt sich eine Vorhersagege-

[943] Zu den Ergebnissen ausführlich F.II.5.c).

nauigkeit der Rückfälligkeit von 74 %. Dies ist aber auf eine viel kleinere Stichprobe, die bei der Diskriminanzanalyse berücksichtigt wurde[944], zurückzuführen. Wenn man im Blick behält, welche Folgen mit einer falschen Prognose der Rückfälligkeit für die betroffenen Personen – sowohl für die Opfer bei einer falsch negativen als auch für die Probanden bei einer falsch positiven Prognose – verbunden sind, erscheint eine Fehlerquote von einem Viertel zu hoch.

6. Kriminelle Karriere

Ferner wurde die kriminelle Karriere der Probanden untersucht. Hierbei wurden alle 276 Probanden der Stichprobe einbezogen, für die Auskünfte aus dem Bundeszentralregister erteilt wurden.

Bei der Hälfte der Probanden handelte es sich um einmalauffällige Probanden, d.h. neben der Bezugsentscheidung war keine weitere Eintragung im Auszug des Bundeszentralregisters eingetragen. Dies heißt jedoch noch nicht, dass die andere Hälfte der Probanden auch eine kriminelle Karriere eingeschlagen hat. Da durch die Stichprobe Personen erfasst wurden, gegen die ein Ermittlungsverfahren wegen des Verdachts des sexuellen Kindesmissbrauchs bestand, müssen die Probanden herausgefiltert werden, denen die Tatbegehung nicht nachgewiesen werden konnte, sofern für diese Probanden nicht mehrere Eintragungen im Bundeszentralregister vermerkt waren. Denn von einer kriminellen Karriere kann man nur sprechen, wenn eine Person mehrere Straftaten begeht. Danach haben 109 (40 %) Probanden der Stichprobe eine kriminelle Karriere im Sinne von Mehrfachauffälligkeit eingeschlagen. Eine kriminelle Karriere mit Sexualstraftaten wurde bei 25 (9 %) der Probanden festgestellt. Das Abstellen auf die Eintragungen im Bundeszentralregister und damit auf die erfolgten Sanktionierungen kann dazu führen, dass die Anzahl der kriminellen Karrieren unterschätzt wird, da den Entscheidungen der Strafverfolgungsbehörden nicht immer nur die Begehung einer einzigen Straftat zugrunde liegt. Häufig werden auch in Tatmehrheit begangene Delikte abgeurteilt.[945]

Die Probanden begannen die kriminelle Karriere bereits sehr früh. Der überwiegende Teil der Probanden lassen sich in Anlehnung an die Terminologie von *Yoshimasu*[946] als Frühkriminelle bezeichnen, d.h. sie begingen bereits im Alter

[944] Das Programm bezieht in die Berechnungen nur Probanden ein, für die bei allen einbezogenen Variablen Angaben vorhanden waren. Konnte anhand der Strafakten auch nur ein Merkmal nicht ermittelt werden, wurde der Proband nicht berücksichtigt.

[945] Aufgrund der Ungenauigkeit der Angaben im Bundeszentralregister (Vgl. E.VI.3.) wurde davon abgesehen, auf § 53 abzustellen.

[946] *Yoshimasu* 1975, 691, 699. Vgl. F.II.4.b)aa).

von unter 25 Jahren die erste Straftat. Den Sexualdelikten gingen häufig die Begehung anderer Straftaten voraus, so dass bei Begehung des ersten Sexualdeliktes demgegenüber nur sehr wenige Karrieretäter noch keine 25 Jahre alt waren.

Die Dauer der kriminellen Karriere lag durchschnittlich bei 11 ½ Jahren, wobei sie sich aber auch auf einen Zeitraum bis zu 50 Jahren erstreckte. Mit zunehmender Dauer der kriminellen Karriere nimmt notwendigerweise die Anzahl der erfolgten Sanktionierungen zu, die durchschnittliche Anzahl der Verurteilungen pro Jahr nimmt dabei jedoch ab. D.h. zwischen den einzelnen Delikten liegt mit zunehmender Dauer der kriminellen Karriere auch mehr Zeit, die Tatintensität verringert sich demzufolge. Dies kann darauf zurückzuführen sein, dass mit zunehmender Dauer der kriminellen Karriere und damit auch zunehmender Zahl der Sanktionierungen zugleich die Schwere der Sanktionierungen zunimmt. Werden die Täter jedoch mit einer Jugend- oder Freiheitsstrafe verurteilt, haben sie während der Strafvollstreckung nicht mehr die Möglichkeiten, Straftaten wie in Freiheit zu begehen. Bei einer Strafaussetzung zur Bewährung wird zunächst auch die Bemühung ein straffreies Leben zu führen im Vordergrund stehen, um einen Widerruf zu vermeiden.

Bei der Mehrheit der Karrieretäter stieg die Sanktionsschwere im Verlauf der kriminellen Karriere auch an, wobei am häufigsten eine Jugend- oder Freiheitsstrafe mit Strafaussetzung zur Bewährung verhängt wurde. Eine Jugend- oder Freiheitsstrafe, die vollstreckt werden musste, wurde jedoch fast genauso häufig verhängt. Hinsichtlich der Sanktionierungen wegen der Begehung von Sexualstraftaten ergibt sich ebenfalls bei den meisten Probanden eine Eskalation, wobei mit der schwersten Sanktion überwiegend ein Freiheitsentzug durch Haft oder Unterbringung verbunden war. Erwähnenswert scheint, dass der Verlauf der Sanktionsschwere bei den Sexualdelikten nur in 44 % der Fälle mit dem Verlauf der Tatschwere übereinstimmte. Verständlich erscheinen die Verläufe, bei denen die Sanktionsschwere trotz gleich bleibender Tatschwere zunahm, da die bisherigen Sanktionen noch nicht ausreichend auf den Täter eingewirkt zu haben scheinen. Mit den Informationen aus den Auszügen des Bundeszentralregisters ist jedoch nicht nachvollziehbar, warum bei einem Anstieg der Tatschwere die Sanktionsschwere abnahm.

Mit Hilfe der Bundeszentralregisterauszüge gestaltet sich die Analyse des Deliktschwereverlaufs recht schwierig. Es kann bei den Sexualstraftaten nur auf die wenigen Kriterien abgestellt werden, die sich aus den angegebenen Normen ergeben. Dies sind insbesondere das Alter des Opfers, der Körperkontakt zwischen Täter und Opfer sowie das Einsetzen von Gewalt oder Drohung bei der Tat. Anhand dieser Merkmale ließ sich bei 10 der 25 Probanden eine Steigerung der Tatschwere bei den Sexualdelikten feststellen. Bei genauerem Hinsehen relativiert sich dieses Bild jedoch. Bei fünf Probanden fand eine Steigerung dahingehend statt, dass die Täter exhibitionistische Handlungen auch vor Kindern vornahmen, nachdem dies bereits vor Erwachsenen geschah. Eine bedenkliche Steigerung fand demgegenüber bei 20 % der Täter statt, die mehrere Sexualstraftaten verwirklichten. Zwei der Täter begannen ihre Karriere mit exhibitionistische Handlungen sowohl vor Erwachsenen als auch vor Kindern. Anschließend wurde einer der Täter wegen sexuellem Missbrauch von Kindern mit Körperkontakt und der zweite wegen einer sexuellen Nötigung verurteilt. Bei den drei anderen Tätern war bereits das Einstiegsdelikt ein sexueller Missbrauch von Kindern mit Körperkontakt. Es folgte bei einem Täter eine sexuelle Nötigung einer erwachsenen Person und von den anderen beiden Tätern wurde mit dem Kind der Beischlaf vollzogen. Gemessen an der Gesamtstichprobe ist eine Steigerung der Tatintensität demnach jedoch nur bei 2 % der Probanden aus dem Bundeszentralregister ermittelt worden.

II. Schlussfolgerungen

Mit der Untersuchung wurde eine Lücke in der bisherigen Rückfallforschung bei Sexualstraftaten geschlossen, indem in die Stichprobe nicht nur verurteilte Täter einbezogen, sondern die eines sexuellen Missbrauchs Beschuldigten unabhängig vom Ausgang des Strafverfahrens erfasst wurden. Der Untersuchung waren aber aufgrund der gesetzlichen Regeln auch Grenzen gesetzt. Wie auch bei anderen Studien konnte die Legalbewährung nur anhand von Auszügen aus dem Bundeszentralregister ermittelt werden. Diese haben jedoch nur eine begrenzte Aussagekraft hinsichtlich der erneuten Straffälligkeit der Probanden, weil fast ausschließlich nur Verurteilungen im Register vermerkt sind.[947] Von den Verfahren wegen eines sexuellen Missbrauchs von Kindern wurden jedoch in der Bezugssache weniger als ein Drittel mit einer Verurteilung beendet. Zwar liegt die Vermutung nahe, dass bei einem einschlägigen Rückfall das Verfahren nicht nochmals eingestellt wird, dies konnte jedoch nicht bestätigt werden. Bereits die Auskunft aus den bei den Staatsanwaltschaften Braunschweig, Göttingen und Hannover geführten Verfahrensregistern ergab, dass viel mehr Probanden erneut auffällig geworden sind, als aus dem Bundeszentralregister als rückfällig hervorgingen.[948]

Um zumindest das Hellfeld der nach der Bezugsentscheidung erneut begangenen Sexualstraftaten zu erfassen, wäre die Einsicht in das Zentrale Staatsanwaltschaftliche Verfahrensregister erforderlich. Dies ist derzeit jedoch nicht mög-

---

947 Zum Inhalt des Bundeszentralregisters vgl. E.II.2.
948 30 gegenüber 8 Probanden.

lich, da nach § 492 Absatz 3 Satz 2 StPO Auskünfte aus dem Verfahrensregister nur Strafverfolgungsbehörden für Zwecke eines Strafverfahrens erteilt werden dürfen. Begrüßenswert ist deshalb die aus dem Ersten Periodischen Sicherheitsbericht zu entnehmende Erwägung der Bundesregierung, die Daten des Zentralen Staatsanwaltschaftlichen Verfahrensregisters zukünftig auch für statistische Zwecke nutzbar zu machen und den Ländern eine Öffnung für wissenschaftliche Forschungsvorhaben vorzuschlagen.[949] Dies allein genügt jedoch noch nicht. Notwendig ist eine Gesetzesänderung der Strafprozessordnung. In § 492 Absatz 3 Satz 2 StPO sollte das Wort „nur“ gestrichen und dem § 492 StPO ein dem § 487 Absatz 4 StPO entsprechender Absatz in der folgender Form hinzugefügt werden: „Auskünfte aus dem Verfahrensregister dürfen auch für wissenschaftliche Zwecke erteilt werden. § 476 StPO gilt entsprechend“. Ein Eingriff in die Rechte der Betroffenen ist hierdurch nicht gegeben, da bereits nach § 487 Absatz 4 StPO Auskünfte aus den bei den einzelnen Staatsanwaltschaften geführten Verfahrensregistern für wissenschaftliche Zwecke erteilt werden dürfen. Eine Erweiterung der Einsicht in das Zentrale Staatsanwaltschaftliche Verfahrensregister für Forschungszwecke würde für empirisch-kriminologische Forschungsprojekte zu einer Zeit- und Kostenersparnis führen, da nicht jede Staatsanwaltschaft einzeln kontaktiert werden müsste.

Die in dieser Untersuchung anhand des Bundeszentralregisters ermittelten Rückfallquoten sind verhältnismäßig gering: 28 % der Probanden wurden rückfällig, wobei nur 4 % der Probanden mit einem Bewährungszeitraum von mindestens vier Jahren erneut Sexualstraftaten begingen. Insbesondere im Vergleich zu einer Untersuchung von *Elz* (Kriminologische Zentralstelle Wiesbaden)[950] fallen diese Werte sehr gering aus. Bei diesem Vergleich muss allerdings berücksichtigt werden, dass die Stichproben anders gebildet wurden. So hat *Elz* zwar auch auf einen Bewährungszeitraum abgestellt, jedoch auch alle rückfälligen Probanden einbezogen, die noch keinen ausreichend langen Bewährungszeitraum aufwiesen. Bei Abstellen auf eine solche Stichprobenbildung sind die Rückfallquoten dieser Untersuchung immer noch deutlich geringer als die von *Elz* ermittelten.[951] Es ist jedoch außerdem zu berücksichtigen, dass *Elz* die Stichprobe anhand von Bundeszentralregisterauszügen ermittelte, indem aus den im Jahr 1996 erteilten Auskünften Verfahren aus dem Jahr 1987 ausgewählt wurden. Bereits nach fünf Jahren erfolgen indessen bereits die ersten Tilgungen im Bundeszentralregister[952], so dass nicht alle wegen begangener Sexualstraftaten im Jahr 1987 erfolgten Verurteilungen noch im Jahr 1996 im Bundeszentralregister vermerkt

---

949 PSB 2001, 601.
950 *Elz* 2001, 202: 53 % Rückfall insgesamt, 22 % einschlägiger Rückfall.
951 Vgl. F.II.1.a).
952 Vgl. E.II.2.

waren. Es finden sich lediglich noch Eintragungen bei den Probanden, die zu einer Jugend- oder Freiheitsstrafe von mehr als einem Jahr verurteilt wurden oder die nach der Bezugssache erneut rückfällig geworden sind. Dies führt aber in der Untersuchung von Elz zu einer Überschätzung des Anteils der schwerwiegenden Sexualdelikte sowie der Rückfallquote.

Ungeachtet dieser Schwierigkeiten bei der Vergleichbarkeit der Untersuchungen kann aufgrund der großen Unterschiede der ermittelten Werte jedoch festgehalten werden, dass die Rückfallquoten der *verurteilten* Täter eines sexuellen Missbrauchs von Kindern deutlich höher sind als die Rückfallquoten der eines sexuellen Missbrauchs von Kindern *beschuldigten* Personen.

Die geringen Rückfallquoten und die Untersuchungsergebnisse dahingehend, dass bei den Probanden keine generelle Steigerung der Deliktsschwere bei den Sexualdelikten feststellbar war, insbesondere Exhibitionisten in der Regel nicht auf Sexualstraftaten mit Körperkontakt umschwenkten, stehen dem Umgang mit den Sexualstraftätern in der Öffentlichkeit entgegen. Anhand der Untersuchungsergebnisse und den Informationen aus den Statistiken ist es nicht gerechtfertigt, dass wie in der bisherigen Form tagtäglich in den Medien über an Kindern begangene Sexualstraftaten berichtet und auf die Rückfallgefahr hingewiesen wird. Denn die Sexualstraftaten machen an der Gesamtkriminalität nur einen sehr kleinen Teil von nicht einmal einem Prozent aus. Außerdem ist die einschlägige Rückfallgefahr von Sexualstraftätern deutlich geringer als bei anderen Delikten. In der Bevölkerung entsteht aufgrund der Medienberichterstattung ein völlig anderes Bild. Es wird angenommen, dass die Anzahl der begangenen Delikte stark zugenommen hat und fast jeder Sexualstraftäter erneut einschlägige Delikte begeht. Die dann dadurch entstehende Verbrechensfurcht und Forderung nach härteren Strafen in der Bevölkerung ist vor diesem Hintergrund nur verständlich. Nicht verständlich ist dagegen die Reaktion der Politik hierauf mit immer neuen Gesetzgebungsverfahren zu reagieren und die Strafen heraufzusetzen, weil Straferhöhungen nach den bislang vorliegenden Erkenntnissen der Kriminologie keine Abschreckung vor Begehung der Taten bewirken.

Aufgabe der Medien als auch der Politik ist es vielmehr, die Menschen über die Wirklichkeit der begangenen Sexualstraftaten und deren Täter aufzuklären. Die Politik muss darüber hinaus darum bemüht sein, die bestehenden Probleme tatsächlich anzugehen und sich nicht auf publikumswirksame, zum Teil aber für die Problemlösung uneffiziente, Aktionen zu beschränken. So ist beispielsweise die aufgrund des Gesetzes zur Änderung der Vorschriften über die Straftaten gegen die Sexuelle Selbstbestimmung und zur Änderung anderer Vorschriften vom 27.12.2003 erfolgten Anhebung der Mindeststrafe für den sexuellen Missbrauch ohne Körperkontakt von einer Geldstrafe auf eine Freiheitsstrafe von mindestens drei Monaten nicht nachvollziehbar. Zwar handelt es sich hierbei um die Tätergruppe mit der größten Rückfallwahrscheinlichkeit, jedoch ist bei diesen Tätern nach den vorliegenden Befunden nicht zu befürchten, dass sie bei ihren Rückfalltaten schwerwiegendere Delikte vornehmen. Exhibitionisten beschränkten sich vielmehr typischerweise auf die Begehung exhibitionistischer Handlungen. Bei diesen Tätern, die sich zwar moralisch vorwerfbar verhalten, sich jedoch eher am Rande der Ordnungswidrigkeiten bewegen, kann man nicht von den eigentlich gefährlichen Sexualstraftätern sprechen.

Bei den schwerwiegenden Sexualdelikten, d.h. wenn der Täter dass Kind dergestalt missbraucht, dass er den Geschlechtsverkehr vollzieht oder ähnlich schwere sexuelle Handlungen vornimmt, stellt sich das Problem, dass die deswegen durchgeführten Strafverfahren wegen Beweisschwierigkeiten sehr häufig eingestellt werden. Die hiervon ausgehenden Folgen für die Opfer sind nicht zu unterschätzen. Zum einen verstehen Kinder noch nicht den strafverfahrensrechtlichen Hintergrund der Unschuldsvermutung. Sie haben vielmehr das Gefühl, dass ihnen niemand glauben würde. Zum anderen handelt es sich bei den von dem mit Körperkontakt verbundenen sexuellen Missbrauch betroffenen Kindern überwiegend um Bekannte oder Verwandte des Täters. Dies bedeutet, dass die Täter auch weiterhin die Möglichkeit haben die Kinder zu missbrauchen. Diese werden wiederum nach den bereits gemachten Erfahrungen mit der Strafverfolgung von einer erneuten Anzeige absehen. Hier besteht die Hoffnung, dass den Kindern unabhängig von der Bestrafung des Täters von Seiten des Jugendamtes Hilfe bekommen. Jedoch waren die Informationen aus den Akten diesbezüglich, soweit überhaupt vorhanden, nicht sehr beruhigend. Auch wenn das Jugendamt bereits vor Verfahrenseinleitung über den Verdacht des sexuellen Missbrauchs informiert wurde, reagierte es nicht in adäquater Weise.[953] So war den Akten z.B. zu entnehmen, dass ein Mädchen aus der Familie herausgenommen wurde, weil der Verdacht bestand, ihr Vater würde sie sexuell missbrauchen. Am Wochenende wurde sie jedoch nach Hause geschickt, wo dann erneut sexuelle Übergriffe stattfanden.

Auch wenn die einschlägige Rückfallquote relativ gering ist, muss trotzdem auch weiterhin versucht werden, die Prognose zu verbessern, um bei bestehender Rückfallgefahr entsprechend reagieren zu können. Bei einem sexuellen Missbrauch eines Kindes ist bereits jeder Rückfall einer zuviel. Zwar handelt sich bei der Prognose künftigen Verhaltens um eine Wahrscheinlichkeitsaussage, bei der eine immer zutreffende Einschätzung aufgrund vieler unabwägbarer Ereignisse nicht erfolgen kann. Die Untersuchung hat jedoch aufgezeigt, dass mit den in den Strafverfahrensakten gewonnen Informationen eine hinreichende

[953] So auch *Elz* 2001, 299.

Prognose nicht getroffen werden kann. Insbesondere die für einen einschlägigen Rückfall relevanten Faktoren aus der Vergangenheit der Probanden wurden von den Strafverfolgungsbehörden nicht in Erfahrung gebracht. Die Prognoseerstellung wird von der Justiz vornehmlich als Aufgabe von Psychologen und Psychiatern angesehen. Zwar ist es unverhältnismäßig und nicht möglich in jedem wegen des Verdachts eines sexuellen Kindesmissbrauchs durchgeführten Verfahren einen Sachverständigen mit der Prognoseerstellung zu beauftragen. Auch fehlt den mit der Strafverfolgung betrauten Juristen auf diesem komplexen Gebiet überwiegend die notwendige Fachkenntnis. Weil außerdem für einen einschlägigen Rückfall von Sexualstraftätern nicht die allgemeinen Rückfallkriterien gelten, würde es sich aber anbieten, den Staatsanwälten und Richtern eine kurze „Checkliste“ mit den für einen einschlägigen und für einen nichteinschlägigen Rückfall prognostisch relevanten Faktoren an die Hand zu geben, mit der sie eine Hilfe für eine Zeit und Kosten sparende Einschätzung der Rückfallwahrscheinlichkeit des jeweiligen Beschuldigten oder Angeklagten hätten. Bei den bereits entwickelten Prädiktorenskalen im deutschsprachigen Raum ist noch nicht davon auszugehen, dass Juristen diese im Verlauf des Strafverfahrens ohne viel Zeitaufwand mit ihren Kenntnissen anwenden können, da diese für die psychologisch-psychiatrische Begutachtung entwickelt wurden. Es wäre deshalb sinnvoll eine Prädiktorenliste explizit für Juristen zu erstellen, die ähnlich wie die in Zusammenarbeit mit dem Kanadier *Hanson* entwickelten Skalen[954] gestaltet werden könnten. Die Staatsanwälte sollten hierbei mit einbezogen werden, weil auch sie mehrere Entscheidungsmöglichkeiten haben, bei denen die Rückfallgefahr abgewogen werden muss. Die Untersuchung hat insbesondere gezeigt, dass bei Beendigungen des Strafverfahrens ohne Verurteilung gerade nach der Verfahrenseinstellung durch die Staatsanwaltschaft eine höhere Rückfallgefahr besteht als nach der Verfahrensbeendigung durch das Gericht. So ist z.B. bei einer Einstellung nach § 170 Absatz 2 StPO die Rückfallgefahr nicht unerheblich. Bei der Entscheidung, ob das Verfahren mangels hinreichenden Tatverdachts eingestellt oder die Anklage erhoben werden soll, ist maßgeblich, ob eine Verurteilung des Beschuldigten mit Wahrscheinlichkeit zu erwarten ist. Bei den Sexualdelikten, bei denen in der Regel nur das betroffene Kind und der Beschuldigte genau wissen, was geschehen ist, werden sehr häufig Beweisschwierigkeiten bestehen. Die Wahrscheinlich einer Verurteilung bedeutet jedoch nicht, dass keine Zweifel an der Tatbegehung bestehen dürfen. Deshalb kann die endgültige Aufklärung des Sachverhalts, wie z.B. bei sich widersprechenden Aussagen von potentiellem Opfer und Beschuldigtem, der Hauptverhandlung überlassen werden. Bei rückfallgefährdeten Beschuldigten könnte demzufolge erwogen werden, ob nicht eine Entscheidung des Gerichts herbeizuführen ist.

[954] Vgl. C.II.2.a).

Die kriminologischen Befunde müssen im Gesetzgebungsverfahren und bei der staatsanwaltschaftlichen Erledigungen der wegen des Verdachts einer Sexualstraftat eingeleiteten Ermittlungsverfahren stärker berücksichtigt werden. Gerade im Interesse der von den Sexualdelikten betroffenen Kindern dürfen die Bemühungen um die weitere Verbesserung des empirisch fundierten Opferschutzes nicht nachlassen.

Literaturverzeichnis

Abel, Maria Henriette: Vergewaltigung: Stereotypen in der Rechtsprechung und empirische Befunde, Weinheim und Basel 1988.

Albrecht, Günter: Möglichkeiten und Grenzen der Prognose „krimineller Karrieren", in: DVJJ (Hrsg.): Mehrfach Auffällige - Mehrfach Betroffene. Erlebnisweisen und Reaktionsformen, Bonn 1990, S.99-116.

Albrecht, Hans-Jörg: Die Determinanten der Sexualstrafrechtsreform, ZStW 1999, S.863-888.

Albrecht, Hans-Jörg: Öffentliche Meinung, Kriminalpolitik und Kriminaljustiz, in: Walter, Michael / Kania, Harald / Albrecht, Hans-Jörg (Hrsg.): Alltagsvorstellungen von Kriminalität. Individuelle und gesellschaftliche Bedeutung von Kriminalitätsbildern für die Lebensgestaltung, Münster 2004, S.491-520.

Amelang, Manfred: Sozial abweichendes Verhalten: Entstehung – Verbreitung – Verhinderung, Berlin u.a. 1986.

Armstrong, Louise: Kiss Daddy Goodnight, Aussprache über Inzest, Frankfurt a.M. 1985.

Atteslander, Peter: Methoden der empirischen Sozialforschung, 10. Auflage, Berlin, New York 2003.

Auer, Ulrich u.a.: Qualitative und Quantitative Untersuchung forensicher Gutachten bei Sexualstraftaten, in: Lamnek, Siegfried / Boatcă, Manuela: Geschlecht – Gewalt – Gesellschaft, Opladen 2003, S.489-506.

Backhaus, Klaus / Erichson, Bernd / Plinke, Wulff / Weiber, Rolf: Multivariate Analysemethoden. Eine anwendungsorientierte Einführung, 10. Auflage, Berlin 2003.

Bange, Dirk: Die dunkle Seite der Kindheit. Sexueller Mißbrauch an Mädchen und Jungen. Ausmaß - Hintergründe - Folgen, 1. Auflage, Köln 1992.

Bange, Dirk / Deegener, Günther: Sexueller Mißbrauch an Kindern. Ausmaß, Hintergründe, Folgen, Weinheim 1996.

Bannenberg, Britta: Alternativ-Entwurf Reform des Ermittlungsverfahrens (AE-EV). Entwurf eines Arbeitskreises deutscher, österreichischer und schweizerischer Strafrechtslehrer (Arbeitskreis AE), München 2001.

Barton, Stephan: Der psychowissenschaftliche Sachverständige im Strafverfahren, Heidelberg 1983.

Baumann, Karl-Heinz / Maetze, Winfried / Mey, Hans-Georg: Zur Rückfälligkeit nach Strafvollzug: Legalbewährung von männlichen Strafgefangenen nach Durchlaufen des Einweisungsverfahrens gem. § 152 Abs.2 StVollzG in Nordrhein-Westfalen, MschrKrim 1983, S.133-148.

Baurmann, Michael C. Sexualität, Gewalt und psychische Folgen. Eine Längsschnittuntersuchung bei Opfern sexueller Gewalt und sexueller Normverletzung anhand von angezeigten Sexualkontakten. 2. Auflage, Wiesbaden, 1996.

Beckemper, Katharina: Der Antrag auf Bestellung eines Pflichtverteidigers im Ermittlungsverfahren, NStZ 1999, 221-226.

Becker, Walter: Einführung in das neue Sexualstrafrecht, Hamm 1974.

Beier, Klaus: Dissexualität im Lebenslängsschnitt: Theoretische und empirische Untersuchungen zu Phänomenologie und Prognose begutachteter Sexualstraftäter, Berlin, Heidelberg, New York 1995.

Benninghaus, Hans: Einführung in die sozialwissenschaftliche Datenanalyse, 6. Auflage, München 2001.

Benz, Werner: Sexuell anstößiges Verhalten. Ein kriminologischer Beitrag zum Exhibitionismus (§ 183 StGB) und zur Erregung öffentlichen Ärgernisses (§ 183a StGB) sowie zu deren strafrechtlicher Problematik - mit einem rechtshistorischen und einem rechtsvergleichendem Überblick -, Lübeck 1982.

Berckhauer, Friedhelm / Hasenpusch, Burckhard: Legalbewährung nach Strafvollzug, Zur Rückfälligkeit der 1974 aus dem niedersächsischen Strafvollzug Entlassenen, in: Schwind, Hans-Dieter / Steinhilper, Gernot: Modell zur Kriminalitätsvorbeugung und Resozialisierung, Beispiele praktischer Kriminalpolitik in Niedersachsen, Heidelberg 1982, S.281-333.

Berner, Wolfgang: Institutionelle Therapie bei sexueller Delinquenz, in: Sigusch, Volkmar (Hrsg.): Sexuelle Störungen und ihre Behandlung, 3. Auflage, Stuttgart - New York 2001, S.501-516.

Berner, Wolfgang & Bolterauer, Johanna: 5-Jahres-Verläufe von 46 aus dem therapeutischen Strafvollzug entlassenen Sexualdelinquenten, R&P 1995, S.114-118.

Berner, Wolfgang & Karlick-Bolten, Edda: Verlaufsformen der Sexualkriminalität: 5-Jahres-Katamnesen bei 326 Sexualdelinquenten unter Berücksichtigung von Frühsozialisation, vorausgegangener Delinquenz, psychiatrisch-psychologischer Diagnostik und Therapie, Stuttgart 1986.

Berufsverband Deutscher Psychologen e.V.: Richtlinien für die Erstellung Psychologischer Gutachten, Bonn 2001.

Beulke, Werner: Strafprozessrecht, 7. Auflage, Heidelberg 2004.

Blankenburg, Erhard / Sessar, Klaus / Steffen, Wiebke: Die Staatsanwaltschaft im Prozeß strafrechtlicher Sozialkontrolle, Berlin 1978.

Blath, Richard: Möglichkeiten der Gestaltung der Personenstatistiken der Strafrechtspflege – ein Diskussionspapier –, in: Bundesministerium der Justiz und Kriminologische Zentralstelle (Hrsg.): Die Zukunft der Personenstatistiken im Bereich der Strafrechtspflege. Materialien und Diskussion einer Expertensitzung, Wiesbaden 1992, S.53-85.

Blath, Richard: Die Bedeutung einer Rückfallstatistik für die Strafrechtspolitik, in: Heinz, Wolfgang / Jehle, Jörg-Martin: Rückfallforschung, Wiesbaden 2004, S.133-144.

Blumstein, Alfred / Cohen, Jacqueline / Roth, Jeffrey A. / Visher, Christy A.: Criminal Careers and "Career Criminals", Volume I, Washington, D.C. 1986.

Boer, Douglas P. / Hart, Stephen D / Kropp, P. Randall / Webster, Christopher D.: Manual for the Sexual Violence Risk – 20, Professional Guidelines for Assessing Risk of Sexual Violence, Burnaby 1997.

Bohner, Gerd: Vergewaltigungsmythen. Sozialpsychologische Untersuchungen über täterentlastende und opferfeindliche Überzeugungen im Bereich sexueller Gewalt, Landau 1998.

Böhm, Bernhard: Hauptverhandlung und Legalbewährung. Eine rechtstatsächliche Untersuchung zur Legalbewährung nach Verfahrensexperimenten, München 1998.

Borg, Ingwer / Staufenbiel, Thomas: Theorien und Methoden der Skalierung: Eine Einführung, 3. Auflage, Bern 1997.

Bortz, Jürgen: Statistik für Sozialwissenschaftler, 5. Auflage, Berlin u.a. 1999.

Bräutigam, Walter / Clement, Ulrich: Sexualmedizin im Grundriss. Eine Einführung in Klinik, Theorie und Therapie der sexuellen Konflikte und Störungen, 3. Auflage, Stuttgart – New York 1989.

Brockhaus, Ulrike / Kolshorn, Maren: Sexuelle Gewalt gegen Mädchen und Jungen. Mythen, Fakten, Theorien, Frankfurt am Main - New York 1993.

Brosius, Felix: SPSS 12, Bonn 2004.

Brunner, Rudolf / Dölling, Dieter: Jugendgerichtsgesetz. Kommentar, 11. Auflage, Berlin – New York 2002.

Bruns, Hans-Jürgen: Das Recht der Strafzumessung. Eine systematische Darstellung für die Praxis, 2. Auflage, Köln - Berlin - Bonn - München 1985.

Bühl, Achim / Zöfel, Peter: SPSS 11. Einführung in die moderne Datenanalyse unter Windows, 8. Auflage, München 2002.

Bundeskriminalamt: Polizeiliche Kriminalstatistik Bundesrepublik Deutschland. Berichtsjahr 1984 - 2002, Wiesbaden - 2003.

Bundesministerium des Innern & Bundesministerium der Justiz: Erster Periodischer Sicherheitsbericht, Berlin 2001.

Bundschuh, Claudia: Pädosexualität. Entstehungsbedingungen und Erscheinungsformen, Opladen 2001.

Burger, Edith: Sexueller Mißbrauch von Kindern und Jugendlichen – Intervention und Prävention, Stuttgart - Berlin - Köln 1993.

Busse, Detlef / Volbert, Renate: Glaubwürdigkeitsgutachten in Strafverfahren wegen sexuellen Mißbrauchs. Ergebnisse einer Gutachtenanalyse, in: Greuel, Luise / Fabian, Thomas / Stadler, Michael (Hrsg.): Psychologie der Zeugenaussage. Ergebnisse der rechtspsychologischen Forschung, Weinheim 1997, S.131-142.

Busse, Jochen: Rückfalluntersuchung zum Täter-Opfer-Ausgleich. Eine statistische Untersuchung im Amtsgerichtsbezirk Lüneburg, Marburg 2001.

Bussius, Klaus-Peter: Tätertypologie und Prognose beim Exhibitionismus – Ergebnisse einer Auswertung von Schuldfähigkeitsbegutachtungen, Kiel 1996.

Bussmann, Kai-D.: Konservative Anmerkungen zur Ausweitung des Strafrechts nach dem Sechsten Strafrechtsreformgesetz, StV 1999, S.613-622.

Clauß, Günter / Finze, Falk-Rüdiger / Partzsch, Lothar: Statistik. Für Soziologen, Pädagogen, Psychologen und Mediziner. Grundlagen, 4. Auflage, Frankfurt am Main 2002.

Crossier, Sigrun: Zur Entwicklung von jugendlichen und heranwachsenden Delinquenten, in: Engel, Siegfried W. / Engelhardt, Dietrich von: Kriminalität und Verlauf. Literaturbericht – Ein System der Verlaufsforschung – Vier empirische Untersuchungen, Heidelberg 1978, S.231-279.

Dahle, Klaus-Peter: Kriminalprognosen im Strafrecht. Psychologische Aspekte individueller Verhaltensvorhersagen, in: Steller, Max / Volbert Renate (Hrsg.): Psychologie im Strafverfahren. Ein Handbuch, Bern u.a. 1997, S.119-140.

Dahle, Klaus-Peter: Straffälligkeit im Lebenslängsschnitt, in: Kröber, Hans-Ludwig / Dahle, Klaus-Peter (Hrsg.): Sexualstraftaten und Gewaltdelinquenz. Verlauf – Behandlung – Opferschutz, Heidelberg 1998, S.47-55.

Dahle, Klaus-Peter: Psychologische Begutachtung zur Kriminalprognose, in: Kröber, Hans-Ludwig / Steller, Max (Hrsg.): Psychologische Begutachtung im Strafverfahren. Indikationen, Methoden und Qualitätsstandards, Darmstadt 2000, S.77-11.

Denger, Burkhart: Kinder und Jugendliche als Zeugen im Strafverfahren wegen sexuellen Mißbrauchs in der Familie und deren Umfeld, ZRP 1991, S.48-51.

Dessecker, Axel: Veränderungen im Sexualstrafrecht. Eine vorläufige Bewertung aktueller Reformbemühungen, NStZ 1998, S.1-6.

Deutscher Richterbund: Handbuch der Justiz: Die Träger und Organe der rechtsprechenden Gewalt in der Bundesrepublik Deutschland, Hamburg u.a. 1998.

Diesing, Ulrich: Psychische Folgen von Sexualdelikten bei Kindern. Eine katamnestische Untersuchung, München 1980.

Dimneck, Bernd / Duncker, Heinfried: Zur Rückfallgefährdung durch Patienten des Maßregelvollzuges, R&P 1996, S.50-56.

Dittmann, Volker: Was kann die Kriminalprognose heute leisten?, in: Häßler, Frank / Rebernig, Elisabeth / Schnoor, Kathleen / Schläfke, Detlef / Fegert, Jörg Michael (Hrsg.): Forensische Kinder-, Jugend- und Erwachsenenpsychiatrie. Aspekte der forensischen Begutachtung, Stuttgart - New York 2003.

Dittmann, Volker / Reimer, Christian / Heinrichs, Wilfried: Erfahrungen von Juristen mit forensich-psychiatrischen Sachverständigen, Forensia 1988, S.219-229.

Dolde, Gabriele: Zur „Bewährung" der Sozialtherapie im Justizvollzug von Baden-Württemberg: Tendenzen aus einer neuen Rückfalluntersuchung, ZfStrVo 1996, S.290-297.

Dolde, Gabriele: Kriminelle Karrieren von Sexualstraftätern: Erscheinungs- und Verlaufsformen, Bewährung und Rückfall, ZfStrVo 1997, S.323-331.

Dölling, Dieter: Die Zweiteilung der Hauptverhandlung – Eine Erprobung vor Einzelrichtern und Schöffengerichten –, Göttingen 1978.

Dölling, Dieter: Probleme der Aktenanalyse in der Kriminologie, in: Kury, Helmut (Hrsg.): Methodologische Probleme in der kriminologischen Forschungspraxis, Köln u.a. 1984, S.265-281.

Dölling, Dieter: Sexueller Missbrauch von Kindern: Entwicklung der Gesetzgebung und Aufgaben der Kriminologie, in: Egg, Rudolf (Hrsg.), Sexueller Missbrauch von Kindern: Täter und Opfer, Wiesbaden 1999, S.19-41.

Dölling, Dieter: Täterbehandlung: Ende oder Wende? Eine Bilanz, in: Jehle, Jörg-Martin (Hrsg.): Täterbehandlung und neue Sanktionsformen. Kriminalpolitische Konzepte in Europa, Mönchengladbach 2000, S.21-48.

Dünkel, Friedrich / Geng, Bernd: Rückfall und Bewährung von Karrieretätern nach Entlassung aus dem sozialtherapeutischen Behandlungsvollzug und aus dem Regelvollzug, in: Steller, Max / Dahle, Klaus-Peter / Basqué, Monika: Straftäterbehandlung: Argumente für eine Revitalisierung in Forschung und Praxis(75-89), Pfaffenweiler 1994.

Duttge, Gunnar / Hörnle, Tatjana / Renzikowski, Joachim: Das Gesetz zur Änderung der Vorschriften über die Straftaten gegen die sexuelle Selbstbestimmung, NJW 2004, 1065-1072.

Eher, Reinhard: Zur kriminalprognostischen Begutachtung des Sexualstraftäters – die Bedeutung neuer nordamerikanischer Einflüsse, BewHi 2001, S.221-231.

Egg, Rudolf: Zur Rückfälligkeit von Sexualstraftätern, in: Kröber, Hans-Ludwig / Dahle, Klaus-Peter (Hrsg.): Sexualstraftaten und Gewaltdelinquenz. Verlauf – Behandlung – Opferschutz, Heidelberg 1998, S.57-69.

Egg, Rudolf: Legalbewährung und kriminelle Karrieren von Sexualstraftätern, Design und ausgewählte Ergebnisse des KrimZ-Projektes, in: Egg, Rudolf (Hrsg.), Sexueller Missbrauch von Kindern, Täter und Opfer, Wiesbaden 1999, S.45-62.

Egg, Rudolf: Verlaufsformen der Sexualdelinquenz, in: Jehle, Jörg-Martin (Hrsg.): Täterbehandlung und neue Sanktionsformen. Kriminalpolitische Konzepte in Europa, Mönchengladbach 2000, S.49-69.

Eisenberg, Ulrich: Kriminologie, 5. Auflage, München 2000.

Eisenberg, Ulrich: Beweisrecht der StPO. Spezialkommentar, 4. Auflage, München 2002.

Eisenberg, Ulrich / Hackethal, Achim: „Gesetz zur Bekämpfung von Sexualdelikten und anderen gefährlichen Straftaten" vom 26.1.1998, ZfStrVo 1998, S.196-202.

Elliger, T.J. / Schötensack, K.: Sexueller Mißbrauch von Kindern – eine kritische Bestandsaufnahme, in: Nissen, Gerd (Hrsg.): Psychogene Psychosyndrome und ihre Therapie im Kindes- und Jugendalter, Bern - Stuttgart - Toronto 1991, S.143-154.

Elz, Jutta: Zur Rückfälligkeit bei sexuellem Kindesmissbrauch, Erste Ergebnisse der Aktenanalyse, in: Egg, Rudolf (Hrsg.), Sexueller Missbrauch von Kindern, Täter und Opfer, Wiesbaden 1999, S.63-88.

Elz, Jutta: Legalbewährung und kriminelle Karrieren von Sexualstraftätern. Sexuelle Missbrauchsdelikte, Wiesbaden 2001.

Elz, Jutta: Legalbewährung und kriminelle Karrieren von Sexualstraftätern. Sexuelle Gewaltdelikte, Wiesbaden 2002.

Elz, Jutta: Sexuell deviante Jugendliche und Heranwachsende, Wiesbaden 2003.

Elz, Jutta: Verurteilte Exhibitionisten - Ergebnisse einer KrimZ-Studie -, in: Elz, Jutta / Jehle, Jörg-Martin / Kröber, Hans-Ludwig: Exhibitionisten – Täter, Taten, Rückfall –, Wiesbaden 2004.

Elz, Jutta / Fröhlich, Almut: Sexualstraftäter in der DDR. Ergebnisse einer empirischen Untersuchung, Wiesbaden 2002.

Endres, Johann: Die Kriminalprognose im Strafvollzug: Grundlagen, Methoden und Probleme der Vorhersage von Straftaten, ZfStrVo 2000, S.67-83.

Endres, Johann: Zur Qualitätssicherung bei Prognosegutachten, in: Fabian, Thomas / Jacobs, Gerhard / Nowara, Sabine / Rode, Irmgard: Qualitätssicherung in der Rechtspsychologie, Münster-Hamburg-London 2002, S.301-320.

Endres, Johann / Scholz, Berndt: Sexueller Kindesmißbrauch aus psychologischer Sicht - Formen, Vorkommen, Nachweis -, NStZ 1994, 466-473.

Engel, Siegfried W.: Zur Metamorphose des Rechtsbrechers. Grundlagen einer Behandlungslehre, Stuttgart 1973.

Engel, Siegfried W.: Ein System der Verlaufsforschung, in: Engel, Siegfried W. / Engelhardt, Dietrich von: Kriminalität und Verlauf. Literaturbericht – Ein System der Verlaufsforschung – Vier empirische Untersuchungen, Heidelberg 1978, S.77-188.

Engelhardt, Dietrich von: Entwicklung und gegenwärtige Situation kriminologischer Verlaufsforschung, in: Engel, Siegfried W. / Engelhardt, Dietrich von: Kriminalität und Verlauf. Literaturbericht – Ein System der Verlaufsforschung – Vier empirische Untersuchungen, Heidelberg 1978, S.5-75.

Engelhardt, Dietrich von: Deliktologie und Lebensentwicklung erwachsener Rechtsbrecher, in: Engel, Siegfried W. / Engelhardt, Dietrich von: Kriminalität und Verlauf. Literaturbericht – Ein System der Verlaufsforschung – Vier empirische Untersuchungen, Heidelberg 1978, S.321-381.

Engelhardt, Karin: Schuldfähigkeitsbegutachtung und Strafurteil. Eine Untersuchung über die Auswirkungen von Sachverständigengutachten auf die Entscheidung über die Schuldfähigkeit in Strafverfahren wegen Gewaltdelikten vor bayrischen Strafgerichten, Eschenau 1994.

Epperson, Douglas L. / Kaul, James D. / Hesselton, Denise: Minnesota Sex Offender Screening Tool-Revised (MnSOST-R): Development, Performance, and Recommended Risk Level Cut Scores, St.Paul 1998.

Farrington, David P.: Human Development and Criminal Careers, in: Maguire, Mike / Morgan, Rod / Reiner, Robert: The Oxford Handbook of Criminology, Second Edition, Oxford 1997, p.361-408.

Fikentscher, E. / Hinderer, H. / Rennert, H.: Sexualstraftaten an Kindern und Jugendlichen unter Berücksichtigung latenter Kriminalität, Kriminalistik und forensische Wissenschaften 1978, S.67-82.

Fischer, Thomas: Glaubwürdigkeitsbegutachtungen und Beweiswürdigung - Von der Last der „ureigenen Aufgabe" -, NStZ 1994, S.1-5.

Frehsee, Detlev: Kriminalität in den Medien – Eine kriminelle Wirklichkeit eigener Art, in: Bundesministerium der Justiz (Hrsg.): Kriminalität in den Medien: 5. Kölner Symposium, Mönchengladbach 2000, S.23-42.

Friday, Paul C. / Kirchhoff Gerd Ferdinand: Social Control-Theorie, in: Festschrift für Hans Joachim Schneider, Berlin - New York 1998, S.77-103

Friedrichs, Jürgen: Methoden empirischer Sozialforschung, 15. Auflage, Opladen 1999.

Frisch, Wolfgang: Prognostisch fundierte Entscheidungen im Strafrecht, R & P 1992, S.110-123.

Gardiner-Sirtl, Angelika: Als Kind mißbraucht. Frauen brechen das Schweigen, Hamburg 1983.

Gebauer, Michael: Die Rechtswirklichkeit der Untersuchungshaft in der Bundesrepublik Deutschland. Eine empirische Untersuchung zur Praxis der Haftanordnung und des Hauptverfahrens, Göttingen 1987.

Generalbundesanwalt beim Bundesgerichtshof, Abteilung IV, Dienststelle Bundeszentralregister: Rückfallstatistik '86 - '90 für das Basisjahr 1980-1984 aus den Eintragungen im Bundeszentralregister, Berlin 1986-1990.

Gerken, Jutta / Berlitz, Claus: Sanktionseskalation. Zum fatalen Zusammenspiel von Erziehungsideologie und Registerrecht, in: Gerken, Jutta / Schumann, Karl F. (Hrsg.): Ein trojanisches Pferd im Rechtsstaat. Der Erziehungsgedanke in der Jugendgerichtspraxis, Pfaffenweiler 1988, S.11-39.

Glueck, Sheldon / Glueck, Eleanor: Unraveling Juvenile Delinquency, Cambridge 1950.

Goll, Ulrich / Wulf, Rüdiger: Schutz vor besonders rückfallgefährdeten Straftätern: Das baden-württembergische Modell, ZRP 2001, S.284-287.

Göppinger, Hans: Kriminologie, 5. Auflage, München 1997.

Görgen, Thomas: Rückfallgefährdung und Gewaltrisiko bei exhibitionistischen Tätern
- Forschungsstand und Forschungsbedarf -, Hannover 2003.

Gössel, Karl Heinz: Über die sog. Regelbeispieltechnik und die Abgrenzung zwischen Straftat und Strafzumessung, in: Weigend, Thomas / Küpper, Georg: Festschrift für Hans Joachim Hirsch zum 70. Geburtstag am 11. April 1999, Berlin - New York 1999, S.183-205.

Götz, Albrecht / Tolzmann, Gudrun: Bundeszentralregistergesetz: Kommentar, 4. Auflage, Stuttgart, Berlin, Köln 2000.

Gottmann, Willi: Das Zentrale Staatsanwaltschaftliche Verfahrensregister, in: Heinz, Wolfgang / Jehle, Jörg-Martin: Rückfallforschung, Wiesbaden 2004, S.105-117.

Gretenkord, Lutz: Gewalttaten nach Maßregelvollzug (§63 StGB): Zur Rückfälligkeit der aus der Klinik für gerichtliche Psychiatrie Haina von 1977 bis 1985 entlassenen Patienten, in: Steller, Max / Dahle, Klaus-Peter / Basqué, Monika: Straftäterbehandlung: Argumente für eine Revitalisierung in Forschung und Praxis (75-89), Pfaffenweiler 1994.

Grubin, Don: Sex offending against children: Understanding the risk, Police Research Series Paper 99, London 1998.

Gunder, Tanja: Der Umgang mit Kindern im Strafverfahren: Eine empirische Untersuchung zur Strafverfolgung bei Sexualdelinquenz, Frankfurt am Main 1999.

Hammerschlag, Helmut / Schwarz, Oliver: Das Gesetz zur Bekämpfung von Sexualdelikten und anderen gefährlichen Straftaten, NStZ 1998, S.321-326.

Hanson, R. Karl: The Development of a Brief Actuarial Risk Scale for Sexual Offense Recidivism, Ottawa 1997.

Hanson, R. Karl / Bussière, Monique T.: Predicting Relapse: A Meta-Analysis of Sexual Offender Recidivism Studies, Journal of Consulting and Clinical Psychology 1998, S.348-362.

Hanson, R. Karl / Harris, Andrew: The Sex Offender Need Assessment Rating (SONAR): A Method for Measuring Change in Risk Levels, Ottawa 2000.

Hanson, R. Karl / Thornton, David: Static 99: Improving Actuarial Risk Assessment for Sex Offenders, Ottawa 1999.

Hanson, R. Karl / Thornton, David: Notes on the development of Static-2002, Ottawa 2003.

Hartung, Barbara: Spezialpräventive Effektivitätsmessung – Vergleichende Darstellung und Analyse der Untersuchungen von 1945 - 1979 in der Bundesrepublik Deutschland –, Göttingen 1981.

Hase, Peter: Bundeszentralregistergesetz – Kommentar, München 2003.

Hasler, Isabel: Sexueller Mißbrauch von Kindern: Erfahrungen aus der kindergynäkologischen Ambulanz des Klinikums München Großhadern, München 1995.

Häßler, Frank / Schläfke, Detlef: Begutachtungspraxis von Sexualstraftätern vor dem Hintergrund unterschiedlicher gesetzlicher Grundlagen, MschrKrim 1999, S.66-76.

Hauptmann, Walter: Gewaltlose Unzucht mit Kindern. Kriminalpolitische und sozialpsychologische Aspekte, München 1975.

Hauser, Harald: Der Jugendrichter – Idee und Wirklichkeit. Eine Untersuchung in vier Landgerichtsbezirken über das Selbstbild von Jugendrichtern und deren Fremdeinschätzung durch jugendliche Delinquenten und Jugendgerichtshelfer, Göttingen 1980.

Heim, Nikolaus: Psychiatrisch-psychologische Begutachtung im Jugendstrafverfahren. Empirische Untersuchung zur Bedeutung und Qualität der forensischen Begutachtung jugendlicher und heranwachsender Aggressionstäter in Berlin (West), Köln u.a. 1986.

Heimann, Rudolf: Exhibitionismus. Ist der „Exi" wirklich harmlos?, Kriminalistik 2001, S.90-92.

Heinz, Gunter: Fehlerquellen forensisch-psychiatrischer Gutachten. Eine Untersuchung anhand von Wiederaufnahmeverfahren, Heidelberg 1982.

Heinz, Wolfgang: Datensammlungen der Strafrechtspflege im Dienste der Forschung, in: Jehle, Jörg-Martin: Datensammlungen und Akten in der Strafrechtspflege. Nutzbarkeit für Kriminologie und Kriminalpolitik, Wiesbaden 1989.

Heinz, Wolfgang: Jugendliche Wiederholungstäter und Jugendstrafrechtspraxis. Das jugendstrafrechtliche Konzept der „schädlichen Neigung" im Spiegel empirischer Befunde, in: DVJJ (Hrsg.): INFO 1/1989: Jugendliche Wiederholungstäter. Die unbeachtete Minderheit der Jugendstraferechtsreform?, Konstanz 1989, S.7-62.

Heinz, Wolfgang: Strafrechtspflegestatistiken und Kriminalpolitik. Zuverlässige und inhaltsreiche Strafrechtspflegestatistiken als Alternative zu einer „Kriminalpolitik im Blindflug", in: Schwind, Hans-Dieter / Kube, Erwin / Kühne, Hans-Heiner: Festschrift für Hans Joachim Schneider zum 70. Geburtstag am 14. November 1998, Berlin - New York 1998, S.779-812.

Heinz, Wolfgang: Rückfall als kriminologischer Forschungsgegenstand - Rückfallstatistik als kriminologisches Erkenntnismittel, in: Heinz, Wolfgang / Jehle, Jörg-Martin: Rückfallforschung, Wiesbaden 2004, S.11-52.

Heinz, Wolfgang / Hügel, Christine: Forschungsvorhaben des Bundesministers der Justiz „Erzieherische Maßnahmen im deutschen Jugendstrafrecht". Informelle und formelle Erledigungsmöglichkeiten in empirischer Sicht: Bestandsaufnahme und Determinanten der Sanktionspraxis, Verfahrensökonomie und Praktikabilität, Legalbewährung und Wirkungsanalyse. Abschlußbericht, 3.Auflage, Bonn 1987.

Heinz, Wolfgang / Spieß, Gerhard / Storz, Renate: Prävalenz und Inzidenz strafrechtlicher Sanktionierung im Jugendalter. Ergebnisse einer Untersuchung von zwei Sanktioniertenkohorten anhand von Daten des Bundeszentralregisters, in: Kaiser, Günther / Kury, Helmut / Albrecht, Hans-Jörg (Hrsg.):

Kriminologische Forschung in den 80er Jahren. Projektberichte aus der Bundesrepublik Deutschland, Freiburg 1988, S.631-660.

Heinz, Wolfgang / Storz, Renate: Diversion im Jugendstrafverfahren. Forschungsvorhaben des Bundesministers der Justiz „Erzieherische Maßnahmen im deutschen Jugendstrafrecht – Anschluß- und Vertiefungsuntersuchung“. Abschlußbericht, 3. Auflage, Bonn 1994.

Hellmann, Uwe: Strafprozeßrecht, Berlin u.a. 1998.

Hering, Eike: Mechanismen justizieller Eskalation im Jugendstrafverfahren, Pfaffenweiler 1993.

Hermann, Dieter / Kerner, Hans-Jürgen: Die Eigendynamik der Rückfallkriminalität, KZfSS 1988, S.485-504.

Hirsch, Mathias: Realer Inzest. Psychodynamik des sexuellen Mißbrauchs in der Familie, 4. Auflage, Berlin u.a. 1999.

Hirschi, Travis: Causes of Delinqency, Berkeley, Los Angeles, 2. Auflage, London 2002.

Hock-Leydecker, Gertrud: Die Praxis der Verfahrenseinstellung im Jugendstrafverfahren. Eine empirische Untersuchung, Frankfurt am Main 1994.

Höfer, Sven: Sanktionskarrieren. Eine Analyse der Sanktionshärteentwicklung bei mehrfach registrierten Personen anhand von Daten der Freiburger Kohortenstudie, Freiburg i. Br. 2003.

Hohmann-Fricke, Sabine: Auswirkungen der gesetzlichen Tilgungsvorschriften des § 63 BZRG auf die Datengrundlage der Rückfallstatistik, in: Heinz, Wolfgang/ Jehle, Jörg-Martin: Rückfallforschung, Wiesbaden 2004, S.245-259.

Hörnle, Tatjana: Strafzumessungspraxis und angemessene Strafzumessung bei exhibitionistischen Handlungen, MschrKrim 2001, S.212-225.

Huber, Michael: Prognoseentscheidungen im Strafrecht aus der Sicht des Richters, in: Frisch, Wolfgang / Vogt, Thomas (Hrsg.): Prognoseentscheidungen in der strafrechtlichen Praxis, 1. Auflage, Baden-Baden 1994, S.43-53.

Hupfeld, Jörg: Jugendrichterliches Handeln: Eine Analyse der Reaktionen auf Rückfalldelinquenz aus psychologischer Perspektive, Baden-Baden 1996.

Jäger, Herbert: Strafgesetzgebung und Rechtsgüterschutz bei Sittlichkeitsdelikten. Eine kriminalsoziologische Untersuchung, Stuttgart 1957.

Jäger, Silke Elli: Behandlung von Sexualstraftätern im Strafvollzug, Frankfurt am Main 2003.

Jähnke, Burkhard / Laufhütte, Heinrich Wilhelm / Odersky, Walter: Leipziger Kommentar – Großkommentar, 11. Auflage, 19. Lieferung: §§ 174-184c, Berlin 1995.

Jehle, Jörg-Martin: Aussagemöglichkeiten und Vorschläge zur Verbesserung der sogenannten Rückfallstatistik, in: Jehle, Jörg-Martin: Datensammlungen und Akten in der Strafrechtspflege. Nutzbarkeit für Kriminologie und Kriminalpolitik, Wiesbaden 1989, S.245-263.

Jehle, Jörg-Martin: Thesenpapier zur Neugestaltung der Statistiken auf dem Gebiet der Strafrechtspflege, in: Bundesministerium der Justiz und Kriminologische Zentralstelle (Hrsg.): Die Zukunft der Personenstatistiken im Bereich der Strafrechtspflege. Materialien und Diskussion einer Expertensitzung, Wiesbaden 1992, S.87-105.

Jehle, Jörg-Martin: Rückfallforschung, in: Dittmann, Volker / Jehle, Jörg-Martin: Kriminologie zwischen Grundlagenwissenschaften und Praxis, Mönchengladbach 2003.

Jehle, Jörg-Martin: Die deutsche Rückfallstatistik - Konzeption und Ertrag, in: Heinz, Wolfgang/ Jehle, Jörg-Martin: Rückfallforschung, Wiesbaden 2004, S.145-171.

Jehle, Jörg-Martin / Brings, Stefan: Zur Messung der Rückfälligkeit von Straftätern, Wirtschaft und Statistik 1999, S.498-504.

Jehle, Jörg-Martin / Heinz, Wolfgang / Sutterer, Peter: Legalbewährung nach strafrechtlichen Sanktionen. Eine kommentierte Rückfallstatistik, Berlin 2003.

Kaiser, Günther: Kriminologie, Eine Einführung in die Grundlagen, 10. Auflage, Heidelberg 1997.

Kaiser, Günther: Kriminologie. Ein Lehrbuch, 3. Auflage, Heidelberg 1996.

Kalpers-Schwaderlapp, Martina: Diversion to Nothing – Eine Vergleichende Rückfalluntersuchung der gemäß § 45 Abs.2 Nr.2 JGG eingestellten bzw. im förmlichen Jugendverfahren abgeurteilten einfachen Diebstahlsverfahren von Jugendlichen in den Landgerichtsbezirken Koblenz und Mainz –, Mainz 1989.

Kania, Harald: Kriminalitätsberichte und die Konstruktion von Kriminalitätswirklichkeit, in: Walter, Michael / Kania, Harald / Albrecht, Hans-Jörg (Hrsg.): Alltagsvorstellungen von Kriminalität. Individuelle und gesellschaftliche Bedeutung von Kriminalitätsbildern für die Lebensgestaltung, Münster 2004, S.137-156.

Kaufmann, Hilde / Hartmann, Claus / Höfer, Klaus / Marquardt, Helmut / Rausch, Hans: Jugendliche Straftäter und ihre Verfahren, München 1975.

Kavemann, Barbara / Lohstöter, Ingrid: Väter als Täter. Sexuelle Gewalt gegen Mädchen. „Erinnerungen sind wie eine Zeitbombe“, Reinbek bei Hamburg 1984.

Kentler, Helmut / Schorsch, Eberhard: Kein Strafrecht gegen exhibitionistische Handlungen, in: Jäger, Herbert / Schorsch, Eberhard (Hrsg.): Sexualwissenschaft und Strafrecht, Stuttgart 1987, S105-114.

Keudel, Anke: Die Effizienz des Täter-Opfer-Ausgleichs. Eine empirische Untersuchung von Täter-Opfer-Ausgleichsfällen aus Schleswig-Holstein, Mainz 2000.

Kinzig, Jörg: Als Bundesrecht gescheitert – als Landesrecht zulässig? Das neue baden-württembergische Gesetz über die Unterbringung besonders rückfallgefährdeter Straftäter, NJW 2001, S.1455-1459.

Kinzig, Jörg: Das Gesetz zur Einführung der vorbehaltenen Sicherungsverwahrung, NJW 2002, S.3204-3208.

Kinzig, Jörg: Neues von der Sicherungsverwahrung - ein Überblick über den Stand der Gesetzgebung -, StV 2002, S.500-504.

Kirchhoff, Claudia / Kirchhoff, Ferdinand: Untersuchungen im Dunkelfeld sexueller Viktimisation mit Hilfe von Fragebögen, in: Kirchhoff, Ferdinand / Sessar, Klaus (Hrsg.): Das Verbrechensopfer, Bochum 1979, S.275-299.

Konrad, Norbert: Der sogenannte Schulenstreit: Beurteilungsmodelle in der forensischen Psychiatrie, Bonn 1995.

Konrad, Norbert: Leitfaden der forensisch-psychiatrischen Begutachtung: Definitionen, Beurteilungskriterien und Gutachtenbeispiele im Straf-, Zivil- und Sozialrecht, Stuttgart - New York 1997.

Krahé, Barbara / Scheinberger-Olwig, Renate / Waizenhöfer, Eva: Sexuelle Aggressionen zwischen Jugendlichen: Eine Prävalenzerhebung mit Ost-West-Vergleich, Zeitschrift für Sozialpsychologie 1999, S.165-178.

Kreß, Claus: Das Sechste Gesetz zur Reform des Strafrechts, NJW 1998, S.633-644.

Krück, Ursula: Psychische Schädigung minderjähriger Opfer von gewaltlosen Sexualdelikten auf verschiedenen Altersstufen, MschrKrim 1989, S.313-325.

Kühl, Jörn / Schuhmann, Karl F.: Prognosen im Strafrecht - Probleme der Methodologie und Legitimation, R & P 1989, S.126-148.

Kury, Helmut: Das Dunkelfeld der Kriminalität. Oder: Selektionsmechanismen und andere Verfälschungsstrukturen, Kriminalistik 2001, S.74-84.

Kury, Helmut: Wie werden Opfer von Straftaten gesehen? Zur Stigmatisierung von Verbrechensopfern, in: Lamnek, Siegfried / Boatcă, Manuela (Hrsg.): Geschlecht – Gewalt – Gesellschaft, Opladen 2003, S.418-443.

Kury, Helmut / Yoshida, Toshio / Würger, Michael: Zum Dunkelfeld sexueller Viktimisierungen - Ein Vergleich zwischen Deutschland und Japan (Teil 2. Schluss), The Hokkaigakuen Law Journal 2004, S.764-802.

Lamnek, Siegfried: Spezialpräventive Wirkungen jugendrichterlicher Maßnahmen – Eine Analyse von Daten des Bundeszentralregisters –, in: Albrecht, Peter-Alexis / Schüler-Springorum (Hrsg.): Jugendstrafe an Vierzehn- und Fünfzehnjährigen. Strukturen und Probleme, München 1983, S.17-65.

Lange, Carmen: Sexuelle Gewalt gegen Mädchen: Ergebnisse einer Studie zur Jugendsexualität, Stuttgart 1998.

Langen, Nicole: Der Einfluß der Ergebnisse aussagepsychologischer Gutachten auf die Entscheidung von Staatsanwaltschaft und Gericht in Strafverfahren wegen des Verdachts von Taten gegen die sexuelle Selbstbestimmung Minderjähriger, Frankfurt am Main 2000.

Langer, Wolfgang: Staatsanwälte und Richter: Justitielles Entscheidungsverhalten zwischen Sachzwang und lokaler Justizkultur, Stuttgart 1994.

Laubenthal, Klaus: Sexualstraftaten: Die Delikte gegen die sexuelle Selbstbestimmung, Berlin u.a. 2000.

Lautmann, Rüdiger: Sexualdelikte – Straftaten ohne Opfer?, ZRP 1980, S.44-49.

Lautmann, Rüdiger: Die Lust am Kind. Portrait des Pädophilen, Hamburg 1994.

Leder, Hans-Claus: Dunkelfeld: Bemerkungen aus devianz- und kriminalsoziologischer, kriminologischer und wissenschaftstheoretischer Sicht. Frankfurt a.M. 1998.

Leferenz, Heinz: Die Sexualdelikte des E 62, ZStW 1965, S.379-397.

Lemke, Michael: Staatsanwaltschaftliche Verfahrensregister, BewHi 1999, S.135-141.

Lenckner, Theodor: Das 33. Strafrechtsänderungsgesetz – das Ende einer langen Geschichte, NJW 1997, S.2801-2803.

Leygraf, Norbert / Nowara, Sabine: Prognosegutachten. Klinisch-psychiatrische und psychologische Beurteilungsmöglichkeiten der Kriminalprognose, in: Frank, C. / Harrer, G. (Hrsg): Kriminalprognose. Alkoholbeeinträchtigung – Rechtsfragen und Begutachtungsprobleme, Berlin u.a. 1992, S.43-53.

Ludwig, Wolfgang: Mehrfachtäter im Kontext gesellschaftlicher Produktion von Jugendkriminalität. Eine Untersuchung anhand von Polizeiakten, in: Schüler-Springorum, Horst (Hrsg.): Mehrfach auffällig. Untersuchungen zur Jugendkriminalität, München 1982, S.86-125.

Maisch, Herbert: Fehlerquellen psychologisch-psychiatrischer Begutachtungen im Strafprozeß, StV 1985, S.517-522.

Mannheim, Hermann: Rückfall und Prognose, in: Sieverts, Rudolf / Schneider, Hans Joachim: Handwörterbuch der Kriminologie, 3. Band, Berlin 1975, S.38-93.

Matheis, Bernhard: Intervenierende Diversion – Eine empirische Untersuchung unterschiedlicher Verfahrens- und Reaktionsalternativen in Jugendstrafverfahren im Landgerichtsbezirk Kaiserslautern –, Mainz 1991.

Mayntz, Renate / Holm, Kurt / Hübner, Peter: Einführung in die Methoden der empirischen Soziologie, 5. Auflage, Opladen 1978.

Meier, Bernd-Dieter: Die Bestrafung von Rückfalltätern in der Bundesrepublik Deutschland und in den USA. Eine rechtstatsächliche und rechtsvergleichende Untersuchung zu § 48 StGB, Göttingen 1983.

Meier, Bernd-Dieter: Zum Schutz der Bevölkerung erforderlich? Anmerkung zum „Gesetz zur Bekämpfung von Sexualdelikten und anderen gefährlichen Straftaten“ vom 26.1.1998, in: Kreutzer, Arthur u.a. (Hrsg.): Fühlende und denkende Kriminalwissenschaften. Ehrengabe für Anne-Eva Brauneck, Mönchengladbach 1999a, S.445-472.

Meier, Bernd-Dieter: Sexualkriminalität und Strafverfolgung, in: Vögele, Wolfgang (Hrsg.): Wohin mit den Tätern? Strafvollzug - Psychiatrie - Führungsaufsicht, Rehburg-Loccum 1999b, S.31-64.

Meier, Bernd-Dieter: Strafrechtliche Sanktionen, Berlin u.a. 2001.

Meier, Bernd-Dieter: Kriminologie, München 2003.

Meier, Bernd-Dieter: Die Reform des Ermittlungsverfahrens. Zur notwendigen Stärkung der Rechtsstellung der Beteiligten, GA 2004, S.441-457.

Meyer-Goßner, Lutz: Strafprozessordnung. Gerichtsverfassung, Nebengesetze und ergänzende Bestimmungen, 47. Auflage, München 2004.

Mildenberger, Elke H.: Änderungen im 13. Abschnitt des StGB durch das 6. Gesetz zur Reform des Strafrechts: durchdachte Novellierung oder unsystematischer Reformeifer?, Streit 1999, S.3-15.

Mischkowitz, Robert: Kriminelle Karrieren und ihr Abbruch. Empirische Ergebnisse einer kriminologischen Langzeituntersuchung als Beitrag zur „Age-Crime Debate“, Bonn 1993.

Momberg, Rolf: Die Ermittlungstätigkeit der Jugendgerichtshilfe und ihr Einfluss auf die Entscheidung des Jugendrichters, Göttingen 1982.

Müller, Katharina-Susann: Sexueller Mißbrauch im Kindes- und Jugendalter. Eine Prävalenzstudie in Köln, Köln 1997.

Müller-Isberner, Rüdiger / Gonzalez Cabeza, Sara / Eucker, Sabine: Die Vorhersage sexueller Gewalttaten mit dem SVR-20, Haina 2000.

Nedopil, Norbert: Forensische Psychiatrie: Klinik, Begutachtung und Behandlung zwischen Psychiatrie und Recht, 2. Auflage, Stuttgart - New York 2000.

Nedopil, Norbert: Risikoeinschätzungen bei Sexualstraftätern: Von empirischen Erkenntnissen und praktischen Anwendungen, BewHi 2001, S.341-350.

Nedopil, Norbert: Qualitätskriterien bei der psychiatrischen Begutachtung, in: Häßler, Frank u.a.: Forensische Kinder-, Jugend- und Erwachsenenpsychiatrie. Aspekte der forensischen Begutachtung, Stuttgart - New York 2003.

Nixdorf, Hasso: Das Kind als Opfer sexueller Gewalt. Untersuchung über die Täter-Opfer-Beziehung. Das Verhalten von Täter und Opfer bei Sexualdelikten gegen Kinder, MschrKrim 1982, S.87-97.

Nowara, Sabine: Sexualstraftäter und Maßregelvollzug. Eine empirische Untersuchung zu Legalbewährung und kriminelle Karrieren, Wiesbaden 2001.

Opp, Karl-Dieter / Peuckert, Rüdiger: Ideologie und Fakten in der Rechtsprechung. Eine soziologische Untersuchung über das Urteil im Strafprozeß, München 1971.

Oswald, Margit E.: Psychologie des richterlichen Strafens, Stuttgart 1994.

Peglau, Jens: Das baden-württembergische Straftäterunterbringungsgesetz – tatsächlich als Landesrecht unzulässig?, NJW 2001, 2436-2439.

Peters, Karl: Strafprozeß und Tatsachenforschung. Ein Beitrag zum Verhältnis von Rechtswissenschaft und Soziologie. In: Roxin, Claus / Bruns, Hans-Jürgen / Jäger, Herbert: Grundfragen der gesamten Strafrechtswissenschaft: Festschrift für Heinrich Henkel zum 70. Geburtstag, Berlin u.a. 1974, S.253-270.

Petersilia, Joan: Criminal Career Research: A Review of Recent Evidence, in: Morris, Norval / Tonry, Michael: Crime and Justice. An Annual Review of Research, Volume 2, Chicago 1980, S.321-379.

Pfäfflin, Friedmann: Vorurteilsstruktur und Ideologie psychiatrischer Gutachten über Sexualstraftäter, Stuttgart 1978.

Pfeiffer, Christian: Kriminalprävention im Jugendgerichtsverfahren: Jugendliches Handeln vor dem Hintergrund des Brücke-Projektes, 2. Auflage, Köln u.a. 1989.

Pfeiffer, Christian / Wetzels Peter: Kinder als Täter und Opfer. Eine Analyse auf der Basis der PKS und einer repräsentativen Opferbefragung, Hannover 1997.

Pfeiffer, Gerd: Karlsruher Kommentar zur Strafprozessordnung und zum Gerichtsverfassungsgesetz mit Einführungsgesetz, 5. Auflage, München 2003.

Pfohl, Rudolf: Jugendrichterliche Ermahnungen. Anwendungsbereich und spätere Straffälligkeit, Göttingen 1973.

Piquero, Ale R. / Farrington, David P. / Blumstein, Alfred: The Criminal Career Paradigm, in: Tonry, Michael: Crime and Justice. An Review of Research, Volume 30, Chicago 2003, S.359-506.

Pozsár, Christine / Schlichting, Michael / Krukenberg, Jochen: Sexualstraftäter in der Maßregelbehandlung: Ergebnisse einer Stichtagserhebung in Niedersachsen, MschrKrim 1999, S.94-103.

Prittwitz, Cornelius: Reform des Sexualstrafrechts – Verantwortbare Risiken? In: Fegert, Michael / Häßler, Frank (Hrsg.): Qualität forensischer Begutachtung, insbesondere bei Jugenddelinquenz und Sexualstraftaten, Herbolzheim 2000.

Quinsey, Vernon L. / Lalumière, Martin L. / Rice, Marnie E. / Harris, Grant T.: Predicting Sexual Offenses, in: Campbell, Jacquelyn C.: Assessing Dangerousness. Violence by Sexual Offenders, Batterers, and Child Abusers, Thousand Oaks 1995, S.114-137.

Rasch, Wilfried: Forensische Psychiatrie, 2. Auflage, Stuttgart 1999.

Raupp, U. / Eggers, Ch.: Sexueller Mißbrauch von Kindern. Eine regionale Studie über Prävalenz und Charakteristik, Monatsschrift Kinderheilkunde 1993, S.316-322.

Reemtsma, Jan Philipp: Das Recht des Opfers auf die Bestrafung des Täters – als Problem, München 1999.

Rehder, Ulrich: Klassifizierung inhaftierter Sexualstraftäter – 1. Teil: Wegen Vergewaltigung und sexueller Nötigung Erwachsener Verurteilte, MschrKrim 1996, S.291-304.

Rehder, Ulrich: Klassifizierung inhaftierter Sexualstraftäter – 2. Teil: Wegen sexuellen Mißbrauchs Verurteilte, MschrKrim 1996, S.373-385.

Rehder, Ulrich: Sexualstraftäter: Klassifizierung und Prognose, in: Rehn, Gerhard / Wischka, Bernd / Lösel, Friedrich / Walter, Michael (Hrsg.): Behandlung „gefährlicher Straftäter“: Grundlagen, Konzepte, Ergebnisse (81-103), 2 Auflage, Holzheim 2001.

Rehder, Ulrich: RRS Rückfallrisiko bei Sexualstraftätern: Verfahren zur Bestimmung von Rückfallgefahr und Behandlungsnotwendigkeit, 2. Auflage, Lingen 2002.

Rehder, Ulrich / Meilinger, Heinz-Georg: Sexueller Mißbrauch – Straftat und inhaftierte Täter, KrimPäd 1997, 31-44.

Renzikowski, Joachim: Das Sexualstrafrecht nach dem 6. Strafrechtsreformgesetz – 1.Teil, NStZ 1999, S.377-385.

Renzikowski, Joachim: Das Sexualstrafrecht nach dem 6. Strafrechtsreformgesetz – 2.Teil, NStZ 1999, S.440-442.

Richter-Appelt, Hertha: Differentielle Folgen von sexuellem Missbrauch und körperlicher Misshandlung, in: Amann, Gabriele / Wipplinger, Rudolf: Sexueller Missbrauch. Überblick zu Forschung, Beratung und Therapie. Ein Handbuch, 2. Auflage, Tübingen 2004, S.201-216.

Richter-Appelt, Hertha / Tiefensee, Jutta: Soziale und familiäre Gegebenheiten bei körperlichen Mißhandlungen und sexuellen Mißbrauchserfahrungen in der Kindheit aus der Sicht junger Erwachsener. Ausgewählte Ergebnisse der Hamburger Studie (Teil I), Psychother. Psychosom. med. Psychol. 1996, S.367-378.

Richter-Appelt, Hertha / Tiefensee, Jutta: Die Partnerbeziehung der Eltern und die Eltern-Kind-Beziehung bei körperlichen Mißhandlungen und sexuellen Mißbrauchserfahrungen in der Kindheit aus der Sicht junger Erwachsener. Weitere Ergebnisse der Hamburger Studie (Teil II), Psychother. Psychosom. med. Psychol. 1996, S.405-418.

Rieß, Peter (Hrsg.): Löwe-Rosenberg Großkommentar. Die Strafprozessordnung und das Gerichtsverfassungsgesetz mit Nebengesetzen, 25. Auflage, Berlin – New York 2002.

Rosenau, Henning: Tendenzen und Gründe der Reform des Sexualstrafrechts, StV 1999, S.388-398.

Rössner, Dieter: Die besondere Aufgabe des Strafrechts im system rechtsstaatlicher Verhaltenskontrolle, in: Schünemann, Bernd u.a.: Festschrift für Claus Roxin zum 70. Geburtstag am 15. Mai 2001, Berlin - New York 2001, S.977-987.

Rössner, Dieter / Wulf, Rüdiger: Opferbezogene Strafrechtspflege. Leitgedanken und Handlungsvorschläge für Praxis und Gesetzgebung, 3. Auflage, Bonn 1987.

Rotthaus, Karl Peter: Neue Aufgaben für den Strafvollzug bei der Bekämpfung von Sexualdelikten und anderen gefährlichen Straftaten, NStZ 1998, S.597-600.

Rudolphi, Hans-Joachim / Horn, Eckard / Samson, Erich: Systematischer Kommentar zum Strafgesetzbuch, Band II, Besonderer Teil (§§ 80-358), 55. Lieferung, Neuwied und Kriftel 2002.

Sampson, Robert J. / Laub, John H.: Crime in the making: pathways and turning points through life, Cambridge - London 1993

Sander, Günther M.: Zur Beurteilung exhibitionistischer Handlungen, Berlin 1996.

Sander, Günther M.: Ist eine Strafbarkeit exhibitionistischer Handlungen gerechtfertigt?, ZRP 1997, S.447-451.

Schall, Hero / Schreibauer, Marcus: Prognose und Rückfall bei Sexualstraftätern, NJW 1997, S.2412-2420.

Schlangenhoff, Wolfgang: Entwicklung und Abbruch delinquenter Verlaufsformen bei Erwachsenen, in: Engel, Siegfried W. / Engelhardt, Dietrich von: Kriminalität und Verlauf. Literaturbericht – Ein System der Verlaufsforschung – Vier empirische Untersuchungen, Heidelberg 1978, S.281-320.

Schmitt, Günter: Inhaftierte Sexualstraftäter, BewHi 1996, S.3-16.

Schneider, Hans-Joachim: Die gegenwärtige Lage der deutschsprachigen Kriminologie, JZ 1974, S.569-583.

Schneider, Hans-Joachim: Rückfallprognose bei Sexualstraftätern: Ein Überblick über die moderne Sexualstraftäter-Prognoseforschung, MschrKrim 2002, S. 251-270.

Schneider, Vera / Dahle, Klaus-Peter: Gewaltdelinquenz im Lebenslängsschnitt - Ergebnisse der Berliner CRIME-Studie -, DVJJ 2002, S.434-436.

Schnell, Rainer / Hill, Paul / Esser, Elke: Methoden der empirischen Sozialforschung: 6. Auflage, München, Wien 1999.

Schöch, Heinz: Das Gesetz zur Bekämpfung von Sexualdelikten und anderen gefährlichen Straftaten vom 26.1.1998, NJW 1998, S.1257-1262.

Schöch, Heinz: Ist Kriminalität normal? - Probleme und Ergebnisse der Dunkelfeldforschung -, KrimGegfr 1976, S.211-228.

Schönke, Adolf / Schröder, Horst: Strafgesetzbuch, Kommentar, 12. Auflage, München und Berlin 1965.

Schönke, Adolf / Schröder, Horst: Strafgesetzbuch, Kommentar, 25. Auflage, München 1997.

Schönke, Adolf / Schröder, Horst: Strafgesetzbuch, Kommentar, 26. Auflage, München 2001.

Schorsch, Eberhard: Sexualstraftäter, Stuttgart 1971.

Schroeder, Friedrich-Christian: Das neue Sexualstrafrecht. Entstehung – Analyse – Kritik, Karlsruhe 1975.

Schroeder, Friedrich-Christian: Die Revolution des Sexualstrafrechts 1992-1998, JZ 1999, S.827-833.

Schubert, Axel: Delinquente Karrieren Jugendlicher. Reanalyse der Philadelphia Cohort Studies, Aachen 1997.

Seither, Wolfgang: Voraussetzungen und Anlage der „Justizdaten zur Rückfalldelinquenz“ aus dem Bundeszentralregister, in: Jehle, Jörg-Martin: Datensammlungen und Akten in der Strafrechtspflege. Nutzbarkeit für Kriminologie und Kriminalpolitik, Wiesbaden 1989, S.231-243.

Seitz, Carl / Specht, Friedrich: Legalbewährung nach Entlassung aus den Sozialtherapeutischen Einrichtungen im Niedersächsischen Justizvollzug: Zusammenfassung der wichtigsten Ergebnisse, in: Niedersächsisches Ministerium der Justiz und für Europaangelegenheiten / Planungsgruppe Sozialtherapeutische Einrichtungen im Niedersächsischen Justizvollzug (Hrsg.): Die Zukunft der Sozialtherapeutischen Einrichtungen im Niedersächsischen Justizvollzug 1998-2003: Erweiterung der Aufnahmekapazität der Sozialtherapeutischen in Niedersachsen – Regelung der Aufnahme von Verurteilten nach Sexualdelikten und anderen gefährlichen Straftaten (Anlage 1), Hannover 1998.

Sellin, Thorsten / Wolfgang, Marvin E.: The Measurement of Delinquency, New Jersey 1978.

Shoemaker, Donald J.: Theories of Delinquency. An Examination of Explanations of Delinquent Behavior, 4. Auflage, New York - Oxford 2000

Sick, Brigitte: Zweierlei Recht für zweierlei Geschlecht. Wertungswidersprüche im Geschlechterverhältnis am Beispiel des Sexualstrafrechts, ZStW 1991, S.43-91.

Sick, Brigitte: Sexuelles Selbstbestimmungsrecht und Vergewaltigungsbegriff: Ein Beitrag zur gegenwärtigen Diskussion einer Neufassung des § 177 StGB unter Berücksichtigung der Strafbarkeit de lege lata und empirischen Gesichtspunkten, Berlin 1993.

Sick, Brigitte: Die sexuellen Gewaltdelikte oder : Der Gegensatz zwischen Verbrechensempirie und Rechtswirklichkeit, MschrKrim 1995, S.281-293.

Siebrasse, Pamela: Strafregistrierung und Grundgesetz, Frankfurt am Main (u.a.) 2002.

Spring, Jacqueline: Zu der Angst kommt die Scham. Die Geschichte einer sexuell mißbrauchten Tochter, München 1988.

Stächelin, Gregor: Das 6. Strafrechtsreformgesetz – Vom Streben nach Harmonie, großen Reformen und höheren Strafen, StV 1998, S.98-104.

Stadtland, Cornelius / Hollweg, Matthias / Dietl, Julia / Reich, Ursula / Nedopil, Norbert: Langzeitverläufe von Sexualstraftätern, MschrKrim 2004, S.393-400.

Statistisches Bundesamt Wiesbaden: Arbeitsunterlage Staatsanwaltschaften 1998, Wiesbaden 2001.

Statistisches Bundesamt Wiesbaden: Fachserie 10: Rechtspflege, Reihe 2.6: Staatsanwaltschaften 2002, Wiesbaden 2004.

Statistisches Bundesamt Wiesbaden: Fachserie 10: Rechtspflege, Reihe 3: Strafverfolgung 1984-2002, Wiesbaden 1986-2004.

Statistisches Bundesamt Wiesbaden: Arbeitsunterlage Strafverfolgung. Vollständiger Nachweis der einzelnen Straftaten 2001, Wiesbaden 2003.

Statistisches Bundesamt Wiesbaden: Statistisches Jahrbuch 1985 - 2003 für die Bundesrepublik Deutschland. Wiesbaden 1985-2003.

Steffen, Wiebke: Grenzen und Möglichkeiten der Verwendung von Strafakten als Grundlage kriminologischer Forschung: Methodische Probleme und Anwendungsbeispiele, in: Müller, Paul J. (Hrsg.): Die Analyse prozeßproduzierter Daten, Stuttgart 1977, S.89-108.

Steinhage, Rosemarie: Sexueller Mißbrauch an Mädchen. Ein Handbuch für Beratung und Therapie, Reinbek bei Hamburg 1989.

Steinhilper, Udo: Definitions- und Entscheidungsprozesse bei sexuell motivierten Gewaltdelikten, 2. Auflage, Konstanz 1998.

Stelly, Wolfgang / Thomas, Jürgen / Kerner, Hans-Jürgen / Weitekamp, Elmar: Kontinuität und Diskontinuität sozialer Auffälligkeit im Lebenslauf, MschrKrim 1998, S.104-122.

Stephan, Egon: Die Stuttgarter Opferbefragung. Eine kriminologisch-viktimologische
Analyse zur Erforschung des Dunkelfeldes unter besonderer Berücksichtigung der Einstellung der Bevölkerung zur Kriminalität, Wiesbaden 1976.

Streng, Franz: Strafrechtliche Sanktionen: Die Strafzumessung und ihre Grundlagen, 2. Auflage, Stuttgart - Berlin - Köln 2002.

Sutterer, Peter / Spiess. Gerhard: Rückfall und Sanktion - Möglichkeiten und Grenzen statistischer Auswertungen mit Bundeszentralregisterdaten, in: Heinz, Wolfgang/ Jehle, Jörg-Martin: Rückfallforschung, Wiesbaden 2004, S.215-244.

Tracy, Paul E. / Wolfgang, Marvin E. / Figlio, Robert M.: Delinquency Careers in Two Birth Cohorts, New York - London 1990.

Tröndle, Herbert: Strafgesetzbuch und Nebengesetze, 48. Auflage, München 1997.

Tröndle, Herbert / Fischer, Thomas: Strafgesetzbuch und Nebengesetze, 51. Auflage, München 2003.

Ullenbruch, Thomas: Nachträgliche „Sicherungsverwahrung“ durch die „Polizei“: Das StrUBG BW – (k)ein Modell für Deutschland?, NStZ 2001, S.292-298.

Veith, Hans-Michael: Das Bundeszentralregister: Eine Einführung, BewHi 1999, S.111-133.

Venzlaff, Ulrich: Fehler und Irrtümer in psychiatrischen Gutachten, NStZ 1983, S.199-203.

Verrel, Torsten: Schuldfähigkeitsbegutachtung und Strafzumessung bei Tötungsdelikten. Eine empirische Untersuchung zur Bedeutung des psychowissenschaftlichen Sachverständigen im Strafverfahren, München 1995.

Verrel, Torsten: Strafrechtliche Haftung für falsche Prognosen im Maßregelvollzug?, R & P 2001, S.182-187.

Villmow, Bernhard: Schwereeinschätzung von Delikten, Berlin 1977.

Volbert, Renate / Busse, Detlef: Wie fair sind Verfahren für kindliche Zeugen? Zur Strafverfolgung bei sexuellem Mißbrauch von Kindern, in: Bierbauer, Günter u.a. (Hrsg.): Verfahrensgerechtigkeit: Rechtspsychologische Forschungsbeiträge für die Justizpraxis (139-162), Köln 1995.

Volbert, Renate / Pieters, Volker: Suggestive Beeinflussungen von Kinderaussagen, Psychologische Rundschau 1996, S.183-198.

Volckart, Bernd: Praxis der Kriminalprognose: Methodologie und Rechtsanwendung, München 1997.

Vold, George B. / Bernard, Thomas J. / Snipes, Jeffrey B.: Theoretical Criminology, 5. Auflage, New York - Oxford 2002.

Volk, Elisabeth: Haftbefehle und ihre Begründungen: Gesetzliche Anforderungen und praktische Umsetzung, Frankfurt am Main 1995.

von Hören, Anja: Ungereimtheiten bei der strafrechtlichen Verfolgung des Exhibitionismus, ZRP 1987, S.19-22.

von Schlieben; Eike: Legalbewährung nach Einstellung des Strafverfahrens gemäß § 153a I StPO. Eine empirische Untersuchung bei der Staatsanwaltschaft bei dem Landgericht Nürnberg-Fürth, Erlangen-Nürnberg 1994.

Walter, Michael: Von der Kriminalität in den Medien zu einer Bedrohung durch Medienkriminalität und Medienkriminologie?, in: Bundesministerium der Justiz (Hrsg.): Kriminalität in den Medien: 5. Kölner Symposium, Mönchengladbach 2000, S.10-22.

Walter, Michael / Wolke, Angelika: Zur Funktion des Strafrechts bei „akuten sozialen Problemen“ – einige rechtssoziologische Überlegungen am Beispiel des sexuellen Mißbrauchs von Kindern und Jugendlichen, MschrKrim 1997, 93-107.

Wassermann, Rudolf (Hrsg.): Kommentar zur Strafprozeßordnung. Reihe Alternativkommentare, Neuwied 1992.

Weber, Hartmut-Michael / Narr, Wolf-Dieter: Der Ruf nach Verschärfung des Sexualstrafrechts. Politische Implikationen eines Bedrohungsszenarios, Blätter für deutsche und internationale Politik 1997, S.313-322.

Weinbrenner, Elke: Transformation psychologisch-/psychiatrischer Tatsachen und Theorien im Rahmen juristischer Prognosen. Bedeutung humanwissenschaftlicher Erkenntnisse für Strafhaftentlassungsprognosen und ihre Umsetzung bei aggressiver Gewaltdelinquenz von männlichen Erwachsenen, Aachen 2003.

Weis, Kurt: Die Vergewaltigung und ihre Opfer. Eine viktimologische Untersuchung zur gesellschaftlichen Bewertung und individuellen Betroffenheit, Stuttgart 1982.

Weiß, Günter: Die Kinderschändung, Hamburg 1963.

Weiß, Rüdiger: Bestandsaufnahme und Sekundäranalyse der Dunkelfeldforschung, Wiesbaden 1997.

Westhoff, Karl / Kluck, Marie-Luise: Psychologische Gutachten schreiben und beurteilen, 4. Auflage, Berlin u.a. 2003.

Wetzel, Stephan: Die Neuregelung der §§ 177-179 StGB unter besonderer Berücksichtigung des ehelichen Bereichs und ausländischer Rechtsordnungen, Frankfurt am Main u.a. 1998.

Wetzels, Peter: Verbreitung und familiäre Hintergründe sexuellen Missbrauchs in Deutschland, in: Höfling, Siegfried / Drewes, Detlef / Epple-Waigel, Irene (Hrsg.): Auftrag Prävention. Offensive gegen sexuellen Missbrauch, München 1999.

Wetzels, Peter: Gewalterfahrungen in der Kindheit. Sexueller Mißbrauch, körperliche Mißhandlung und deren langfristige Konsequenzen, Baden-Baden 1997.

Wetzels, Peter / Pfeiffer, Christian: Sexuelle Gewalt gegen Frauen im öffentlichen und privatem Raum - Ergebnisse der KFN-Opferbefragung 1992 -, Hannover 1995.

Wiederholt, Ingo: Psychiatrisches Behandlungsprogramm für Sexualtäter in der Justizvollzugsanstalt München, ZfStrVo 1989, S.231-237.

Wille, Reinhard: Exhibitionisten, MschrKrim 1972, S.218-222.

Wilmer, Thomas: Sexueller Mißbrauch von Kindern: Empirische Grundlagen und kriminalpolitische Überlegungen, Frankfurt am Main (u.a.) 1996.

Wolfgang, Marvin E. / Figlio, Robert M. / Sellin, Thorsten: Delinquency in a Birth Cohort, Chicago - London 1972.

Wolke, Angelika: Der Verlauf von Strafverfahren wegen sexuellen Mißbrauchs von Kindern im Landgerichtsbezirk Köln im Jahre 1991, Köln 1995 (unveröffentlichte Diplomarbeit).

Yoshimasu, Shufu: Zwillingsforschung, in: Sieverts, Rudolf / Schneider, Hans Joachim: Handwörterbuch der Kriminologie, 3. Band, 2. Auflage, Berlin 1975, S.691-712.

Yoshimasu, Shufu: Criminal Life Curves of Monozygotic Twin-Pairs, Acta Crim Med Jap 1965, S.144-197.

Zieschang, Frank: Besonders schwere Fälle und Regelbeispiele – ein legitimes Gesetzgebungskonzept?, Jura 1999, S.561-568.

Zöfel, Peter: Statistik verstehen. Ein Begleitbuch zur computerunterstützten Anwendung, München 2002.

SCHRIFTEN ZUM STRAFRECHT UND STRAFPROZESSRECHT

Herausgegeben von Manfred Maiwald

Band 1 Christian-Peter Frees: Die steuerrechtliche Selbstanzeige. Zur kriminalpolitischen Zweckmäßigkeit des § 371 AO. 1991.

Band 2 Norbert Joachim: Der Hörensagenbeweis im Strafverfahren. 1991.

Band 3 Alfred A. Göbel: Die Einwilligung im Strafrecht als Ausprägung des Selbstbestimmungsrechts. 1991.

Band 4 Karl-Heinz Vehling: Die Abgrenzung von Vorbereitung und Versuch. 1991.

Band 5 Heiko Hartmut Lesch: Das Problem der sukzessiven Beihilfe. 1992.

Band 6 Dirk Schwerdtfeger: Besondere persönliche Unrechtsmerkmale. 1992.

Band 7 Stefan Göhring: Polizeiliche Kontrollstellen und Datenverarbeitung. § 163 d StPO und novellierte Polizeigesetze der Länder zwischen Strafverfolgung, Gefahrenabwehr und vorbeugender Straftatenbekämpfung. 1992.

Band 8 Werner Kemper: Horizontale Teilrechtskraft des Schuldspruchs und Bindungswirkung im tatrichterlichen Verfahren nach der Zurückverweisung. §§ 353, 354 Abs. 2 StPO. 1993.

Band 9 Ovvadias Namias: Die Zurechnung von Folgeschäden im Strafrecht. 1993.

Band 10 Jan Zopfs: Unfallflucht bei eindeutiger Haftungslage? Unverzüglichkeitsgebot und Wahlmöglichkeit in § 142 Abs. 2 und 3 StGB. 1993.

Band 11 Stefan Hiebl: Ausgewählte Probleme des Akteneinsichtsrechts nach § 147 StPO. 1994.

Band 12 Ralf Krack: List als Straftatbestandsmerkmal. Zugleich ein Beitrag zu Täuschung und Irrtum beim Betrug. 1994.

Band 13 Henning Radtke: Zur Systematik des Strafklageverbrauchs verfahrenserledigender Entscheidungen im Strafprozeß. 1994.

Band 14 Bernd J. A. Müssig: Schutz abstrakter Rechtsgüter und abstrakter Rechtsgüterschutz. Zu den materiellen Konstitutionskriterien sog. Universalrechtsgüter und deren normentheoretischem Fundament – am Beispiel der Rechtsgutsbestimmung für die §§ 129, 129a und 324 StGB. 1994.

Band 15 Heinz Koriath: Über Beweisverbote im Strafprozeß. 1994.

Band 16 Burkhard Niepoth: Der untaugliche Versuch beim unechten Unterlassungsdelikt. 1994.

Band 17 Karsten Altenhain: Die Strafbarkeit des Teilnehmers beim Exzeß. 1994.

Band 18 Ina Walbaum: Schuldspruch in der Revisionsinstanz nach freisprechendem Urteil des Tatgerichts. 1996.

Band 19 Birgit Dalbkermeyer: Der Schutz des Beschuldigten vor identifizierenden und tendenziösen Pressemitteilungen der Ermittlungsbehörden. 1994.

Band 20 Thomas Hackner: Der befangene Staatsanwalt im deutschen Strafverfahrensrecht. 1995.

Band 21 Hartmut Loritz: Kritische Betrachtungen zum Wert des strafprozessualen Zwischenverfahrens. 1996.

Band 22 Heinz-Hermann Berghof: Therapie und Strafe im Betäubungsmittelrecht. Recht und Wirklichkeit der Behandlung Drogenabhängiger unter besonderer Berücksichtigung der §§ 35 ff BtMG. 1995.

Band 23 Oliver Mertens: Strafprozessuale Grundrechtseingriffe und Bindung an den Wortsinn der ermächtigenden Norm. 1996.

Band 46 Detlef Heise: Der Insiderhandel an der Börse und dessen strafrechtliche Bedeutung. Eine Untersuchung des neuen deutschen Insiderrechts speziell unter Bezugnahme auf die strafrechtstheoretischen und strafrechtsdogmatischen Grundlagen. 2000.

Band 47 Hermann Wichmann: Das Berufsgeheimnis als Grenze des Zeugenbeweises. Ein Beitrag zur Lehre von den Beweisverboten. 2000.

Band 48 Rainer T. Cherkeh: Betrug (§ 263 StGB), verübt durch Doping im Sport. 2000.

Band 49 Kristian Hohn: Die Zulässigkeit materieller Beweiserleichterungen im Strafrecht. Eine Untersuchung über Erscheinungsformen und Grenzen der Lösung beweisrechtlicher Probleme im materiellen Strafrecht. 2000.

Band 50 Malte Rabe von Kühlewein: Der Richtervorbehalt im Polizei- und Strafprozeßrecht. 2001.

Band 51 Donata Meinecke: Die Gesetzgebungssystematik der Versuchsstrafbarkeit von Verbrechen und Vergehen im StGB. 2001.

Band 52 Joachim Bock: Begriff, Inhalt und Zulässigkeit der Beweislastumkehr im materiellen Strafrecht. 2001.

Band 53 Gabriele Rose: Grenzen der journalistischen Recherche im Strafrecht und Strafverfahrensrecht. 2001.

Band 54 Wiebke Reitemeier: Täuschungen vor Abschluß von Arbeitsverträgen. Zum Verhältnis zwischen dem Straftatbestand des Betrugs und dem Anfechtungsrecht wegen arglistiger Täuschung (§§ 263 Abs. 1 StGB, 123 Abs. 1 Alt. 1 BGB). 2001.

Band 55 Peter Rackow: Das DNA-Identitätsfeststellungsgesetz und seine Probleme. 2001.

Band 56 Frank Zschieschack: Geiselnahme und erpresserischer Menschenraub (§§ 239a, 239b StGB) im Zwei-Personen-Verhältnis. 2001.

Band 57 Natascha Sëyfi: Das Sicherungsverfahren (§§ 413 - 416 StPO). 2002.

Band 58 Dirk Seiler: Die *Sperrwirkung* im Strafrecht. 2002.

Band 59 Dorothee Sydow: Die actio libera in causa nach dem Rechtsprechungswandel des Bundesgerichtshofs. 2002.

Band 60 Inga Metrikat: Die Unterbringung in einer Entziehungsanstalt nach § 64 StGB – Eine Maßregel im Wandel? Eine vergleichende, empirische Untersuchung zur Entscheidung des Bundesverfassungsgerichts vom 16.03.1994, BVerfGE 91, 1 ff. 2002.

Band 61 Sabine Caroline Bechtoldt: Die Erledigungserklärung im Maßregelvollzug des § 63 StGB. Eine empirische Untersuchung der Erledigungserklärung und zugleich rechtsdogmatische Erörterung ihrer Rechtskraftproblematik. 2002.

Band 62 Sandra Schulte-Nover: Strafrichter in Deutschland und England. Ein systematischer Rechtsvergleich im Hinblick auf die richterlichen Kompetenzen im Strafverfahren. 2003.

Band 63 Tim Schurig: Belehrung und Beratung des Beschuldigten über sein Aussageverhalten. Eine gemeinsame Aufgabe von Gericht und Verteidigung? 2003.

Band 64 Markus Laski: Die strafrechtlichen Bezüge des Bundes-Bodenschutzgesetzes. 2003.

Band 65 Gunnar Lüer: Die Versäumung im Berufungsverfahren. Das strafprozessuale Anwesenheitsprinzip im Spannungsfeld von autonomer Subjektstellung und öffentlichen Interessen am Beispiel des § 329 Abs. 1,2 StPO. 2003.

Band 66 Thomas Grützner: Die Sanktionierung von Submissionsabsprachen. Eine Untersuchung der bestehenden Möglichkeiten einer Bekämpfung von Submissionsabsprachen unter besonderer Berücksichtigung des § 298 StGB. 2003.

Band 67 Bettina Noltenius: Kriterien der Abgrenzung von Anstiftung und mittelbarer Täterschaft. Ein Beitrag auf der Grundlage einer personalen Handlungslehre. 2003.

Band 68 Bettina Kraft: Tendenzen in der Entwicklung des Jugendstrafrechts seit der Jugendgerichtsbewegung. 2004.

Band 69 Jessica Däbritz: Die Bestimmung strafbaren fahrlässigen Verhaltens in der Forschung am Beispiel ärztlicher Humanerprobungen. Ein Beitrag zur methodischen Ermittlung und inhaltlichen Bestimmung von Sorgfaltspflichten in der Humanforschung. 2004.

Band 70 Maike Steenbock: Über die Unfallflucht als Straftat. Eine kritische Untersuchung zum Zusammenhang der Strafbarkeit der Unfallflucht mit den Besonderheiten des Straßenverkehrs. 2004.

Band 71 Holger Mann: Beschleunigungspotential im Jugendstrafverfahren. 2004.

Band 72 Dorothee Krutisch: Strafbarkeit des unberechtigten Zugangs zu Computerdaten und -systemen. 2004.

Band 73 Heinz-Helmut Fuhrmann: Das Begehen der Straftat gem. § 25 Abs. 1 StGB. Unter besonderer Berücksichtigung der sogenannten "eigenhändigen" Delikte. 2004.

Band 74 Gerwin M. Moldenhauer: Eine Verfahrensordnung für Absprachen im Strafverfahren durch den Bundesgerichtshof? 2004.

Band 75 Dirk Busch: Konzernuntreue. Eine Untersuchung spezifischer Untreuestrafbarkeit innerhalb von Konzernverbindungen mit Aktiengesellschaften und Gesellschaften mit beschränkter Haftung. 2004.

Band 76 Mitsuru Iijima: Die Entwicklung des strafrechtlichen Unrechtsbegriffs in Japan. Eine kritische Betrachtung aus strafrechtsdogmatischer und rechtsphilosophischer Perspektive. 2004.

Band 77 Lena Barbara Kötter: Private Elemente in der Strafvollstreckung. Zur Privatisierung von Bewährungshilfe, Gerichtshilfe und gemeinnütziger Arbeit. 2004.

Band 78 Martin Maria Laufen: Der Wucher (§ 291 Abs. 1 Satz 1 StGB). Systematische Einordnung und dogmatische Struktur. 2004.

Band 79 Maike Aselmann: Die Selbstbelastungs- und Verteidigungsfreiheit. Ein Beitrag zu den Garantiewirkungen von Verfahrensrechten im Hinblick auf die Beweiswürdigung, Strafzumessung und Strafbarkeit des Beschuldigten im Strafprozess. 2004.

Band 80 Ingmar Wolf: Graffiti als kriminologisches und strafrechtsdogmatisches Problem. 2004.

Band 81 Misuk Son: Straftatfolgen im deutschen und koreanischen Strafrecht. Ein prinzipieller Vergleich. 2004.

Band 82 Matthias Saal: Die Beteiligung an einer Schlägerei (§ 231 StGB). Ein Plädoyer für die Streichung der schweren Folge. 2004.

Band 83 Michael Stüber: Die Entwicklung des Prinzips der Unmittelbarkeit im deutschen Strafverfahren. 2005.

Band 84 Patrick Gerberding: Das Rechtsmittelsystem im US-amerikanischen Strafverfahren. Eine rechtsvergleichende Betrachtung. 2005.

Band 85 Rouven Seeberg: Aufgedrängte Nothilfe, Notwehr und Notwehrexzess. 2005.

Band 86 Andre Knoerchen: Schadenswiedergutmachung über anwaltliche Schlichtungsstellen. Rechtsökonomische Analyse eines Modellprojekts. 2005.

Band 87 Andreas Quante: Sanktionsmöglichkeiten gegen juristische Personen und Personenvereinigungen. 2005.

Band 88 Gundula Momsen-Pflanz: Die sportethische und strafrechtliche Bedeutung des Dopings. Störung des wirtschaftlichen Wettbewerbs und Vermögensrelevanz. 2005.

Band 89 Klaus Kleinbauer: Rechtsmittelverzicht und Rechtsmittelzurücknahme des Beschuldigten im Strafprozeß. 2006.

Band 90 Manuel Fumagalli: Rechtsprobleme vorgeburtlicher Diagnoseverfahren. Die personenrechtliche Begründung von Pränataldiagnostik und Präimplantationsdiagnostik. 2006.

Band 91 Matthias Dann: Staatliche Tatprovokation im deutschen, englischen und schottischen Recht. Rechtsvergleichende Untersuchung unter besonderer Berücksichtigung europäischer und internationaler Entwicklungslinien. 2006.

Band 92 Shahryar Ebrahim-Nesbat: Die Herausbildung der strafrechtlichen Teilnahmeformen im 19. Jahrhundert. 2006.

Band 93 Christoph Paglotke: Notstand und Notwehr bei Bedrohungen innerhalb von Prozesssituationen. 2006.

Band 94 Sebastian Olk: Die Abgabe von Sacherklärungen des Angeklagten durch den Verteidiger. 2006.

Band 95 Bernadette Pape: Legalverhalten nach Sexualdelinquenz. Eine empirische Analyse der Delinquenzkarrieren nach Sexualstraftaten an Kindern. 2007.

www.peterlang.de

Kolibri 360 GmbH
Ferdinand-Jühlke-Straße 7
99095 Erfurt, Deutschland
produktsicherheit@kolibri360.de

Druck:
CPI Druckdienstleistungen GmbH
im Auftrag der
Kolibri 360 GmbH
Ferdinand-Jühlke-Str. 7
99095 Erfurt